VZONE mini

전공체육 **체육측정평가**

VZONEmini 체육측정평가

I. 체육통계
1. 통계적 개념의 이해 5
2. 변인간의 상관관계 57
3. 표본추출 방법 89
4. 추리통계 91

II. 체육측정평가의 개요
1. 체육측정평가의 이해 117
2. 체육측정평가의 유형 119

III. 체육측정평가의 양호도
3. 규준지향평가의 양호도 177
4. 준거지향평가의 양호도 267

IV. 성적부여방법 및 검사구성의 원리
5. 성적부여방법 281
6. 검사구성의 원리 295

V. 체력검사장
7. 체력의 측정과 평가 311
8. PAPS(학생건강체력검사) 329

Ⅰ. 체육통계	① 통계적 개념의 이해	통계
	② 변인간의 상관관계	
	③ 표본추출 방법	
	④ 추리통계	
Ⅱ. 체육측정평가의 개요	① 체육측정평가의 이해	평가 및 검사
	② 체육측정평가의 유형	
Ⅲ. 체육측정평가의 양호도	③ 규준지향평가의 양호도	
	④ 준거지향평가의 양호도	
Ⅳ. 성적부여방법 및 검사구성의 원리	⑤ 성적부여방법	
	⑥ 검사구성의 원리	
Ⅴ. 체력검사장	⑦ 체력측정	
	⑧ PAPS(학생건강체력검사)	

I. 체육통계

1 통계적 개념의 이해

1. 측정변인측정척도 **p5** 2018 2019 2019 2020 이기봉
  1) 측정척도와 측정변인 (1)측정척도를 구분하는 특성 : 구분·서열성·동간성·절대영점
     (2)척도의 유형 : ①명명척도, ②서열척도, ③동간구간·등간척도, ④비율척도
  2) 변인의 종류 : (1)속성(질적변인·양적변인), (2)인과관계(독립변인-종속변인·가외변인·매개변인·중재변인)

2. 집중경향치·중심경향값(central tendency) p13 2018 2019 2019 이기봉 : ①평균치, ②중앙치 2016, ③최빈치

3. 변산도·분산도(variability) p19 이기봉 : ①범위, ②사분위편차 2016, ③분산과 표준편차(편차점수) 2020, ④변이계수 2019

4. 점수분포의 모양 p31 2019 : (1)편포[①정규분포·②정적편포·③부적편포], (2)첨도[①평첨·②중첨·③급첨]

5. 원점수와 변환점수 p35 이기봉 : (1)백분위수(백분위점수) 2018 2019
  (2)표준점수 : ①Z점수($Z = \frac{X - \overline{X}}{s}$ · $Z' = \frac{\overline{X} - X}{s}$) 2014 2018 2019, ②T점수(T=50+10Z) 2019 2019

6. 면적비율 - Z점수에 대한 백분위 p49 2014 2017 2018 2019

2 변인간의 상관관계

7. 상관의 정도 p57 2018 2019 2020
  1) 상관계수의 방향과 크기 : (1)방향[정적(+)·부적(-)], (2)크기(절대값)
  2) 변인의 산포도에 따른 상관계수의 크기와 방향 : r=+0.7, r=+1.0, r=-0.7, r=-1.0, r=0.0

8. 상관계수 p69
  0) 공분산 이기봉 : $S_{XY} = \frac{\sum (X_i - \overline{X})(Y_i - \overline{Y})}{n}$
  1) 상관계수의 종류 : ①Pearson의 적률상관계수 이기봉, ②Spearman의 등위차상관계수 2016
  2) 상관계수의 활용 : 신뢰도와 타당도의 추정 이기봉

9. 결정계수 p75 = 상관계수의 제곱(백분율) = 전체 변량 중 두 변인이 공통적으로 관련되어 있는 변량비율 2014 2019

10. 회귀방정식 p83 : Y = bX + a 2015 2018

3 표본추출 방법

11. 표집방법 p89 : (1)확률표집(단순무선표집), (2)비확률표집

12. 배정방법 p90 : (1)단순무선 배정, (2)무선구획 배정

4 추리통계

13. 가설검정(Z검정) p91
  1) 5단계
    (1) 영가설(H_0)과 대립가설(H_1)을 세운다.
    (2) 유의수준(α)을 설정한다.
    (3) 검정통계량 값을 계산한다.
    (4) 비교
      ① 검정통계량과 임계치기각치를 비교한다.
        ㉠ |임계치기각치| ≥ |검정통계량| : 영가설 채택
        ㉡ |임계치기각치| < |검정통계량| : 대립가설 채택
      ② 유의수준(α)과 유의확률(P)을 비교한다.
        ㉠ 유의확률(P) ≥ 유의수준(α) : 영가설 채택
        ㉡ 유의확률(P) < 유의수준(α) : 대립가설 채택
    (5) 결론을 내린다.
  2) 양방검정과 일방검정
  3) 1종오류(α)유의수준, 2종오류(β), 통계적 검증력파워(1-β)

13-1. 신뢰구간 설정에 의한 추정 **p97**

14. 독립 t검정 p99 2018 2018 이기봉

15. 종속 t검정 p107 = 대응표본 t검정(paired t-test)

16. F검정=분산(변량)분석=ANOVA p109 이기봉 (1) one-way ANOVA
                                          (2) two-way ANOVA : ①상호작용효과, ②주효과

17. χ^2 검정 p115 2017

평가 및 검사

II. 체육측정평가의 개요
1. 체육측정평가의 이해
2. 체육측정평가의 유형

0. 측정 및 평가의 개념 p117 : 측정(양적 자료수집), 평가(질적 가치판단), 검사(시험 도구) 2018 2019

1. 평가 유형 p119
  (1) 평가 기준 기초원리 수행 2014 : ①규준지향상대평가(경쟁·선발적 교육관) 2018 2020
    ②준거지향절대평가(협동·발달적 교육관) ≒ 성취평가제 2018 2019 2019 이기봉
  (2) 평가 기능 및 시기 : Ⓐ①진단평가, ②형성평가, ③총괄평가 이기봉 2019
    Ⓑ①수시평가, ②형성평가, ③총괄평가 2018
  (3) 평가 방법 : Ⓐ①양적 평가, ②질적 평가 / Ⓑ①결과 평가, ②과정 평가
  (4) 평가 주체 : ①교사평가, ②학생평가(자기평가·동료상호평가)

2. 체육과 수행평가 p149 이기봉 : (1)개념-실제성
  (2)종류-평가방법 및 평가도구 2019 [루브릭·평정척도 2018·포트폴리오 2015회 2019·체크리스트·면접법·관찰법]

2-1. 검사의 목적 p169 - 검사는 왜 하는가? 2016회 2019 이기봉 : ①동기유발, ②성취수준의 평가, ③향상도의 측정, ④진단, ⑤처방, ⑥성적의 부여, ⑦교육프로그램의 평가, ⑧분류와 선발, ⑨미래 수행력의 예측

III. 체육측정평가의 양호도
3. 규준지향평가의 양호도

3. 고전진점수이론 p177
  1) 가정
    (0) 진점수 = 관찰점수 - 오차점수 2015 2020 이기봉
    (1) $\epsilon(X) = T$, (2) $\rho_{ET} = 0$, (3) $\rho_{E_1 E_2} = 0$, (4) $\rho_{E_1 T_2} = 0$
  2) 측정의 오차(체계적 오차·비체계적 오차) → 검사의 도구적 특성(신뢰도) 2018 2019 2020 이기봉
  3) 평행검사와 진점수 동등검사

4. 신뢰도의 개념 정의 p187
  (1) 일반적 개념 - 평가검사·채점점수 결과의 일치성
  (2) 고전검사이론의 진점수 모형 : ①두 평행검사에서 관찰점수 간 상관계수($\rho_{xx'}$), ②관찰점수 분산 중 진점수 분산이 차지하는 비율($\frac{\sigma_T^2}{\sigma_X^2}$) 2015, ③관찰점수와 진점수 간 상관의 제곱(ρ_{XT}^2)

5. 신뢰도 계수의 추정 방법 p193 2018
  1) 재검사 신뢰도(심동적 영역) : (1)개념 및 특징, (2)문제점-①반복수행의 효과, ②검사 간 간격의 문제
  2) 평행형검사 신뢰도
  3) 내적일관성 신뢰도 : ①반분검사신뢰도, ②Cronbach α (문항내적일관성 신뢰도) 2019 이기봉
  4) 급내상관계수 : 분산분석분석(ANOVA)

5-1. 측정의 표준오차(SEM) p203 이기봉

6. 신뢰도에 영향을 미치는 요인 p205 2019 : ①검사의 특성 이기봉, ②검사의 길이, ③신뢰도계수의 종류(④검사시행의 간격·⑤신뢰도 추정방법 오차점수분산), ④피험자집단의 동질성 변질성, ⑤측정대상자의 준비정도검사 시 적절한 분위기, ⑥피험자의 수

7. 객관도=평가자검사자·채점자 신뢰도 p211 2018 (1)↑ : ①평가기준(조작적 정의)의 구체성 명확성
  ②평가자검사자·채점자 간의 사전 협의훈련·책임의식 정직성
  (2) 객관도 추정 방법 : ①상관계수 방법, ②분산분석 방법(급내상관계수) 이기봉

4. 준거지향평가의 양호도

8. 타당도의 개념 정의 p221 : 평가검사·채점도구 측정기기의 적절성 적합성=관련성=정확성=타당성 2016

9. 타당도의 유형 p225 2018 2019 이기봉
  1) 내용타당도=논리타당도 : 조작적 정의
  2) 준거타당도 : (1)공인타당도 : 현재-상관관계 2020
    (2)예언예측·예건타당도 : 미래 or 현재 → 회귀방정식(Y=bx+a) - 추정의 표준오차 SEE 2015
  3) 구인타당도 2019 : (1)조작적 정의, (2)검증방법 [①상관계수법(판별·수렴)·②실험설계법·집단차이분석·③요인분석법]

10. 신뢰도, 객관도, 타당도 p259 2016 2018 이기봉

11. 신뢰도 p267 - 1)일치성합치 계수 2014 2018, (2)카파 계수

12. 타당도 p273 - 1)영역관련 타당도(조작적 정의)
  2)결정 타당도(분류정확확률) : (1)기준 설정 방법-경험적 방법(유관표)
    (2)피험자 참상태 분류방법-①준거검사·②준거집단·③경계집단 2019 2020 이기봉

IV. 성적부여방법 및 검사구성의 원리
5. 성적부여방법
6. 검사구성의 원리

13. 성적의 결정 p281 - 심동적 영역 2015 2016회 2018 2019
  1) 운동수행력의 성취수준
  2) 운동수행력의 향상도 이기봉 (1)긍정적인 부분 : 바람직한 것처럼 생각됨
    (2)문제점 : ①향상도 점수의 비신뢰성(사전검사 시 동기화 어려움)
    ②척도 단위의 비동질성(천정효과)

14. 성적부여기준과 성적부여방법 p289 이기봉

15-0. 심동적 영역 검사의 구성 p295 이기봉

15. 고전검사이론 - 인지적 영역의 문항 분석 p297 2018 2019 2020 이기봉
  (1) 문항 난이도 : [P = 문항에 정확 응답 학생수 / 문항 응답 총 학생수]
  (2) 문항 변별도 : ① [D = (UG 문항 정확 응답 학생수 - LG 문항 정확 응답 학생수) / 한 집단의 학생수]
    ② D = 상위집단 25% 정답률 - 하위집단 25% 정답률

16. 문항반응이론과 문항분석 p303 : (1)문항특성곡선, (2)문항모수(①문항난이도·②문항변별도·③문항추측도) 2017

16-1. 지필검사의 종류 p307 : 진위형, 선다형, 단답형, 완성형, 연결형, 서답형

V. 체력검사장
7. 체력측정
8. PAPS(학생건강체력검사)

17. 건강관련 체력검사 p311 2018 2019 이기봉 : ①근력, ②근지구력, ③심폐전신지구력, ④유연성, ⑤신체조성 신체구성(체지방률)

18. 운동기능관련 체력검사 p313 2018 2019 이기봉 : ①민첩성, ②순발력, ③스피드 및 반응시간, ④평형성, ⑤협응성

18-1. 스포츠 기술 검사 p327

18-2. 검사시행 수의 결정 p328 이기봉

19. 필수평가 p329 2014 2018 2019회 이기봉 : (1)심폐지구력, (2)유연성, (3)근력 및 근지구력, (4)순발력, (5)비만
  선택평가 : 1)체지방률 평가, 2)심폐지구력 정밀평가, 3)자기신체 평가, 4)자세 평가

19-1. 인체 및 체형 측정 p337 2018 2019

☞ 기타 p341 이기봉

I. 체육통계

1 통계적 개념의 이해

☞ **1. 측정변인**측정척도

1) 측정척도와 측정변인   (1)측정척도를 구분하는 특성 : 구분 · 서열성 · 동간성 · 절대영점

(2)척도의 유형 : ①명명척도, ②서열척도, ③동간$^{구간 \cdot 등간}$척도, ④비율척도

2) 변인의 종류 : (1)속성(질적변인 · 양적변인), (2)인과관계(독립변인-종속변인 · 가외변인 · 매개변인 · 중재변인)

1. 측정하고자 하는 대상의 속성이나 능력을 의미하는 변인은 그 형태나 특성에 따라 4가지 척도로 분류된다.

⑴ 척도의 종류를 제시하시오.

답 **명명**척도, **서열**척도, **동간**척도, **비율**척도

⑵ 척도에 따른 변인(변수)의 예를 1가지만 쓰시오.

답 ① 명명척도 : **축구 등**번호

② 서열척도 : **학년, 올림픽**메달

③ 동간척도 : **온도, IQ**지수

④ 비율척도 : **PAPS** 종목들

2. 다음은 체육 측정에서 얻어진 자료에 관한 척도(scale)의 속성이다.

⑴ 축구 포지션을 공격 1, 수비 2로 코딩했을 때 포지션의 평균은 1.5라고 할 수 없는 [$\frac{1+2}{2} = 1.5$ (×)] 이유를 서술하시오.

답 **명명**척도이므로 **가감승제**를 할 수 없기 때문이다.

⑵ 50m달리기에서 1등과 5등의 달리기 능력 차이는 11등과 15등의 차이와 같다고 할 수 없는 [1등과 5등의 차이 ≠ 11등과 15등의 차이] 이유를 서술하시오.

답 **서열**척도이므로 **대소 비교**만 가능할 뿐 **동간성**이 없기 때문이다.

⑶ 표준화된 시합불안검사에서 25점과 20점의 차이는 15점과 10점의 차이와 같다[(25−20) = 5 = (15 − 10)]고 할 수 있는 이유를 서술하시오.

답 **동간**척도이므로 **동간성**이 있기 때문이다.

⑷ '오래달리기걷기 기록이 5분에서 4분 30초로 줄면 기록이 10% 단축된 것이다' 라고 할 수 있는 이유 [5분 = 300초, 4분 30초 = 270초, 300-270 = 30초, $\frac{30}{300} \times 100 = 10\%$]를 서술하시오.

답 **비율**척도이므로 **가감승제**를 할 수 있기 때문이다.

3. 5점 리커트(Likert) 척도를 비율척도라고 할 수 없는 이유를 서술하시오.

답 5점 리커트(Likert)는 **서열**척도이므로 **가감승제**를 할 수 없기 때문이다.

※오답 : 5점 리커트(Likert) 척도는 비율척도이므로 가감승제가 가능하다.

4. 제자리멀리뛰기 기록의 척도 수준은 **비율**척도이므로 가감승제가 가능하다.

※오답 : 제자리멀리뛰기 기록의 척도 수준은 서열척도이다.

5. (가)는 교사들이 학교에서 실시한 설문조사 결과를 보고 나눈 대화이다. 괄호 안의 ㉠, ㉡에 해당하는 용어를 순서대로 쓰시오. 2019

(가) 설문조사 결과에 대한 대화

■ 철수의 집단 응집력 측정

문항내용	전혀 그렇지 않다	그렇지 않다	보통 이다	그렇다	매우 그렇다
1. 우리 팀 선수들은 서로 친하게 지낸다.	1	2	3	4✔	5
2. 우리 팀 선수들은 팀의 목표를 잘 알고 있다.	1	2	3	4✔	5
3. 우리 팀 선수들은 상대방의 이야기를 잘 들어준다.	1	2	3	4✔	5

■ 영수의 집단 응집력 측정

문항내용	전혀 그렇지 않다	그렇지 않다	보통 이다	그렇다	매우 그렇다
1. 우리 팀 선수들은 서로 친하게 지낸다.	1	2✔	3	4	5
2. 우리 팀 선수들은 팀의 목표를 잘 알고 있다.	1	2✔	3	4	5
3. 우리 팀 선수들은 상대방의 이야기를 잘 들어준다.	1	2✔	3	4	5

김 교사 : 철수가 리커트(Likert) 척도에 응답한 점수의 평균은 4점이고, 영수는 2점이니 철수가 영수보다 2배나 더 응집력이 좋다고 생각하는 것 같습니다.

박 교사 : 원칙적으로 리커트 척도는 질적인 (㉠) 척도입니다. 따라서 응답한 학생들 점수의 평균을 산출하여 비교하고 분석하는 것에는 부적절합니다. 선생님 해석은 척도를 가감승제할 수 있는 양적인 (㉡) 척도로 잘못 적용하신 것입니다.

답 ㉠ **서열**척도, ㉡ **비율**척도

6. 다음은 교사학습공동체에서 교사들이 BMI(체질량 지수) 수준과 질병위험율 간 상관관계에 대한 자료를 보고 나눈 대화 내용이다. 상관계수 산출에 주로 사용되는 비율척도의 특성을 설명하되, 다른 척도들(명명·서열·동간)에는 없는 수리적 특성을 서술하시오. 2020

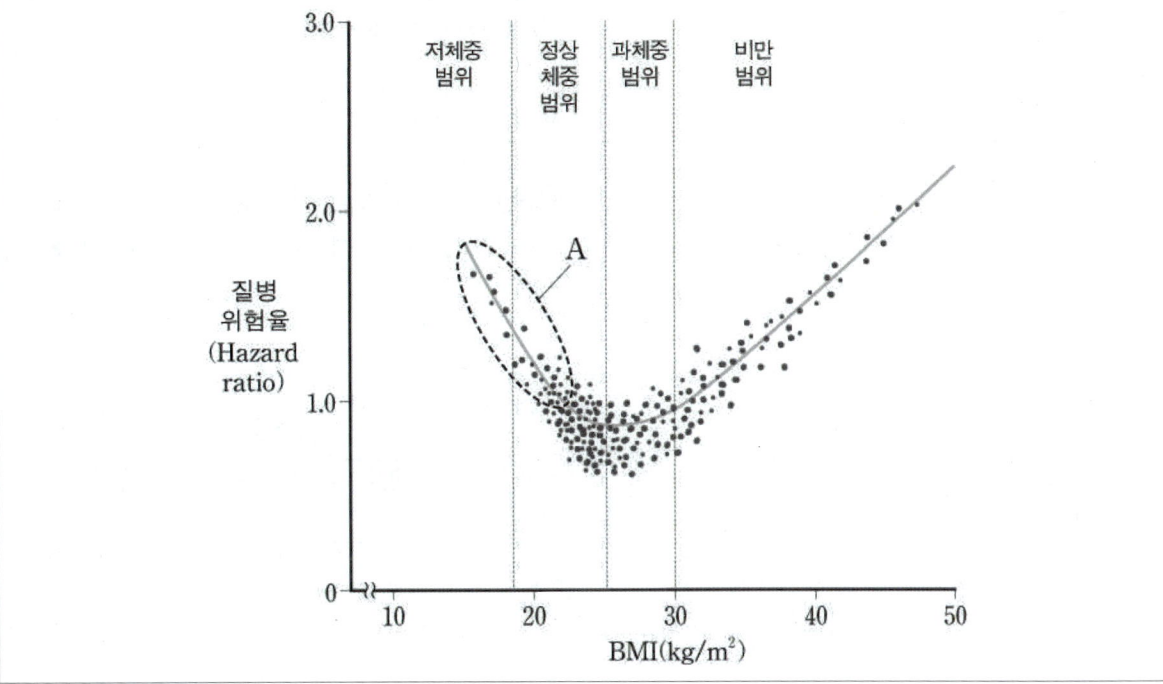

최 교사: 오늘 BMI 수준과 질병위험율 자료를 보았는데요. 이런 자료 분포에서는 상관계수(r) 값이 0에 가깝다고 알고 있어요. 그러면 비만과 질병위험율 간에는 관계가 없다는 건가요?
황 교사: 그래요? BMI가 높으면 질병위험율이 높을 텐데요? 자료를 한번 봅시다.
최 교사: 두 변인 간 관계 형태가 그래프와 같이 생겼어요.

답 **절대영점**의 속성을 지니고 있으며 가감**승제**가 **가능**하다.

7. 측정척도에 대한 설명으로 옳은 것은?
① **비율척도 변인에 대해 평균을 계산하여 해석할 수 있다.**
② 서열척도 변인에 대해 곱셈계산과 그 결과의 해석은 타당하다(×).
③ 동간(등간)척도 변인은 명명척도 변인으로 변환할 수 없다(×).
④ 순위를 1, 2, 3위로 표시하는 것은 비율척도의 대표적인 적용이다(×).

8. 비율척도 변인에 대해 평균을 계산하여 해석할 수 있는 이유를 서술하시오.
답 **절대영점**의 속성을 지니고 있기 때문에 **가감승제**가 가능하다.

9. 서열척도 변인에 대해 곱셈계산과 그 결과의 해석이 타당하지 못한 이유를 서술하시오.
답 **동간성**과 **절대영점**의 속성을 지니고 있지 않기 때문에 **가감승제**가 불가능하다.

10. 동간(등간)척도 변인은 명명척도 변인으로 변환할 수 있는 이유를 서술하시오.
답 동간척도는 명명척도가 지니고 있는 **분류**(구분)의 속성을 지니고 있기 때문이다. 그뿐만 아니라, **서열성**과 **동간성**의 속성도 지니고 있다.

11. <보기>의 괄호 ㉠에 적절한 척도의 명칭을 쓰시오.

<보기>
순위를 1, 2, 3위로 표시하는 것은 (㉠)척도의 대표적인 적용이다.

답 **서열**

12. 절대영점의 속성을 지니고 있는 척도는?
가. 명명척도
나. 동간척도
다. 서열척도
라. 비율척도

13. 절대영점의 속성을 지니고 있는 척도를 쓰시오.
답 **비율척도**

14. 보그(Borg)의 운동자각도(RPE)에 대한 설명으로 옳은 것은?
① 피검사자의 운동검사 가능여부를 사전 진단하는 것이 목적이다(×).
② **피검사자가 주관적으로 느끼는 운동강도를 나타낸다.**
③ 저항성 운동의 강도 설정을 목적으로 개발되었다(×).
④ RPE 12는 6에 비해서 두 배 힘들다는 것을 의미한다(×).

15. 보그(Borg)의 운동자각도(RPE)의 값 12가 6에 비해서 두 배 힘들다고 할 수 없는 이유를 서술하시오.
답 보그(Borg)의 운동자각도(RPE)의 값이 **비율**척도가 아니기 때문이다.

16. 비율척도에 대한 설명으로 옳은 것은? *2018*

① 사물의 등위를 나타내기 위한 척도이다.
② 동간성을 지니며 임의영점과 임의단위를 가지고 있다.
③ 사물을 구분하기 위하여 이름을 부여하는 척도이다.
④ **절대영점의 속성을 지니고 있으며 가감승제가 가능하다.**

17. <보기>에서 ㉠~㉣에 해당하는 측정변인(척도)을 순서대로 쓰시오. *2018*

<보기>
㉠ 사물의 등위를 나타내기 위한 척도이다.
㉡ 동간성을 지니며 임의영점과 임의단위를 가지고 있다.
㉢ 사물을 구분하기 위하여 이름을 부여하는 척도이다.
㉣ 절대영점의 속성을 지니고 있으며 가감승제가 가능하다.

답 ㉠**서열**척도, ㉡**동간**(구간·동간)척도,
㉢**명명**(명목)척도, ㉣**비율**척도

18. 연속변인에 해당하지 않는 것은? *2018*

① 체중
② 신장
③ **성별**
④ 체지방률

19. <보기>에서 ㉠~㉣을 연속변인과 비연속변인으로 구분하여 골라 쓰시오. *2018*

<보기>
㉠ 체중   ㉡ 신장   ㉢ 성별   ㉣ 체지방률

답 연속 변인 : ㉠, ㉡, ㉣
   비연속 변인 : ㉢

20. 각 척도의 특징으로 옳지 않은 것은? *2019*

① 명명척도 – 수리적 서열이나 등위가 없는 척도
② 비율척도 – 가감승제(+, −, ×, ÷)가 가능한 척도
③ **동간척도 – 절대영점(absolute zero)을 갖는 척도** → **비율척도**
④ 서열척도 – 순서관계를 나타내는 척도

이기봉 Q&A 재구성

21. 측정의 척도를 구분하는 4가지 특성이 무엇인지 설명하시오. **기출문제**

답 측정 변인은 일반적으로 측정의 척도(scale)에 따라 분류된다. 측정 척도란 측정의 수준으로 측정의 단위라고도 하는데, '**구분·서열성·동간성·절대영점**'의 4가지 특성에 의해 구분된다. 이러한 특성에 따라 측정변인은 '명목 척도·서열 척도·동간 척도·비율 척도'로 구분된다.

① **구분**이란 다른 특성을 가진 대상자들을 구분하는 것으로 성별·인종·이름 등은 **구분**의 특성을 갖는 경우이다.

② **서열성**이란 측정 변인 간 질적·양적으로 크고 작은 관계가 판단되는 특성이다.

　예) 100달리기 1등, 2등, 3등은 **서열성**을 가지는 경우이다.

③ **동간성**이란 측정 변인의 차이를 크고 작은 것으로 비교할 뿐만 아니라, '5배 또는 10배 더 크다/작다'로 논할 수 있는 특성이다.

　예) '윗몸일으키기 기록 50개와 40개의 차이는 40개와 35개의 차이의 두 배와 같다'라고 말할 수 있는 특성이다.

④ **절대영점**이란 측정 변인의 값이 0일 때 이 0의 의미가 측정하고자 하는 특성이 '없음'을 의미할 때, 이 0은 **절대영점**이라고 할 수 있다.

　예) 윗몸일으키기 기록 0개는 윗몸일으키기 능력이 '없음'을 의미하므로 **절대영점**이라 할 수 있다.

척도	구분	서열성	동간성	절대영점	예
명목 척도	○	×	×	×	성별, 등번호
서열 척도	○	○	×	×	순위
동간 척도	○	○	○	×	온도
비율 척도	○	○	○	○	윗몸일으키기 기록

척도의 유형

1) 명목 척도

명목 척도(nomial scale)는 단순한 분류의 목적에서 대상물을 구분하기 위하여 이름을 부여하는 척도로, 명목 척도에서 숫자는 범주를 나타내며 숫자로서의 의미는 없다.

例 성, 인종, 유니폼의 번호 등이 명목 척도의 대표적인 예이다. 축구선수 11번의 의미는 이 선수가 11 정도의 양만큼 축구를 잘 한다는 것이 아니고 단지 이 선수를 11번으로 지정한 것뿐이다.

따라서 명목 척도는 서열성, 동간성, 절대영점의 의미는 없다.

2) 서열 척도

서열 척도(ordinal scale)는 측정된 변인의 대소가 구분되는 것으로 'A가 B보다 크다/작다'와 같은 수리적인 조작은 가능하지만, 측정치 간 동간성이 존재하지 않아 변인의 가감승제가 불가능하다.

例 체육 수업 시간에 측정한 농구 드리블 능력에서 A를 받은 학생과 B를 받은 학생의 차이가 B와 C를 받은 학생의 차이와 같다고 볼 수 없다. 따라서 농구 드리블 능력으로 측정된 변인은 서열성은 갖고 있지만, 동간성의 특성이 없는 서열 척도이다.

3) 동간 척도

동간 척도(interval scale)는 **측정 변인 간 간격이 동일한 동간성**을 가지고 있으며, **덧셈 법칙은 성립하나 곱셈 법칙은 성립하지 않는다.** 동간 척도의 가장 대표적인 예로는 온도를 들 수 있다. 온도 5℃와 10℃이 차이가 10℃와 15℃의 차이와 동일하다고 할 수 있으므로 온도 변인은 동간성을 갖고 있다. 그러나, 온도 10℃가 5℃보다 5℃ 높은 온도이지만, 2배 덥다고 할 수 없으므로 덧셈 법칙은 성립하나 곱셈 법칙은 성립하지 않는다. 곱셈 법칙의 성립 외에도 동간 변인이 비율 변인과 다른 점은 절대영점을 갖고 있지 않다는 것이다.

例 **온도 0℃**는 '온도가 없다' 라는 의미가 아니라, 온도 1℃보다 1℃ 낮은 온도를 의미하므로 온도 0℃는 임의 단위라 할 수 있다.

상기한 설명을 종합하면, 동간 척도는 변인 간 서열성과 동간성을 가지며, 덧셈법칙은 성립하지만 곱셈법칙은 성립하지 않고, 절대영점을 갖지 않는 특성을 보인다.

4) 비율 척도

동간 변인에서 이미 설명한 바와 같이, 비율 척도(ratio scale)는 구분·서열성·동간성·절대영점이 특성을 모두 가지며, 덧셈법칙과 곱셈법칙이 모두 성립한다. 체육 분야에서 측정하는 변인 중 연속 변인으로 측정되는 변인은 대부분 비율 변인이라 할 수 있다. 연속 변인이란 신장·체중·팔굽혀펴기 등의 검사에서 측정된 변인처럼 수리적인 조작이 가능하도록 연속된 숫자로 이루어진 변인을 의미한다.

例 비율 변인의 예로 **학생체력검사의 팔굽혀매달리기 검사**를 들 수 있다. 팔굽혀매달리기 기록 10초와 20초 차이는 20초와 30초의 차이와 동일하여 동간성을 가지며, 10초를 기록한 학생보다 20초를 기록한 학생이 2배 더 높은 기록이라 할 수 있어 측정치의 가감승제가 가능하다. 또한, 0초를 기록한 학생은 팔굽혀매달리기 능력이 없음을 의미하므로 절대영점을 갖는다.

2. 집중경향치·중심경향값(central tendency) - ①평균치, ②중앙치, ③최빈치

22. 집중경향치(central tendency) = 중심경향값 = **대표**값

23. 평균치 = $\overline{X}$

    축구 포지션을 공격 1, 수비 2로 코딩했을 때 포지션의 **평균**이 1.5라고 할 수 **없**다.

24. 다음 그림은 두 집단 ㉮·㉯를 대상으로 얻은 윗몸일으키기 검사의 점수분포를 제시한 것이다. 이 때 두 분포는 점선을 중심으로 좌우 대칭이다. 집단 ㉮와 ㉯의 집중경향치(central tendency) 3가지를 비교하여 서술하시오.

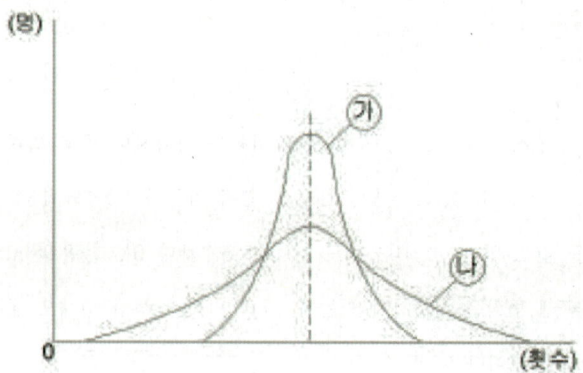

답 **평균치(Meam)** = **중앙치(Median)** = **최빈치(Mode)**

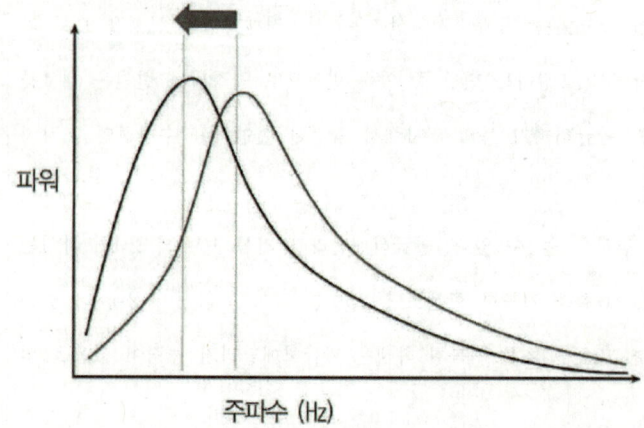

25. 다음은 체육 중점 고등학교의 체육 기말 평가에 대한 최 교사와 정 교사의 대화이다. 괄호 안의 ㉠에 해당하는 명칭을 쓰시오. 2016

> 최 교사 : 이번 학기 학생들의 총점 분포도가 지나치게 오른쪽으로 편중되어 나타났어요. 시험이 너무 쉬웠나 봐요. ㉡이 경우 어떤 지수를 집중경향(central tendency)치로 선택해야 하나요?
> 정 교사 : 그림과 같은 분포의 경우에는 (㉠)을/를 **집중경향치**로 선택하는 것이 더 적합해요.
> 최 교사 : 분포의 퍼진 정도를 나타내는 분산도(variability)^{변산도}는 지난 학기와 같이 표준편차를 사용하려는데, 적절할까요?
> 정 교사 : 아닙니다. 이번 학기처럼 성적이 그림과 같은 분포일 경우에는 사분위편차를 사용하는 것이 더 적절합니다.

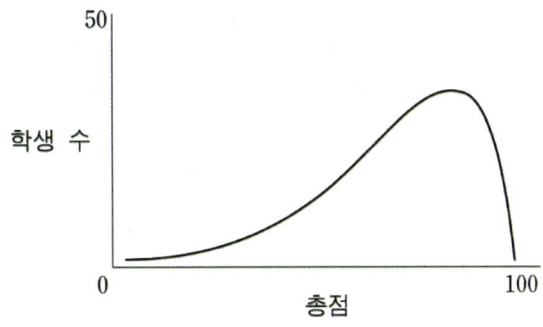

답 ㉠ **중앙값(중앙치)**

문 ㉡의 3가지 유형 중 ㉠을 제외한 2가지를 쓰시오.

답 **평균**치, **최빈**치

26. A반과 B반의 수행평가 총점 분포이다. 2019

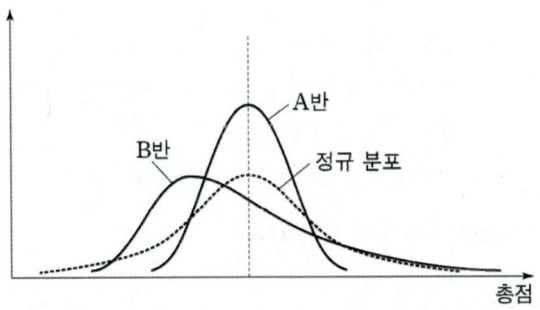

→ B반 분포에서 중앙값, 평균값, 최빈값을 비교해서 작은 값부터 순서대로 쓰면, **최빈**값, **중앙**값, **평균**값이다.

스포츠지도사 기출문제 & 서답형

27. 운동기능 점수들에 대하여 평균, 중앙치, 최빈치 등 중심경향치(대표치)를 산출하는 목적으로 옳은 것은?
① 집단 내 구성원들 간의 동질성 정도 파악
② 집단 내 구성원들 간의 변별
③ **집단 전체의 특성을 하나의 점수로 요약**
④ 집단 내 점수들 중 극단 값의 선별

28. 운동기능 점수들에 대하여 평균치, 중앙치, 최빈치 등 중심경향치(대표치)를 산출하는 목적을 기술하시오.
답 집단 <u>전체</u>의 <u>특성</u>을 하나의 <u>점수</u>로 요약한다.

29. <보기>에서 평균, 중앙치, 최빈치는 무엇인가?

<보기>
6, 2, 2, 3, 7

가. 평균 4, 중앙치 2, 최빈치 2
나. 평균 4, 중앙치 3, 최빈치 7
다. 평균 3, 중앙치 2, 최빈치 4
라. 평균 4, 중앙치 3, 최빈치 2

30. <보기>에서 평균치, 중앙치, 최빈치를 구하는 계산과정을 순서대로 쓰시오.

<보기>
6, 2, 2, 3, 7

답 평균 = $\frac{6+2+2+3+7}{5}$

중앙치 : 2, 2, 3, 6, 7 ⇨ $X_{\frac{n+1}{2}} = X_{\frac{5+1}{2}} = X_3 = 3$

최빈치 : 6은 1개, 2는 2개, 3은 1개, 7은 1개
⇨ 2의 빈도가 가장 높기에 '2'

31. 극단값을 갖는 점수 분포의 대푯값으로 가장 적절한 것은?
① 평균치
② 최빈치
③ **중앙치**
④ 사분편차

32. 극단값을 갖는 점수 분포의 대표값으로 가장 적절한 것을 쓰시오.
답 <u>중앙치</u>

33. <보기>의 ㉠, ㉡, ㉢에 들어갈 적합한 용어는? **2018**

<보기>
• (㉠) : 수집된 자료의 총합을 사례수로 나눈 값
• (㉡) : 수집된 자료를 크기 순서대로 나열했을 때 가장 중앙에 위치하는 값
• (㉢) : 수집된 자료에서 빈도가 가장 높은 값

	㉠	㉡	㉢
①	최빈치	중앙치	평균치
②	최빈치	평균치	중앙치
③	평균치	최빈치	중앙치
④	**평균치**	**중앙치**	**최빈치**

34. <보기>의 ㉠, ㉡, ㉢에 들어갈 적합한 용어를 순서대로 쓰시오. **2018**

<보기>
• (㉠) : 수집된 자료의 총합을 사례수로 나눈 값
• (㉡) : 수집된 자료를 크기 순서대로 나열했을 때 가장 중앙에 위치하는 값
• (㉢) : 수집된 자료에서 빈도가 가장 높은 값

답 ㉠<u>평균치</u>, ㉡<u>중앙치</u>, ㉢<u>최빈치</u>

35. 검사 점수의 신뢰도와 가장 관련이 깊은 것은?
① 모집단의 크기   ② **측정의 오차**   ③ 중앙치   ④ 최빈치

36. 국가대표 유도선수들의 체중을 측정한 자료를 입력하는 과정에서 기록자의 실수로 70kg인 선수의 체중 측정값을 170kg으로 입력하여 분석하였다. 다음에 제시된 자료의 대푯값 중에서 입력 오류에 가장 많이 영향을 받는 것은? 2019

① 평균값
② 중앙값
③ 최빈값
④ 최솟값

이기봉 Q&A 재구성

37. 대표적인 중심경향값이 무엇이며, 이를 사용할 때 주의할 사항을 쓰시오. 기출문제

답 평균은 가장 대표적인 중심경향값으로 보통 $\overline{X}$로 나타내며, 한 집단의 모든 점수를 더한 총합을 그 집단의 사례수로 나눈 값이다.

평균의 단점 중 하나는 **자료가 변함에 따라 민감하게 반응한다**는 것이다.

예 중학교 2학년 남학생 5명의 윗몸일으키기 점수가 35, 37, 40, 41, 45였다면 평균은 39.6이 된다. 윗몸일으키기 기록이 10개인 학생이 한 명 추가된다면 평균은 34.6으로 5개나 감소한다.

이와 같이 평균은 중심경향값에서 멀리 떨어져 있는 **극단값**에 영향을 크게 받으므로, 자료에서 **극단값**이 존재하면 중심경향을 적절하게 나타내지 못할 수 있다. → **중앙치**

특히, 사례수가 많을 때에는 큰 문제가 되지 않으나, 상기한 예와 같이 사례수가 적을 때에는 **극단값**에 큰 영향을 받게 되므로 주의해야 한다.

중심경향값

체육 교사, 운동과학자, 연구자가 측정하고자 하는 특성을 측정하여 얻은 자료들은 어떤 특정한 값을 중심으로 몰리는 경향이 있는데, 이러한 현상을 **중심경향**(central tendency)이라 하며, 중심경향을 나타내는 값을 **중심경향값**(central tendency value)이라 한다. 중심경향값을 사용하면 하나의 수치로 그 집단의 특징을 나타낼 수 있다. 따라서 중심경향값은 그 집단의 자료들이 갖고 있는 특성을 가능하면 많이 포함시킬 수 있어야 한다. 일반적으로 중심경향값에는 **'평균값, 중앙값, 최빈값'** 등이 있다.

1) 평균값

어떤 체육 교사가 자신의 교수법이 다른 교사의 교수법보다 우수한가를 알아보기 위해서 그 교사가 가르친 학급의 체육 성적과 다른 교사가 가르친 학급의 체육 성적을 비교하게 될 것이다. 이 때 두 학급의 평균 성적이 주로 비교의 대상이 된다. 평균값(mean)은 가장 대표적인 중심경향값으로 보통 $\overline{X}$로 타내며, 한 집단의 모든 점수를 더한 총합을 그 집단의 사례수로 나눈 값이다. 평균값을 구하는 계산 절차를 나타내면 다음과 같다.

$$\overline{X} = \frac{\sum_{i=1}^{n} X_i}{N}$$

상기한 공식에서 $\overline{X}$는 X값 등의 평균값이고 Σ(시그마 : sigma)는 모든 점수의 합을 의미하며, N은 그 집단의 전체 사례 수이다. 따라서, $\sum_{i=1}^{n} X_i$ 는 $i=1$부터 $i=N$까지의 점수의 합을 의미한다. 즉, 평균값은 한 집단 전체의 점수를 모두 합하여 집단 전체의 사례수로 나누어 준 값이 된다.

평균값은 자료가 변함에 따라 민감하게 반응한다.

예) 중학교 2학년 남학생 5명의 윗몸일으키기 점수가 35, 37, 40, 41, 45였다면 평균값은 39.6이 된다. 윗몸일으키기 기록이 10개인 학생이 한 명 추가된다면 평균값은 34.6으로 5개나 감소한다.

이와 같이 평균값은 중심경향값에서 멀리 떨어져 있는 극단값(outlier)에 영향을 크게 받으므로, 자료에서 극단값이 존재하면 중심경향을 적절하게 나타내지 못할 수 있다.

특히, 사례수가 많을 때에는(보통 100 이상) 큰 문제가 되지 않으나, 상기한 예와 같이 사례수가 적을 때에는 극단값에 큰 영향을 받게 되므로 주의해야 한다. 일반적으로 평균값은 최소한 동간 또는 비율 변인의 특성을 가진 자료에 유용하다. 그러나 빈도수가 많고[일반적으로 사회과학 연구에서 사례수가 많은 경우 5점 리커트 척도(1.전혀 그렇지 않다~ 5.매우 그렇다)로 측정된 변인은 평균값을 계산하여 분석한다], 분포가 대략 대칭적이라면 서열 자료에서도 사용될 수 있다. 만약 동간성을 담보하지 못하는 서열 자료의 경우에는 집단의 특성을 대표하는 값으로 평균값을 사용하는 것을 신중하게 고려해야한다.

2) 중앙값

측정된 자료를 크기 순서대로 나열했을 때, 중간에 해당하는 값을 중앙값(Median)이라 하고, 대개 *Mdn*으로 표기한다. 측정된 자료의 개수가,

① **홀수**일 경우에는 중앙값이 $\frac{n+1}{2}$번째 값이 된다.

$$Mdn = X_{\frac{n+1}{2}}$$

② **짝수**일 경우에는 $\frac{n}{2}$번째 점수와 $\frac{n}{2}+1$번째 점수의 평균이 중앙값이 된다.

예 5명의 여학생이 비껴 턱걸이를 실시하여 다음과 같은 기록이 측정되었다면,

$$15, 19, 23, 29, 35$$

측정된 피험자의 수는 5로 홀수이므로 $\frac{n+1}{2}$번째 즉, 세 번째 값인 23이 중앙값이 된다.

예 10명의 중학교 남학생의 턱걸이 기록이 아래와 같다면,

$$3, 3, 4, 5, 5, 6, 6, 6, 7, 9$$

측정된 사례수는 10으로 짝수이므로 $\frac{n}{2}$번째 즉, 다섯 번째 점수인 5와 $\frac{n}{2}+1$번째 즉, 여섯 번째 점수인 6의 평균인 5.5가 중앙값이 된다.

즉, 사례 수가 짝수일 경우에 중앙값을 계산하는 공식은 다음과 같다.

$$Mdn = \frac{X_{\frac{n}{2}} + X_{\frac{n}{2}+1}}{2}$$

중앙값은 **측정된 원자료(raw score)의 서열에 변화가 없는 한 변하지 않는 장점**이 있어 서열 자료에 유용하다. 또한 극단값을 갖는 자료의 경우에는 동간 변인의 자료에서도 활용이 가능하다.

예 체육 성적의 평균이 85점인 두 학급에 각각 체육 성적이 30점으로 매우 나쁜 학생과 99점으로 매우 좋은 학생이 전학을 왔을 경우에, 평균을 사용하여 두 학급의 체육 성적을 비교하는 것은 적절치 않다. 왜냐하면, 두 학급의 평균이 새로 전학 온 학생으로 인하여 크게 변동될 가능성이 있기 때문이다. 이러한 경우에는 평균값보다는 중앙값을 사용하여 두 집단을 비교하는 것이 더욱 타당할 것이다.

3) 최빈값

최빈값(mode)은 **어떤 집단의 점수 분포에서 가장 빈도가 많은 점수**를 말하며, Mo로 표기한다.

예 한 여자 대학교 1학년 학생 10명의 체지방률(%)이 아래와 같다.

22, 25, 33, 32, 33, 25, 33, 28, 33, 35

상기한 자료에서 가장 빈도가 많은 점수는 33이므로 이 대학교 1학년 학생 10명의 체지방률에서 최빈값은 33이 된다. 주의해야 할 점은 33의 값을 가진 빈도수 4가 최빈값이 아니라, 빈도가 가장 많은 점수인 **33**이 최빈값이라는 것이다. 최빈값은 여러 개가 존재할 수도 있고 존재하지 않을 수도 있다. 전체 사례수가 적거나 모든 사례가 다양한 값을 가질 경우에는 최빈값이 없을 수도 있고, 자료의 특성상 최빈값이 두 개 또는 세 개 이상이 될 수도 있다. 따라서, 최빈값은 자료의 중심경향값으로 자주 사용되지는 않지만, **의류 회사나 신발 업계에서 체격이나 발의 크기를 조사하는 경우**에는 평균값이나 중앙값보다 의미 있는 값으로 사용된다. 체육 수업 시간에 학생들이 가장 많이 나타내는 능력 수준을 알아보기 위해 측정된 점수 중 최빈값을 참고할 수도 있다.

3. 변산도 · 분산도(variability) - ①범위, ②사분위편차, ③분산과 표준편차(편차점수), ④변이계수 변동계수

38. 분포의 퍼진 정도를 나타내는 **분산도(variability)**는 지난 학기와 같이 표준편차를 사용하려고 합니다.

39. 다음 그림은 두 집단 ㉮·㉯를 대상으로 얻은 윗몸일으키기 검사의 점수분포를 제시한 것이다. 이 때 두 분포는 점선을 중심으로 좌우 대칭이다. 두 집단 간 윗몸일으키기 수준의 공통점과 차이점을 집중경향치(central tendency)와 변산도치(variability)분산도치의 관점에서 설명하시오.

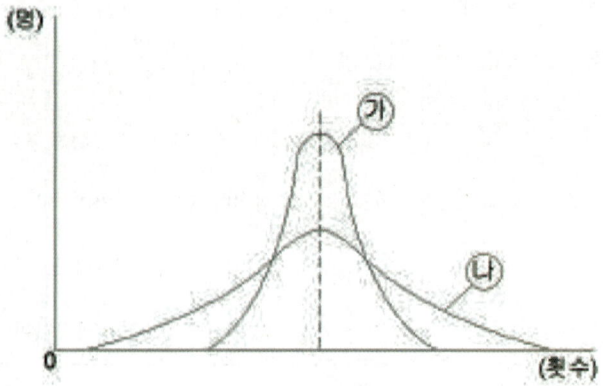

답 ◦공통점 : 두 집단의 **평균값(집중경향치)**이 동일하다.

두 집단 모두 **정상분포** 곡선을 이루고 있기 때문에 **평균값(중앙값, 최빈값)**이 같다.

◦차이점 : 분산(표준편차)이 다르다.

㉮의 표준편차가 ㉯의 표준편차보다 **작**다.

㉯의 표준편차가 ㉮의 표준편차보다 **크**다.

문 변산도(분산도)의 4가지 유형을 쓰시오.

답 **범위**, **사분위편차**, 평균편차, **분산(표준편차)**

40. 다음은 체육 중점 고등학교의 체육 기말 평가에 대한 최 교사와 정 교사의 대화이다. 괄호 안의 ⓒ에 해당하는 명칭을 쓰시오. 2016

최 교사 : 이번 학기 학생들의 총점 분포도가 지나치게 오른쪽으로 편중되어 나타났어요. 시험이 너무 쉬웠나 봐요. 이 경우 어떤 지수를 집중경향(central tendency)치로 선택해야 하나요?

정 교사 : 그림과 같은 분포의 경우에는 중앙값(중앙치)을/를 집중경향치로 선택하는 것이 더 적합해요.

최 교사 : 분포의 퍼진 정도를 나타내는 분산도(variability)변산도는 지난 학기와 같이 표준편차를 사용하려는데, 적절할까요?

정 교사 : 아닙니다. 이번 학기처럼 성적이 그림과 같은 분포일 경우에는 (ⓒ)을/를 사용하는 것이 더 적절합니다.

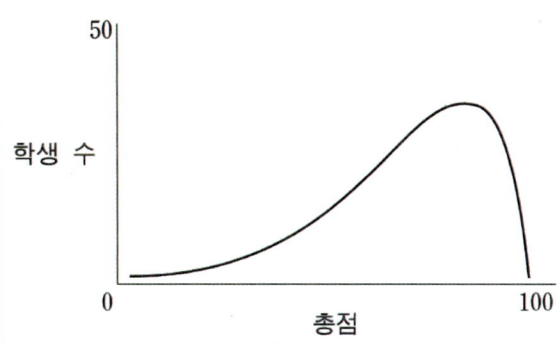

답 ⓒ 사분위편차 = 사분편차

문 ⓒ의 공식을 쓰시오.

답 $Q = \dfrac{Q_3 - Q_1}{2}$

41. 사분위편차(Q)를 구하시오. 2014

○○ 중학교 중고강도 신체활동 참여시간

백분위	분/일
>99	180
95	100
75	60
50	40
25	30
5	20
<1	10
평균치	50
표준편차	20

답 $Q = \dfrac{Q_3 - Q_1}{2} = \dfrac{60 - 30}{2} = 15$

42. 다음은 박 교사가 2종류의 보행수 측정 기기를 사용해 얻은 자료이다. 2020

보행수 측정 분석 자료

(가) 측정 방법

○ A학생이 ㉮형 보행수 측정기기와 ㉯형 보행수 측정기기를 동시에 착용하고 1주일 동안 매일 1회 보행수를 측정함.
  ※ ㉮형 보행수 측정기기는 준거 기기임.
○ 2종류 측정기기의 신체착용위치, 측정시간 등 모든 측정조건은 동일함.

요일	㉮형 측정기기의 보행수 (ⓐ)	㉯형 측정기기의 보행수 (ⓑ)	보행수의 차이 (ⓒ = ⓑ - ⓐ)	㉠요일별 보행수(㉯형)-1주일 평균 보행수(㉯형) (ⓔ = ⓑ - ⓓ)
월	5,518	4,435	−1,083	−773
화	4,540	4,309	−231	−899
수				
목		…(중략)…		
금				
토	3,304	3,312	+8	−1,896
일	7,107	8,212	+1,105	+3,004
평균	5,212	ⓓ5,208	−4	(㉡)

(나) 자료 분석 결과

○ 두 기기 간의 보행수 차이(ⓒ)의 방향(+, −)과 크기는 ㉯형 측정기기의 타당도 or 신뢰도에 대한 판단 근거이다.
○ ㉮형 측정기기와 ㉯형 측정기기로 측정한 보행수간의 상관계수는 .87이다.

(1) 월요일부터 일요일까지 ㉠에 해당하는 값들의 명칭을 쓰시오.

답 ㉠은 **편차**=**편차점수**이다.

(2) 괄호 안의 ㉡에 해당하는 값을 쓰고, ㉡값으로 점수(보행수)의 흩어진 정도를 파악하기 불가능한 이유를 서술하시오.

답 ㉡은 **0**이고, **편차점수의 합**이 **항상** '**0**'이 되기 때문이다.

스포츠지도사 기출문제 & 서답형

43. 변산도의 종류가 아닌 것은?
가. 범위
나. 중앙치
다. 표준편차
라. 분산

44. 변산도(분산도)의 종류를 쓰시오.
답 **범위, 사분위편차, 표준편차(분산)**

45. 극단 값을 갖는 점수 분포의 대푯값으로 가장 적절한 것은?
① 평균치
② 최빈치
③ 중앙치
④ 사분편차

46. 극단 값을 갖는 점수 분포의 변산도(분산도)로 가장 적절한 것을 쓰시오.
답 **사분편차**

47. 여러 명의 대상자들로부터 측정된 운동기능에 대한 이질성(퍼짐 정도)을 파악하기 위한 것은?
① 최대값
② 분산
③ 상관계수
④ 최소값

48. 최대값, 최소값을 활용하는 변산도(분산도)의 명칭을 쓰고, 그 공식을 쓰시오.
답 **범위 = 최대값 − 최소값 + 1**

49. <보기>에서 괄호 안의 ㉠, ㉡에 해당하는 분산도(변산도)의 유형을 차례대로 쓰시오.

<보기>
여러 명의 대상자들로부터 측정된 운동기능에 대한 이질성(퍼짐 정도)을 파악하기 위한 분산도 중 (㉠)은 (㉡)의 제곱이다.

답 ㉠**분산**, ㉡**표준편차**

50. 중학생 투포환선수를 대상으로 공던지기 기록을 측정하였다. 선수들 간의 개인 차이를 나타내는 지수로서 가장 적절한 것은? *2019*
① 표준편차
② 변동계수 = 변이계수(CV)
③ 표준오차
④ 사분편차

51. <보기>에서 설명하는 내용으로 옳은 것은? *2019*

<보기>
인구집단의 약 97~98%에 해당하는 개인의 영양소 필요량을 충족시키는 값이며, 일반적으로 평균필요량에 **표준편차**의 2배를 더하여 산출한다.

① 권장섭취량(Recommended Nutrient Intake, RNI)
② 충분섭취량(Adequate Intake, AI)
③ 상한섭취량(Upper Intake Level, UL)
④ 추정평균필요량(Estimated Average Requirement, EAR)

52. <보기>는 A집단과 B집단의 1600m 오래달리기 기록(초)과 최대산소섭취량(VO₂max)의 관계를 나타낸 산점도(scatter plot)이다. 산점도와 관련된 설명으로 옳은 것은?

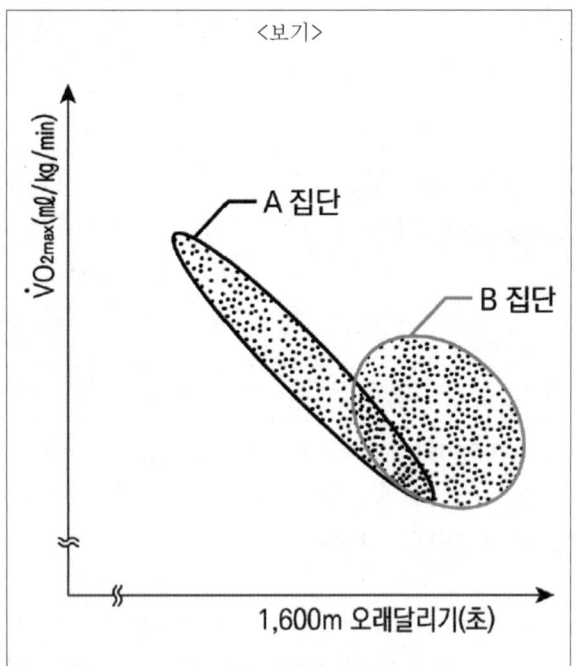

① B집단이 A집단보다 심폐지구력이 평균적으로 더 우수하다(×).
② B집단이 A집단보다 1,600m 오래달리기 기록의 분산도(variability)가 더 크다(×).
❸ A집단이 B집단보다 최대산소섭취량 추정식의 결정계수(R^2)가 더 크다.
④ A집단이 B집단보다 최대산소섭취량 추정치의 신뢰구간(confidence interval)이 더 크다(×).

53. <보기>는 A집단과 B집단의 1600m 오래달리기 기록(초)과 최대산소섭취량(VO₂max)의 관계를 나타낸 산점도(scatter plot)이다. 괄호 안의 ㉠, ㉡에 해당하는 집단의 알파벳을 차례대로 쓰시오.

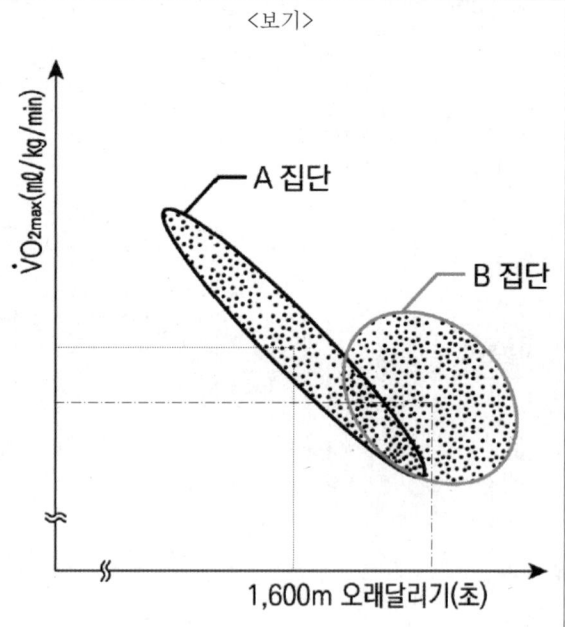

○ (㉠)집단이 (㉡)집단보다 심폐지구력이 평균적으로 더 우수하다.

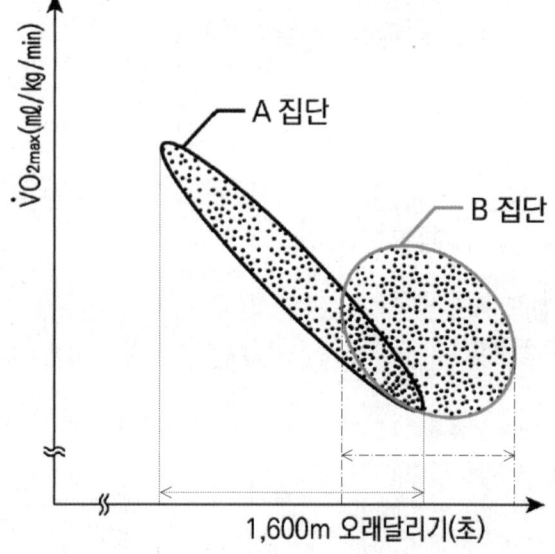

○ (㉠)집단이 (㉡)집단보다 1,600m 오래달리기 기록의 분산도(variability)가 더 크다.

답 ㉠A, ㉡B

54. <A>는 왕복오래달리기(PACER)와 최대산소섭취량($\dot{V}O_2$max)의 산점도(scatter plot)이고, <B>는 신체효율지수(PEI)와 최대산소섭취량의 산점도이다. <보기> 중 바르게 묶인 것은? 2018

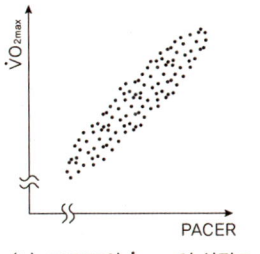
<A> PACER와 $\dot{V}O_{2max}$의 산점도

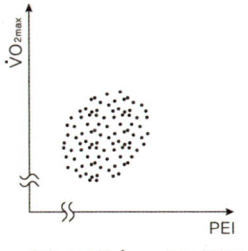
<B> PEI와 $\dot{V}O_{2max}$의 산점도

55. <A>는 왕복오래달리기(PACER)와 최대산소섭취량($\dot{V}O_2$max)의 산점도(scatter plot)이고, <B>는 신체효율지수(PEI)와 최대산소섭취량의 산점도이다. <A>와 <B>의 분산을 비교하여 '크다' or '작다'로 서술하시오. 2018

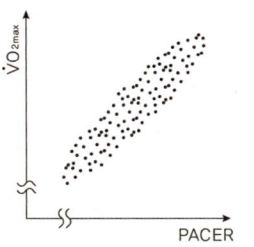
<A> PACER와 $\dot{V}O_{2max}$의 산점도

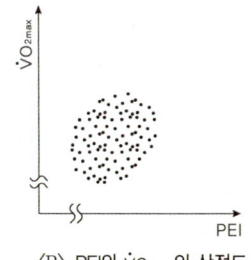
<B> PEI와 $\dot{V}O_{2max}$의 산점도

<보기>
㉠ $\dot{V}O_2$max를 설명하는 분산은 PEI가 PACER보다 크다(×).
㉡ 심폐지구력 검사의 타당도 계수는 PACER가 PEI보다 높다.
㉢ $\dot{V}O_2$max를 예측할 때 추정의 표준오차(SEE)는 PACER가 PEI보다 크다(×).
㉣ PACER와 $\dot{V}O_2$max의 상관이 PEI와 $\dot{V}O_2$max의 상관보다 크다.

① ㉠, ㉡   ② ㉡, ㉢   ③ ㉠, ㉢   ④ ㉡, ㉣

답 VO_2max를 설명하는 분산은
<A>PACER가 <B>PEI보다 크다.

이기봉 Q&A 재구성

56. 분산을 계산할 때 분자인 편차점수에 제곱을 하여 더하는 이유를 설명하시오.

답 평균편차의 공식에 대입하여 편차들의 평균을 계산해 보면 편차들의 총합 즉, 분자가 <u>0</u>이 되어 편차들의 평균은 결국 <u>0</u>이 된다.

따라서, 평균적으로 흩어져 있는 정도가 얼마인지 알 수 없게 된다. 즉, 어떤 값(X)에서 평균($\overline{X}$)을 빼서 편차들을 더한 값[$\sum(X-\overline{X})$]은 항상 <u>0</u>이 되어 자료의 흩어진 정도를 평균적으로 계산해 내기 어렵게 된다.

자료의 흩어진 정도를 계산해 내기 어렵기 때문에 <u>편차점수</u>($X-\overline{X}$)를 자승^{제곱}하여 그 합 $\sum(X-\overline{X})^2$을 총 사례수(N)로 나누는 방법을 사용하게 된다.

<u>편차점수</u>를 제곱한 후에 모두 더하여 총 사례수로 나눈 값을 분산(S^2)이라 한다.

분산도 - 체육측정평가[이기봉]

어떤 두 집단을 비교할 때 중심경향값만으로 설명하는 것이 충분치 않을 경우가 있다.

예) 어떤 고등학교 체육교사가 두 반의 상완근지구력을 비교하기 위해 팔굽혀펴기 기록을 측정하였다. 그런데, 공교롭게도 두 반의 매달리기 기록의 평균값이 똑같았다면 두 반의 팔굽혀펴기 능력은 동일한 것이라고 판단할 수 있을까?

만약, 두 반의 점수 분포를 히스토그램(X축은 변인 값, Y축은 사례수인 그래프)으로 그렸을 때 아래 그림과 같았다면 어떻게 해석해야 될까?

〈평균값은 같고, 분산이 다른 두 집단의 분포 곡선〉

$$\overline{X_A} = \overline{X_B}$$

위와 같은 경우에 A반과 B반의 평균은 같지만, 점수 분포의 흩어진 정도가 달라 두 집단의 특성이 완전하게 같다고 말하기 어렵다. 따라서 두 집단을 비교할 때에는 평균, 중앙값 등의 중심경향값뿐만 아니라 점수의 흩어진 정도 즉, 분산의 정도(variability 또는 dispersion)를 비교할 필요가 있다. 이 분산의 정도를 분산도(variation)라 하며 분산도를 나타내는 지수로는 '**범위, 사분위편차, 표준편차, 분산**' 등이 있다.

1) 범위

범위(range)는 분포의 흩어진 정도를 가장 간단하게 알아보는 방법으로 최고값의 상한계에서 최저값의 하한계를 뺀 값을 말한다. 상한계와 하한계의 의미는 다음과 같다.

예) A반의 팔굽혀펴기 최고 기록이 37개, 최저 기록이 10개이고, B반의 최고 기록이 55개, 최저 기록이 2개였다. 팔굽혀펴기 기록은 실제로 소수점 이하의 숫자로 측정되지 않으므로 비연속 변인으로 표시된 것이다. 따라서 이러한 경우에는 연속 변인으로 교정하여 계산되어야 한다. 즉, **팔굽혀펴기** 37개는 36.5와 37.5개 사이의 값, 10개는 9.5개와 10.5개 사이의 값으로 간주되어야 한다. 이러한 과정을 **연속성을 위한 교정**이라 하는데, 연속성을 위한 교정을 적용하면 **최고값의 상한계**에서 **최저값의 하한계를 뺀 값**이 **범위**가 된다. 따라서, A반의 팔굽혀펴기의 범위는 37.5개에서 9.5개를 뺀 28개이고, B반의 팔굽혀펴기 범위는 55.5개에서 1.5개를 뺀 54개가 된다.

위의 예에서 계산된 두 반의 범위에 의하면 어떤 반은 팔굽혀펴기 기록의 분포가 넓게 흩어져 있는가를 쉽게 파악할 수 있다. 즉, 범위는 분산도를 간단하게 파악할 수 있는 **장점**이 있다.

그러나 범위는 한 집단의 여러 점수 중에서 단 두 개의 점수에 의해서만 결정되어 나머지 점수들에 의한 정보를 이용하지 못하게 되고, 극단값에 영향을 많이 받으므로 분산도 지수로서 안정적이지 못한 **단점**이 있다. 따라서 한 집단의 점수 분포의 흩어진 정도 즉, 분산도를 정확하게 파악하고자 할 때 범위를 사용하는 것은 적절치 않다.

2) 사분위편차

사분위편차(quartile deviation)는 범위(range)의 일종으로 수집된 자료를 크기 순서로 백등분하여 배열했을 때, **75번째 점수에서 25번째 점수 사이의 점수들의 평균**을 의미한다. 어떤 자료를 크기 순서로 백 등분하여 배열한 점수를 **백분위점수**(percentile score)라 하는데, 사분위편차는 중앙값인 **50백분위점수**를 중심으로 자료가 흩어진 정도를 나타낸다. 사분위편차를 계산하는 공식은 다음과 같다.

$$Q = \frac{Q_3 - Q_1}{2} \quad \cdots\cdots\cdots \text{공식 1}$$

공식 1에서 Q_3는 **75백분위점수**이고 Q_1은 **25백분위점수**를 의미한다. 즉, 사분위편차는 중앙값으로부터 동일한 백분율을 가진 좌우의 두 점간의 거리에 의해 분석한 분산도 지수이다. 사분위편차는 **범위에 비해 극단값의 영향을 적게 받으며** 범위 내에 있는 많은 값 등을 고려하므로 범위보다 정밀한 분산도 지수이다.

그러나 25백분위점수와 75백분위점수를 계산해야 하는 **번거로움**이 있다. 원자료로부터 백분위점수를 계산하는 방법은 기초통계 서적을 참고한다.

3) 분산과 표준편차

분산도를 나타내는 지수 중 **분산**(variance)과 **표준편차**(standard deviation)는 **가장 일반적으로 사용**되며, 고급 통계 기법과 추리 통계에서 유용하게 사용될 수 있는 값이다. 앞에서 설명했던 **범위와 사분위편차**는 자료를 구성하는 모든 값을 고려하여 점수 분포의 흩어진 정도를 나타내지 못했다. 반면, **분산과 표준편차**는 모든 자료를 고려하여 분포의 흩어진 정도를 나타냈다는 점에서 범위나 사분위편차보다 유용한 분산도 지수라 할 수 있다.

분산의 개념은 어떤 집단의 모든 점수들이 집단의 평균에서 평균적으로 떨어져 있는 거리를 요약한다면 매우 가치 있는 분산도 지수가 될 것이라는 생각에서 출발한다. 모든 자료에서 집단의 평균을 뺀 점수 즉, 편차점수(deviation score)를 구하고, 모든 편차점수를 더한 수에 사례수로 나누어 주면 자료가 평균적으로 흩어진 정도를 얻을 수 있을 것이다. 편차점수를 공식으로 나타내면 다음과 같다.

$$\overline{d} = \frac{\sum(X_i - \overline{X})}{n} \quad \cdots\cdots\cdots \text{공식 2}$$

하지만, 공식 2와 같이 집단의 각 점수들로부터 집단의 평균을 뺀 후에 모두 더하면 항상 0이 되어 점수 분포가 얼마나 흩어져 있는가를 알 수 없게 된다.

예) 실제 예를 들어 설명해 보겠다. **5명의 남자 고등학생이 각각 33, 35, 37, 39, 41개의 윗몸일으키기 기록**을 나타냈다. 이 때 평균은 37개이고, 각 학생들의 기록에서 평균의 뺀 편차점수는 다음 표와 같다.

〈윗몸일으키기 기록의 편차점수〉

학생 번호	X_i	$d = (X_i - \overline{X})$
1	33	-4
2	35	-2
3	37	0
4	39	2
5	41	4

그런데, 위 표의 값을 분산의 평균편차의 공식 [$\bar{d} = \frac{\sum(X_i - \overline{X})}{n}$]에 대입하여 편차들의 평균을 계산해 보면 편차들의 총합, 즉, 분자가 0이 되어 편차들의 평균인 $\bar{d}$는 결국 0이 되어 5명 학생의 윗몸일으키기 점수가 평균적으로 얼마나 흩어져 있는가를 알 수 없게 된다. 즉, 어떤 집단의 편차점수를 모두 더한 값은 항상 0이 되어 자료의 흩어진 정도를 평균적으로 계산해 내기 어렵게 된다.

위에서 설명한 방법으로는 자료의 흩어진 정도를 계산해 내기 어렵기 때문에 편차점수를 제곱하여 그 합을 총 사례수로 나누는 방법을 사용하게 된다. 다음 **공식 3**와 같이 편차점수를 제곱한 후에 모두 더하여 총 사례수로 나눈 값을 **분산**(variance)이라 한다. 분산은 **변량**이라고도 하지만 설명의 편의를 위해 이 책에서는 분산으로 통일하겠으며, 표본의 분산은 s^2, 모집단의 분산은 σ^2으로 표기한다. 분산의 계산 공식은 다음과 같다.

$$S^2 = \frac{\sum_{i=1}^{n}(X_i - \overline{X})^2}{n}$$ ·············· 공식 3

위 공식 3에 윗몸일으키기 편차점수의 자료를 대입하면, 5명 윗몸일으키기 자료의 **분산**은 $\frac{16+4+0+4+16}{5} = 8$이 된다. 그러나 여기에서 계산된 8은 해석하는데 어려움이 많다. **분산**은 평균적으로 자료가 흩어진 정도를 알아보기 위해 편차점수에 제곱을 하여 구한 값이므로, 분산에 제곱근을 해 주어야 자료가 평균적으로 흩어진 정도로 해석될 수 있다.

다음 공식 4과 같이 **분산에 제곱근을 해 준 것**을 **표준편차**(standard deviation)라 하며, **표본의 표준편차**는 s, **모집단의 표준편차**는 σ로 표기한다. 표준편차의 계산 공식은 다음과 같다.

$$S = \sqrt{\frac{\sum_{i=1}^{n}(X_i - \overline{X})^2}{n}}$$ ·············· 공식 4

위 공식 4에 윗몸일으키기 편차점수의 자료를 대입하여 계산하면 5명의 윗몸일으키기 표준편차는 $\sqrt{8} = 2.8$이 된다. 즉, 5명 학생들의 윗몸일으키기 기록은 평균을 중심으로 평균적으로 2.8개 정도 흩어져 있음을 알 수 있다. 위의 예에서는 사례수가 5명이었으므로 분산과 표준편차를 계산하는 것이 간단하였지만, 실제로 표본의 사례수가 많을 경우에는 위의 공식 4으로 계산하는 데 어려움이 많을 것이다. 분산을 간단하게 계산하는 방법을 제시하면 다음과 같다. 아래 공식 5이 유도된 구체적인 절차는 다른 기초통계 서적을 참고한다.

$$S^2 = \frac{\sum X_i^2}{n} - \overline{X}^2$$ ·············· 공식 5

지금까지 살펴본 분산과 표준편차는 범위나 사분위편차와 다르게 모든 자료를 포함하여 계산된 분산도 지수라는 점에서 더욱 정밀한 지수라 할 수 있다. 또한, **표준편차**는 다른 분산도 지수에 비해 표집에 따른 변화 즉, 표집오차(sampling error)가 작아 표집을 통하여 전집의 분산도를 추정하는데 추정의 오차가 가장 적은 지수이다. 따라서 표본의 자료로 모집단의 특성을 예측하는 추리 통계에서 유용하게 사용된다. 그러나, **분산과 표준편차**는 사분위편차에 비해 극단값의 영향을 많이 받는 특성이 있어 약간의 극단값을 갖거나 편포를 이루는 점수 분포에서 분산도 지수로 사용하는 것은 고려되어야 한다.

변산도 - 체육통계 강상조

 분포의 특성을 기술하는 3가지 특정치는 분포의 형태, 집중경향치, 변산도이다. 점수분포가 어느 정도 밀집 혹은 분산되어 있는지를 나타내는 변산도이다. 두 집단의 점수분포는 집중경향치만으로는 충분히 설명할 수 없다. 점수분포를 보다 정확하게 기술하려면 집중경향치와 함께 변산도가 제시되어야 한다.

예 분포의 형태와 집중경향치가 같은 두 집단의 점수분포를 상상해 보자. 그 중 한 집단(B)의 점수분포는 집중경향치를 중심으로 밀집되어 있는 반면, 다른 집단(A)의 점수분포는 분산되어 있다고 할 때, 전자는 후자보다 변산도가 적다 혹은 개인차가 적다고 말한다.

〈그림1 : 변산도가 다른 두 집단의 분포〉

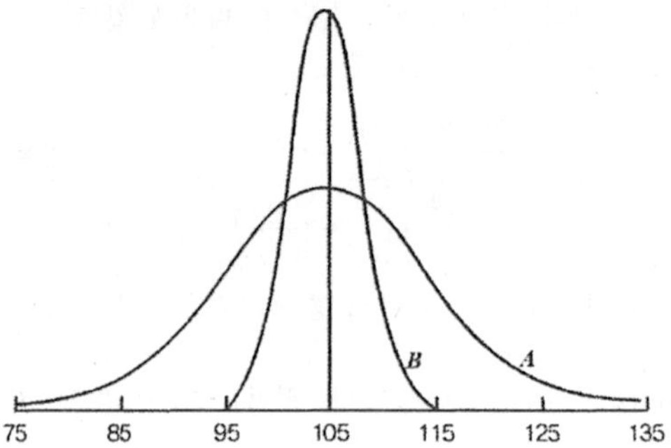

 분산의 정도를 표시하는 방법으로는 점수범위(range), 사분편차(quartile deviation), 표준편차(standard deviation) 등이 있다. 체육 연구에서 가장 많이 쓰이고 있는 변산도는 표준편차이다. 이러한 변산도들은 집단의 동질성 혹은 이질성을 설명해 주며 측정도구의 일관성을 설명해 준다.

 변산도는 점수분포의 분산정도를 나타내는 것으로서 측정결과 얻은 변산도는 척도상의 거리를 의미한다.

1) 범위(R:range)

 범위는 변산도를 나타내는 통계치 중에서 가장 쉽게 구할 수 있는 것이다. 그러나 집중경향치에서의 최빈치와 마찬가지로 신뢰도가 낮기 때문에 자료의 대체적인 분산 정도를 알아보기 위해서만 사용하는 것이 보통이다. 범위는 제2장에서 언급한 바와 같이 [최고점-최하점+1]로 정의된다. 즉, 한 점수분포에서 최고점에서 최하점까지의 거리를 최고점의 정확상한계와 최하점의 정확하한계까지의 거리로 정의한 것이다. 이와 같은 이유 때문에 최고점에서 최하점을 뺀 값에 1을 더한 것이다. 두 집단의 점수분포를 다음과 같이 가상해 보자.

  집단 A : 11 16 18 23 29 31 37
  집단 B : 18 19 21 23 24 26 29

 집단 A, B 점수분포의 중앙치는 각각 23으로서 동일하지만 범위는 다르다. 집단 A가 B보다 개인차가 심하고 상대적으로 이질적인 학생들로 구성되어 있다고 해석할 수 있다.

 범위는 계산하기 쉬운 장점은 있으나 전집의 변산도를 기술해 주는 통계치로서는 적합하지 않다. 범위의 계산이나 해석에 있어 특히 주의해야 할 것은 사례수가 현저하게 다른 두 분포의 변산도를 범위로 비교해서는 안 된다는 점이다. 왜냐하면 집단의 사례수 크기에 따라 범위 값은 크게 차이가 있으며 사례수가 많을수록 커지는 경향이 있기 때문이다.

 범위는 [최고점-최하점+1]로 정의된다. 범위는 계산하기 쉬운 장점은 있으나 변산도를 기술해 주는 통계치로서 타당성이 낮다.

2) 사분편차(Q: quartile deviation)

범위는 점수분포 상에서 양 극단의 점수를 기초로 하여 계산하기 때문에 사례수의 크기에 따라 영향을 받으며 따라서 안정성이 낮은 변산도 값이라고 할 수 있다. 이러한 제한점은 사분편차를 사용함으로써 어느 정도는 해소시킬 수 있다. 사분편차(semi-inter quartile range 혹은 quartile deviation)는 집중경향치로서 중앙치를 사용할 때 제시할 수 있는 가장 적합한 변산도 값이다.

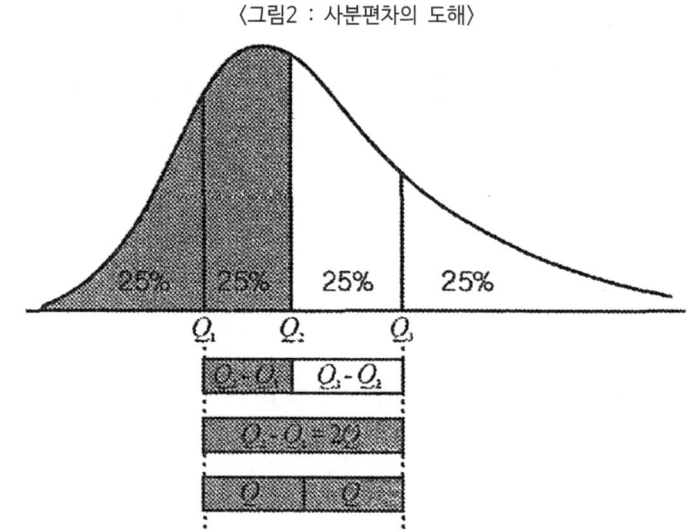

〈그림2 : 사분편차의 도해〉

사분편차는 반분 사분점간 범위라고도 부른다. 사분편차는 점수분포의 중앙에 위치한 사례수의 50%가 차지하는 점수 범위의 반을 의미한다. 다시 말하면 점수분포의 아래에서부터 사례수의 25%(Q_1)에 해당하는 척도상의 점과 아래에서부터 75%(Q_3)에 해당하는 척도상의 점사이의 거리를 2등분한 것이다. 사분편차를 Q라고 하면 다음과 같은 공식으로 표시할 수 있다.

$$Q = \frac{Q_3 - Q_1}{2}$$ 〈식1〉

[Q_3 : 75%에 해당하는 점수(P_{75}), Q_1 : 25%에 해당하는 점수(P_{25})]

아래에 예시된 전체 사례수가 13명인 점수분포를 이용하여 사분편차(Q)를 산출해 보자. 점수분포의 아래에서부터 전체 사례수의 25%(Q_1)에 해당하는 점은 40, 아래에서부터 사례수의 75%(Q_3)에 해당하는 점은 60이다. 이와 같은 결과를 〈식1〉에 적용하면

25	30	35	40	45	50	50	(50)	55	60	65	70	75
			Q_1				5 Mdn			Q_3		

$$Q = \frac{Q_3 - Q_1}{2} = \frac{(60-40)}{2} = \frac{20}{2} = 10$$

만일 점수분포가 좌우 대칭적이라면 [Q_3-Mdn]=[Mdn-Q_1]=Q가 된다.
그러나 분포가 정적으로 편포되어 있으면 [Q_3-Mdn]은 [Mdn-Q_1]보다 크다.
반대로 분포가 부적으로 편포되어 있다면 [Q_3-Mdn]은 [Mdn-Q_1]보다 적다.
따라서 Q는 분포의 변산도를 나타내주는 준거가 된다. 위의 자료를 이용하여 분포의 편포도를 확인해보면 [Q_3-Mdn]와 [Mdn-Q_1]의 값이 각각 [60-50], [50-40]으로서 Q와 동일하므로 점수분포는 정상분포라고 할 수 있다.

범위와 사분편차는 분포의 변산도를 나타내주는 것으로서는 상대적으로 거칠고 조잡한 통계치에 속한다. 즉, 이들 변산도 값은 분포의 특성에 관한 충분한 정보를 제공해 주지 못한다. 그러나 이들 서열척도에서 얻은 자료의 변산도를 계산할 때는 불가피하게 사용해야 한다.

사분편차(Q)는 ($\frac{Q_3 - Q_1}{2}$)로서 정의된다. Q_3-Mdn과 Mdn-Q_1간의 차이는 분포의 편포도를 나타낸다.

☞ **4. 점수분포의 모양 : (1)편포[①정규분포·②정적편포·③부적편포], (2)첨도[①평첨·②중첨·③급첨]**

57. 다음 그림은 두 집단 ㉮·㉯를 대상으로 얻은 윗몸일으키기 검사의 점수분포를 제시한 것이다. 이 때 두 분포는 점선을 중심으로 좌우 대칭이다. ㉮·㉯의 편포를 기술하시오.

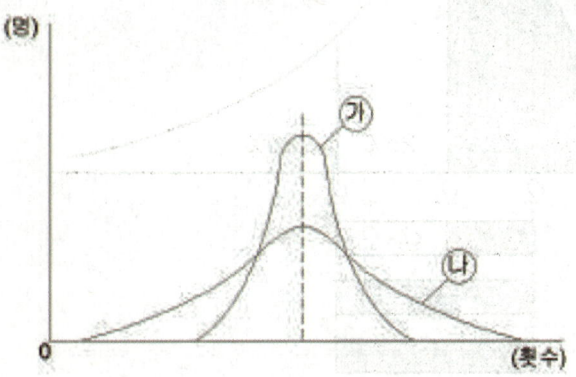

답 **정규분포**

58. 다음은 김 교사가 학기 초에 실시한 운동기능 진단 검사의 결과이다.

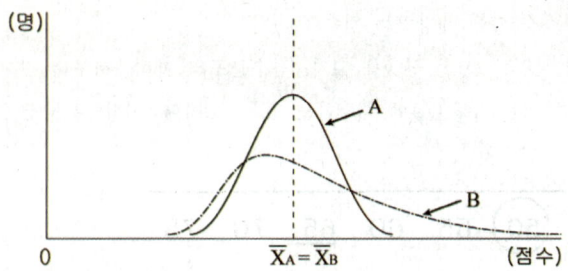

(1) A와 B 학급의 검사 결과를 평균치, 표준편차, 편포를 이용하여 비교하여 설명하시오.

답 A학급과 B학급의 **평균치**는 동일($\overline{X_A} = \overline{X_B}$)하고, **표준편차**($S_A \neq S_B$)는 다르다.

A는 **정상(정규)분포**[왜도 = 0]하고, B는 **정적편포**[왜도 > 0]이다.

(2) 이 결과를 토대로 수준별 수업이 더 필요한 학급을 쓰고, 그 이유를 설명하시오.

답 **B**학급 : **표준편차**(분산)가 큰 **이질**적 집단이기 때문이다.

59. 다음은 체육 중점 고등학교의 체육 기말 평가에 대한 최 교사와 정 교사의 대화이다. 2016

> 최 교사 : ⊙이번 학기 학생들의 총점 분포도가 지나치게 오른쪽으로 편중되어 나타났어요. 시험이 너무 쉬웠나 봐요. 이 경우 어떤 지수를 ⓒ집중경향(central tendency)치로 선택해야 하나요?
>
>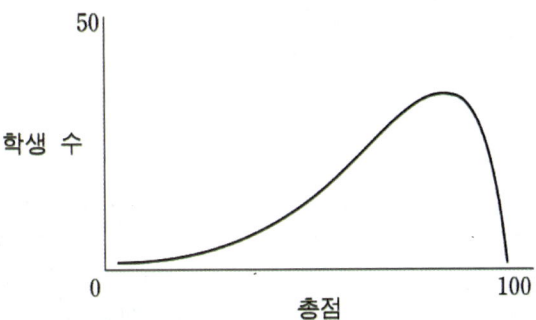
>
> 정 교사 : 그림과 같은 분포의 경우에는 중앙치를 집중경향치로 선택하는 것이 더 적합해요.
> 최 교사 : 분포의 퍼진 정도를 나타내는 분산도(variability)는 지난 학기와 같이 표준편차를 사용하려는데, 적절할까요?
> 정 교사 : 아닙니다. 이번 학기처럼 성적이 그림과 같은 분포일 경우에는 사분위편차를 사용하는 것이 더 적절합니다.

문1. ⊙에 해당하는 편포의 명칭을 쓰시오.

답 **부적**편포(**좌향**편포) : 왜도 **<** 0

문2. ⊙ 편포에서 ⓒ의 3가지를 큰 값부터 작은 값 순으로 쓰시오.

답 **최빈**치 > **중앙**치 > **평균**치

문3. 위의 편포에서 Q_3-Mdn과 $Mdn-Q_1$의 대소를 비교하시오.

답 Q_3-Mdn **<** $Mdn-Q_1$

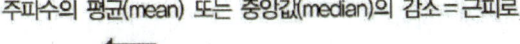

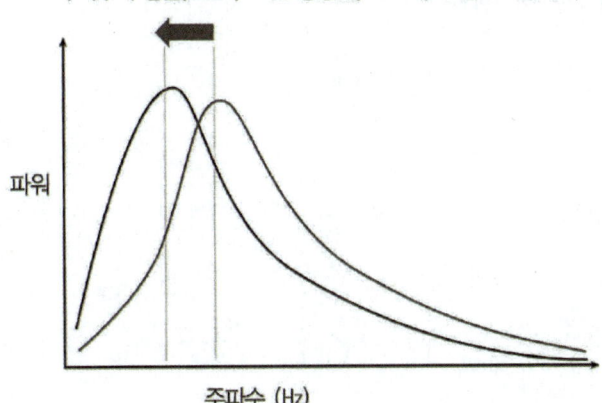

60. (가)는 학급별 체육 수행평가 결과표의 일부이고, (나)는 (가)를 근거로 한 전체 학급의 수행평가 항목별 점수 분포이다. 그리고 (다)는 (가)의 A반과 B반의 수행평가 총점 분포이다. 2019

(가) 학급별 체육 수행평가 결과표

학급	번호	수행평가 항목별 점수				총점
		슛 자세	드리블 자세	팀기여도	학습태도	
A	1	17	18	13	19	67
	2	18	18	15	19	70
	3	16	18	18	20	72
	⋮	⋮	⋮	⋮	⋮	⋮
B	1	17	18	16	19	70
	2	17	17	14	18	66
	3	16	14	15	19	64
	⋮	⋮	⋮	⋮	⋮	⋮

※ 각 수행평가 항목별 최고 점수는 20점임.
※ 각 수행평가 항목 점수는 모두 정규 분포로 가정함.
※ 위 수행평가 항목 점수 이외의 점수는 반영되지 않음.

(나) 전체 학급의 수행평가 항목별 점수 분포

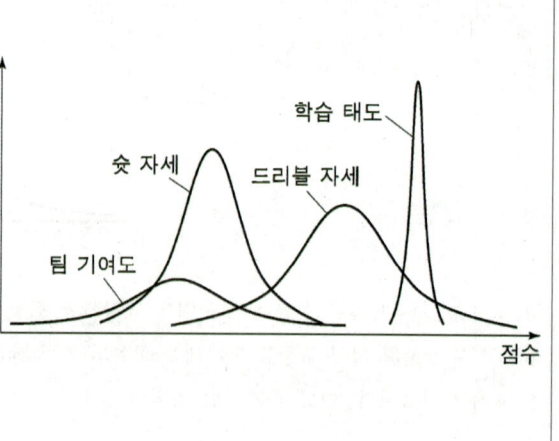

(다) A반과 B반의 수행평가 총점 분포

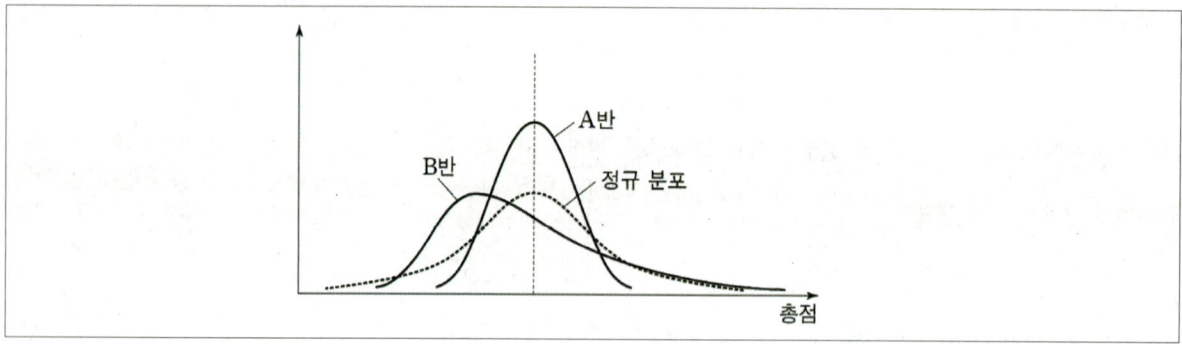

(1) (다)의 B반 분포에서 중앙값, 평균값, 최빈값을 비교해서 작은 값부터 순서대로 쓰시오.

답 **최빈**값, **중앙**값, **평균**값

(2) (다)에서 A반의 분포 모양 명칭을 첨도의 평첨, 중첨, 급첨 중에 선택하여 쓰시오.

답 **급첨**

(3) B반의 분포 모양 명칭을 정적 편포·부적 편포 중에 선택하여 쓰고, A반과 B반 중 수준별 수업이 더 많이 요구되는 반을 선택하고 그 이유를 서술하시오.

답 정적**편포**

B반인 이유는 **표준편차**분산가 큰 **이질적 집단**이기 때문이다.

점수분포의 모양

어떤 변인을 대단위 모집단에게 측정을 하여 점수 분포를 히스토그램으로 나타내면, 대부분 어느 한 점을 중심으로 좌우대칭이고 꼭지가 하나인 <그림1>과 같은 **정규 분포**(normal distribution)를 그리게 된다. 정규 분포는 **정상 분포**라고도 하며, 정규 분포를 이루는 경우에는 **평균값·중앙값·최빈값**이 일치하게 된다. 정규 분포와 다르게 어떤 점수 분포가 한 쪽으로 치우친 모양을 나타낼 수 있는데, 이와 같이 분포의 모양이 좌우 대칭인 정상 분포에서 벗어난 정도를 **편포** 또는 **왜도**(skewness)라 한다. 편포는 치우친 모양에 따라 **부적 편포**(negatively skewed distribution)와 **정적 편포**(positively skewed distribution)로 구분된다.

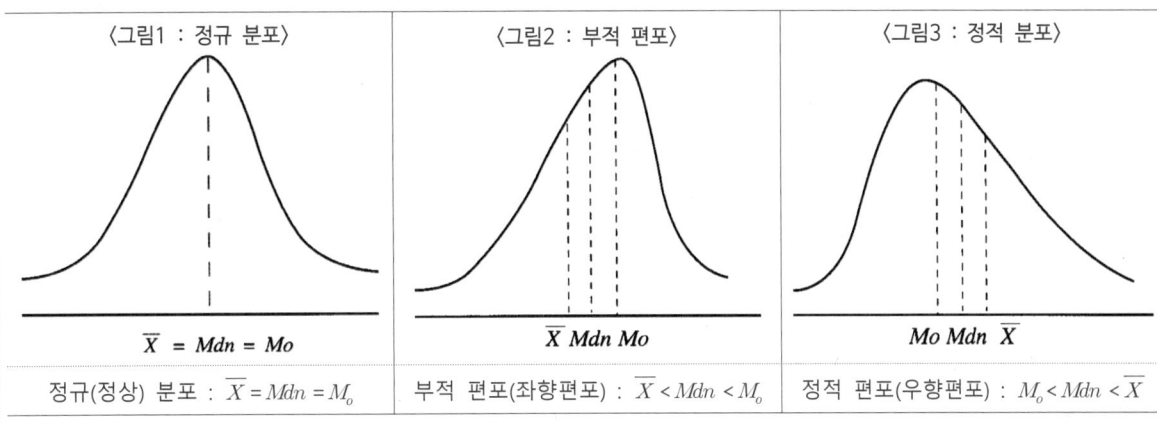

<그림1 : 정규 분포>	<그림2 : 부적 편포>	<그림3 : 정적 분포>
정규(정상) 분포 : $\overline{X} = Mdn = M_o$	부적 편포(좌향편포) : $\overline{X} < Mdn < M_o$	정적 편포(우향편포) : $M_o < Mdn < \overline{X}$

예 농구 선수인 학생들에게 일반 학생들의 연습하는 기본적인 드리블이나 패스 기능을 평가했다면, 높은 점수를 받은 학생이 많아 <그림 2>와 같이 오른쪽으로 치우친 점수 분포를 나타낼 것이다.

이러한 분포를 **부적 편포**라 하며 분포의 꼬리가 왼쪽으로 길게 늘어져 있어 **좌향 편포**라고도 한다. <그림 2>에 나타낸 것처럼, 부적 편포에서는 **평균값**이 가장 낮고 **최빈값**이 가장 높은 점수를 나타낸다. **중앙값**은 평균값과 최빈값 사이에 있다.

부적편포와 반대로, <그림 3>과 같이 왼쪽으로 치우친 분포를 **정적 편포**라 한다.

예 **고등학교 일반 여학생들에게 배구 스파이크 기능을 평가**했다면, 낮은 점수를 나타내는 학생이 높은 점수를 얻은 학생보다 훨씬 많을 것이다. 이러한 경우에는 <그림 3>과 같이 **정적 편포**를 나타내며, 분포의 꼬리가 오른쪽으로 길게 늘어져 있어서 **우향 편포**라고도 한다.

부적 편포와 반대로, **정적 편포**는 **최빈값**이 가장 낮고 **평균값**이 가장 높은 점수를 나타낸다. **중앙값**은 평균값과 최빈값 사이에 있다.

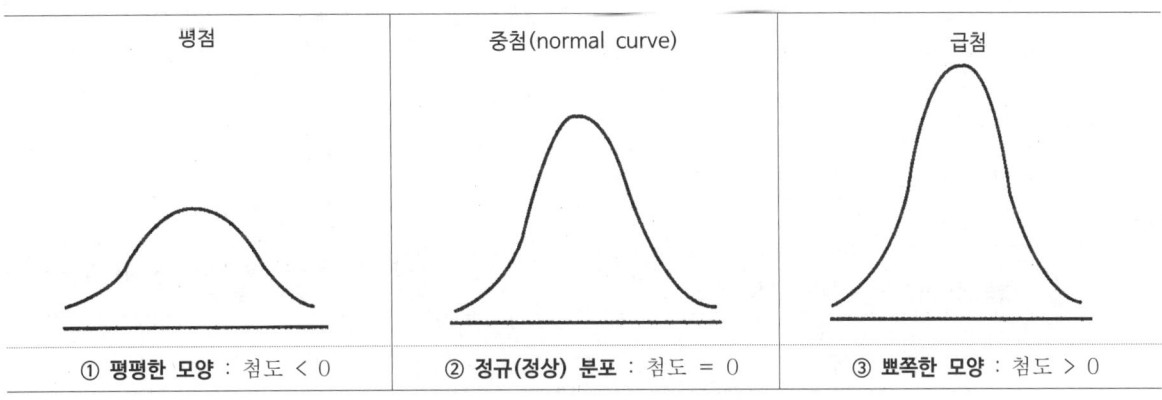

평점	중첨(normal curve)	급첨
① **평평한 모양** : 첨도 < 0	② **정규(정상) 분포** : 첨도 = 0	③ **뾰족한 모양** : 첨도 > 0

5. 원점수

변환점수 : (1) 백분위수(백분위점수)

(2) 표준점수 - ① Z점수($Z = \dfrac{X - \overline{X}}{s}$ · $Z' = \dfrac{\overline{X} - X}{s}$)

② T점수(T=50+10Z)

61. 백분위 점수 - ㉠·㉡·㉢에 해당하는 백분 점수를 차례대로 쓰시오. 2014

준거지향평가(성취평가제)	
중고강도 신체활동 참여시간 (분/일)	성취등급
90분 이상	우수
60분 이상	보통 (성취)
60분 미만	미흡

규준지향평가	
○○ 중학교 중고강도 신체활동 참여시간	
백분위	분/일
>99	180
95	100
㉠75	60
㉡50	40
㉢25	30
5	20
<1	10
평균치	50
표준편차	20

답 **60**, **40**, **30**

62. 학생 체력왕을 선발하기 위하여 '1600미터달리기'·'팔굽혀펴기'·'제자리멀리뛰기'·'50미터달리기'·'앉아윗몸앞으로굽히기' 등의 5개 항목으로 구성된 체력검사를 실시하였다. 5개 항목의 측정치를 합산하여 종합 체력점수를 산출하려고 한다.

(1) 측정치의 원점수를 직접 합산할 수 없는 이유를 설명하시오.

답 **측정단위**가 서로 다르기 때문이다.

(2) '1600미터달리기'·'팔굽혀펴기'·'제자리멀리뛰기'·'50미터달리기'·'앉아윗몸앞으로굽히기' 등의 5개 항목의 측정단위를 차례대로 쓰시오.

답 **분초**, **회**, **cm**, $\dfrac{1}{10}$**초**, **cm**

(3) 각 항목의 측정치를 합산하기 위한 가장 합리적인 방법을 쓰시오.

답 **표준점수**를 활용한다.

Z점수(**T**점수) 또는 **백분위**점수를 활용한다.

높은 점수(기록) - 높은 성적	낮은 점수(기록) - 높은 성적
$Z = \dfrac{X - \overline{X}}{S}$	$Z' = \dfrac{\overline{X} - X}{S}$

63. 다음은 한 학생의 3종목 체력 점수를 학급 평균과 비교한 자료이다.

종목	기록 X	학급 평균 $\overline{X}$	표준편차 $s(SD)$	Z점수		T점수	백분위점수
오래달리기걷기(초)	510	510	120	0	($Z'=\dfrac{\overline{X}-X}{s}$)	50	**50**
앉아윗몸앞으로굽히기(cm)	15	12	6	0.5	($Z=\dfrac{X-\overline{X}}{s}$)	55	**69.15**
제자리멀리뛰기(cm)	260	210	50	1	($Z=\dfrac{X-\overline{X}}{s}$)	60	**84.13**

(1) 백분위 점수로는 제자리멀리뛰기가 가장 높은 이유를 서술하시오.

답 제자리멀리뛰기의 Z점수와 T점수가 다른 2종목보다 **크기** 때문이다.

(2) Z점수로 가장 높은 점수를 받은 종목인 제자리멀리뛰기의 Z점수를 구하시오.

답 $Z = \dfrac{260cm - 210cm}{50cm} = 1$

(3) 3종목을 잘한 종목 순으로 차례대로 쓰시오.

답 **제자리멀리뛰기 > 앉아윗몸앞으로굽히기 > 오래달리기**

(4) 이 학생의 3종목 체력 점수가 학급에서 중간 이상이라고 말할 수 있는 이유를 쓰시오.

답 제일 못한 **오래달리기-걷기**의 Z점수가 '**0**'이고, T점수가 '**50**'이기 때문에 이 학급의 평균 또는 중간 이상이라고 할 수 있다.

(5) 3종목의 백분위점수(PR)와 백분점수(P)를 아래의 <그림>에 근거하여 쓰시오.

	오래달리기걷기(초)	앉아윗몸앞으로굽히기(cm)	제자리멀리뛰기(cm)
백분위점수	**50**	**69.15**	**84.13**
백분점수	**510**	**15**	**260**

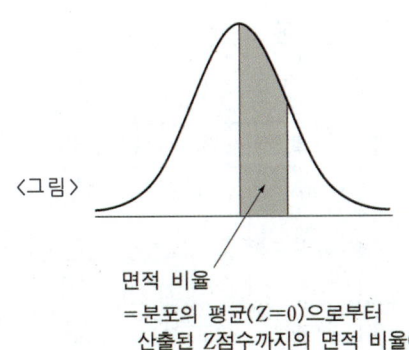

<그림>
면적 비율
= 분포의 평균(Z=0)으로부터 산출된 Z점수까지의 면적 비율(%)

표준정상분포곡선 수표

Z	면적 비율	Z	면적 비율
0.0	0.00	1.1	36.43
0.1	3.98	1.2	38.49
0.2	7.93	1.3	40.32
0.3	11.79	1.4	41.92
0.4	15.54	1.5	43.32
0.5	19.15	1.6	44.52
0.6	22.57	1.7	45.54
0.7	25.80	1.8	46.41
0.8	28.81	1.9	47.13
0.9	31.59	2.0	47.72
1.0	34.13	이하생략	

64. 다음은 김 교사가 제안하는 여자 축구팀 선발 원칙이다.

⟨ 축구팀 선발 원칙 ⟩
▫ 체력검사항목으로 심폐지구력과 민첩성을 선정
▫ 왕복 오래달리기, 사이드 스텝 검사 실시

모집단 특성	평균	표준편차
왕복 오래달리기(회)	55	5
사이드 스텝(회)	34	3

(단, 정상 분포를 가정함)

⇨ 두 검사에서 모두 상위 2.5% 이상에 해당하는 학생을 선발한다.

개인측정결과	은희	지숙	유리	은혜
왕복오래달리기(회)	68	66	67	70
사이드스텝(회)	44	41	47	42

(1) 평균과 표준편차를 활용하여 상위 2.5% 이상에 해당하는 원점수(X)를 쓰시오.

답 평균 + 2 표준편차 = $\overline{X}$ + 2s

평균 + **1.96** 표준편차 = $\overline{X}$ + **1.96**s

(2) 두 검사의 $\overline{X}+2SD$를 쓰시오.

○ 왕복 오래달리기(회) : **55 + 2(5) = 65**

○ 사이드 스텝(회) : **34 + 2(3) = 40**

(3) 4명 학생의 각 검사 측정 결과와 각 검사의 $\overline{X}+2SD$를 비교한 표이다. 선발된 학생의 이름을 쓰시오.

$\overline{X}+2SD$	은희	지숙	유리	은혜
왕복 오래달리기 (65)	68 > 65	66 > 65	67 > 65	70 > 65
사이드 스텝 (40)	44 > 40	41 > 40	47 > 40	42 > 40

답 **은희, 지숙, 유리, 은혜**

왕복 오래달리기	은희	지숙	유리	은혜
X	68	66	67	70
$\overline{X}$	55	55	55	55
s	5	5	5	5
Z	$\frac{68-55}{5}$	$\frac{66-55}{5}$	$\frac{67-55}{5}$	$\frac{70-55}{5}$

사이드스텝	은희	지숙	유리	은혜
X	44	41	47	42
$\overline{X}$	34	34	34	34
s	3	3	3	3
Z	$\frac{44-34}{3}$	$\frac{41-34}{3}$	$\frac{47-34}{3}$	$\frac{42-34}{3}$

65. 다음은 임 교사가 작성한 학교 스포츠클럽의 하키부 여학생 최미소에 대한 개인별 맞춤 훈련 지침이다.

개인별 다음 날의 훈련 강도 결정 방법
1. 개인별 에너지 소비량 산출
2. 팀 평균 800kcal, 표준편차 100kcal와 비교
3. 표준점수(z)　+2SD 이상 : 다음 날 **약한 강도**로 훈련 　 표준점수(z)　+2SD 미만 : 다음 날 **일반 강도**로 훈련

(1) $\overline{X} + 2SD$의 값을 쓰시오.

답 **800**kcal + 2(**100**kcal) = **1000** kcal

(2) 최미소의 에너지 소비량은 960kcal일 경우 다음 날 훈련 강도를 쓰시오.

답 **일반 강도** (**960** kcal < **1000** kcal)

66. 다음은 전국 학교스포츠클럽 창작 댄스 대회 심사 결과이다. 심사위원 A와 B가 심사한 이희망의 Z점수를 각각 구하시오. 2014

전국 학교스포츠클럽 창작 댄스 대회

이희망 심사 결과(정상분포를 가정)　　　(단위 : 점)

구분	전체 평균 ± 표준편차 ($\overline{X} \pm SD$)	개인점수 (X)
심사위원 A	42 ± 5	51
심사위원 B	67 ± 4	65

답

구분	개인점수 X	전체평균 $\overline{X}$	표준편차 $s(SD)$	Z점수
심사위원 A	51	42	5	$Z = \dfrac{51-42}{5}$ = **1.8**
심사위원 B	65	67	4	$Z = \dfrac{65-67}{4}$ = **-0.5**

67. 다음의 (가)는 ○○고등학교 학생건강체력평가 결과이다. 2017

(가) 학생건강체력평가 결과

성 명 \ 체력평가 항목	오래달리기-걷기 (초)	제자리멀리뛰기 (cm)	...
이철수	405	235	...
김민수	350	260	...
박영수	360	250	...
⋮	⋮	⋮	...
전체평균±표준편차	400±50	242±10	...

※ 각 체력평가 항목 결과는 표준정규분포를 가정함.

문1. 김민수 학생의 오래달리기-걷기와 제자리멀리뛰기 기록의 Z점수를 각각 산출하여 순서대로 쓰시오.

답

○ 오래달리기-걷기

원자료	평균	평균편차	표준편차	표준점수 Z값
X	$\overline{X}$	$\overline{X} - X$	s	$Z = \dfrac{\overline{X} - X}{s}$
350초	400초	50초	50초	**1**

○ 제자리멀리뛰기

원자료	평균	평균편차	표준편차	표준점수 Z값
X	$\overline{X}$	$X - \overline{X}$	s	$Z = \dfrac{X - \overline{X}}{s}$
260cm	242cm	18cm	10cm	**1.8**

문2. 오래달리기-걷기와 제자리멀리뛰기 기록의 Z점수 산출 공식이 다른 이유를 각각 서술하시오.

답 오래달리기-걷기는 기록이 **낮**을수록 **높**은 성적이기 때문이고, 제자리멀리뛰기는 기록이 **높**을수록 **높**은 성적이기 때문이다.

문3. 오래달리기-걷기의 평균편차를 $X - \overline{X}$를 하지 않고, $\overline{X} - X$로 한 이유를 서술하시오.

답 오래달리기-걷기는 기록이 **낮**을수록 **높**은 성적이기 때문이다.

68. (나)는 학생 건강 체력 측정 결과를 보고 나눈 대화이다. 괄호 안의 ⓒ에 해당하는 용어를 쓰시오. 2019

(나) 학생 건강 체력 측정 결과에 대한 대화

	학생 건강 체력 측정 결과	
체력 항목 / 성명	심폐지구력 왕복오래달리기(회)	근지구력 윗몸말아올리기(회)
강태훈	35	32
김태민	33	30
⋮	⋮	⋮
⋮	⋮	⋮
김민수	30	30
평균	37	31
표준편차	2	1

오 교사 : 태훈이는 왕복오래달리기가 35회, 윗몸말아올리기가 32회로 심폐지구력이 더 좋은 것 같습니다.

최 교사 : 측정 횟수를 표준화하여 상대적으로 비교해 봐야지요. 표준점수(Z점수)에 10을 곱하고 50을 더해서 더 편리하게 상대적 수준을 볼 수 있는 (ⓒ)을/를 계산해 보면, 태훈이는 왕복오래달리기가 40, 윗몸말아올리기가 60으로 산출됩니다. 따라서 태훈이는 근지구력이 심폐지구력보다 상대적으로 더 좋다고 볼 수 있습니다.

답 ⓒ **T점수**

체력 항목 / 성명		심폐지구력 왕복오래달리기(회)	근지구력 윗몸말아올리기(회)
강태훈	X	35	32
평균	$\overline{X}$	37	31
표준편차	s	2	1
Z점수 = $\dfrac{X-\overline{X}}{s}$		$Z = \dfrac{35-37}{2} = -1$	$Z = \dfrac{32-31}{1} = +1$
T점수 = 50 + 10Z		T = 50 + 10(−1) = 40	T = 50 + 10(+1) = 60

T점수

T점수는 **평균이 50점**이고 **표준편차가 10점**인 변환 점수로, **Z점수**가 음수와 양수를 모두 갖는 반면 **T점수**는 모두 양수라는 점에서 간편하다. T점수의 계산 방법은 아래와 같다.

$$T점수 = 50 + 10 \times (Z점수)$$

$$Z = \dfrac{T-50}{10}$$

스포츠지도사 기출문제 & 서답형

69. 단위가 서로 다른 검사에서 얻은 점수를 비교할 때 사용되는 변환 점수는?
① 표준오차　　　② 상관계수
③ 표준점수　　　④ 표준편차

70. 백분위수, Z점수 등 한 집단 내에서의 상대적인 위치를 나타내는 점수를 통칭하는 용어는?
① 준거점수　　　**② 표준점수**
③ 오차점수　　　④ 진점수

72. 표준점수의 특징으로 가장 옳은 것은? *2019*
① 변환점수이므로 평균을 계산할 수 없다(×).
② 측정단위가 다른 두 점수를 비교할 수 있다.
③ 두 변인의 표준편차가 동일할 때만 사용한다(×).
④ 점수 분포의 흩어진 정도를 나타내는 지수이다. → 표준편차

73. 남자 대학생 턱걸이의 평균이 15회이고, 표준편차가 4일 때 턱걸이를 13회한 학생의 턱걸이 표준점수(Z-score)는?
가. -1　**나. -0.5**　다. 0.5　라. 1

75. 다음 표의 체력검사 결과에 대한 설명으로 옳은 것은? *2018*

구분	체력검사 항목		
	100m 달리기	윗몸앞으로굽히기	윗몸일으키기
검사결과	12초	5cm	60개
평균	13초	7cm	50개
표준편차	1	2	5
Z점수	-1	-1	2

① 윗몸일으키기가 가장 우수하다.
② 100m 달리기가 가장 우수하다(×).
③ 각 체력항목이 다르기 때문에 비교할 수 없다(×).
④ 윗몸앞으로굽히기와 윗몸일으키기는 동일한 수준이다(×).

71. <보기>의 내용이 뜻하는 용어를 쓰시오.

<보 기>
○ 단위가 서로 다른 검사에서 얻은 점수를 비교할 때 사용되는 변환 점수이다.
○ 백분위수, Z점수 등 한 집단 내에서의 상대적인 위치를 나타내는 점수를 통칭하는 용어이다.

답 **표준점수**

74. 남자 대학생 턱걸이의 평균이 15회이고, 표준편차가 4일 때 턱걸이를 13회한 학생의 턱걸이 표준점수(Z-score)를 구하시오.

답 **-0.5**

76. <표>는 체력검사 결과에 대한 설명이다. *2018*

(1) <표>에서 옳지 않은 것을 골라 수정하시오.
답 **100m 달리기의 Z점수가 -1이 아니라, +1이다.**

(2) 가장 우수한 체력검사 항목부터 순서대로 쓰시오.
답 **윗몸일으키기 > 100m 달리기 > 윗몸앞으로굽히기**

(3) 각 체력검사 항목이 달라도 비교할 수 있는 이유를 기술하시오.
답 **측정단위를 통일**시키는 Z점수를 활용하기 때문이다.

(4) 윗몸앞으로굽히기와 윗몸일으키기의 우열 비교를 '백분위[철]수의 한계점을 해결하는 Z점수의 장점'에 근거하여 서술하시오.
답 윗몸앞으로굽히기보다 윗몸일으키기를 **3**정도 잘한다.

77. 다음 표의 체력검사 결과에 대한 해석으로 옳은 것은?(단, 정상분포를 가정)

이름	항목	근력 (악력, kg)	심폐지구력 (PACER, 회)	유연성 (좌전굴, cm)
	피검자	35	27	16
동일 연령	평균	30	24	10
	표준편차	2.5	3	4

① **근력, 심폐지구력, 유연성 중에서 근력이 가장 우수하다.**
② 심폐지구력이 유연성에 비해 상대적으로 더 우수하다.(×)
③ 심폐지구력은 동일연령의 상위 10% 이내에 속한다 (×).
④ 체력의 항목별 상대비교는 불가능하다(×).

78. 다음 표의 체력검사의 Z점수를 각각 쓰고, 가장 우수한 체력부터 순서대로 쓰시오.(단, 정상분포를 가정함).

이름	항목	근력 (악력, kg)	심폐지구력 (PACER, 회)	유연성 (좌전굴, cm)
	피검자	35	27	16
동일 연령	평균	30	24	10
	표준편차	2.5	3	4
	Z점수	**2**	**1**	**1.5**

답 **근력, 유연성, 심폐지구력**

79. 다음 <표>는 성인 남자 표본 100명의 체력검사 결과를 모집단과 비교하여 나타낸 것이다. 표본집단의 체력검사 결과에 대한 해석으로 옳은 것은? (단, 모집단의 결과는 정규분포를 가정함)

체력 (검사)	근지구력 (윗몸일으키기, 회/분)	심폐지구력 (1600m오래달 리기, 초)	유연성 (앉아윗몸앞으 로굽히기, cm)
표본 평균	40	540	13
모집단 평균	35	520	10
Z-점수	1.8	1.0 → −1.0	0.8

① 표본의 심폐지구력은 모집단보다 평균적으로 더 우수하다(×).
② 표본의 유연성은 모집단보다 평균적으로 우수하지 않다 (×).
③ 표본의 심폐지구력은 유연성보다 상대적으로 더 우수하다(×).
④ **표본의 근지구력 평균은 모집단의 상위 5%에 속한다.**

80. <표>에서 Z점수를 구하는 공식이 다른 체력(검사) 1가지를 쓰고, 그 이유를 기술하시오.

체력 (검사)	근지구력 (윗몸일으키기, 회/분)	심폐지구력 (1600m오래달 리기, 초)	유연성 (앉아윗몸앞으 로굽히기, cm)
표본 평균	40	540	13
모집단 평균	35	520	10
Z-점수	1.8	1.0 → −1.0	0.8

답 체력(검사) : 심폐지구력(1600m오래달리기, 초)
　 이유 : **기록**이 낮을수록 **성적**이 우수하기 때문이다.

81. <보기>는 A시에 소재하는 건강증진센터 성인 남자 회원 B의 팔굽혀펴기와 윗몸일으키기 기록, 정규분포 곡선에서 z-점수의 확률(p)이다. <보기>에 대한 해석으로 옳은 것은? (단, A시 성인 남자 모집단의 검사결과는 정규분포를 가정함) 2018

<보기>

구분	회원 B의 기록	모집단		z-점수
		평균	표준편차	
팔굽혀펴기(회/분)	44	35	6	(㉠)
윗몸일으키기(회/분)	60	52	5	(㉡)

z-점수	p
1.40	8.08%
1.50	6.68%
1.60	5.48%
1.70	4.46%

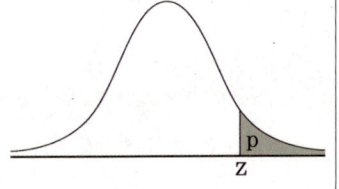

① ㉠의 값이 ㉡의 값보다 크다(×).
② 회원 B의 팔굽혀펴기와 윗몸일으키기 기록은 모두 모집단의 상위 5.50%에 속한다(×).
③ **모집단에서 회원 B보다 팔굽혀펴기를 더 잘 하는 성인 남자의 비율은 6.68%이다.**
④ 모집단에서 회원 B보다 윗몸일으키기를 더 잘 하는 성인 남자의 비율은 4.46%이다(×).

82. <보기>는 A시에 소재하는 건강증진센터 성인 남자 회원 B의 팔굽혀펴기와 윗몸일으키기 기록, 정규분포 곡선에서 z-점수의 확률(p)이다. ㉠과 ㉡의 값을 각각 구하시오. (단, A시 성인 남자 모집단의 검사결과는 정규분포를 가정함) 2018

<보기>

구분	회원 B의 기록	모집단		z-점수
		평균	표준편차	
팔굽혀펴기(회/분)	44	35	6	(㉠)
윗몸일으키기(회/분)	60	52	5	(㉡)

z-점수	p
1.40	8.08%
1.50	6.68%
1.60	5.48%
1.70	4.46%

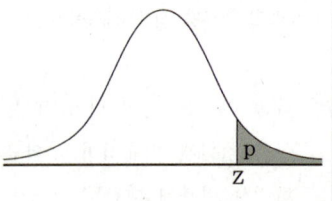

답 ㉠ **1.5**, ㉡ **1.6**

83. 다음 표는 K 선수의 3종목 체력점수를 전체 선수 40명의 평균, 표준편차와 비교한 자료이다. 자료 해석으로 옳지 않은 것은? 2019

종 목	K 선수	팀 평균	표준편차	T점수
오래달리기(sec)	510	510	120	50
앉아윗몸앞으로굽히기(cm)	15	12	6	55
제자리멀리뛰기(cm)	260	210	50	60

① K 선수의 앉아윗몸앞으로굽히기 Z점수는 0.5 이다.
② K 선수의 백분위 점수는 제자리멀리뛰기가 가장 높다.
③ K 선수가 가장 잘한 종목은 제자리멀리뛰기이다.
④ **K 선수의 오래달리기 기록은 전체에서 30등이다.** → 20등

84. 다음 그래프는 남성 노인의 의자에앉았다일어서기 검사의 결과를 나타낸 것이다. 그래프에 대한 설명으로 옳은 것은(단, 모든 연령 집단의 검사 결과는 정규분포를 가정함)? 2018

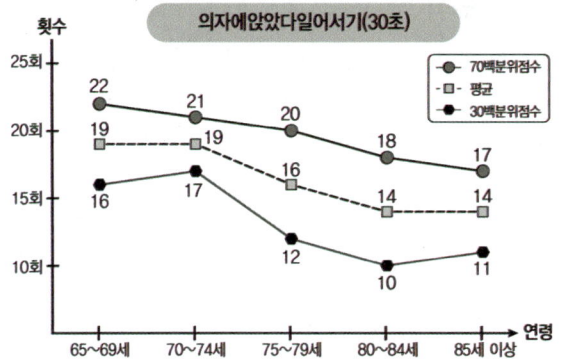

① 75~79세 측정대상자들 중 기록이 20회 이하인 비율은 70%이다.
② 기록이 19회인 67세와 71세 측정대상자들의 z-점수는 다르다(×).
③ 80~84세 집단과 85세 이상 집단에서 기록이 18회 이상인 측정대상자들의 비율은 같다(×).
④ 기록이 16회인 78세 측정대상자와 14회인 87세 측정대상자의 백분위점수는 다르다(×).

85. 그래프는 남성 노인의 의자에앉았다일어서기 검사의 결과를 나타낸 것이고, <보기>는 그래프에 대한 설명이다(단, 모든 연령 집단의 검사 결과는 정규분포를 가정함). 2018

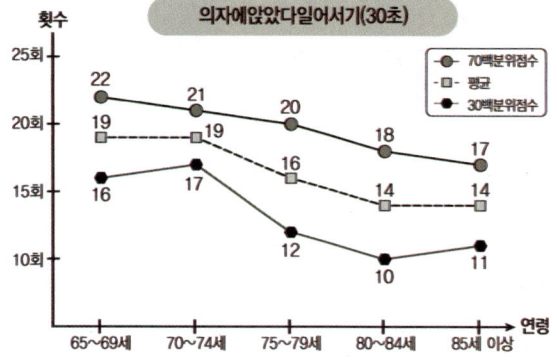

(1) 평균의 Z점수와 백분위점수를 각각 쓰시오.
답 Z점수 : **0**
 백분위 점수 : **50**

(2) <보기>에서 괄호 안의 ㉠, ㉡에 해당하는 용어를 순서대로 쓰시오.

<보기>
70백분위점수는 (㉠) 30%에 해당하는 기록을 의미하고, 30백분위점수는 (㉡) 30%에 해당하는 기록을 의미한다.

답 ㉠**상위**, ㉡**하위**

86. 운동부하검사 시 심박수에 관한 설명으로 옳지 않은 것은?
① 운동강도가 증가함에 따라 심박수가 직선적으로 증가하는 것은 정상적인 반응이다.
② 검사 시 측정된 최대심박수가 예측된 최대심박수 보다 1SD(표준편차) 이상 낮게 나타나면 심박수변동부전(chronotropic incompetence)으로 판단한다(×).
③ 심박변동지수(CI)는 임의의 운동강도에서 여유대사량의 백분율에 대한 여유심박수의 백분율의 비로 계산한다.
④ 운동부하검사 종료 후 활동적 휴식(회복 시 걷기) 시 심박수 감소가 초기 1분 동안 12회 이하인 것은 비정상 반응이다.

87. 한 집단의 대상자로부터 악력을 측정한 후 측정값들을 z-점수, T-점수, 백분위수 등과 같은 표준점수로 변환하였다. 다음 중 표준점수에 대한 설명으로 옳지 않은 것은? 2019

① 한 집단 내에서 z점수로 변환한 점수들의 평균은 0, 표준편차는 1.0이다.
② **분포의 모양이 정적 편포**(positively skewed distribution)**일 때 z점수 0과 백분위수 50은 원점수(raw score)가 같다.**
③ 백분위수 70은 집단 내에 이 점수보다 낮은 점수를 기록한 사람이 70%라는 의미이다.
④ 표준점수는 집단에 속한 다른 대상자들의 점수와 비교하여 각 점수의 상대적인 위치를 나타내기 위하여 사용한다.

88. 그래프에 제시된 결과는 3개의 서로 다른 집단 A, B, C(각 집단 100명)에 대한 악력(kg) 검사 자료의 통계치를 나타낸 것이다. 자료에 극단치(outlier)는 없었으며, 그래프에는 25백분위수와 75백분위수가 제시되어 있다. 아래 결과에 대한 해석으로 옳은 것은? 2019

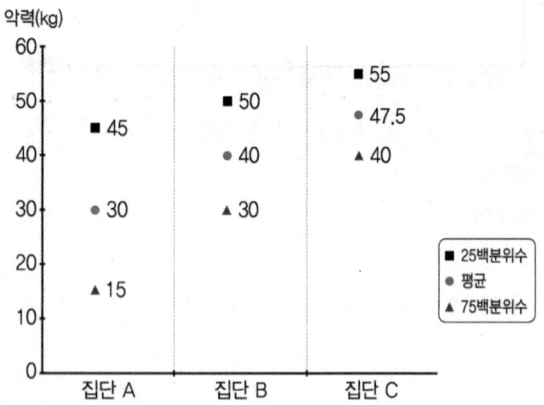

① **집단 C가 집단 A와 B에 비하여 악력이 우수한 집단이다.**
② 악력에 있어서 집단 A가 집단 C에 비하여 대상자들이 더 동질적이다. → 이질적이다.
③ 집단 B에 속한 약 50%의 대상자들의 악력이 약 50kg 또는 그 이상이다.
④ 집단 C에 속한 약 50%의 대상자들의 악력이 40kg 또는 그 이하이다.

이기봉 Q&A 재구성

89. (측정) 단위가 다른 두 검사 점수를 비교할 때 사용할 수 있는 방법을 설명하시오. 기출문제

답 두 종목의 측정 단위가 틀려 직접적인 비교가 어려워지므로, 두 점수 모두 변환 점수로 변형하여 측정의 단위를 동일하게 만들어 줄 필요가 있다. 대표적인 변환 점수에는 **백분위수**와 **표준점수**가 있다.

여러 가지 표준점수

① T점수 = 50 + 10Z   ② C점수 = 5 + 2Z   ③ H점수 = 50 + 14Z

· 평균 : 50   · 평균 : 5   · 평균 : 50

· 표준편차 : 10   · 표준편차 : 2   · 표준편차 : 14

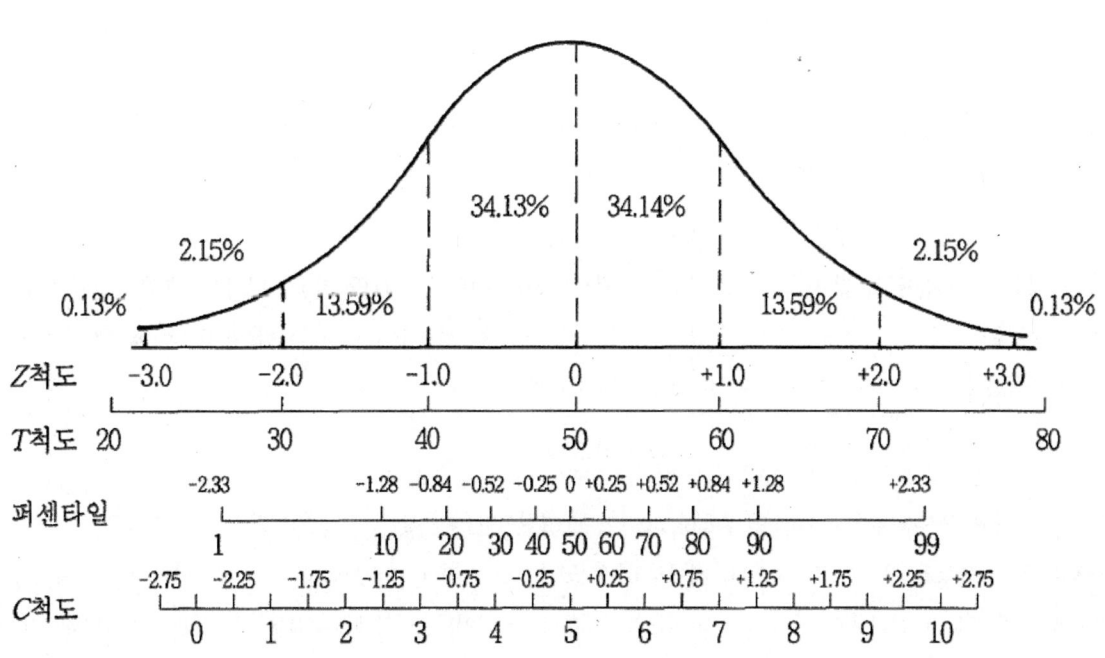

변환 점수

변환 점수란 **원점수를 평균과 표준편차를 이용하여 변형한 점수**로, **측정의 단위가 다른 종목 간 능력을 비교**하거나 **서로 다른 집단에서 동일한 점수를 얻은 피험자의 능력을 비교**하는데 사용될 수 있다.

예 길동이가 학교에서 체력검사를 실시했는데, 제자리멀리뛰기는 250cm, 팔굽혀펴기는 36개를 했다면, 길동이는 학급의 평균과 비교했을 때 어떤 종목을 더 잘 했을까?

이 경우에는 두 종목의 측정 단위가 틀려 직접적인 비교가 어려워지므로, 두 점수 모두 변환 점수로 변형하여 **측정의 단위를 동일**하게 만들어 줄 필요가 있다. 즉, 체육 교사, 지도자, 연구자들이 두 개 이상의 점수를 비교하거나 추후 다른 분석을 하고자 할 때 변환 점수를 이용할 수 있는 것이다. 대표적인 변환 점수에는 **백분위수**(percentile)와 **표준점수**(standard score)가 있다.

1) 백분위수

백분위수는 백분위 점수라고도 하며, **측정치를 크기에 따라 백등분 했을 때 각 등분에 해당하는 점수**를 의미한다.

예 **중앙값은 50 백분위수**이며, **사분위편차는 75백분위수에서 25백분위수를 뺀 범위**이다.

① 여기에서 한 가지 주의해야 할 것은 **백분위수**는 어떤 측정치를 백 등분했을 때 그 등분에 해당하는 원점수라는 것이다. 즉, 상기한 예에서 길동이네 학급의 제자리멀리뛰기 기록에서 70백분위수가 250cm라면, 길동이의 기록인 250cm보다 낮은 기록을 가진 학생이 이 학급의 70%가 된다(상위 30%)는 것이다.

② 백분위수를 이용할 때 한 가지 더 주의해야 할 사항은 **백분위수에 해당하는 원점수 간 차이가 항상 동일하지 않다**는 것이다.

예 어떤 학급의 왕복 달리기 측정치에서 A, B, C 학생의 원점수가 각각 30, 50, 70백분위수라고 할 때, A와 B의 차이와 B와 C의 차이가 다를 수 있다. 왜냐하면, 10백분위수와 20백분위수 사이의 기록을 나타낸 사례수와 80백분위수와 90백분위수 사이의 기록을 나타낸 사례수가 동일한 것일 뿐, 각 백분위수에 해당하는 원점수 간 차이가 항상 동일한 것은 아니기 때문이다.

따라서, 백분위수의 분포(X축은 백분위, Y축은 사례수인 분포)는 정규분포처럼 분포의 모양을 통해 편포에 대한 정보를 얻기 어렵다.

③ 또한, 백분위수는 **두 원점수 간 대소의 비교는 가능**하나, **구체적으로 어느 정도 크고 작은가를 판단하기 어렵다.** 이러한 난점을 극복할 수 있는 것이 **표준점수**라 할 수 있다.

2) 표준점수

표준점수는 **개인의 점수(X)에서 평균($\overline{X}$)을 뺀 점수** 즉, **편차점수(X-$\overline{X}$)를 그 개인이 속한 집단의 표준편차(s)로 나누어준 값**으로, **Z점수**라고도 한다. 점수 분포가 정규 분포 한다면 Z점수는 원점수의 분포를 **평균이 0**이고 **표준편차가 1**인 점수 분포로 변환한 점수이다. Z점수를 계산하는 공식은 다음과 같다.

$$Z = \frac{X - \overline{X}}{s}$$

예 만약, 어떤 대학교 입시생들의 실기 점수 평균이 80점인데, 영철이라는 학생이 80점을 얻었다면, 영철이의 실기 점수를 Z점수로 환산했을 때 0이 될 것이다. 왜냐하면 위 공식에서 분자에 해당하는 값 즉, 영철이의 점수에서 그 집단의 평균 점수를 뺀 값이 0이 되기 때문에 Z점수는 0이 되는 것이다. 여기에서 **Z점수 0**의 의미는 영철이의 실기 점수가 입시생 집단의 **중앙값** 즉, **50백분위수($P_{50}=Q_2$)**라는 것이다.

어떤 집단의 점수 분포가 정규 분포 한다면 원점수와 표준점수(Z점수)는 다음과 같은 관계를 갖는다.

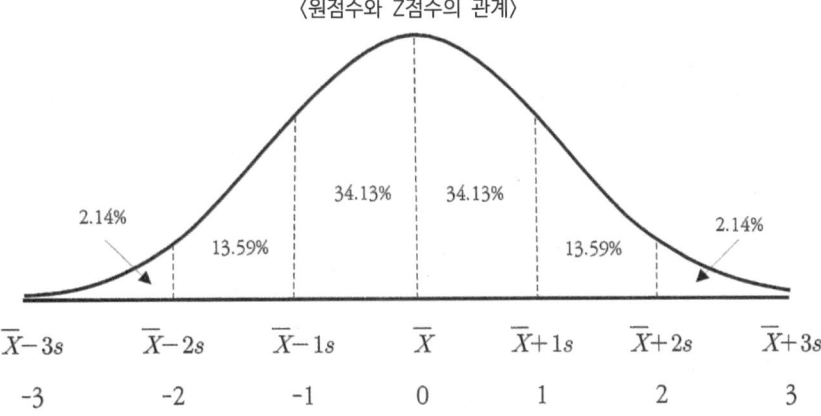
〈원점수와 Z점수의 관계〉

위 그림에서 $\overline{X}$는 **평균**이며, s는 **표준편차**이고, '-3, -2, -1, 0, 1, 2, 3'은 **Z점수**이다. 어떤 집단의 원점수가 정규 분포한다고 가정했을 때, 평균으로부터 표준편차의 거리만큼 떨어져 있는 원점수의 표준점수는 절대값이 1씩 커진다. 즉, 평균으로부터 표준편차의 두 배의 거리만큼 우측으로 떨어져 있는 원점수의 Z점수는 2가 된다. 이러한 특징 때문에 백분위수와 달리 **표준점수**에서는 비교하고자 하는 두 점수를 구체적으로 비교해 볼 수 있다. 왜냐하면, 서로 다른 두 분포상의 점수를 Z점수로 변환할 경우 서로 다른 분포를 **평균이 0**이고 **표준편차가 1**인 동일한 척도로 변환할 수 있기 때문이다.

🖙 중 3인 길동이가 앉아윗몸앞으로굽히기(좌전굴) 10cm, 50m달리기 7.5초를 기록했다면, 길동이는 어떤 종목에서 더 좋은 점수를 기록한 것일까? (단 길동이 학급의 앉아윗몸앞으로굽히기(좌전굴) 평균이 11cm, 표준편차가 2cm, 50m달리기 평균이 7.0초, 표준편차가 2.0초였다면?)

🖙 길동이가 기록한 두 종목의 Z점수는 각각 -0.5와 0.25가 될 것이다. 그러나 50m달리기는 기록이 낮을수록 좋은 기록이므로 길동이의 실제적인 50m달리기의 Z점수는 -0.25가 된다. 길동이의 **50m달리기의 Z점수는 -0.25**로 **앉아윗몸앞으로굽히기(좌전굴)의 Z점수인 -0.5**보다 크므로, 길동이는 학급에서 앉아윗몸앞으로굽히기(좌전굴)보다 50m달리기를 Z점수 0.25 정도 더 잘한다고 판단할 수 있다.

길동이	원자료(X)	평균($\overline{X}$)	표준편차(s)	Z점수 공식 및 Z값
좌전굴	10cm	11cm	2cm	$Z = \dfrac{X - \overline{X}}{s} = \dfrac{10_{cm} - 11_{cm}}{2_{cm}} = -0.5$
50m 달리기	7.5초(sec)	7.0초(sec)	2.0초(sec)	$Z' = \dfrac{\overline{X} - X}{S} = \dfrac{7.0_{sec} - 7.5_{sec}}{2_{sec}} = -0.25$

위 그림에서 **Z점수들 사이에 나타낸 비율**은 무엇을 뜻하는 것일까? 이 비율은 점수가 정규 분포한다면, 각 **Z점수들 사이의 원점수를 나타내는 사례수의 비율**을 의미한다.

🖙 어떤 대학교 남학생 100명을 대상으로 체지방률을 측정한 결과 측정치의 분포가 정규 분포하였고, 평균이 15, 표준편차가 2였다. 측정에 참여한 학생 중 평균($\overline{X}$)인 15에서 (+1) 표준편차(s)인 17 사이의 체지방률을 나타낸 학생은 **34명**이라는 것이다.

위 그림에서 정규 분포하는 점수 분포에서 Z점수가 ±2점을 벗어나는 원점수는 극단의 값으로 판단하면 된다. 지금까지 알아본 바와 같이 어떤 점수 분포가 정규 분포한다고 가정할 수 있다면, ①측정의 단위가 다른 두 점수를 비교하거나, ②서로 다른 특징을 갖고 있는 두 집단의 동일 종목 측정치 간 비교도 가능하며, ③특정 점수 간 사례수를 계산할 수 있는 **장점**이 있다.

☞ 6. 면적비율 - Z점수에 대한 백분위

90. 다음은 한 학생의 체력 점수를 학급 평균과 비교한 자료이다.

종목 (cm)	기록 X	학급 평균 $\overline{X}$	표준편차 $s(SD)$
앉아윗몸앞으로굽히기	15	12	6

(1) 앉아윗몸앞으로굽히기의 Z점수와 T점수를 구하시오.

답 ○ $Z = \dfrac{X - \overline{X}}{s} = \dfrac{15 - 12}{6} = 0.5$

○ T = **50** + **10** Z = **50** + **10** · (**0.5**) = **55**

(2) 앉아윗몸앞으로굽히기의 면적 비율, 백분위점수를 차례대로 쓰시오.

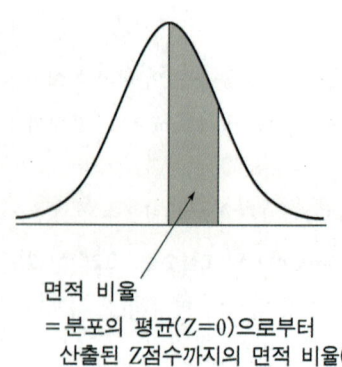

표준정상분포곡선 수표

Z	면적 비율	Z	면적 비율
0.0	0.00	1.1	36.43
0.1	3.98	1.2	38.49
0.2	7.93	1.3	40.32
0.3	11.79	1.4	41.92
0.4	15.54	1.5	43.32
0.5	19.15	1.6	44.52
0.6	22.57	1.7	45.54
0.7	25.80	1.8	46.41
0.8	28.81	1.9	47.13
0.9	31.59	2.0	47.72
1.0	34.13	이하생략	

답 면적비율 : **19.15**, 백분위점수 : **69.15** (∵ **50** + 19.15 = **69.15**)

(3) 다음을 바르게 수정하여 서술하시오.

> 학급의 학생 중 55%가 이 학생보다 앉아윗몸앞으로굽히기를 더 잘한다.

답 학급의 학생 중 **30.85**% [(**50** - **19.15**) or (100 - 69.15)]가 이 학생보다 앉아윗몸앞으로굽히기를 더 잘한다.

(4) 이 학생의 앉아윗몸앞으로굽히기의 기록이 상위 몇 %인지를 산출하시오.

답 상위 **30.85**%

91. 다음은 전국 학교스포츠클럽 창작 댄스 대회 심사 결과이다. 제시된 '표준정상분포곡선 수표'에 근거하여 심사위원 A와 B가 이○○에게 부여한 개인 점수의 **백분위** 차이를 구하시오(단, 소수점 이하 둘째 자리까지 제시함). 2014

전국 학교스포츠클럽 창작 댄스 대회

이희망 심사 결과(정상분포를 가정) (단위 : 점)

구분	전체 평균 ± 표준편차 ($\overline{X} \pm SD$)	개인점수 (X)
심사위원 A	42 ± 5	51
심사위원 B	67 ± 4	65

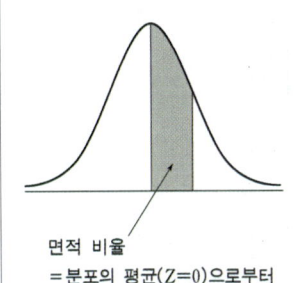

면적 비율
= 분포의 평균(Z=0)으로부터 산출된 Z점수까지의 면적 비율(%)

표준정상분포곡선 수표

Z	면적 비율	Z	면적 비율
0.0	0.00	1.1	36.43
0.1	3.98	1.2	38.49
0.2	7.93	1.3	40.32
0.3	11.79	1.4	41.92
0.4	15.54	1.5	43.32
0.5	19.15	1.6	44.52
0.6	22.57	1.7	45.54
0.7	25.80	1.8	46.41
0.8	28.81	1.9	47.13
0.9	31.59	2.0	47.72
1.0	34.13	이하생략	

〈심사위원 A와 B가 심사한 이희망의 Z점수〉

구분	개인점수 X	전체평균 $\overline{X}$	표준편차 $s(SD)$	Z점수
심사위원 A	51	42	5	$Z = \dfrac{51-42}{5}$ $= 1.8$
심사위원 B	65	67	4	$Z = \dfrac{65-67}{4}$ $= -0.5$

답 풀이1>

① A의 Z점수 1.8의 백분위 = **46.41 + 50**

② B의 Z점수 -0.5의 백분위 = **50 - 19.15**

① - ② = (**46.41 + 50**) - (**50 - 19.15**) = **65.56**

풀이2>

① A의 Z점수 1.8의 면적비율 = **46.41**

② B의 Z점수 -0.5의 면적비율 = **19.15**

① + ② = **46.41 + 19.15 = 65.56**

92. 다음의 (가)는 ○○고등학교 학생건강체력평가 결과이고, (나)는 표준정규분포곡선과 표준정규분포표의 일부이다. (나)를 근거로 김민수 학생의 오래달리기-걷기와 제자리멀리뛰기 기록이 상위 몇 %인지를 각각 산출하여 순서대로 쓰시오(단, 소수점 이하 둘째자리까지 제시함). 2017

(가) 학생건강체력평가 결과

체력평가 항목 성 명	오래달리기-걷기 (초)	제자리멀리뛰기 (cm)	…
이철수	405	235	…
김민수	350	260	…
박영수	360	250	…
⋮	⋮	⋮	⋮
전체평균±표준편차	400±50	242±10	…

※ 각 체력평가 항목 결과는 표준정규분포를 가정함.

(나) 표준정규분포곡선과 표준정규분포표

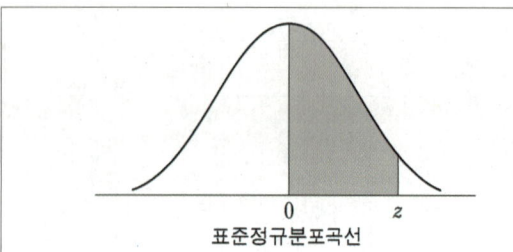

※ 표준정규분포표의 면적비율(%)은 표준정규분포곡선에서 0부터 z까지의 면적비율(%)을 나타냄

표준정규분포표

z	면적비율(%)	z	면적비율(%)
⋮	⋮	0.00	0.00
-2.00	47.72	0.10	3.98
-1.90	47.13	0.20	7.93
-1.80	46.41	0.30	11.79
-1.70	45.54	0.40	15.54
-1.60	44.52	0.50	19.15
-1.50	43.32	0.60	22.57
-1.40	41.92	0.70	25.80
-1.30	40.32	0.80	28.81
-1.20	38.49	0.90	31.59
-1.10	36.43	1.00	34.13
-1.00	34.13	1.10	36.43
-0.90	31.59	1.20	38.49
-0.80	28.81	1.30	40.32
-0.70	25.80	1.40	41.92
-0.60	22.57	1.50	43.32
-0.50	19.15	1.60	44.52
-0.40	15.54	1.70	45.54
-0.30	11.79	1.80	46.41
-0.20	7.93	1.90	47.13
-0.10	3.98	2.00	47.72
0.00	0.00	⋮	

답

○ 오래달리기-걷기 : 상위 **15.87**%

∵ 50 - 34.13 = **15.87**%

원자료	평균	평균편차	표준편차	표준점수 Z값
X	$\overline{X}$	$\overline{X} - X$	s	$Z' = \dfrac{\overline{X} - X}{s}$
350초	400초	50초	50초	1

평균편차를 $X - \overline{X}$ 를 하지 않고, $\overline{X} - X$ 로 한 이유는 오래달리기-걷기는 기록이 낮을수록 높은 성적이기 때문이다.

z	면적비율(%)	z	면적비율(%)
⋮	⋮	0.00	0.00
-2.00	47.72	0.10	3.98
-1.90	47.13	0.20	7.93
-1.80	46.41	0.30	11.79
-1.70	45.54	0.40	15.54
-1.60	44.52	0.50	19.15
-1.50	43.32	0.60	22.57
-1.40	41.92	0.70	25.80
-1.30	40.32	0.80	28.81
-1.20	38.49	0.90	31.59
-1.10	36.43	**1.00**	**34.13**
-1.00	34.13	1.10	36.43

○ 제자리멀리뛰기 : 상위 **3.59**%

∵ 50 - 46.41 = **3.59**%

원자료	평균	평균편차	표준편차	표준점수 Z값
X	$\overline{X}$	$X - \overline{X}$	s	$Z = \dfrac{X - \overline{X}}{s}$
260cm	242cm	18cm	10cm	1.8

z	면적비율(%)	z	면적비율(%)
⋮	⋮	0.00	0.00
-2.00	47.72	0.10	3.98
-1.90	47.13	0.20	7.93
-1.80	46.41	0.30	11.79
-1.70	45.54	0.40	15.54
-1.60	44.52	0.50	19.15
-1.50	43.32	0.60	22.57
-1.40	41.92	0.70	25.80
-1.30	40.32	0.80	28.81
-1.20	38.49	0.90	31.59
-1.10	36.43	1.00	34.13
-1.00	34.13	1.10	36.43
-0.90	31.59	1.20	38.49
-0.80	28.81	1.30	40.32
-0.70	25.80	1.40	41.92
-0.60	22.57	1.50	43.32
-0.50	19.15	1.60	44.52
-0.40	15.54	1.70	45.54
-0.30	11.79	**1.80**	**46.41**
-0.20	7.93	1.90	47.13
-0.10	3.98	2.00	47.72
0.00	0.00	⋮	

93. 다음은 김 교사가 제안하는 여자 축구팀 선발 원칙이다. ㉠의 Z점수를 표준정규분포표에서 제시하시오.

< 축구팀 선발 원칙 >

▫ 체력검사항목으로 심폐지구력과 민첩성을 선정
▫ 왕복 오래달리기, 사이드 스텝 검사 실시

모집단 특성	평균	표준편차
왕복 오래달리기(회)	55	5
사이드 스텝(회)	34	3

(단, 정상 분포를 가정함)

⇨ 두 검사에서 ㉠<u>모두 상위 2.5% 이상에 해당</u>하는 학생을 선발한다.

개인측정결과	은희	지숙	유리	은혜
왕복오래달리기(회)	68	66	67	70
사이드스텝(회)	44	41	47	42

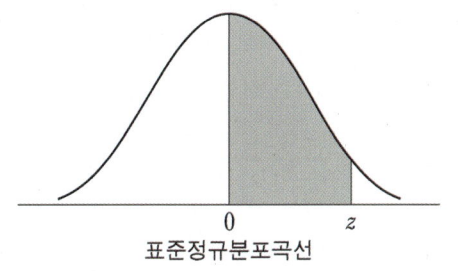

표준정규분포곡선

※ 표준정규분포표의 면적비율(%)은 표준정규분포곡선에서 0부터 z까지의 면적비율(%)을 나타냄

표준정규분포표

z	면적비율(%)	z	면적비율(%)
⋮	⋮	0.00	0.00
-2.00	47.72	0.10	3.98
-1.90	47.13	0.20	7.93
-1.80	46.41	0.30	11.79
-1.70	45.54	0.40	15.54
-1.60	44.52	0.50	19.15
-1.50	43.32	0.60	22.57
-1.40	41.92	0.70	25.80
-1.30	40.32	0.80	28.81
-1.20	38.49	0.90	31.59
-1.10	36.43	1.00	34.13
-1.00	34.13	1.10	36.43
-0.90	31.59	1.20	38.49
-0.80	28.81	1.30	40.32
-0.70	25.80	1.40	41.92
-0.60	22.57	1.50	43.32
-0.50	19.15	1.60	44.52
-0.40	15.54	1.70	45.54
-0.30	11.79	1.80	46.41
-0.20	7.93	1.90	47.13
-0.10	3.98	2.00	47.72
0.00	0.00	⋮	⋮

답 **1.90** ~ **2.00** 사이에 있다.

스포츠지도사 기출문제 & 서답형

94. 다음 <표>는 성인 남자 표본 100명의 체력검사 결과를 모집단과 비교하여 나타낸 것이다. 표본집단의 체력검사 결과에 대한 해석으로 옳은 것은?
(단, 모집단의 결과는 정규분포를 가정함)

체력 (검사)	근지구력 (윗몸일으키기, 회/분)	심폐지구력 (1600m오래달 리기, 초)	유연성 (앉아윗몸앞으 로굽히기, cm)
표본 평균	40	540	13
모집단 평균	35	520	10
Z-점수	1.8	1.0 → −1.0	0.8

① 표본의 심폐지구력은 모집단보다 평균적으로 더 우수하다.(×)
② 표본의 유연성은 모집단보다 평균적으로 우수하지 않다.(×)
③ 표본의 심폐지구력은 유연성보다 상대적으로 더 우수하다.(×)
④ **표본의 근지구력 평균은 모집단의 상위 5%에 속한다.**

<표준정규분포표>

z	면적비율(%)	z	면적비율(%)
⋮		0.00	0.00
−2.00	47.72	0.10	3.98
−1.90	47.13	0.20	7.93
−1.80	46.41	0.30	11.79
−1.70	45.54	0.40	15.54
−1.60	44.52	0.50	19.15
−1.50	43.32	0.60	22.57
−1.40	41.92	0.70	25.80
−1.30	40.32	0.80	28.81
−1.20	38.49	0.90	31.59
−1.10	36.43	1.00	34.13
−1.00	34.13	1.10	36.43
−0.90	31.59	1.20	38.49
−0.80	28.81	1.30	40.32
−0.70	25.80	1.40	41.92
−0.60	22.57	1.50	43.32
−0.50	19.15	1.60	44.52
−0.40	15.54	1.70	45.54
−0.30	11.79	1.80	46.41
−0.20	7.93	1.90	47.13
−0.10	3.98	2.00	47.72
0.00	0.00	⋮	

95. 다음 <표>는 성인 남자 표본 100명의 체력검사 결과를 모집단과 비교하여 나타낸 것이고(단, 모집단의 결과는 정규분포를 가정함), <보기>는 표본집단의 체력검사 결과에 대한 해석이다.

체력 (검사)	근지구력 (윗몸일으키기, 회/분)	심폐지구력 (1600m오래달 리기, 초)	유연성 (앉아윗몸앞으 로굽히기, cm)
표본 평균	40	540	13
모집단 평균	35	520	10
Z-점수	1.8	1.0 → −1.0	0.8

<보기>

① 표본의 심폐지구력은 모집단보다 평균적으로 우수하지 않다.
② 표본의 유연성은 모집단보다 평균적으로 우수하다.
③ 표본의 심폐지구력은 유연성보다 상대적으로 우수하지 않다.
④ 표본의 근지구력 평균은 모집단의 상위 5%에 속한다.

(1) <보기>에서 제시한 해석의 이유를 각각 서술하시오.
답 ① 1600m오래달리기는 기록이 **낮**을수록 **높**은 성적이기 때문에 기록이 낮은 모집단의 심폐지구력(520초)이 표본(540초)보다 평균적으로 우수하다.
② 앉아윗몸앞으로굽히기는 기록이 **높**을수록 **높**은 성적이기 때문에 기록이 높은 표본의 유연성(13cm)이 모집단(10cm)보다 평균적으로 우수하다.
③ 표본의 **심폐지구력**은 모집단의 평균보다 우수하지 않고, 표본의 **유연성**은 모집단의 평균보다 우수하다. 표본의 심폐지구력은 우수하지 않고, 표본의 유연성은 우수하기 때문이다.
④ 상위 5%, 즉 95백분위에 해당하는 Z점수는 **1.64**이다. 근지구력의 Z점수가 1.8이기 때문에 상위 5%에 속한다.

(2) 표본의 근지구력, 심폐지구력, 유연성 평균이 모집단의 상위 몇 %인지 각각 산출하여 순서대로 쓰시오(단, 소수점 이하 둘째자리까지 제시함).
답 근지구력 : 3.59 (= 50 − 46.41)
심폐지구력 : 15.87 (= 50 − 34.13)
유연성 : 21.19 (= 50 − 28.81)

96. 다음 표의 체력검사 결과에 대한 해석으로 옳은 것은?(단, 정상분포를 가정)

이름 \ 항목		근력 (악력, kg)	심폐지구력 (PACER, 회)	유연성 (좌전굴, cm)
피검자		35	27	16
동일 연령	평균	30	24	10
	표준편차	2.5	3	4

① **근력, 심폐지구력, 유연성 중에서 근력이 가장 우수하다.**
② 심폐지구력이 유연성에 비해 상대적으로 더 우수하다 (×).
③ 심폐지구력은 동일연령의 상위 10% 이내에 속한다 (×).
④ 체력의 항목별 상대비교는 불가능하다(×).

<표준정규분포표>

z	면적비율(%)	z	면적비율(%)
⋮	⋮	0.00	0.00
−2.00	47.72	0.10	3.98
−1.90	47.13	0.20	7.93
−1.80	46.41	0.30	11.79
−1.70	45.54	0.40	15.54
−1.60	44.52	0.50	19.15
−1.50	43.32	0.60	22.57
−1.40	41.92	0.70	25.80
−1.30	40.32	0.80	28.81
−1.20	38.49	0.90	31.59
−1.10	36.43	1.00	34.13
−1.00	34.13	1.10	36.43
−0.90	31.59	1.20	38.49
−0.80	28.81	1.30	40.32
−0.70	25.80	1.40	41.92
−0.60	22.57	1.50	43.32
−0.50	19.15	1.60	44.52
−0.40	15.54	1.70	45.54
−0.30	11.79	1.80	46.41
−0.20	7.93	1.90	47.13
−0.10	3.98	2.00	47.72
0.00	0.00	⋮	⋮

97. 다음 <표>는 체력검사 결과이고(단, 정상분포를 가정함), <보기>는 이에 대한 해석이다.

이름 \ 항목		근력 (악력, kg)	심폐지구력 (PACER, 회)	유연성 (좌전굴, cm)
피검자		35	27	16
동일 연령	평균	30	24	10
	표준편차	2.5	3	4
	Z점수	**2**	**1**	**1.5**

<보기>

⓪ 체력의 항목별 상대비교는 가능하다.
① 근력, 심폐지구력, 유연성 중에서 근력이 가장 우수하다.
② 심폐지구력이 유연성에 비해 상대적으로 우수하지 않다.
③ 심폐지구력은 동일연령의 상위 16% 이내에 속한다.

(1) <보기>에서 제시한 해석의 이유를 각각 서술하시오.

답 ⓪ Z점수($Z=\frac{X-\overline{X}}{s}$)로 변경할 수 있기 때문이다.

① 근력의 Z점수는 **2**, 심폐지구력의 Z점수는 **1**, 유연성의 Z점수는 **1.5**이기 때문에 근력이 가장 우수하다.

② 심폐지구력의 Z점수는 **1**이고 유연성의 Z점수는 **1.5**이기 때문에 **유연성**이 **심폐지구력**보다 상대적으로 우수하다.

③ 심폐지구력의 Z점수는 **1**이고, 그 면적비율은 **34**%이다. 백분위점수는 **84**이기 때문에 심폐지구력은 동일연령의 상위 16% 이내에 속한다.

(2) 피검자의 근력, 심폐지구력, 유연성 기록이 동일 연령의 상위 몇 %인지 각각 산출하시오.

답 근력 : 2.28 (= 50 − 47.72)
 심폐지구력 : 15.87 (= 50 − 34.13)
 유연성 : 6.68 (= 50 − 43.32)

98. <보기>는 A시에 소재하는 건강증진센터 성인 남자 회원 B의 팔굽혀펴기와 윗몸일으키기 기록, 정규분포 곡선에서 z-점수의 확률(p)이다. <보기>에 대한 해석으로 옳은 것은? (단, A시 성인 남자 모집단의 검사결과는 정규분포를 가정함) *2018*

<보기>

구분	회원 B의 기록	모집단		z-점수
		평균	표준편차	
팔굽혀펴기(회/분)	44	35	6	(㉠)
윗몸일으키기(회/분)	60	52	5	(㉡)

z-점수	p
1.40	8.08%
1.50	6.68%
1.60	5.48%
1.70	4.46%

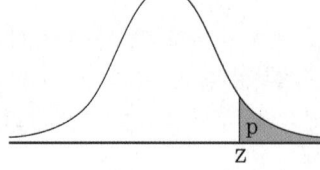

① ㉠의 값이 ㉡의 값보다 크다(×).
② 회원 B의 팔굽혀펴기와 윗몸일으키기 기록은 모두 모집단의 <u>상위 5.50%</u>에 속한다(×).
③ **모집단에서 회원 B보다 팔굽혀펴기를 더 잘 하는 성인 남자의 비율은 6.68%이다.**
④ 모집단에서 회원 B보다 윗몸일으키기를 더 잘 하는 성인 남자의 비율은 <u>4.46%</u>이다(×).

99. <보기>는 A시에 소재하는 건강증진센터 성인 남자 회원 B의 팔굽혀펴기와 윗몸일으키기 기록, 정규분포 곡선에서 z-점수의 확률(p)이다(단, A시 성인 남자 모집단의 검사결과는 정규분포를 가정함). *2018*

<보기>

구분	회원 B의 기록	모집단		z-점수
		평균	표준편차	
팔굽혀펴기(회/분)	44	35	6	(㉠)
윗몸일으키기(회/분)	60	52	5	(㉡)

z-점수	p
1.40	8.08%
1.50	6.68%
1.60	5.48%
1.70	4.46%

(1) 괄호 안의 ㉠, ㉡에 해당하는 값을 순서대로 쓰시오.
답 ㉠ **1.5**, ㉡ **1.6**

(2) 회원 B의 팔굽혀펴기와 윗몸일으키기 기록이 상위 몇 %에 속하는지 순서대로 쓰시오.
답 팔굽혀펴기 **6.68%**
  윗몸일으키기 **5.48%**

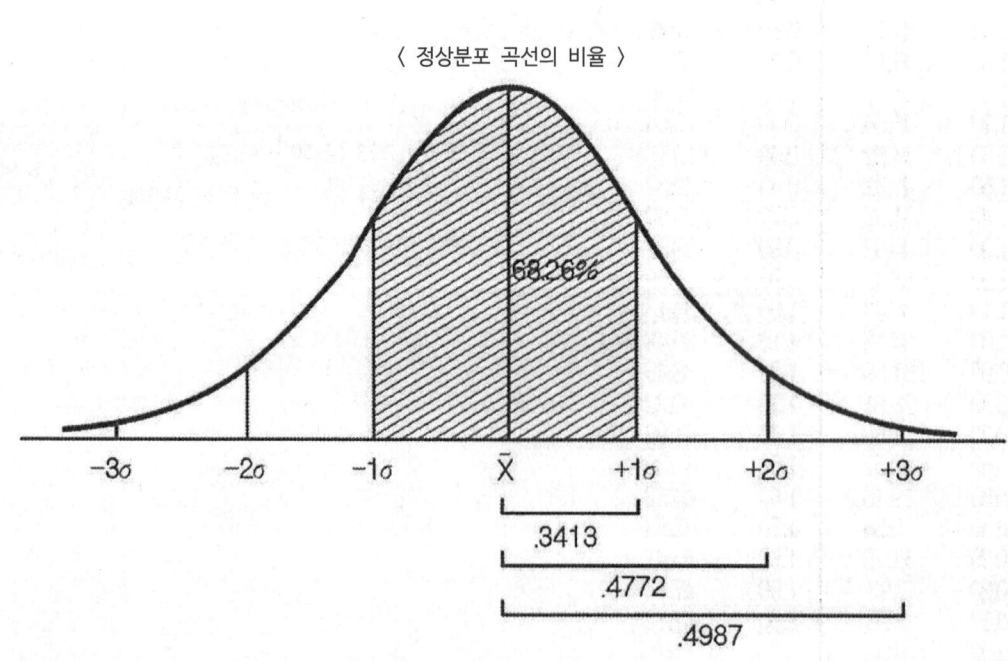

< 정상분포 곡선의 비율 >

100. 다음 그래프는 남성 노인의 의자에앉았다일어서기 검사의 결과를 나타낸 것이다. 그래프에 대한 설명으로 옳은 것은(단, 모든 연령 집단의 검사 결과는 정규분포를 가정함)? *2018*

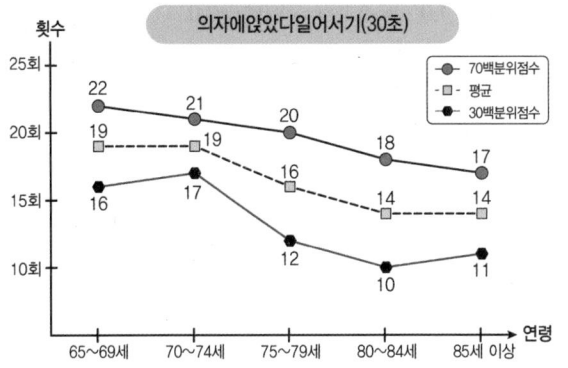

① 75~79세 측정대상자들 중 기록이 20회 이하인 비율은 70%이다.
② 기록이 19회인 67세와 71세 측정대상자들의 z-점수는 다르다(×).
③ 80~84세 집단과 85세 이상 집단에서 기록이 18회 이상인 측정대상자들의 비율은 같다(×).
④ 기록이 16회인 78세 측정대상자와 14회인 87세 측정대상자의 백분위점수는 다르다(×).

101. 그래프는 남성 노인의 의자에앉았다일어서기 검사의 결과를 나타낸 것이고, <보기>는 그래프에 대한 설명이다. 괄호 안의 ㉠, ㉡, ㉢, ㉣에 해당하는 적절한 숫자를 순서대로 쓰시오(단, 모든 연령 집단의 검사 결과는 정규분포를 가정함). *2018*

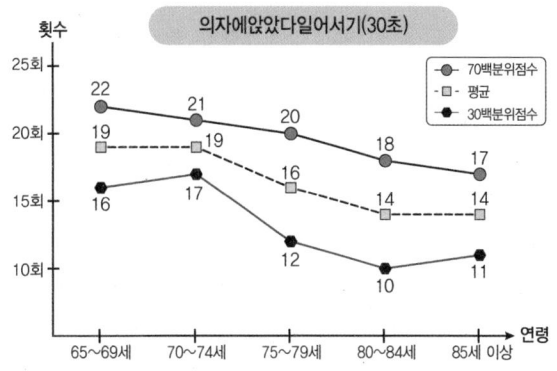

<보기>
○ 75~79세 측정대상자들 중 기록이 20회 이하인 비율은 (㉠)%이다.
○ 기록이 (㉡)회인 67세와 71세 측정대상자들의 z-점수는 같다.
○ 80~84세 집단에서 기록이 18회, 85세 이상 집단에서 기록이 (㉢)회인 측정대상자들의 비율은 같다.
○ 기록이 16회인 78세 측정대상자와 (㉣)회인 87세 측정대상자의 백분위점수는 같다.

답 ㉠70, ㉡19, ㉢17, ㉣14

102. 한 집단의 대상자로부터 악력을 측정한 후 측정값들을 z-점수, T-점수, 백분위수 등과 같은 표준점수로 변환하였다. 다음 중 표준점수에 대한 설명으로 옳지 <u>않은</u> 것은? *2019*
① 한 집단 내에서 z점수로 변환한 점수들의 평균은 0, 표준편차는 1.0이다.
② **분포의 모양이 정적 편포(positively skewed distribution)일 때 z점수 0과 백분위수 50은 원점수(raw score)가 같다.**
③ 백분위수 70은 집단 내에 이 점수보다 낮은 점수를 기록한 사람이 70%라는 의미이다.
④ 표준점수는 집단에 속한 다른 대상자들의 점수와 비교하여 각 점수의 상대적인 위치를 나타내기 위하여 사용한다.

② 변인간의 상관관계

☞ 7. 상관의 정도
　　1) 상관계수의 방향과 크기 : (1)방향[정적(+)·부적(-)], (2)크기(절대값)
　　2) 변인의 산포도에 따른 상관계수의 크기와 방향 : r=+0.7, r=+1.0, r=-0.7, r=-1.0, r=0.0

103. 교사와 김○○이 학교 스포츠클럽 농구팀의 코트 위치별 득점을 주제로 나눈 대화이다.

교　사 : 그동안 우리 팀 전적이 어떻게 되니?
김○○ : 20게임 치렀는데 13승 7패입니다. 그런데 우리 팀의 득점이 주로 어느 위치에서 이루어졌는지 알 수 있나요?
교　사 : 그럼, 알 수 있지. 코트의 득점 위치를 구분해서 x축에 위치별 득점을, y축에 전체 득점을 놓고 위치별 득점과 전체 득점 간의 상관계수를 산출하면 알 수 있어.
김○○ : 코트를 좌측과 우측으로 나누고 득점을 2점과 3점으로 구분해서 분석하겠습니다.

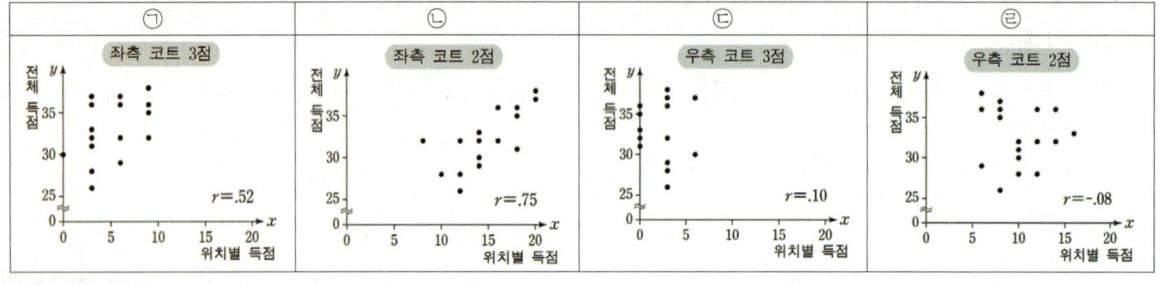

※ 상관계수 r 값은 산포도로부터 산출된 값임.

① 좌측 코트 3점 득점(㉠의 x축)은 전체 득점(y축)과 **정적** 상관이 있다. ← 방향

② 좌측 코트 2점 득점(㉡의 x축)이 네 개의 코트 중에서 전체 득점(y축)과 상관이 가장 **높**다. ← 크기

③ 좌측 코트 2점 득점(㉡의 x축)이 많을수록 전체 득점(y축)이 많은 경향이 있다. → **정적** 상관 ← 방향과 크기

④ 우측 코트 3점 득점(㉢의 x축)과 우측 코트 2점 득점(㉣의 x축)은 전체 득점(y축)과 상관이 매우 **낮**다. ← 크기

문1. 상관계수의 방향을 구분하여 서술하시오.

답 ㉠·㉡·㉢은 **정적** 상관이고, ㉣은 **부적** 상관이다.

문2. 상관계수의 크기가 큰 것부터 작은 것 순으로 차례대로 기술하시오.

답 ㉡ > ㉠ > ㉢ > ㉣

104. 다음은 김 교사가 학생들의 '건강 생활 습관'을 분석한 결과이다. 2014

'건강 생활 습관' 분석 결과

대상	심성 중학교 20명
기간	12주
측정변인 및 도구	- TV 시청 및 컴퓨터 사용 시간(분/일) : 질문지 - 중고강도 신체 활동 참여 시간(분/일) : 가속계
결과	TV 시청 및 컴퓨터 사용 시간과 중고강도 신체 활동 참여 시간의 상관관계(r) | 전체 | 남학생 | 여학생 | |---|---|---| | -0.89 | -0.80 | -0.40 |
해석	- 전체적으로 TV 시청 및 컴퓨터 사용 시간이 길면 중고강도 신체 활동 참여시간은 짧음. - 남녀를 구분할 경우 **상관관계**는 낮아짐.

문1. 'TV 시청 및 컴퓨터 사용 시간과 중고강도 신체활동 참여 시간의 상관관계(r)'에서 '전체', '남학생', '여학생'의 상관계수 방향을 쓰시오.

답 **부적** 상관

문2. 'TV 시청 및 컴퓨터 사용 시간과 중고강도 신체활동 참여 시간의 상관관계(r)'에서 '전체', '남학생', '여학생'의 상관계수 범위를 언어적으로 표현하시오.

답 전체와 남학생은 상관이 **매우 높**고, 여학생은 상관이 **있**다(or **높**다).

105. 다음은 3명의 교사가 학생들의 한국 무용 능력을 검사한 결과표이다(단, 교사 3명은 서로 모르는 관계였고, 검사 시행 당일 간단한 자기 평가 지침을 전달받고 검사에 임하였다).

학생 \ 검사자	박 교사	이 교사	최 교사
홍○○	45	35	57
이○○	56	55	43
김○○	35	56	46
⋮	⋮	⋮	⋮
정○○	34	32	54
㉠ 박 교사와 이 교사의 검사 결과 **상관 계수**(r) = 0.25			
㉡ 이 교사와 최 교사의 검사 결과 **상관 계수**(r) = 0.24			
㉢ 박 교사와 최 교사의 검사 결과 **상관 계수**(r) = 0.18			

[문] ㉠·㉡·㉢ 상관계수를 각각 언어적으로 표현하시오.

[답] ㉠·㉡의 상관은 **낮**고, ㉢의 상관은 **거의 없**다.

106. 다음은 박 교사가 2종류의 보행수 측정 기기를 사용해 얻은 자료이다. 2020

보행수 측정 분석 자료

㈎ 측정 방법
○ A학생이 ㉮형 보행수 측정기기와 ㉯형 보행수 측정기기를 동시에 착용하고 1주일 동안 매일 1회 보행수를 측정함.
   ※ ㉮형 보행수 측정기기는 준거 기기임.
○ 2종류 측정기기의 신체착용위치, 측정시간 등 모든 측정조건은 동일함.

요일	㉮형 측정기기의 보행수 (ⓐ)	㉯형 측정기기의 보행수 (ⓑ)	보행수의 차이 (ⓒ = ⓑ - ⓐ)	㉠요일별 보행수(㉯형)-1주일 평균 보행수(㉯형) (ⓔ = ⓑ - ⓓ)
월	5,518	4,435	−1,083	−773
화	4,540	4,309	−231	−899
수				
목		…(중략)…		
금				
토	3,304	3,312	+8	−1,896
일	7,107	8,212	+1,105	+3,004
평균	5,212	ⓓ5,208	−4	(㉡)

㈏ 자료 분석 결과
○ 두 기기 간의 보행수 차이(ⓒ)의 방향(+, −)과 크기는 ㉯형 측정기기의 (㉢)에 대한 판단 근거이다.
○ ㉮형 측정기기와 ㉯형 측정기기로 측정한 보행수간의 **상관계수**는 .87이다.

107. 다음은 교사학습공동체에서 교사들이 BMI(체질량 지수) 수준과 질병위험율 간 상관관계에 대한 자료를 보고 나눈 대화 내용이다. 2020

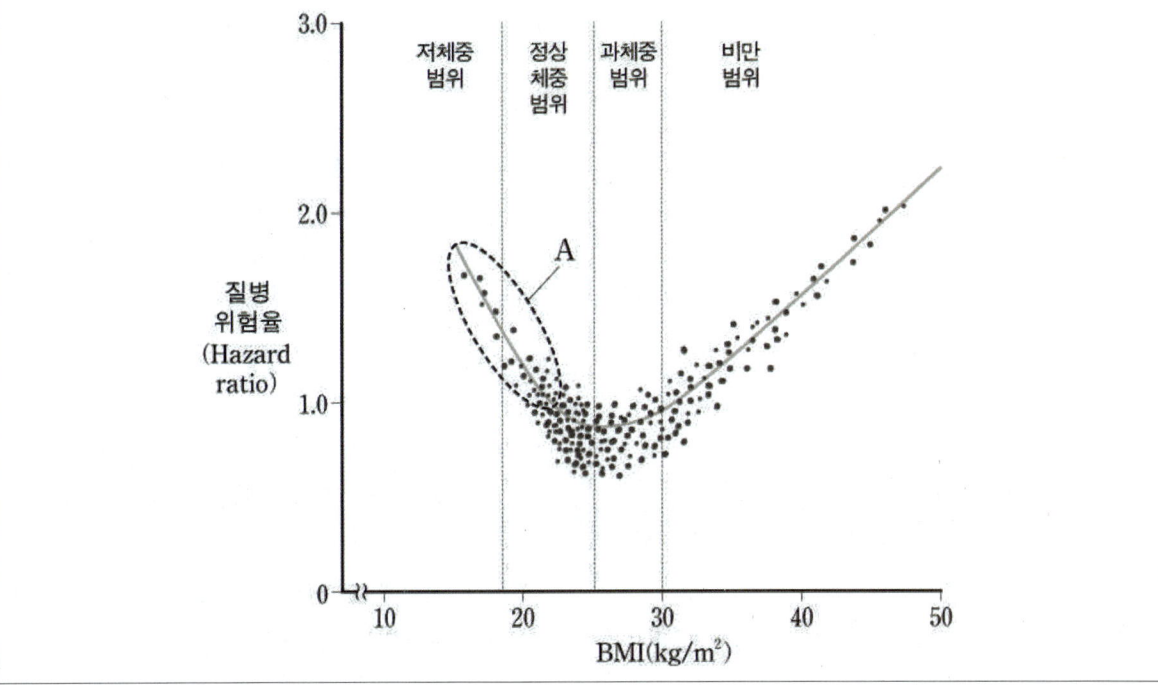

최 교사: 오늘 BMI 수준과 질병위험율 자료를 보았는데요. 이런 자료 분포에서는 상관계수(r) 값이 0에 가깝다고 알고 있어요. 그러면 비만과 질병위험율 간에는 관계가 없다는 건가요?
황 교사: 그래요? BMI가 높으면 질병위험율이 높을 텐데요? 자료를 한번 봅시다.
최 교사: 두 변인 간 관계 형태가 그래프와 같이 생겼어요.

(1) 위 그래프의 A 범위 자료만으로 상관계수를 산출하였을 때 예상되는 상관계수의 부호를 제시하고, 부호의 의미를 서술하시오.

답 **음(-)**이고, **부적**인 관계, 즉 **반비례**이다 = x축 BMI가 **증가**할수록 y축 질병위험률은 **감소**한다.

(2) 저체중에서 비만 범위까지의 전체 자료에서 상관계수가 0에 가깝게 산출되는 이유를 자료 분포 형태에 근거하여 서술하시오.

답 **x축** BMI 변인이 변하는 양과 **y축** 질병위험률이 **변하는 정도**의 **관계**가 **일정**하지 않고 **무선적**이기 때문이다.

→ 이기봉쌤 책의 정답

답 저체중~정상체중 범위는 **부적**상관이지만, 과체중~비만 범위는 **정적**상관이기 때문이다.

→ 이기봉쌤 책의 내용을 근거로 좀더 자세하게 분석하여 서술한 내용임.

스포츠지도사 기출문제 & 서답형

108. 상관관계에 대한 설명으로 적절하지 <u>않은</u> 것은?
가. 상관은 두 변수 간의 관계를 말한다.
나. 상관계수는 -1에서 +1까지의 범위를 가진다.
다. 상관계수 -1이 가장 작은 상관이고 +1이 가장 높은 상관이다(×).
라. 상관은 두 변수의 공분산을 각 변수의 표준편차로 나누어 준 값이다.

109. <보기>는 상관관계에 대한 설명이다. 괄호 안의 ㉠, ㉡에 해당하는 적절한 용어를 순서대로 쓰시오.

<보기>
○ 상관은 두 변수간의 관계를 말한다.
○ 상관계수는 -1에서 +1까지의 범위를 가진다.
○ 상관계수 (㉠)이 가장 낮은 상관이고 -1 또는 +1이 가장 (㉡)은 상관이다.

답 ㉠<u>0</u>, ㉡<u>높</u>

110. 가장 높은 상관계수는?
① 0.4
② -0.6
③ 0.7
④ -0.8

111. <보기>의 ㉠~㉣을 상관계수가 가장 높은 값에서 가장 낮은 값의 순서대로 기술하시오.

<보기>
㉠ 0.4, ㉡ -0.6, ㉢ 0.7, ㉣ -0.8

답 ㉣ - ㉢ - ㉡ - ㉠

112. 상관계수에 대한 설명으로 옳지 <u>않은</u> 것은?
① 적률상관계수는 두 연속변인 간 관계를 나타낸다.
② **정적상관**이란 한 변인의 값이 높아질 때 다른 변인의 값도 높아지는 것을 의미한다.
③ **부적상관**이란 한 변인의 값이 높아질 때 다른 변인의 값은 낮아지는 것을 의미한다.
④ **적률상관계수의 가능 범위는 0에서 1까지이다(×).**

113. <보기>는 상관계수에 대한 설명이다. 괄호 안의 ㉠, ㉡에 해당하는 적절한 용어를 순서대로 쓰시오.

<보기>
○ (㉠)상관이란 한 변인의 값이 높아질 때 다른 변인의 값도 높아지는 것을 의미한다.
○ (㉡)상관이란 한 변인의 값이 높아질 때 다른 변인의 값은 낮아지는 것을 의미한다.

답 ㉠<u>정적</u>, ㉡<u>부적</u>

114. <보기>의 상관분석 결과에 대한 해석으로 옳지 <u>않은</u> 것은? *2019*

<보기>
K 축구 국가대표 지도자는 선수들을 대상으로 민첩성과 패스성공률의 관계를 알아보기 위해 상관분석을 실시한 결과 r=.75로 나타났다.

① 민첩성이 좋으면, 패스성공률이 높다.
② 민첩성이 부족하면, 패스성공률이 낮다.
③ **민첩성과 패스성공률은 관련성이 매우 낮다.**
④ 민첩성과 패스성공률의 관련성은 매우 높다.

115. <보기>의 그래프에 대한 해석으로 옳지 않은 것은?

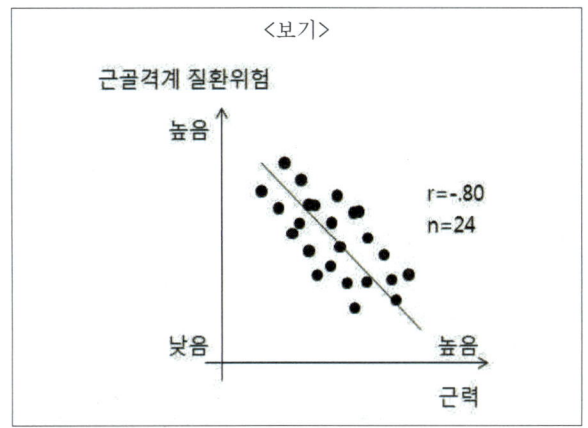

<보기>

① 근력과 근골격계 질환위험은 정적상관이 있다(×).
② 근력이 높을수록 근골격계 질환위험은 낮다.
③ 근력과 근골격계 질환위험은 관계가 있다.
④ 24명을 대상으로 자료를 수집한 것이다.

116. <보기>의 그래프에 대한 해석이다. 괄호 안의 ㉠, ㉡에 해당하는 적절한 용어를 순서대로 쓰시오.

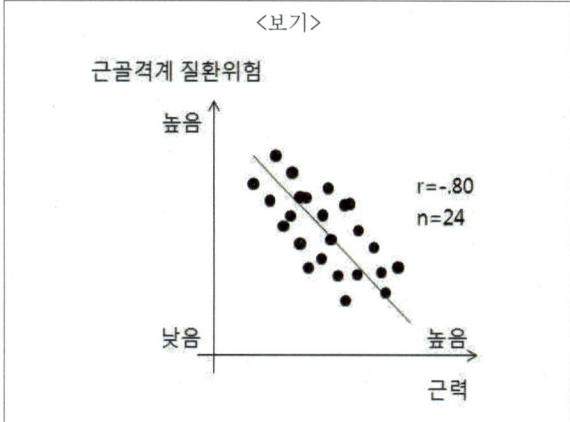

<보기>

○ 근력과 근골격계 질환위험은 (㉠)상관이 있다.
○ 근력이 높을수록 근골격계 질환위험은 낮다.
○ 근력과 근골격계 질환위험은 관계가 (㉡)다.
○ 24명을 대상으로 자료를 수집한 것이다.

답 ㉠부적, ㉡매우 높

117. 제자리멀리뛰기 기록과 100m 달리기 기록 사이의 상관계수(r)가 -.85일 때 이에 대한 해석으로 옳지 않은 것은? *2018*

① 두 종목의 운동능력은 정적 상관관계이다.
② 두 종목의 측정기록은 부적 상관관계이다.
③ 100m 달리기와 제자리멀리뛰기는 상관관계가 없다 (×).
④ 제자리멀리뛰기 측정기록이 높으면 100m 달리기 측정기록은 낮다.

118. <보기>는 제자리멀리뛰기 기록과 100m 달리기 기록 사이의 상관계수(r)가 -.85일 때 이에 대한 해석이다. 괄호 안의 ㉠~㉣에 해당하는 적절한 용어를 순서대로 쓰시오. *2018*

<보기>

○ 두 종목의 운동능력은 (㉠)적 상관관계이다.
○ 두 종목의 측정기록은 (㉡)적 상관관계이다.
○ 100m 달리기와 제자리멀리뛰기는 상관관계가 매우 (㉢)다.
○ 제자리멀리뛰기 측정기록이 높으면 100m 달리기 측정기록은 (㉣)다.

답 ㉠정, ㉡부, ㉢높, ㉣낮

119. 비만인의 체중 감량을 촉진하고 지속시키기 위한 생활습관 중재에 대한 설명으로 옳지 않은 것은? *2019*

① 주당 최소 2,000 kcal 이상 소비되도록 중강도 또는 고강도 운동을 실시해야 한다.
② 규칙적인 운동과 함께 일상생활에서 신체활동량을 늘리도록 한다.
③ 신체활동 수준과 체중감소 사이에 양-반응(dose-response) 관계가 있다.
④ 극소열량식이(very low calorie diet)는 1일 2,000 kcal 정도로 설정해야 한다.

120. <A>는 왕복오래달리기(PACER)와 최대산소섭취량($\dot{V}O_2max$)의 산점도(scatter plot)이고, <B>는 신체효율지수(PEI)와 최대산소섭취량의 산점도이다. <보기> 중 바르게 묶인 것은? 2018

121. <A>는 왕복오래달리기(PACER)와 최대산소섭취량($\dot{V}O_2max$)의 산점도(scatter plot)이고, <B>는 신체효율지수(PEI)와 최대산소섭취량의 산점도이다. <A>와 <B>의 상관을 '크다' or '작다'로 비교하여 서술하시오. 2018

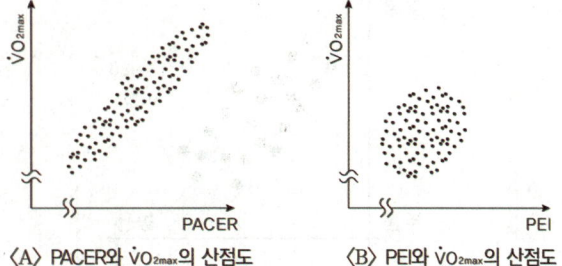

<A> PACER와 $\dot{V}O_{2max}$의 산점도
<B> PEI와 $\dot{V}O_{2max}$의 산점도

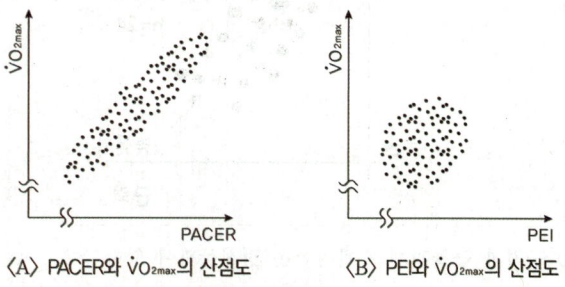

<A> PACER와 $\dot{V}O_{2max}$의 산점도
<B> PEI와 $\dot{V}O_{2max}$의 산점도

답 <A>[PACER와 $\dot{V}O_2max$]의 상관이

<B>[PEI와 $\dot{V}O_2max$]의 상관보다 <u>크</u>다.

<보기>
㉠ $\dot{V}O_2max$를 설명하는 분산은 PEI가 PACER보다 크다.
㉡ **심폐지구력 검사의 타당도 계수는 PACER가 PEI보다 높다.**
㉢ $\dot{V}O_2max$를 예측할 때 추정의 표준오차(SEE)는 PACER가 PEI보다 크다.
㉣ **PACER와 VO_2max의 상관이 PEI와 VO_2max의 상관보다 크다.**

① ㉠, ㉡   ② ㉡, ㉢   ③ ㉠, ㉢   ④ ㉡, ㉣

122. 심폐지구력을 측정하는 검사인 하버드 스텝검사(Harvard step test)를 한국인에게 적용하였을 때 타당도는 0.4~0.6 정도로 높지 않게 나타난다. 타당도를 높이기 위하여 키(cm)와 체지방률(%)을 예측 변인으로 추가하여 최대산소섭취량(VO_2max; ml/kg/min)을 예측하는 공식을 <보기>와 같이 도출하였다. 이 결과에서 R^2은 0.70이었으며, 모든 추정치는 $\alpha=0.05$에서 통계적으로 유의하였다. 이 결과에 대한 설명 중 옳지 <u>않은</u> 것은? 2019

<보기>
$\widehat{VO_2max} = 2.5 + 0.32 \times (스텝검사\ 점수)$
$\qquad -0.40 \times (체지방률) + 0.18 \times (키)$

① <보기>의 공식에서 스텝검사 점수와 VO_2max는 정적 관계를 보이고 있다.
② 평균적으로 체지방률이 1% 증가할 때마다 VO_2max는 0.40ml/kg/min 낮아진다.
③ 스텝검사 점수, 키, 몸무게로부터 VO_2max 분산의 약 49%를 설명할 수 있다.
④ <보기>의 공식에 의한 타당도가 하버드 스텝검사의 타당도보다 높다.

123. 최대하 운동부하검사에서 측정된 심박수를 이용하여 최대산소섭취량을 추정할 때 사용되는 이론적 가정으로 옳지 <u>않은</u> 것은?

① **기계적 효율은 모든 사람에게서 동일하지 않다(×).**
② 심박수와 운동량은 선형(linear)적인 상관관계를 가진다.
③ 항정상태 심박수는 각 운동부하량을 통해 얻어진다.
④ 심박수를 변화시키는 약물복용과 카페인 섭취를 피한다.

124. 심폐체력 평가에 대한 설명으로 옳지 <u>않은</u> 것은?

가. 스텝 테스트는 운동 후 회복 심박수로 유산소 능력을 평가하여 최대산소섭취량을 추정할 수 있다.
나. 스텝 테스트 실시 후 회복기 심박수는 심폐지구력이 높을수록 빠르게 감소된다.
다. 장거리 달리기의 거리가 멀수록 최대산소섭취량과의 상관관계는 더 높다.
라. **유산소 능력을 평가하는 장거리 달리기는 최대산소섭취량측정 대신에 사용할 수 있다(×).**

125. <보기>는 상관계수의 방향에 대한 설명이다. 괄호 안의 ㉠, ㉡에 해당하는 적절한 용어를 순서대로 쓰시오.

<보기>
○ 최대하 운동부하검사에서 측정된 심박수를 이용하여 최대산소섭취량을 추정할 때 심박수와 운동량은 (㉠) 상관관계를 가진다.
○ 장거리 달리기의 거리가 멀수록 최대산소섭취량과의 상관관계는 더 (㉡)다.

답 ㉠정적·선형(linear)적, ㉡높

126. 심폐지구력 평가를 위한 오래달리기 검사의 타당도 검증 방법에 대한 설명으로 옳지 <u>않은</u> 것은? 2018

① 준거타당성 검증을 위해서는 먼저 준거검사의 내용타당성을 확인한다.
② **오래달리기 검사와 윗몸일으키기 검사 간 상관으로 수렴의 관계를 확인하여 타당성을 검증한다(×).**
③ 마라톤 선수 집단과 일반인 집단 간 오래달리기 검사의 차이를 통해 타당성을 검증한다.
④ 준거타당성 검증을 위해 오래달리기 검사와 운동부하검사로 측정된 VO₂max 간 상관을 분석한다.

127. <보기>에서 독립변인과 종속변인을 구분하여 기술하시오. 2018

<보기>
준거타당성 검증을 위해 오래달리기 검사와 운동부하검사로 측정된 VO₂max 간 상관을 분석한다.

답 독립변인 : 오래달리기 검사
   종속변인 : 운동부하검사로 측정된 VO₂max

128. 내용타당도에 대한 설명은? 2018

① 검사내용 전문가가 논리적 판단에 근거하여 주관적으로 결정한다.
② 검사도구에 의해 측정된 점수를 준거검사로 측정한 점수와 비교한다(×).
③ 검사점수가 미래의 행위를 얼마나 잘 예측하는지 판단한다(×).
④ 상관계수에 의해 추정한다(×).

상관의 정도

상관의 역사는 영국의 갈톤(Francis Galton)이 부모의 신장과 자손의 신장의 관계를 연구하면서 시작되었지만 상관의 정도를 나타내는 상관계수의 공식을 개발한 사람은 갈톤의 제자였던 피어슨에 의해 이루어졌다. 피어슨이 발전시킨 상관계수를 흔히 **피어슨의 적률상관계수**(product-moment correlation coefficient)라 한다. 상관계수는 자료의 특성에 따라 여러 종류가 있으나 본서에서는 널리 사용되고 있는 피어슨의 상관계수에 대해서만 언급하겠다.

피어슨의 상관계수는 두 변인 간 상관관계를 나타내는 것으로 보통 r로 표기한다. **상관계수 r**은 관계의 **정도**와 **방향**에 따라 −1.0부터 +1.0까지의 값을 갖고 두 변인 간에 관계가 전혀 없을 때에는 r=0.0이다.

예 어떤 한 고등학교 남학생의 악력과 턱걸이의 상관이 1.0으로 나타났다면, 악력이 강할수록 턱걸이도 많이 하는 관계가 **완벽한 것**을 의미한다.

예 어떤 고등학교 여학생의 체지방률과 오래달리기 기록이 −0.8의 상관계수를 나타냈다면, 체지방률이 높을수록 오래달리기 저조한 **역의 관계**가 0.8정도의 강도임을 의미한다.

체육학 분야에서 두 변인 간에 1.0의 완벽한 상관관계를 나타내는 경우는 매우 드물다. 상관계수의 크기 즉, 두 변인 간의 관계의 강도는 **산포도**(scatter plot)를 그려봄으로써 쉽게 파악된다. **산포도**란 두 변인의 값을 나타내는 점을 X축과 Y축으로 나타낸 도표에 표시한 것이다.

<그림1>은 두 변인의 관계를 나타낸 **산포도**와 **상관계수의 크기**를 나타낸 것이다.

〈그림1 : 변인의 산포도에 따른 상관계수의 크기와 방향〉

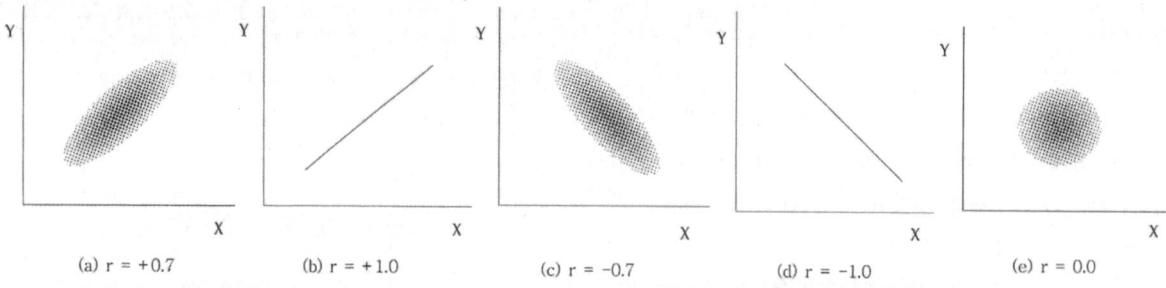

(a) r = +0.7   (b) r = +1.0   (c) r = −0.7   (d) r = −1.0   (e) r = 0.0

<그림1>에서 알 수 있듯이 X변인의 값이 커질 때 Y변인의 값이 커지는 경우의 상관은 **양수**를 나타내므로, **정적인 관계**를 의미하고, X변인의 값이 커질 때 오히려 Y변인의 값이 작아지면 상관은 **음수**를 나타내므로, **부적인 관계**를 의미한다. 또한, 완벽한 상관을 의미하는 ±1.0의 상관은 산포도에서 하나의 직선으로 나타나며 직선의 기울기는 1.0 또는 −1.0이 된다. 직선의 기울기의 절대값이 1.0을 나타낸다는 것은 X변인이 변할 때 Y변인이 변하는 양이 동일함을 의미한다. 이 때 두 변인의 변하는 방향이 서로 같으면 **양수**, 반대이면 **음수**의 상관 값을 나타낸다.

상관 값이 0.00을 나타내는 경우에는 X변인이 변하는 양과 Y변인이 변하는 정도의 관계가 일정하지 않고 무선적(random)으로 나타난다. 즉, 상관 값이 0에 가까우면 한 변인이 커질 때 다른 변인이 커지거나 작아지는 관계가 성립되지 않는 경우라 할 수 있다. <그림1>의 (a)와 (c)는 완벽한 관계는 아니지만, 관계의 정도가 강한 경우로 산포도의 경향이 직선은 아니지만 거의 직선에 가까운 경우이다. 즉, 산포도의 경향이 직선에 가까울수록 상관은 절대값 1.0에 가까워지며, 산포도의 경향이 <그림1>의 (e)와 가까워질수록 상관은 0에 가까워진다.

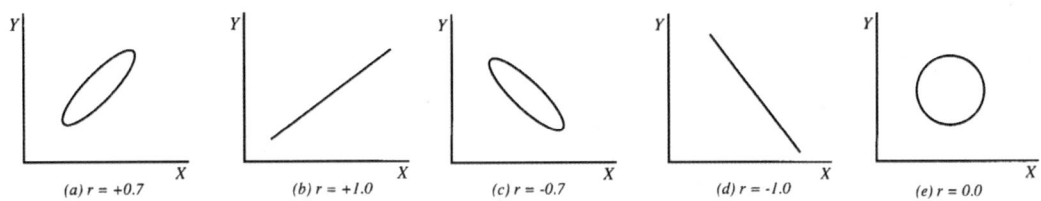

상관을 좀 더 쉽게 이해하려면, 다음 〈그림2〉와 같은 다이어그램으로 두 변인의 관계를 표시해 보면 된다.

〈그림2 : 다이어그램을 통한 두 변인의 상관 정도〉

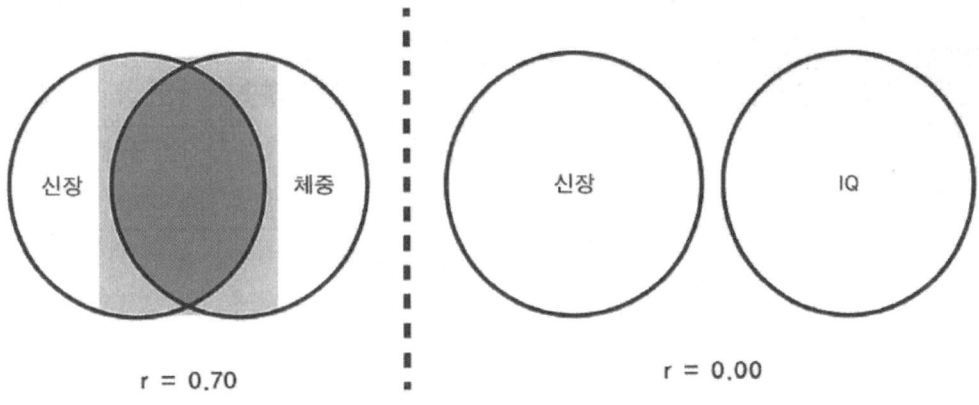

만약, **신장과 체중의 상관이 0.70**이라면, 〈그림2〉의 왼쪽에 나타낸 것처럼 **두 변인의 겹치는 정도가 약 50%(49%) 성도의 변적**을 나타내게 된다. 즉, 어떤 사람의 신장을 알면 그 사람의 체중에 대해 약 50% 정도의 특성을 예측할 수 있음을 의미한다. 반면, 신장과 IQ 간에 아무런 관련성이 없어 상관이 0.00이라면 〈그림 2〉의 오른쪽 그림과 같이 두 변인의 겹치는 부분이 전혀 없게 된다. 즉, 상관이 전혀 없는 두 변인의 경우, 어떤 한 변인으로 다른 변인을 예측하는 데 아무런 도움도 받지 못함을 의미한다.

두 변인의 관계를 상관계수로 나타내지만, 상관계수를 자주 접하지 못하는 사람은 계산된 상관계수가 어느 정도의 강도를 나타내는지는 쉽게 판단하기 어렵다. 절대적인 기준은 없지만 일반적으로 상관계수를 언어적으로 표현하면 다음과 같다.

〈상관계수의 언어적 표현〉

상관계수 범위	언어적 표현
.00 - .20	상관이 거의 없다.
.20 - .40	상관이 낮다.
.40 - .60	상관이 있다.
.60 - .80	상관이 높다.
.80 - 1.00	상관이 매우 높다.

상관의 계산

가상의 **두 변인 간 관계를 나타낸 산포도**(scatter plot)와 **산포도에 나타낸 측정값들**을 변인의 평균을 중심으로 구분했을 때 구분된 범위에 포함되는 측정값의 수를 나타내면 다음 〈그림3〉과 같다.

〈그림3 : 두 변인 간 관계의 예〉
그림에서 동그라미는 동일한 값이 2번 측정된 경우

집중력		경기력	
		평균이상	평균미만
	평균이상	7	2
	평균미만	1	10

경기력		행복감	
		평균이상	평균미만
	평균이상	6	5
	평균미만	3	6

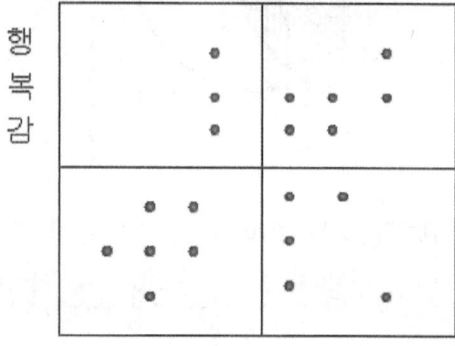

〈그림3〉에 나타낸 두 변인 간 산포도의 모양을 보면, **경기력과 집중력은 상관이 높고, 행복감과 경기력은 상관이 낮음**을 알 수 있다. 특히, 두 변인 간 관계를 나타낸 측정값들을 각 변인의 평균을 중심으로 구분했을 때 구분된 범위에 포함되는 측정값의 수를 나타낸 결과, 상관이 높은 경기력과 집중력 변인의 경우에는 두 변인에서 모두 평균이상인 경우와 평균미만인 경우가 많았지만, 상관이 낮은 행복감과 경기력의 경우에는 평균을 중심으로 구분한 4가지 범위에 골고루 분포하였다. 이와 같이, 각 변인에서 평균을 중심으로 구분했을 때, 한 변인에서 평균보다 클 때 다른 변인도 평균보다 크고, 한 변인에서 평균보다 작을 때 다른 변인도 평균보다 작으면 **상관은 크게 나타난다.**

8. 상관계수   0)공분산 $S_{XY} = \dfrac{\sum (X_i - \overline{X})(Y_i - \overline{Y})}{n}$

1)상관계수의 종류 : ①Pearson의 적률상관계수, ②Spearman의 등위차상관계수

2)상관계수의 활용 : 신뢰도와 타당도의 추정

---

0) 공분산 $S_{XY} = \dfrac{\sum (X_i - \overline{X})(Y_i - \overline{Y})}{n}$

스포츠지도사 기출문제 & 서답형

129. 상관관계에 대한 설명으로 적절하지 <u>않은</u> 것은?
가. 상관은 두 변수 간의 관계를 말한다.
나. 상관계수는 -1에서 +1까지의 범위를 가진다.
다. 상관계수 -1이 가장 작은 상관이고 +1이 가장 높은 상관이다(×).
라. 상관은 두 변수의 <u>공분산</u>을 각 변수의 표준편차로 나누어 준 값이다.

130. <보기>는 상관관계에 대한 설명이다. 괄호 안의 ㉠, ㉡에 해당하는 적절한 용어를 순서대로 쓰시오.

<보기>
상관은 두 변수의 (㉠)을 각 변수의 (㉡)로 나누어 준 값이다.

답 ㉠<u>공분산</u>, ㉡<u>표준편차</u>

상관은 **두 변인이 함께 변하는 정도**라 할 수 있는데, 그렇다면 상관은 어떻게 계산될 수 있을까? 이 질문에 대한 답은 <u>한 변인이 변하는 양에 비해 다른 변인이 얼마나 변하는가</u> 하는 양을 계산하는 것이다. 이러한 계산을 위해서는 공분산의 개념과 계산 방법을 먼저 이해해야 한다.

이기봉 Q&A 재구성

131. 공분산의 계산 공식을 쓰고, 분자에 편차점수의 곱이 들어가는 이유를 설명하시오.

답 공분산(covariance)은 두 변수$^{변인 \cdot variable}$가 동시에 변하는 정도로 상관의 의미와 비슷하다. 공분산을 구하기 위해서는 두 변인의 **평균값**을 중심으로 두 변인이 변하는 정도를 계산하면 된다. 공분산을 계산하는 공식은 다음과 같다.

$$S_{XY} = \frac{\Sigma(X_i - \overline{X})(Y_i - \overline{Y})}{n}$$

위 공식에서 S_{XY}(표집치·통계치)는 두 변인 X와 Y의 공분산을 의미하며, 모집단의 경우 σ_{XY}(모집치·전집치)로 표기한다. 공분산의 계산은 모든 사례수에 대해 X 변인의 **편차**와 Y 변인의 **편차**를 곱한 후 총 사례수로 나누어 주면 된다.

분산을 계산할 때에는 편차를 제곱하여 모두 더했지만, **공분산**은 각 변인이 평균을 중심으로 하여 변하는 정도를 곱하여 모두 더한다는 점에 주의해야 한다.

평균편차는 **편차점수를** 모두 더했을 때 **0**이 되어 분산도의 정도를 나타낼 수 없으므로, 분산은 **편차점수**에 제곱을 해주었지만, 공분산은 **두 변인이 동시에 변하는 정도**를 알기 위해 참조점이 되는 각 변인의 **평균**을 중심으로 변하는 정도를 모두 더하여 사례수로 나누어 준 것이다.

한 변수의 편차점수가 클 때 다른 변수의 편차점수도 크고, 한 변수의 편차점수가 작을 때 다른 변수의 편차점수도 작으면 공분산의 값이 커짐을 알 수 있다.

1) 상관계수의 종류 : ①Pearson의 적률상관계수, ②Spearman의 등위차상관계수

132. 다음은 걷기 운동의 효과를 분석하기 위한 체육 수업 컨설팅 내용이다. 괄호 안의 ㉠, ㉡에 해당하는 명칭을 순서대로 쓰시오. 2016

<체육 수업 컨설팅>

수석 교사 : 이번 걷기 운동 프로그램($X^{독립변인}$)이 학생들의 체지방 감량($Y^{종속변인}$)에 미친 효과는 어떻게 알아보나요?

초임 교사 : 그 효과를 알아보기 위해 1일 평균 걸음 수와 체지방 감량 정도를 측정했습니다. 그런데 <측정 결과표>에 나타난 것과 같이 극단값이 존재해서 1일 평균 걸음 수 순위와 체지방 감량 순위 간의 상관을 분석하는 것이 좋을 것 같습니다. 지난번에 체중과 신장 간의 관계 분석에 이용했던 (㉠)상관분석을 적용하면 어떨까요?

수석 교사 : 분석은 가능하지만, 이 경우는 (㉡)상관분석을 하는 것이 더 적절합니다.

<측정 결과표>

번호	1일 평균 걸음 수	체지방 감량 정도 (g)
1	7,200	300
2	5,000	800
3	4,500	600
4	6,700	500
5	3,800	100
6	9,900	1,400
7	6,600	400
8	4,200	200
9	7,100	700
10	7,000	600

답 ㉠ **적률**

㉡ **등위차(순위차)**

문 ㉠, ㉡의 차이점을 비교하여 서술하시오.

답 ㉠은 사례수가 100명 이상이고(보다 많고), 자료자체가 **측정치(점수)**로 표시되며, **동간**척도 이상에서 사용한다.

㉡은 사례수가 **30**명 이하이고(보다 적고), 자료자체가 **등위(순위)**로 표시되며, **서열**척도에서 사용한다.

스포츠지도사 기출문제 & 서답형

133. 상관관계에 대한 설명으로 적절하지 <u>않은</u> 것은?
가. 상관은 두 변수 간의 관계를 말한다.
나. 상관계수는 -1에서 +1까지의 범위를 가진다.
다. 상관계수 -1이 가장 작은 상관이고 +1이 가장 높은 상관이다(×).
라. 상관은 두 변수의 <u>공분산</u>을 각 변수의 표준편차로 나누어 준 값이다.

134. <보기>는 상관관계에 대한 설명이다. 괄호 안의 ㉠, ㉡에 해당하는 적절한 용어를 순서대로 쓰시오.

<보기>
상관은 두 변수의 (㉠)을 각 변수의 (㉡)로 나누어 준 값이다.

답 ㉠<u>공분산</u>, ㉡<u>표준편차</u>

135. 상관계수에 대한 설명으로 옳지 <u>않은</u> 것은?
① <u>적률상관계수는 두 연속변인 간 관계</u>를 나타낸다.
② 정적상관이란 한 변인의 값이 높아질 때 다른 변인의 값도 높아지는 것을 의미한다.
③ 부적상관이란 한 변인의 값이 높아질 때 다른 변인의 값은 낮아지는 것을 의미한다.
④ <u>적률상관계수의 가능 범위는 0에서 1까지이다(×).</u>

136. <보기>는 상관계수에 대한 설명이다. 괄호 안의 ㉠, ㉡에 해당하는 적절한 용어를 순서대로 쓰시오.

<보기>
○ 적률상관계수는 두 (㉠)변인 간 관계를 나타낸다.
○ 적률상관계수의 가능 범위는 (㉡)에서 +1까지이다.

답 ㉠<u>연속</u>, ㉡<u>-1</u>

문1. 적률상관계수(r)와 등위차상관계수(ρ)의 차이점을 기술하라.

답1. 등위차상관계수(ρ)는 ①사례수가 30 이하인 경우와 같이 적거나, ②자료 자체가 측정치로 표시되지 않고 등위로 표시되어 있는 경우, ③자료가 측정치로 표시되어 있다 하더라도 그 측정치의 동간성이 의심되는 서열척도에 의한 것일 때 사용된다.

　반면, 적률상관계수(r)는 점수로 표시되는 동간척도 이상에서만 사용된다. 즉, 등위차상관계수(ρ)는 정상분포를 가정할 필요가 없는 반면, 적률상관계수(r)는 정상분포를 가정하고 있다. 따라서 등위차상관계수는 점수의 간격을 고려하지 않기 때문에 적률상관계수보다는 정확하지 못하다.

문2. 등위차상관계수(ρ)애 대하여 설명하라.

답2. 등위차상관계수란 스피어먼(Spearman)이란 통계학자가 제안한 방법으로서 "스피어먼의 ρ"라고 부르기도 한다. 이 ρ는 사례수가 30 이하인 경우와 같이 적거나, 또는 자료 자체가 측정치로 되어있지 않고 등위로 표시되어 있는 경우에 비교적 간단하게 계산해 낼 수 있는 특징을 가지고 있다. 또 자료가 측정치로 표시되어 있다 하더라도 그 측정치의 동간성이 의심될 때에는 적률상관계수 보다 등위차상관계수를 사용하는 것이 원칙이다. 그러나 적률상관계수보다는 엄밀하지 못한 단점을 가지고 있다.

이기봉 Q&A 재구성

137. 피어슨의 적률상관계수를 계산할 때 분모에 들어가는 것이 무엇이며, 이것이 의미하는 것은 무엇인지 쓰시오. **기출문제**

답 두 변인 간 관계의 정도를 나타내는 **공분산**은 실제로 -∞에서 +∞의 값을 갖게 되어 해석에 어려움이 많다. 이러한 문제점을 해결하기 위해 피어슨이 상관계수를 계산하는 공식을 유도하였다. 상관계수 공식은 다음과 같다.

$$r_{XY} = \frac{S_{XY}}{S_X \cdot S_Y}$$

위 공식에서 r_{xy}는 X와 Y 라는 두 변인 간 상관을 나타내며, 모집단에서는 ρ_{xy}로 표기한다.

위 공식에 의하면, 상관계수는 두 변인의 **공분산**을 두 변인의 **표준편차**로 나누어준 값이다.

표준편차로 공분산을 나누어주는 것은 **Z점수**를 계산할 때 표준편차로 나누어 줌으로써 **(측정)단위**를 통일시키는 것과 유사한 의미이다. 이러한 상관계수를 **피어슨**의 **적률상관계수**라 한다.

위 공식과 같은 과정을 거친 상관계수는 원자료(raw data)의 측정 단위와 관계없이 범위가 -1.0에서 +1.0의 값을 가지게 된다.

상관계수는 공분산과 다르게 -1.0에서 +1.0의 값을 가지므로 해석하는데 매우 편리하다. 즉, 오래달리기(단위 : 초)와 체지방률(단위 : %)의 관계를 **공분산**으로 파악한다면 해석하는데 어려움이 따르겠지만, 두 변인 간 상관을 구한다면 -1.0에서 +1.0의 범위 내에서 계산이 될 것이므로 해석하는데 어려움이 없을 것이다.

상관계수 공식을 좀 더 구체적으로 분석해 보면 다음과 같다.

$$r_{XY} = \frac{S_{XY}}{S_X \cdot S_Y} = \frac{\frac{1}{n}\Sigma(X_i - \overline{X})(Y_i - \overline{Y})}{S_X \cdot S_Y} = \frac{1}{n}\Sigma Z_X \cdot Z_Y$$

상기한 계산에서 Z_X와 Z_Y는 **두 변인의 표준점수**이다. 따라서, **두 변인 X, Y의 상관**은 두 변인의 Z점수 곱의 평균이라고 해석된다. 즉, **한 변인의 Z점수가 클 때 다른 변인의 Z점수가 크고, 한 변인의 Z점수가 작을 때 다른 변인의 Z점수가 작으면 두 변인 간 상관은 커지게 된다.**

2) 상관계수의 활용 : 신뢰도와 타당도의 추정

> 이기봉 Q&A 재구성

138. 상관계수가 검사 점수의 신뢰도와 타당도를 추정할 때 어떻게 이용되는지 설명하시오. **기출문제**

답 한 검사를 <u>2</u>번 시행하여 측정된 검사 점수 간 **상관**이 높으면 그 검사의 신뢰도가 높은 것으로 받아들인다.

기존에 타당도가 높다고 알려진 검사(<u>준거</u> 검사) 점수와 새로운 검사(<u>현장</u> 검사) 점수 간 상관이 높으면 두 검사가 동일한 것을 측정하는 것으로 판단되어 새로운 검사의 타당도가 높은 것을 의미한다.

⟨X, Y변인별 측정치 척도별로 적합한 상관계수⟩

		X변인의 측정치 척도			
		명명-비연속	명명-연속	서열	동간/비율
Y변인의 측정치 척도	명명-비연속	1. ① phi(ϕ)계수 ② 유관계수	(5)	(8)	(10)
	명명-연속	5.※	2. 사간 상관계수	(6)	(9)
	서열	8. 등위양분 상관계수 r_{rb}	6.※	3. ① 스피어먼(Spearman)의 상관계수(ρ) ② 켄달(Kendall)의 Tau(τ)	(7)
	동간/비율	10. 양류 상관계수 r_{pb}	9. 양분 상관계수 r_b	7.※	4. 피어슨의 r

※아직 규명되지 않은 상관계수

☞ 9. 결정계수 = 상관계수의 제곱(백분율) = 전체 변량 중 두 변인이 공통적으로 관련되어 있는 변량비율

139. 교사와 김성실이 학교 스포츠클럽 농구팀의 코트 위치별 득점을 주제로 나눈 대화이다. '좌측 코트 3점 득점과 전체 득점은 52% 관련되어 있다.'를 바르게 수정하여 기술하시오.

교 사 : 그동안 우리 팀 전적이 어떻게 되니?
김성실 : 20게임 치렀는데 13승 7패입니다. 그런데 우리 팀의 득점이 주로 어느 위치에서 이루어 졌는지 알 수 있나요?
교 사 : 그럼, 알 수 있지. 코트의 득점 위치를 구분해서 x축에 위치별 득점을, y축에 전체 득점을 놓고 위치별 득점과 전체 득점 간의 상관계수를 산출하면 알 수 있어.
김성실 : 코트를 좌측과 우측으로 나누고 득점을 2점과 3점으로 구분해서 분석하겠습니다.

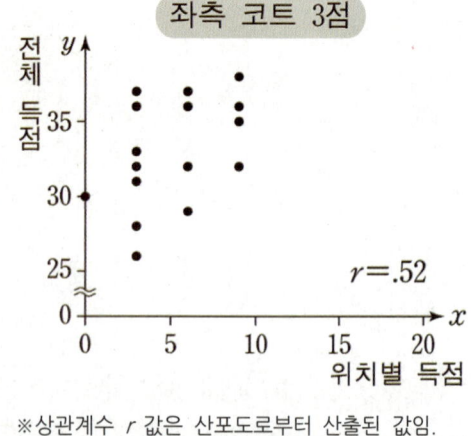

※상관계수 r 값은 산포도로부터 산출된 값임.

답 좌측 코트 3점 득점과 전체 득점은 [(**0.52**)^2 × **100** = **27.04**] % 관련되어 있다.

※오답 : 좌측 코트 3점 득점과 전체 득점은 52% 관련되어 있다.

상관계수 해석 - 체육연구방법 강상조·박재현·강민수

상관계수가 통계적으로 의의가 있을 경우 그 상관계수가 과연 의미 있는 크기를 가지고 있는지를 확인할 필요가 있다. 상관계수를 해석하는데 기장 보편적으로 사용되고 있는 준거는 결정계수(coefficient of determination : r^2)이다. 결정계수는 상관계수를 자승(r^2)한 것인데, 이것은 전체변량 중 두 변인이 공통적으로 관련되어 있는 변량비율을 뜻한다.

예 체력검사 중에서 폭발적 근력(혹은 순발력: explosive power)을 측정하는 검사로서 '제자리멀리뛰기'와 '높이뛰기' 검사를 사용하고 있다. 그 이유는 이들 검사가 동일한 요인을 측정한다고 생각하고 있기 때문이다. 그런 데 실제 이 두 검사간의 상관계수는 .70~.80사이로 나타나고 있다. 결정계수로 고쳐보면 .49(.70^2)에서 .64(.80^2)이다. 이를 다시 백분율(%)로 표시하면 .49×100=49%와 .64×100=64%가 된다. 다시 말하면 전체 변량(100%)중 제자리멀리뛰기 검사와 높이뛰기 검사가 공통적으로 측정하는 변량은 49%에서 64%까지이다. 혹은 제자리멀리뛰기 검사의 전체변량 중 49%에서 64%까지는 높이뛰기 검사에 의해 설명된다고 할 수 있다.

140. 다음은 김 교사가 학생들의 '건강 생활 습관'을 분석한 결과이다. 괄호 안의 ㉠에 해당하는 용어와 ㉡에 해당하는 값(수치)을 차례대로 쓰시오. 2014

'건강 생활 습관' 분석 결과

대상	심성 중학교 20명
기간	12주
측정변인 및 도구	- TV 시청 및 컴퓨터 사용 시간(분/일) : 질문지 - 중고강도 신체 활동 참여 시간(분/일) : 가속계
결과	TV 시청 및 컴퓨터 사용 시간과 중고강도 신체 활동 참여 시간의 상관관계(r) | 전체 | 남학생 | 여학생 | |---|---|---| | -0.89 | -0.80 | -0.40 |
해석	- 전체적으로 TV 시청 및 컴퓨터 사용 시간이 길면 중고강도 신체 활동 참여 시간은 짧음. - 남녀를 구분할 경우 상관관계는 낮아짐. - 중고강도 신체 활동 참여 시간의 총변화량 중에 TV 시청 및 컴퓨터 사용 시간으로 설명되는 변화량의 비율을 (㉠)계수라고 함. - 이 계수는 남학생이 여학생에 비해 (㉡)배 더 높음.

답 ㉠ **결정**, ㉡ **4**

문 ㉡의 이유를 서술하시오.

답 남학생의 결정계수는 [(**-0.8**)^2 = **0.64**]이고, 여학생의 결정계수는 [(**-0.4**)^2 = **0.16**]이다. '0.64 = 0.16 × **4**'이다.

그러므로 남학생의 결정계수는 여학생의 결정계수보다 **4**배 더 높다.

141. <보기>는 A집단과 B집단의 1600m 오래달리기 기록(초)과 최대산소섭취량($\dot{V}O_2max$)의 관계를 나타낸 산점도(scatter plot)이다. 산점도와 관련된 설명으로 옳은 것은?

<보기>

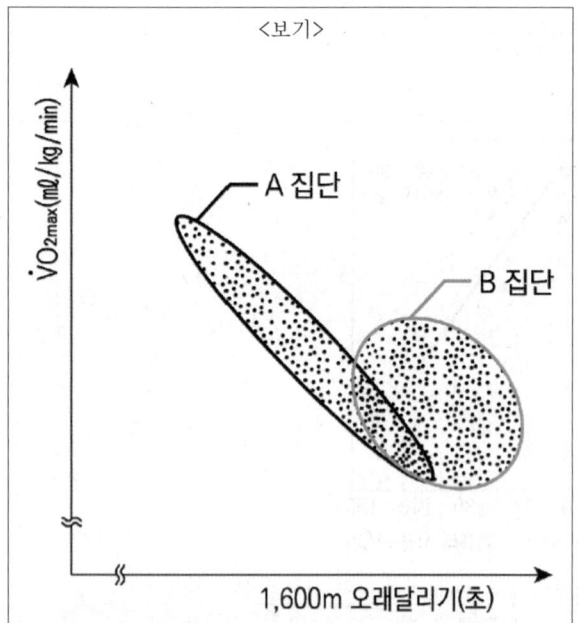

① B집단이 A집단보다 심폐지구력이 평균적으로 더 우수하다(×).
② B집단이 A집단보다 1,600m 오래달리기 기록의 분산도(variability)가 더 크다(×).
③ **A집단이 B집단보다 최대산소섭취량 추정식의 결정계수(R^2)가 더 크다.**
④ A집단이 B집단보다 최대산소섭취량 추정치의 신뢰구간(confidence interval)이 더 크다(×).

142. <보기>는 A집단과 B집단의 1600m 오래달리기 기록(초)과 최대산소섭취량($\dot{V}O_2max$)의 관계를 나타낸 산점도(scatter plot)이다. 괄호 안의 ㉠, ㉡에 해당하는 적절한 용어를 순서대로 쓰시오.

<보기>

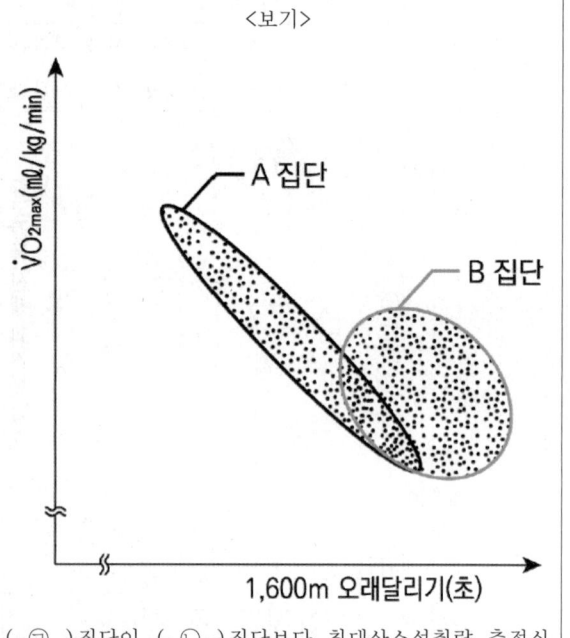

(㉠)집단이 (㉡)집단보다 최대산소섭취량 추정식의 결정계수(R^2)가 더 크다.

답 ㉠**A**, ㉡**B**

143. <보기>에서 피하지방 두께(X)로 체지방률(Y)을 예측하는 방정식을 선택할 때 고려해야 할 평가기준으로 바르게 묶인 것은? *2018*

<보기>
㉠ 방정식을 개발하는데 대규모 표본(약 100명 이상)이 사용되었다.
㉡ 타당도 계수의 크기는 0.5를 초과한다.
㉢ 방정식을 개발할 때 활용했던 표본과 다른 표본에서 교차검증 되었다.
㉣ 예측변수(X)가 결과변수(Y) 변화량의 36% 이상을 설명한다.

① ㉠, ㉡   **② ㉠, ㉢**   ③ ㉡, ㉢   ④ ㉢, ㉣

144. 예측변수(X)가 결과변수(Y) 변화량의 36%일 경우의 상관계수를 쓰시오. *2018*

답 **±0.6**

145. 심폐지구력을 측정하는 검사인 하버드 스텝검사(Harvard step test)를 한국인에게 적용하였을 때 타당도는 0.4~0.6 정도로 높지 않게 나타난다. 타당도를 높이기 위하여 키(cm)와 체지방률(%)을 예측 변인으로 추가하여 최대산소섭취량(VO_2max; ml/kg/min)을 예측하는 공식을 <보기>와 같이 도출하였다. 이 결과에서 R^2은 **0.70**이었으며, 모든 추정치는 $\alpha=0.05$에서 통계적으로 유의하였다. 이 결과에 대한 설명 중 옳지 <u>않은</u> 것은? *2019*

<보기>
$$\widehat{VO_2max} = 2.5 + 0.32 \times (스텝검사\ 점수) - 0.40 \times (체지방률) + 0.18 \times (키)$$

① <보기>의 공식에서 스텝검사 점수와 VO_2max는 정적 관계를 보이고 있다.
② 평균적으로 체지방률이 1% 증가할 때마다 VO_2max는 0.40ml/kg/min 낮아진다.
③ 스텝검사 점수, 키, 몸무게로부터 VO_2max 분산의 약 49%를 설명할 수 있다. → **70%이다.**
④ <보기>의 공식에 의한 타당도가 하버드 스텝검사의 타당도보다 높다.

1. 결정계수 / 신뢰도지수 - 체육측정평가[이기봉]

1) 결정계수

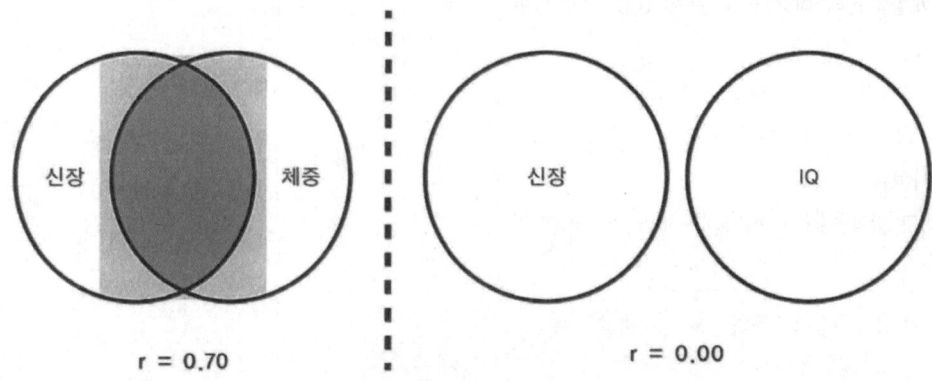

〈그림1 : 다이어그램을 통한 두 변인의 상관 정도〉

 상관을 좀 더 쉽게 이해하려면, 〈그림1〉과 같은 다이어그램으로 두 변인의 관계를 표시해 보면 된다. 만약, 신장과 체중의 상관이 0.70이라면, 〈그림1〉의 왼쪽에 나타낸 것처럼 두 변인의 겹치는 정도가 약 50% 정도[49%]의 면적을 나타내게 된다. 즉, 어떤 사람의 신장을 알면 그 사람의 체중에 대해 약 50% 정도[49%]의 특성을 예측할 수 있음[예언타당도]을 의미한다. 반면, 신장과 IQ 간에 아무런 관련성이 없어 상관이 0.00이라면 〈그림1〉의 오른쪽 그림과 같이 두 변인의 겹치는 부분이 전혀 없게 된다. 즉, 상관이 전혀 없는 두 변인의 경우, 어떤 한 변인으로 다른 변인을 예측하는 데 아무런 도움도 받지 못함을 의미한다.

2) 신뢰도 지수

 신뢰도를 나타내는 **세 번째 방법**은 **관찰점수와 진점수 간 상관의 제곱**(ρ_{XT}^2)으로 신뢰도를 설명하는 것이다. 이를 공식으로 나타내면 다음과 같다.

$$\rho_{XX'} = \frac{\sigma_T^2}{\sigma_X^2}$$ ·················· 공식 7

$$\rho_{XX'} = \rho_{XT}^2$$ ·················· 공식 9

 사실 공식9는 공식7에 의하면 당연한 결과라 할 수 있다. 예를 들어, 모든 측정 대상자들의 관찰점수와 진점수가 동일하다면,

〈그림2 : 신뢰도 - 관찰점수 분산 중 진점수 분산의 비율〉

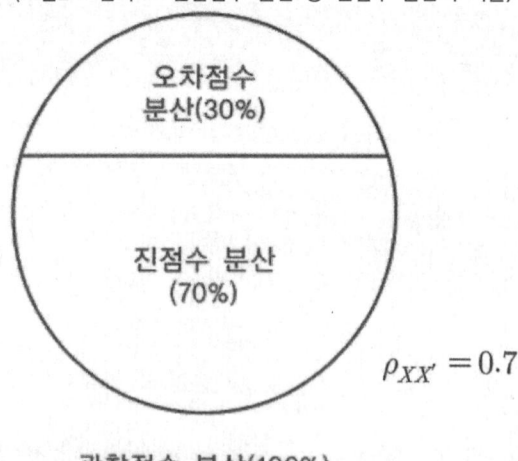

관찰점수 분산은 진점수 분산과 같아져 <그림2>에서 오차점수 분산은 없어지고, 진점수 분산이 관찰점수 분산을 나타내는 원의 전체 면적이 될 것이다. 이 경우를 관찰점수와 진점수 간 상관으로 해석해 보면, 모든 대상자들의 관찰점수와 진점수가 동일하므로 관찰점수와 진점수 간 상관(ρ_{XT})은 1.0이 되고, 결국 관찰점수와 진점수 간 상관의 제곱(ρ_{XT}^2) 또한 1이 되어 완벽한 신뢰도 계수를 나타낸다. 즉, 공식7과 공식9는 같은 의미인 것이다.

공식9를 다른 관점에서 살펴보자. 만약, 어떤 검사의 신뢰도 계수($\rho_{XX'}$)가 0.81 이면, 관찰점수와 진점수 간 상관(ρ_{XT})은 0.9가 되고, $\rho_{XX'}$이 0.36이면, ρ_{XT}는 0.6이 될 것이다. 이러한 관계를 표로 나타내면 다음과 같다.

<표1 : 신뢰도 계수($\rho_{XX'}$)와 관찰점수와 진점수 간 상관(ρ_{XT}) 비교>

$\rho_{XX'}$ 결정계수	ρ_{XT} 상관계수
0.81	0.9
0.49	0.7
0.25	0.5
0.09	0.3

<표1>과 공식9에 의하면, 어떤 검사 A와 평행검사 A′의 상관으로 추정된 신뢰도 계수($\rho_{XX'}$)는 검사 A의 관찰점수와 진점수 간 상관(ρ_{XT})보다 크지 않음을 알 수 있다. 이러한 결과는 한 검사 내에서 관찰점수와 진점수 간 상관(ρ_{XT})이 다른 검사와 상관으로 추정하는 신뢰도 계수($\rho_{XX'}$)보다 크기 때문이다. 즉, 한 검사와 다른 검사 간 상관의 최대값은 그 검사의 관찰점수와 진점수 간 상관(ρ_{XT})이 된다.

공식9에서 밝힌 것처럼, 신뢰도 계수($\rho_{XX'}$)는 관찰점수와 진점수 간 상관의 제곱(ρ_{XT}^2)이다. 전술한 것처럼, ρ_{XT}^2은 관찰점수 분산 중 진점수 분산의 비율($\frac{\sigma_T^2}{\sigma_X^2}$)이므로, 신뢰도 계수는 다음과 같이 관찰점수와 오차점수 간 상관의 관점에서도 표시할 수 있다.

$$\rho_{XX'} = 1 - \frac{\sigma_E^2}{\sigma_X^2} \quad \cdots\cdots \text{공식 8}$$

$$\rho_{XX'} = 1 - \rho_{XE}^2 \quad \cdots\cdots \text{공식 10}$$

공식 10은 1에서 관찰점수와 오차점수 간 상관의 제곱(ρ_{XE}^2)을 뺀 값이 신뢰도 계수임을 나타낸다. 공식 10은 공식 8과 같은 것으로, 관찰점수와 오차점수 간 상관의 제곱(ρ_{XE}^2)은 관찰점수 분산 중 오차점수 분산의 비율($\frac{\sigma_E^2}{\sigma_X^2}$)과 같은 것으로 이해하면 된다.

2. 상관계수의 해석 - 체육통계 강상조

상관계수는 두 변인이 공통으로 변하는 방향과 정도를 수치로 표시한 것이다. 그러나 상관계수는 측정치가 아닌 일종의 지수(index)이기 때문에 대소 구분은 가능하지만 계수 간에 가감승제는 할 수 없다. 즉 상관계수는 서열척도와 같은 것이다.

예 상관계수가 .50이라 해서 .25보다 배가 된다고 할 수 없으며 .50에서 .70으로의 증가량과 .20으로의 증가량이 같다고 해석할 수 없다.

상관계수는 서열척도(ordinal scale)이다.

산출결과 얻은 상관계수의 해석은 상관계수의 이론적 가정, 실용적 의의 상관계수에 영향을 미치는 여러 조건 등을 종합적으로 고려해야 한다. 즉, 목적에 따라서는 아주 높은 상관계수만이 의의 있는 것으로 해석될 수 있으나 다른 목적에 이용될 때에는 아주 낮은 상관계수도 의의 있는 것으로 해석될 수 있다. 따라서 상관계수는 위에 제시한 여러 조건에 비추어 상대적으로 해석해야 한다. 그러나 특별한 용도를 고려하지 않고 상관계수를 해석한다면 다음과 같다.

.90-1.00 매우 높은 상관
.70-.90 높은 상관
.50-.70 보통 상관
.30-.50 낮은 상관
.00-.30 아주 낮은 상관

예 근력검사와 근지구력검사 간에 산출된 상관계수가 .70이라면 이 계수는 근력(혹은 지구력)이 높은 사람은 근지구력(혹은 근력)도 대부분 높다는 것을 시사해 준다.

상관계수는 두 변인간의 관계를 나타내주는 지수이기 때문에 관련정도를 비율(혹은 백분율)로 설명할 수 있다. 상관계수를 백분율처럼 해석하기 위해서는 상관계수를 자승(제곱)해야 한다.

상관계수의 자승, 즉 r^2을 흔히 결정계수라고도 하는데 이것은 전체 변량에 대한 설명변량의 비 혹은 전체변량 중 두 변인이 공통적으로 관련되어 있는 변량비율을 나타낸다.

예 근력검사와 근지구력검사 간에 r이 .70이라면 $r^2=.49$이므로 전체변량(100%) 중 근력검사와 근지구력검사가 공통적으로 관련되어 있는 변량은 49%라고 해석한다. 혹은 근력검사의 전체변량 중 49%는 근지구력검사에 의해 설명된다고 할 수 있다.

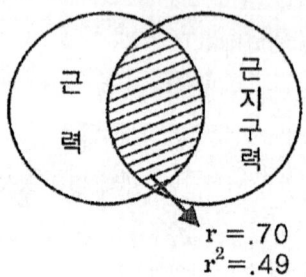

상관계수의 자승(r^2)은 전체변량 중 두 변인이 공통적으로 관련되어 있는 변량비율을 뜻한다. 그림 중 사선 친 부분은 근력검사와 근지구력검사가 공통적으로 측정하고 있는 변량을 뜻하며 이 변량은 전체 100%중 49%를 차지하고 있음을 의미한다.

상관계수는 두 변인 간의 관계의 정도를 나타내 준다. 그러나 이 말은 한 변인이 다른 변인의 원인이 된다는 것을 반드시 의미하지는 않는다. 왜냐하면 제3의 변인 혹은 몇 가지 변인들이 조합되어 두 변인 간의 상관계수에 영향을 미칠 수 있기 때문이다. 따라서 두 변인간의 관계를 인과적인 측면에서 해석하려면 논리적으로 인과관계가 성립되거나 인과관계를 가정한 실험조건 하에서만 가능하다. 이러한 조건이 성립되지 않을 때는 공인관계로 설명해야 한다.

3. 상관계수의 해석 - 체육통계와 연구설계[예종이]

 상관계수는 두 변인이 공통으로 변하는 방향과 정도를 수치로 표시한 것이다. 그러므로 상관계수는 그것이 얻어지고 사용되는 조건에 따라 상대적이 되며 상관계수의 크기는 결코 절대적인 자연적 사실을 설명해 주지는 않는다. 그러므로 상관계수로서 변인 간에 상관성이 있다·없다, 높다·낮다는 식의 언어적 표시로 해석을 하려고 할 경우에는 여러 가지 조건을 고려하지 않으면 안 된다. 즉 같은 크기의 상관도 일지라도 사용되는 목적에 따라 상관도의 고저에 대한 개념이 크게 달라질 수 있기 때문이다. 그러나 상관계수를 특별한 조건을 고려하지 않고 일반적으로 취급할 때는 <표>와 같은 5단계의 언어적 표현을 사용한다.

<표 : 상관계수의 5단계 언어적 표현>

상관계수	언어적 표현
±0.20 이하	미소상관 : 거의 상관이 없다.
±0.20 ~ ±0.40	저 상 관 : 낮은 상관이 있다.
±0.40 ~ ±0.70	중위상관 : 확실히 상관이 있다.
±0.70 ~ ±0.90	고 상 관 : 높은 상관이 있다.
±0.90 ~ ±1.00	최고상관 : 매우 상관이 높다.

 <표>의 표현은 극히 일반적인 기술에 불과하며 실제에는 상관관계의 이론적 가정과 실용적 의의 그리고 상관계수 산출에 영향을 미친 여러 가지 조건을 고려하여 복합적·종합적 해석을 하여야 한다. 또 한 가지 유의하여야 할 사항은 상관관계는 어디까지나 두 변인 사이에 관찰된 직선적 관련의 정도를 나타내는 것이지 그들의 인과적 관계를 나타내는 것은 아니라는 점이다.

즉 변인 X와 Y사이에 관찰된 어떤 상관계수는 변인 X와 Y간의 일정한 함수적 관계인 공변화를 시사하지만 반드시 X가 Y의 원인이 되거나 또는 Y가 X의 원인이 된다는 등의 인과성을 시사하는 것은 아니며 만약 인과성이 개입되면 회귀의 문제가 된다.

 또 상관계수를 우리가 익숙해 있는 백분율로 해석하기 위해서는 상관계수를 자승한 값(r^2)을 사용하게 되는데 이를 **결정계수**(coefficient of determination)라고 한다. 결정계수는 전체 변량 중 두 변인이 공통적으로 관련되어 있는 변량의 비율을 나타낸다.

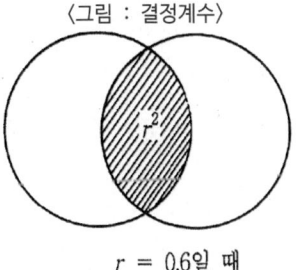

<그림 : 결정계수>

$r = 0.6$일 때
$r^2 = 0.36$

㉠ 체력검사점수와 운동기능점수간의 상관계수가 0.6이라면 이때의 결정계수(r^2)는 0.36으로 두 검사가 공통적으로 측정하고 있는 변량은 전체변량 100% 중 36%를 차지하고 있음을 뜻한다.

10. 회귀방정식 : Y = bX + a

146. 다음은 인성 중학교 체육 교과 협의회 회의록이다. 괄호 안의 ㉠에 해당하는 회귀식과 ㉡에 해당하는 에너지 소비량의 추정 결과를 순서대로 쓰시오. 2015

인성 중학교 체육 교과 협의회 회의록
2017. ○○. ○○.

안건	축구 종목의 블록 타임 수업의 진행 여부 결정을 위한 연구 결과 토의
배경	‣ 지난 교과 협의에서 최성실 선생님께서 축구 종목을 진행하기에 45분 수업 시간이 짧다는 의견과 함께 90분 블록 타임 수업을 제안하였음. ‣ 박온유 선생님은 90분 블록 타임으로 축구 종목을 진행하는 경우에 학생들의 에너지 소비량이 지나치게 높아서 다른 활동에 부정적 영향을 미칠 것이라는 의견을 개진하였음. ‣ 이에 따라 수업 시간과 학생들의 에너지 소비량의 관계를 확인하여 축구 종목의 블록 타임 수업의 진행 여부를 결정하기로 함.
참석자	윤사랑 선생님, 조희락 선생님, 최성실 선생님, 추화평 선생님, 박온유 선생님
협의 내용	‣ 수업 시간(독립 변수)과 에너지 소비량(종속 변수)의 관계를 근거로 회귀식을 개발함. (가) 수업 시간에 따른 에너지 소비량의 회귀선 회귀분석 결과 요약 | 모형	비표준 회귀계수	유의확률
---	---	---
(상수)	100	
수업 시간	5	.001	 종속변수 : 에너지 소비량 45분 에너지 소비량 = 325 kcal 회귀식 $\hat{Y}$ = (㉠) 90분 에너지 소비량 = (㉡) kcal
협의 결론	‣ 블록 타임 수업의 진행 여부에 대하여 다음과 같이 만장일치로 합의함.

답 ㉠ **5X + 100**, ㉡ **550**

문1. (가) 그래프에서 y절편의 값을 쓰고, 구하는 과정을 서술하시오.

답 **100**, y절편은 x값이 0일 때의 y값을 의미하기 때문에 **100**이다.

문2. (가) 그래프에서 기울기의 값을 쓰고, 구하는 과정을 서술하시오.

답 **5**, 기울기는 **x**값의 변화량에 대한 **y**값의 변화량을 의미하기 때문에 $\frac{100}{20}$ = 5 가 된다.

문3. 괄호 안의 ㉠에 해당하는 용어를 차례대로 쓰시오.

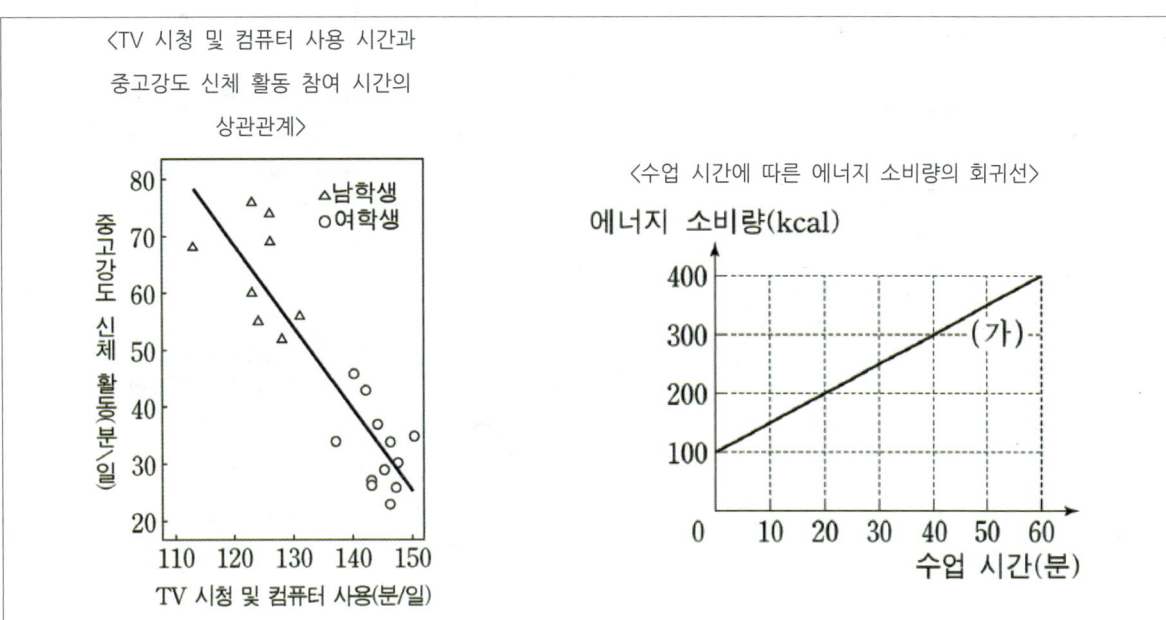

그래프의 직선, 즉 회귀선은 (㉠)을 만족시키는 최적선을 의미한다. (㉠)을 만족시키는 최적선이란 모든 점수의 편차에서 자승화(Σx^2)가 최소가 되는 조건 하에서 설정된 직선이다. 즉 X에 의해 예언된 Y값을 $\hat{Y}$라고 할 때 실제 값인 Y와 $\hat{Y}$의 차의 자승화 [$\Sigma (Y - \hat{Y})^2$]가 최소가 되도록 직선을 정하는 것이다.

답 **최소자승법**

문4. 학생들의 보행수와 신체활동 에너지 소비량 간의 높은 상관계수를 바탕으로 보행수 자료를 수집하여 신체활동 에너지 소비량을 추정할 경우 회귀방정식을 기술하시오.

답 **신체활동에너지소비량** = b·(**보행수**) + a

$\hat{Y}$ = b X + a

→ 예언타당도

스포츠지도사 기출문제 & 서답형

147. <보기>의 운동시간(x)과 에너지소비량(ŷ)의 관계를 바르게 나타낸 식은?

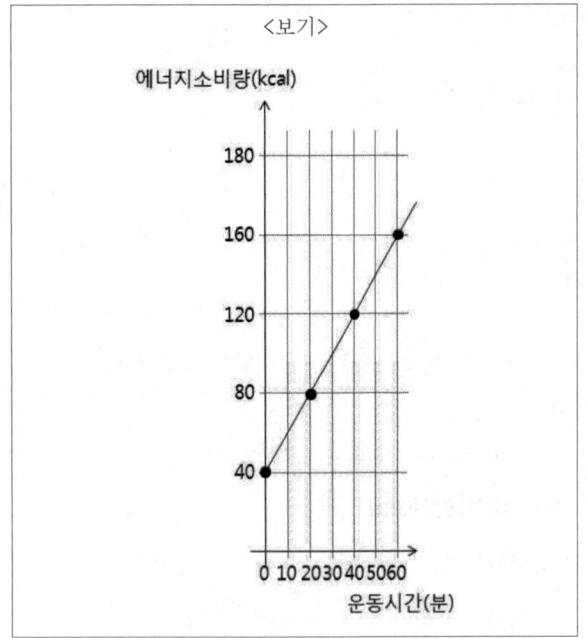

<보기>

① ŷ=2x+40
② ŷ=4x+40
③ ŷ=20x+40
④ ŷ=40x+40

148. <보기>는 운동시간(x)과 에너지소비량(ŷ)의 관계를 나타내는 회귀식이다. 기울기와 y절편을 각각 쓰시오.

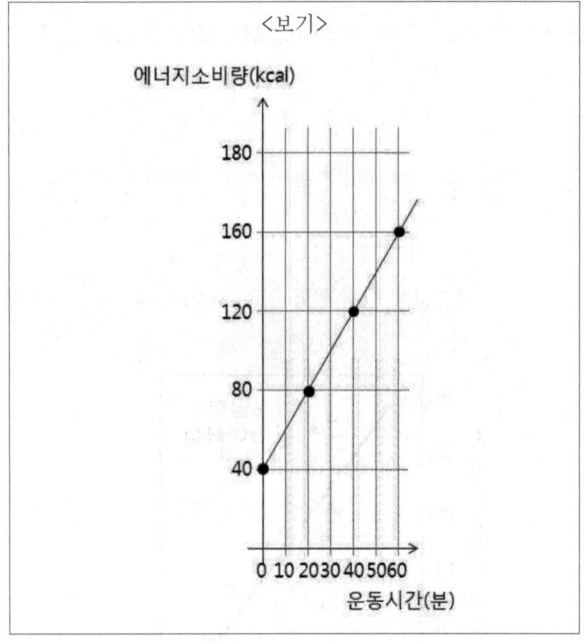

<보기>

답 기울기는 **2**이고, y절편은 **40**이다.

149. 유산소 능력에 대한 일반적인 설명으로 옳지 <u>않은</u> 것은?

① 고혈압, 고지혈증, 당뇨병과 비교하여 사망률 예측에 더 효과적인 지표가 될 수 있다.

② 간질성 폐질환 환자의 예후를 파악하는 유용한 지표이다.

③ 폐암 수술과 위우회술 환자들의 수술 후 합병증 위험과 관련 있다.

④ **회귀방정식**에 의해 추정된 최대산소섭취량(VO_2max)으로 심부전 환자의 예후를 평가할 수 없다(×).

150. <보기>는 A집단과 B집단의 1600m 오래달리기 기록(초)과 최대산소섭취량(VO2max)의 관계를 나타낸 산점도(scatter plot)이다. 산점도와 관련된 설명으로 옳은 것은?

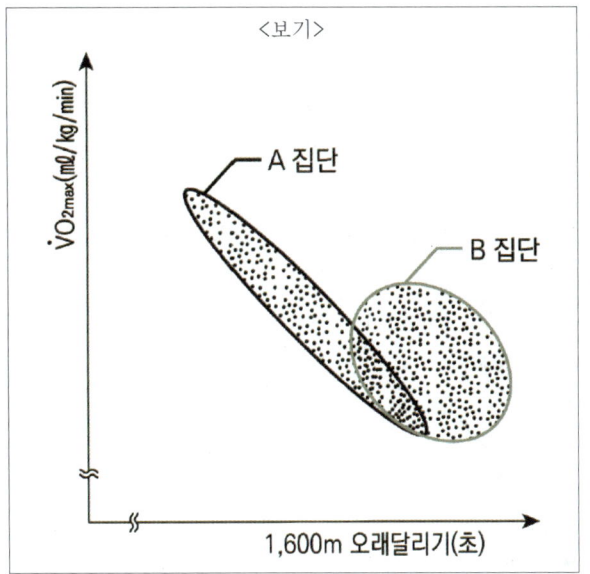

① B집단이 A집단보다 심폐지구력이 평균적으로 더 우수하다(×).
② B집단이 A집단보다 1,600m 오래달리기 기록의 분산도(variability)가 더 크다(×).
❸ A집단이 B집단보다 최대산소섭취량 추정식의 결정계수(R^2)가 더 크다.
④ A집단이 B집단보다 최대산소섭취량 추정치의 신뢰구간(confidence interval)이 더 크다(×).

151. <보기>는 A집단과 B집단의 1600m 오래달리기 기록(초)과 최대산소섭취량(VO2max)의 관계를 나타낸 산점도(scatter plot)이다. 괄호 안의 ㉠, ㉡에 해당하는 적절한 용어를 순서대로 쓰시오.

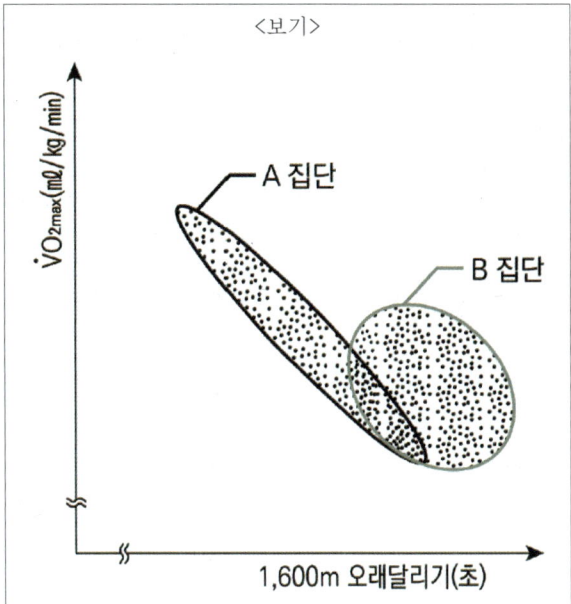

○ 회귀방정식에서 기울기와 y절편은 예측오차의 제곱합, 즉 회귀방정식을 통해서 예측된 VO2max값(y′)과 실제 VO2max값(y)의 차이를 제곱하여 모두 더한 값이 (㉠)가 되도록 하는 값이 된다.
○ 회귀분석을 위해서는 두 변인 간 선형관계가 성립되어야 하고, 두 변인 (㉡)변인이어야 하며, 측정오차가 없다는 가정이 성립되어야 한다.

답 ㉠최소, ㉡연속

152. <보기>에서 피하지방 두께(X)로 체지방률(Y)을 예측하는 방정식을 선택할 때 고려해야 할 평가기준으로 바르게 묶인 것은? 2018

<보기>
㉠ 방정식을 개발하는데 대규모 표본(약 100명 이상)이 사용되었다.
㉡ 타당도 계수의 크기는 0.5를 초과한다(×).
㉢ 방정식을 개발할 때 활용했던 표본과 다른 표본에서 교차검증 되었다.
㉣ 예측변수(X)가 결과변수(Y) 변화량의 36% 이상을 설명한다(×).

① ㉠, ㉡   ❷ ㉠, ㉢   ③ ㉡, ㉢   ④ ㉢, ㉣

153. 피하지방 두께(X)로 체지방률(Y)을 예측하는 방정식을 쓰시오. 2018

답 Y = bX + a (단, b는 기울기이고, a는 y절편임)
체지방률 = b(피하지방 두께) + a

상관과 회귀

두 변인간의 상관관계를 연구하게 될 때 상관계수를 구하여 해석하는 문제도 있지만, 나아가 한 변인에 관한 정보를 통하여 다른 변인의 값을 예측 또는 추정하여야 할 경우도 있다. 이와 같이 한 변인을 다른 변인으로부터 예언하는 문제를 **회귀**(regression)의 문제라 부른다. 즉 상관계수는 독립변인(원인변인·설명변인)과 종속변인(결과변인·반응변인)의 개념이 없고 단지 두 변인간의 관계만을 나타내는데 만약 두 변인간의 관계에서 원인변인과 결과변인의 개념이 들어가면 이때는 회귀의 문제가 된다.

예) 신장(X)을 알고 있을 때 그에 대한 체중(Y)을 예언해 보려는 경우를 생각해 보자. 이때 신장은 독립변인, 체중은 종속변인으로서 단순히 두 변인간의 상관관계가 아닌 회귀의 문제가 된 것이다.

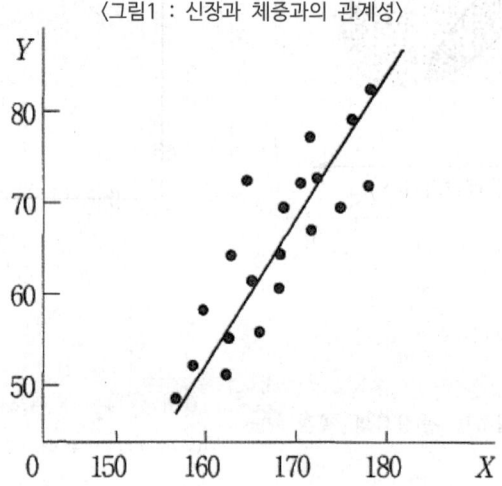

〈그림1 : 신장과 체중과의 관계성〉

〈그림1〉과 같이 20명에 대한 측정치를 20개의 점으로 표시했을 때 만약 두 변인이 직선적인 관계라면 이들 점들은 그들의 한 가운데를 통과하는 직선으로서 그들의 경향을 대표적으로 나타낼 수가 있다. 만일 20개의 점들이 하나의 직선에 완전히 포함된다면 $r=1.00$이 되어 한 변인을 가지고 다른 변인을 정확하게 예언을 할 수 있다.

그러나 실제에 있어서는 완전한 직선적 관계를 가지는 자료가 드물고 점들이 직선으로부터 많이 떨어져 있을수록 상관계수는 점점 작아져서 예언에 오차가 크다는 것을 의미한다. 따라서 〈그림1〉에서도 20개의 점들이 하나의 직선상에 포함되지 못하기 때문에 정확하게 직선을 그리려면 최적선(best-fitting line)을 찾아내어야 하는데 이 최적선을 회귀선(regression line)이라 한다. X와 Y의 두 변인간의 관계를 나타내는 모든 직선의 방정식은 $Y=bX+c$이므로 이것이 모든 점들의 경향을 가장 잘 나타낼 수 있는 최적선이 되도록 b(기울기)와 c(절편)를 구하게 되면 최적선의 방정식이 결정되게 되는데 이를 **회귀방정식**(regression equation)이라 한다. 바로 이 회귀방정식으로 하여금 한 변인을 알고 다른 변인을 예언하는 근거로 삼게 된다.

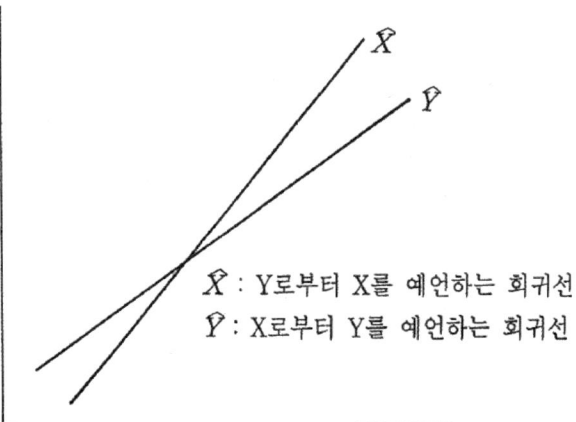

〈그림2 : 2가지의 회귀선〉

$\hat{X}$: Y로부터 X를 예언하는 회귀선
$\hat{Y}$: X로부터 Y를 예언하는 회귀선

 X, Y 두 변인의 관계성에서 보면 〈그림2〉와 같이 X에서 Y를 예언하는 경우와 Y에서 X를 예언하는 2가지의 회귀선이 있게 된다. 전자를 X에 대한 Y의 회귀(regression of Y on X)라 하고, 후자를 Y에 대한 X의 회귀(regression of X on Y)라 한다. 그러나 만일 X와 Y의 관계성이 완전히 직선적이고 모든 점들이 그 회귀선 안에 들어가거나 혹은 X와 Y분포 모두가 표준화되면 단지 하나만의 회귀선이 생기게 된다. 이때 두 변인간의 상관계수(Pearson의 r)는 두 변인의 측정치가 표준점수로 환산되었을 때의 회귀선의 기울기로 표시된다.

 그런데 X에 대한 Y의 회귀선이 될 수 있는 최적선은 모든 점으로부터 직선까지의 거리를 자승한 값의 합이 최소가 되게 하는 직선(최소자승법)이다. 즉 실제의 Y값이 아니고 예언된 Y를 $\hat{Y}$ (^는 hat라 읽음)로 나타내고 Y의 편차를 y라 할 때 $\sum(Y-\hat{Y})^2 = \sum y^2$이 최소가 되는 직선이다. 또 Y에 대한 X의 회귀선은 예언된 X를 $\hat{X}$라 하고 X의 편차를 x라 할 때 $\sum(X-\hat{X})^2 = \sum x^2$이 최소가 되는 직선이 된다.

 결국은 Pearson의 최소자승법에 의하여 회귀방정식을 구하게 되는데 r=±1.0이 아닌 경우에는 2개의 다른 회귀선이 생기게 되며 우선 X에 대한 Y의 회귀선에 대해서 생각해 보자.

 위의 최적선 Y=bX+c에서 b를 회귀계수(regression coefficient), c를 회귀상수(regression constant)라고 하는데 유도된 값은 다음과 같다.

$$b = r_{xy} \frac{S_y}{S_x}$$

$$c = \overline{Y} - (r_{xy} \frac{S_y}{S_x}) \overline{X}$$

 즉 b와 c의 값은 상관계수(r_{xy}), 표준편차(S_x, S_y), 평균($\overline{X}$, $\overline{Y}$)을 알면 구할 수가 있는데 이를 직선의 공식에 대입하면 다음과 같은 회귀방정식을 구할 수가 있다.

$$\hat{Y} = (r_{xy} \frac{S_y}{S_x})X + \overline{Y} - (r_{xy} \frac{S_y}{S_x}) \overline{X}$$

③ 표본추출 방법

☞ 11. 표집방법 : ①확률표집(단순무선표집), ②비확률표집

154. 중학교 남자 선수와 일반 학생을 **무선 표집**하여...

🔲 확률표집은 표본 추출에서 전집의 모든 사례가 동일한 확률을 가지고 있음을 전제로 한다. 표집방법 중에서 전집을 가장 대표할 만한 표본 추출방법을 쓰시오.

🔲 **단순무선** 표집

🔲 단순무선 표집 이외의 확률표집 방법 4가지를 쓰시오.

🔲 **체계**적 표집, **유층**표집, 군집표집, 다단계표집

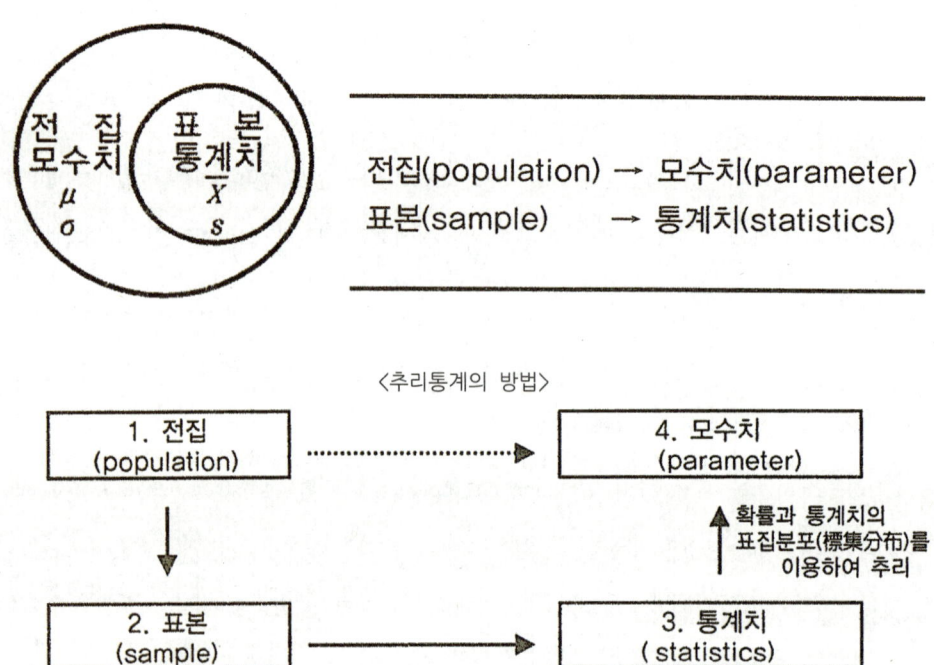

1. 모수치를 가진 전집으로부터 무선표집방법(random sampling)에 의해 표본을 선정
2. 표본집단의 통계치를 산출
3. 확률과 통계치의 표집분포(標集分布)를 이용하여 산출된 통계치에 의해 모수치를 추정
4. 모수치는 실제 계산이 가능한 경우가 있으나 조사를 위해 많은 시간과 비용을 투자해야 하기 때문에 비능률적이다. 추리통계는 바로 위의 1, 2, 3의 과정을 통하여 이러한 비능률성을 제거하여 준다.

☞ **12. 배정방법 : ①단순무선 배정, ②무선구획 배정**

155. 김 교사가 36명을 **무선**(random)으로 **선정**한 후

156. 다음은 김 교사와 류 교사가 ○○중학교 '학교 스포츠클럽의 교육적 효과'를 검증하기 위해 나눈 대화이다.

> 김 교사 : 학교 스포츠클럽이 활성화되니 학생들 얼굴이 밝아 보여서 좋아요.
> 류 교사 : 그럼요, 학교는 학생들이 신체 활동을 할 수 있는 좋은 공간이잖아요.
> 김 교사 : 체육 활동이 성적뿐만 아니라 인성에도 좋은 영향을 미친다는데 우리 학교도 확인해 보면 좋을 것 같아요.
> 류 교사 : 좋은 생각이네요. 우선 현재 학교 스포츠클럽에 참가하는 학생들과 참가하지 않는 학생들을 두 집단으로 구분하여 자료를 수집하는 것이 어떨까요?
> 김 교사 : 한 집단에 30명씩 배정하도록 하죠. 인성은 어떻게 측정할 수 있죠?
> 류 교사 : 5점 리커트(Likert) 척도로 구성되어 있는 인성 검사 도구가 저에게 있어요.
> 김 교사 : 그럼 연구 가설은 '학교 스포츠클럽의 참가 여부에 따라 인성은 차이가 있을 것이다.'로 하면 되겠네요.
> 류 교사 : 유의도 수준은 5%로 설정하여 검증하면 될 것 같아요. 분석 방법은 어떻게 할까요?
> 김 교사 : 두 집단 간 인성 차이를 분석할 수 있는 방법을 적용하면 될 듯합니다. 좋은 프로젝트가 되겠군요.

→ 현재 학교 스포츠클럽에 참가하는 학생들과 참가하지 않는 학생들을 두 집단으로 구분하여 자료를 수집하는 것은 단순 무선 배정이 아니라, **무선구획** 배정이다.

※오답 : 단순 무선 배정을 계획하고 있다.

참 **무선구획**은 연구결과에 중요한 영향을 미칠 수 있다고 판단되는 외적변인에 구획(block)을 설정하여 독립변인과 같이 취급함으로써 외적변인을 통제하는 방법이다.

4 추리통계

☞ 13. 가설검정(Z검정)

   1) 5단계

   (1) 영가설(H_0)과 대립가설(H_1)을 세운다.

   (2) 유의수준(α)을 설정한다.

   (3) 검정통계량 값을 계산한다.

   (4) 비교

   ① 검정통계량과 임계치^{기각치}를 비교한다.

   ㉠ |임계치^{기각치}| ≥ |검정통계량| : 영가설 채택

   ㉡ |임계치^{기각치}| < |검정통계량| : 대립가설 채택

   ② 유의수준(α)과 유의확률(P)을 비교한다.

   ㉠ 유의확률(P) ≥ 유의수준(α) : 영가설 채택

   ㉡ 유의확률(P) < 유의수준(α) : 대립가설 채택

   (5) 결론을 내린다.

   2) 양방검정과 일방검정

   3) 1종오류(α)^{유의수준}, 2종오류(β), 통계적 검증력^{파워}(1-β)

157. 다음은 김 교사와 류 교사가 ○○중학교 '학교 스포츠클럽의 교육적 효과'를 검증하기 위해 나눈 대화이다.

김 교사 :	학교 스포츠클럽이 활성화되니 학생들 얼굴이 밝아 보여서 좋아요.
류 교사 :	그럼요, 학교는 학생들이 신체 활동을 할 수 있는 좋은 공간이잖아요.
김 교사 :	체육 활동이 성적뿐만 아니라 인성에도 좋은 영향을 미친다는데 우리 학교도 확인해 보면 좋을 것 같아요.
류 교사 :	좋은 생각이네요. 우선 현재 학교 스포츠클럽에 참가하는 학생들과 참가하지 않는 학생들을 두 집단으로 구분하여 자료를 수집하는 것이 어떨까요?
김 교사 :	한 집단에 30명씩 배정하도록 하죠. 인성은 어떻게 측정할 수 있죠?
류 교사 :	5점 리커트(Likert) 척도로 구성되어 있는 인성 검사 도구가 저에게 있어요.
김 교사 :	그럼 ①연구 가설은 '학교 스포츠클럽의 참가 여부에 따라 인성은 차이가 있을 것이다.'로 하면 되겠네요.
류 교사 :	②유의도 수준은 5%로 설정하여 검증하면 될 것 같아요. 분석 방법은 어떻게 할까요?
김 교사 :	두 집단 간 인성 차이를 분석할 수 있는 방법을 적용하면 될 듯합니다. 좋은 프로젝트가 되겠군요.

문1. ①은 양방검증(양방검정)의 가설을 수립하고 있다. 이 검증의 영가설과 대립가설을 각각 기술하시오.

답 영가설 : 학교 스포츠클럽의 참가 여부에 따른 인성은 차이가 <u>없</u>다.

　　대립가설 : 학교 스포츠클럽의 참가 여부에 따른 인성은 차이가 <u>있</u>다.

문2. ②는 제 1종 오류(α) 수준을 의미한다. 이의 개념을 서술하시오.

답 영가설이 맞는데도 영가설을 기각하여 발생하는 오차의 정도이다.

실제상태 결정	H_0가 참인 경우	H_0가 거짓인 경우 (H_1이 참인 경우)
H_0를 긍정할 경우	1-α	β (2종 오류)
H_0를 부정할 경우	α (1종 오류)	통계적 검증력(1-β)

문3. 양방검정(양방검증)이고 유의도 수준이 5%일 때 영가설(H_0)의 긍정영역과 부정영역[대립가설(H_1) 채택]을 각각 기술하시오.

답 긍정영역 : -1.96 ≤ Z값 ≤ +1.96 ⇨ 하위 2.5%와 상위 2.5%를 제외한 95% 이내

　　부정영역 : Z값 < -1.96 or +1.96 < Z값 ⇨ 하위 2.5% or 상위 2.5% 보다 더 작은 면적비율

가설검정(Z검정)

0. Summary

1) 영가설과 대립가설

‣ 영가설(H_0) - 대립 가설과 반대되는 가설, '유의한 차이가 없다' 로 표현된다.

‣ 대립가설(H_1) - 연구자가 밝히려고 하는 가설

‣ 영가설을 기각(reject) 즉, '영가설이 옳지 않음'이 밝혀지면 대립가설을 채택하게 된다.

2) 양방검정

‣ 영가설(H_0) : $\mu_a = \mu_b$

‣ 대립가설(H_1) : $\mu_a \neq \mu_b$

3) 일방검정

‣ 영가설(H_0) : $\mu_a \leq \mu_b$

‣ 대립가설(H_1) : $\mu_a > \mu_b$

4) 유의수준 α (1종 오류)

‣ 영가설이 맞는데도 영가설을 기각하여 발생하는 오차의 정도

‣ 0.05(5%) or 0.01(1%)

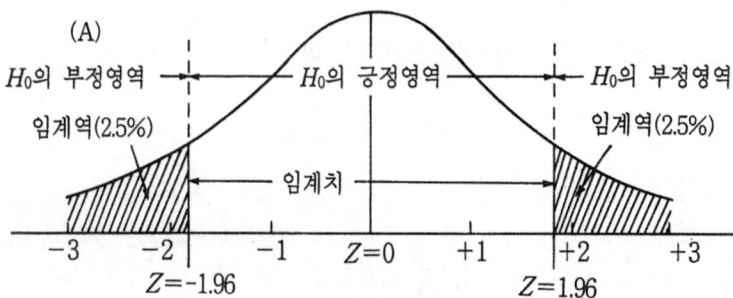

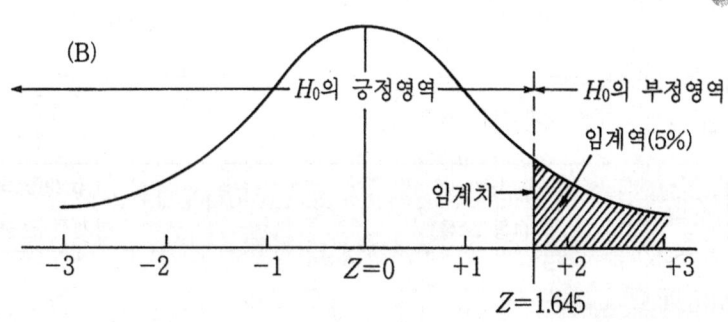

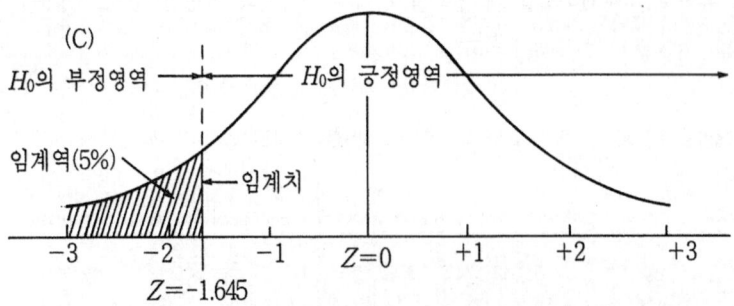

α = .05일 때 일방적 검정과 양방적 검정에서의 임계치

1. 가설검정의 오류와 통계적 검정력

 가설검정에서는 전집치(예 μ, α 등)를 정확하게 알지 못하고 표집을 통하여 얻은 표본통계치에 의하여 전집치에 관한 결정을 내리고 있기 때문에 여기에는 항상 표집오차가 따르기 마련이다. 또한 가설검정은 어디까지나 확률적인 것이기 때문에 절대로 단정적인 판단이나 진술은 허용되지 아니한다.

 가설검정에서 H_0가 참이라고 전제했을 때 표본에서 나온 통계치가 H_0분포에 속할 확률을 따져본 후 그 확률이 아주 높으면 H_0를 인정하고 유의수준보다 낮으면 H_A를 참이라고 판단한다. 이러한 판단은 확률적인 것이기 때문에 확률에 따른 가설의 검정 결과는 항상 잘못 판단될 가능성을 내포하고 있다. 즉 영가설 H_0와 상대가설 H_A가 주어졌을 때 검정과정을 거쳐 H_0를 받아들이거나 아니면 H_A를 받아들이는 2가지 중에 어느 하나를 결정하게 된다. 그런데 H_0가 참일 때 H_0를 받아들이는 경우와 H_0가 거짓일 때 이를 부정하는 2가지의 결론은 가설검정에서 올바른 결정을 내리는 경우가 된다. 그러나 H_0가 참일 때 H_A를 참이라고 받아들이거나 H_0가 거짓일 때 이를 참으로 받아들이는 경우는 잘못된 경우가 된다. 이와 같이 잘못된 결정을 내리게 되는 것을 **가설검정의 오류** 또는 **통계적 오류**(statistical error)라고 한다.

<표1 : 가설검정에서 가능한 4가지의 결과 및 확률>

결정 \ 실제상태	H_0가 참인 경우	H_0가 거짓인 경우 (즉 H_A가 참인 경우)
H_0를 긍정할 경우	바른 판단 $1-\alpha$	잘못된 판단(제 2종 오류) β
H_0를 부정할 경우	잘못된 판단(제 1종 오류) α	바른 판단 $1-\beta$

<표1>은 하나의 가설검정에서 가능한 4가지의 결과를 보여 주고 있다. H_0가 참인데도 이를 부정하는 경우를 제1종 오류(typeI error) 또는 α라 하고, H_0가 거짓인데도 이를 받아들이는 경우를 제2종 오류(typeII error) 또는 β라 한다. 따라서 제1종 오류가 발생할 확률은 바로 유의수준인 α가 되고 유의수준은 곧 영가설(H_0)을 부정할 때 제1종 오류를 범할 확률이 된다.

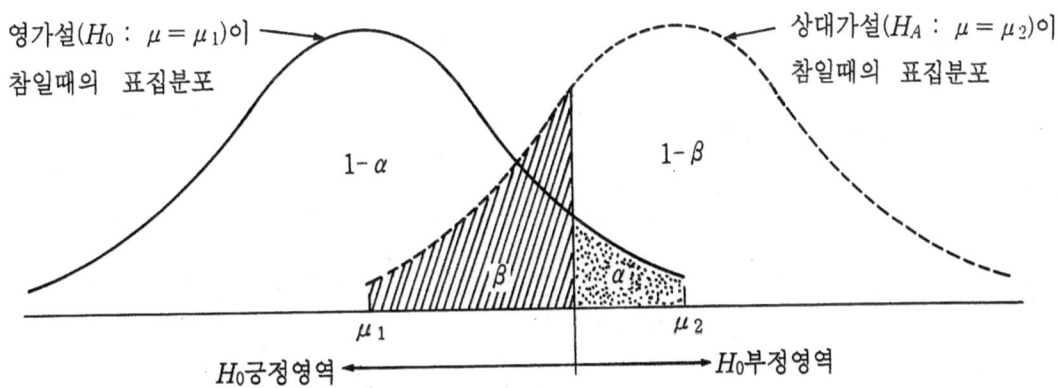

<그림5 : 제1종오류(α), 제2종오류(β), 검정력($1-\beta$) 사이의 관계성

<그림5>는 <표1>의 4가지 가능한 결과의 확률에 관한 관계성을 도시한 것이다.

μ_1이 참일 때	μ_1을 부정하고 μ_2를 받아들임으로써 제 1종 오류를 범할 확률은 α이다.
	μ_1을 받아들임으로써 바른 판단을 내리게 될 확률은 $1-\alpha$이다.
μ_2가 참일 때	μ_1을 받아들임으로써 제 2종 오류를 범할 가능성은 β이다.
	μ_1을 부정하고 μ_2를 받아들임으로써 바른 판단을 내리게 될 확률은 $1-\beta$이다.

 이 때 잘못된 영가설을 기각하고 바른 판단을 내릴 수 있는 확률($1-\beta$)을 **통계적 검정력**(statistical power)이라 한다.

2. 가설검정 - 체육측정평가[이기봉]

t-test와 ANOVA는 모두 가설 검정을 위한 통계적 방법으로 가설 검정에 대한 이해가 선행되어야 할 것이다.

가설 검정(hypothesis test)은 표본의 정보를 기초로 가설의 옳고 그름을 검증하는 것으로, 연구자가 밝히려고 하는 가설을 **대립 가설(alternative hypothesis)**이라 하고 보통 H_1으로 표기하며, 대립 가설과 반대되는 가설을 **영가설(null hypothesis)**이라 하고 H_0로 표기한다. 일반적으로 **영가설은 '유의한 차이가 없다'**로 표현되며, 실제로 검증할 수 없거나 검증하기 곤란한 가설은 영가설로 설정하지 않는 것이 좋다. 만약, 실증적인 자료에 의해 영가설을 기각(reject) 즉, '영가설이 옳지 않음'이 밝혀지면 대립 가설을 채택하게 된다.

예) 'A 교사가 사용한 교수법이 B교사의 교수법보다 우수하다'는 것을 검증하려면, **두 교수법 간에는 차이가 없다**는 것을 영가설($H_0 : \mu_a = \mu_b$)로 설정하고, 실증적 자료로 영가설을 기각하여 **두 교수법 간에는 차이가 있다**는 대립 가설($H_1 : \mu_a \neq \mu_b$)을 채택하여 두 교수법 간에는 차이가 있다고 주장하면 된다.

→ 상기한 방법으로 대립 가설을 검증하는 것을 **양방 검정**이라 한다.

예) 'A 교사가 사용한 교수법이 B 교사가 사용한 교수법보다 우수하다'는 것을 증명하는 다른 방법은 'B 교수법이 A 교수법보다 우수하거나 비슷하다'로 영가설($H_0 : \mu_a \leq \mu_b$)을 설정하고, 실증적 자료이고 영가설을 기각하여 최초의 연구 가설인 대립 가설($H_1 : \mu_a > \mu_b$)을 주장하는 것이다.

→ 이와 같이 한 집단의 평균이 다른 집단보다 '높다' 또는 '작다'는 것을 검증하는 방법을 **일방 검정**이라 한다.

양방 검정과 일방 검정은 연구자가 미리 설정하는데, 방법에 따라 영가설을 기각하는 범위가 달라지므로 과거의 연구들에서 사용되는 방법을 참고하는 것이 바람직하다. 지금까지 설명한 영가설, 대립 가설, 양방 검정, 일방 검정과 함께 가설 검정에서 꼭 알아두어야 할 사항으로 **유의수준(level of significance 또는 α)**이 있다. 유의수준이란 1종 오류라고도 하며, '영가설이 맞는데도 영가설을 기각하여 발생하는 오차의 정도'를 의미한다. 유의수준은 가설 검정이 이루어지기전에 연구자의 주관이나 상황에 따라 판단하지만, 일반적으로 0.05나 0.01 수준이 사용된다.

유의수준과 가설 검정의 논리를 이해하기 위해서 예를 들어 보겠다.

예 어떤 학급의 팔굽혀펴기 점수가 정규 분포하고, 평균이 25개, 표준편차가 5라고 했을 때, 36개의 팔굽혀펴기를 기록한 학생은 이 학급의 학생이라 할 수 있을까?

이 질문에 대한 답은 <그림1>을 보면 쉽게 이해할 수 있을 것이다.

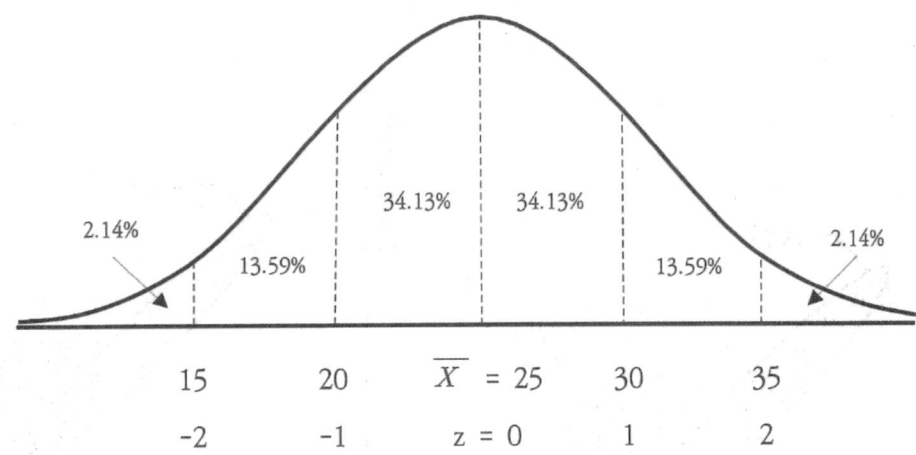

〈그림1 : 팔굽혀펴기 점수의 분포 - 평균25, 표준편차5〉

위 그림에 의하면, 평균보다 2s 이상의 점수를 기록한 사례수는 그 집단의 2.14%밖에 되지 않으므로, 36개의 팔굽혀펴기를 기록한 학생은 이 학급의 학생일 가능성이 2.14%보다 작을 것이다. 따라서 36개를 기록한 학생은 이 학급의 학생이 아니라고 주장한다면, 2.14% 정도의 오차는 감수해야 한다. 이와 같이 오차의 정도를 사전에 결정해서 이 값에 따라 **영가설을 기각**하게 되는데, 이러한 오차의 정도를 **유의수준**이라 한다.

만약, 연구자가 사전에 유의수준을 0.05로 설정했다면, 5%의 오차를 감수하고 영가설을 기각하겠다는 의도이며, **양방 검증**을 한다면 상위 2.5%와 하위 2.5%에 속하는 Z값을 나타내는 경우에는 영가설을 기각하게 된다.

정규 분포 상에서 상위 2.5%와 하위 2.5%에 해당하는 Z값은 -1.96과 1.96이다.

즉, 상기한 예에서 36의 Z점수는 2보다 크기 때문에 이 집단의 점수 분포에 포함될 확률이 2.5%보다 작고 이 학생이 이 학급의 학생이라는 영가설을 기각하여 이 학생이 이 학급에 속하지 않는다고 주장할 수 있는 것이다.

만약, **일방 검증**을 하게 된다면, 상위 5%에 속하는 Z값을 나타내는 경우에만 영가설을 기각하게 되며, 정규 분포에서 상위 5%에 해당하는 Z점수는 1.64이다.

따라서 어떤 학생의 팔굽혀펴기 Z점수가 1.64보다 크면 유의수준 0.05에서 이 학급의 학생이 아니라고 주장할 수 있게 된다.

상기한 예와 유사한 방법으로 두 집단의 평균이 통계적으로 유의한 차이가 있는가를 검정할 수 있다.

두 집단의 평균 차이에 관한 가설 검정을 체육 분야에서 자주 사용되는 통계 방법으로, 두 모집단의 분산을 알고 사례수가 충분히 많으면(약 100명 이상) Z분포를 이용한 **Z검정**을 이용하면 된다.

그러나 실제로 두 모집단의 분산을 알기 어렵고, **사례수가 30명 이하일 경우**에는 평균차이의 표본분포가 Z분포보다는 t분포를 따르기 때문에, t분포를 이용한 **t검정**을 이용해야 한다.

☞ 13-1. 신뢰구간 설정에 의한 추정

스포츠지도사 기출문제 & 서답형

158. <보기>는 A집단과 B집단의 1600m 오래달리기 기록(초)과 최대산소섭취량($\dot{V}O_2max$)의 관계를 나타낸 산점도(scatter plot)이다. 산점도와 관련된 설명으로 옳은 것은?

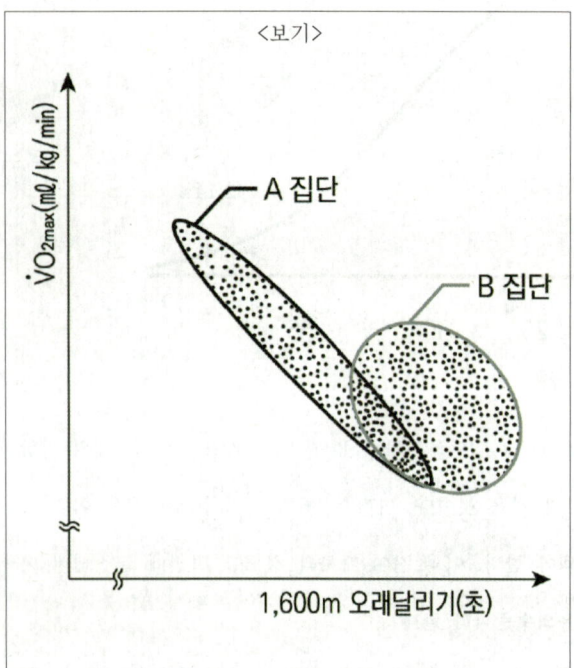

<보기>

① B집단이 A집단보다 심폐지구력이 평균적으로 더 우수하다(×).
② B집단이 A집단보다 1,600m 오래달리기 기록의 분산도(variability)가 더 크다(×).
❸ A집단이 B집단보다 최대산소섭취량 추정식의 결정계수(R^2)가 더 크다.
④ A집단이 B집단보다 최대산소섭취량 추정치의 신뢰구간(confidence interval)이 더 크다(×).

159. <보기>는 A집단과 B집단의 1600m 오래달리기 기록(초)과 최대산소섭취량($\dot{V}O_2max$)의 관계를 나타낸 산점도(scatter plot)이다. ㉠의 공식을 쓰시오.

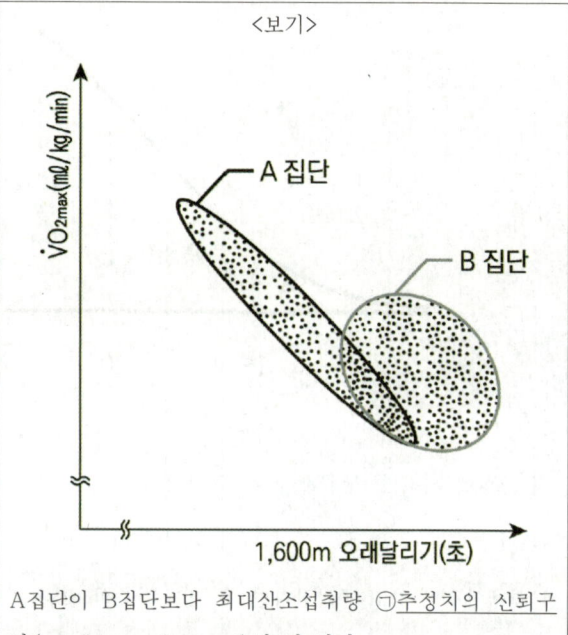

<보기>

A집단이 B집단보다 최대산소섭취량 ㉠<u>추정치의 신뢰구간(confidence interval)</u>이 더 작다.

📝 $CI_{95} = \overline{X} \pm Z(s_{\overline{X}})$

CI_{95} : 95%의 확신을 가지고 **전집**의 평균치가 들어 있다고 추정할 수 있는 신뢰한계

$\overline{X}$: **표본**의 평균치

Z : 정상분포곡선 하에서 면적 .95000에 해당하는 Z값 (표준점수)

$s_{\overline{X}}$(표집분포의 **표준오차**) = $\dfrac{s}{\sqrt{n}}$

14. 독립 t검정

160. 최 교사는 축구 기능 평정 척도(항목별 10점)를 제작하고, ^{구인}타당도를 확인하기 위해 실험 설계법을 적용하여 다음과 같은 자료를 얻었다.

기능 검사 요인과 항목		실험 집단 (우수군) 합 점수 평균	비교 집단 (일반군) 합 점수 평균	평균의 동일성에 대한 t 검정		
				t	자유도	유의확률
드리블	• 20m 직선 주로 스피드 드리블 • 20m 지그재그 드리블(왼발, 오른발) • 5m 방향 전환 드리블	24.37점	15.37점	12.29	58	.000
패 스	• 1 : 1 런닝 패스 • 롱킥 패스 • 논스톱 패스	17.97점	17.87점	.11	58	.911
슈 팅	• 20m 슈팅 • 터닝 슛 • 헤딩 슛	23.40점	14.70점	7.03	58	.000

(0) 양방검정^{양방검증}의 영가설과 대립가설을 기술하시오.

답 영가설 : 축구기능검사요인(드리블·패스·슈팅)에 대한 실험집단과 비교집단의 점수는 유의미한 차이가 없다.

대립가설 : 축구기능검사요인(드리블·패스·슈팅)에 대한 실험집단과 비교집단의 점수는 유의미한 차이가 있다.

(1) 유의수준을 5%(α=0.05)로 결정할 경우, 드리블과 슈팅의 검사 요인이 대립가설을 채택하고 패스는 영가설을 채택하는 이유를 기술하시오.

답 드리블과 슈팅의 유의확률(p) '0.000'이 유의수준(α) '0.05'보다 작고,

패스의 유의확률(p) '0.911'이 유의수준(α) '0.05'보다 크기 때문이다.

(2) 위의 자료 분석 결과를 설명하시오.

답 드리블·슈팅은 유의미한 차이가 있고, 패스는 유의미한 차이가 없다.

(3) 평정 척도 평가(분석 결과 해석)를 쓰시오.

답 드리블·슈팅은 구인타당도가 높고, 패스는 구인타당도가 낮다.

(4) 항목 수정 방향을 쓰시오.

답 패스의 항목을 수정해야 한다.

161. 다음은 중학교 남자 선수와 일반 학생을 무선 표집하여 높이뛰기 도약 시 신체 중심의 가속도를 비교한 자료이다. ㈎는 두 집단의 차이를 알아보기 위해 유의수준 5%에서 t-검정을 한 결과이며, ㈏는 가속도와 시간의 관계를 나타낸 것이다(단, 두 집단의 신장과 몸의 질량은 동일하다고 가정함).

㈎

집단	평균	표준편차	t값	p
선수(n=10)	48.0	2.49	7.963	0.001
일반학생(n=10)	29.2	10.92		

㈏ ※ 도약 시 가속도 변화(각 집단 1인)

(1) ㈎의 결과를 얻기 위한 올바른 통계 기법은 독립 t 검정이다.

※오답 : ㈎의 결과를 얻기 위한 올바른 통계 기법은 대응표본 t-검정(pair t-test)이다.

(2) 가속도에 대한 양측검정(양방검정)의 영가설은 "두 집단의 가속도는 차이가 없다"이고, 대립가설은 "두 집단의 가속도는 차이가 있다"이다.

(3) 두 집단의 가속도는 통계적으로 유의한 차이가 있는 이유를 기술하시오.

답 유의확률(p) '0.001'이 유의수준(α) '0.05'보다 작기 때문이다.

유의수준(α) '0.05'가 유의확률(p) '0.001'보다 크기 때문이다.

(4) 두 집단 간 t-검정은 동분산 가정의 성립 여부에 따라 t값이 달라질 수 있다. t-검정 결과표에서 '르빈(Levene)의 등분산' 검정 결과가 의미하는 바를 기술하시오.

답 두 표본집단의 분산이 같은지 또는 다른지를 알려준다.

(5) 가속도가 증가하면 파워도 증가한다.

162. 다음은 김 교사와 류 교사가 ○○중학교 '학교 스포츠클럽의 교육적 효과'를 검증하기 위해 나눈 대화이다.

김 교사 : 그럼 연구 가설은 '학교 스포츠클럽의 참가 여부에 따라 인성은 차이가 있을 것이다.' 로 하면 되겠네요.
류 교사 : 유의도 수준은 5%로 설정하여 검증하면 될 것 같아요. 분석 방법은 어떻게 할까요?
김 교사 : ㈒두 집단 간 인성 차이를 분석할 수 있는 방법을 적용하면 될 듯합니다. 좋은 프로젝트가 되겠군요.

→ ㈒는 종속(또는 대응) 표본(paired sample) t-검정이 아닌, 독립 t-검정을 적용하여 분석한다.

※오답 : 종속(또는 대응) 표본(paired sample) t-검정을 적용하여 분석한다.

163. 다음은 농구 동아리 경기 기록지의 일부이다. 2018

농구 동아리 경기 기록 분석
○○고등학교

(가) A 팀과 B 팀 간의 농구 기록 차이 분석

경기력 변인	팀	학생수	평균	표준편차	t값	유의확률
2점슛 성공횟수	A팀	5	5.4	0.55	-3.536	0.008
	B팀	5	7.4	1.14		
3점슛 성공횟수	A팀	5	2.2	0.84	-2.714	0.027
	B팀	5	4.0	1.22		
자유투 성공횟수	A팀	5	3.0	1.22	1.206	0.262
	B팀	5	2.2	0.84		
수비 리바운드 성공횟수	A팀	5	7.0	1.00	3.773	0.005
	B팀	5	4.8	0.84		
공격 리바운드 성공횟수	A팀	5	5.0	0.70	-5.715	0.001
	B팀	5	7.8	0.84		
가로채기 성공횟수	A팀	5	3.2	0.83	0.959	0.367
	B팀	5	2.4	1.67		

※ t검정 방법의 모든 기본 가정을 만족하였음.

(1) (가)에서 사용한 t검정 방법의 명칭을 쓰시오.

답 **독립 t검정**

(2) A 팀이 B 팀에 비해 부족한 경기력 변인부터 순서대로 쓰시오(단, 유의수준 5%에서 통계적으로 유의한 경기력 변인에 근거하여 판단함).

답 **공격리바운드**성공횟수, **2점슛**성공횟수, **3점슛**성공횟수

문1. A 팀이 B 팀에 비해 부족한 경기력 변인을 모두 기술하시오.

답 2점슛성공횟수, 3점슛성공횟수, 공격리바운드성공횟수

문2. A 팀이 B 팀에 비해 부족한 경기력 변인부터 순서대로 쓰시오.

답 공격리바운드성공횟수(-5.717), 2점슛성공횟수(-3.536), 3점슛성공횟수(-2.714)

문3. A 팀이 B 팀에 비해 우수한 경기력 변인을 모두 기술하시오.

답 자유투성공횟수, 수비리바운드성공횟수, 가로채기성공횟수

문4. A 팀이 B 팀에 비해 우수한 경기력 변인부터 순서대로 쓰시오.

답 수비리바운드성공횟수(3.773), 자유투성공횟수(1.206), 가로채기성공횟수(0.959)

문5. A 팀이 B 팀에 비해 우수한 경기력 변인부터 순서대로 쓰시오(단, 유의수준 5%에서 통계적으로 유의한 경기력 변인에 근거하여 판단함).

답 수비리바운드성공횟수

문6. 유의수준 5%에서 통계적으로 유의한 경기력 변인을 모두 기술하시오.

답 2점슛성공횟수, 3점슛성공횟수, 수비리바운드성공횟수, 공격리바운드성공횟수

문7. '유의수준 5%에서 통계적으로 유의한 경기력 변인'이 의미하는 바를 기술하시오.

답 유의수준(α) 5%(0.05) > 경기력변인 유의확률(p)

참 t값이 양수이면, t값이 클수록 유의확률이 작아지고, t값이 음수이면, t값이 작을수록 유의확률이 작아진다. |t|의 값이 클수록 유의확률이 작아진다.

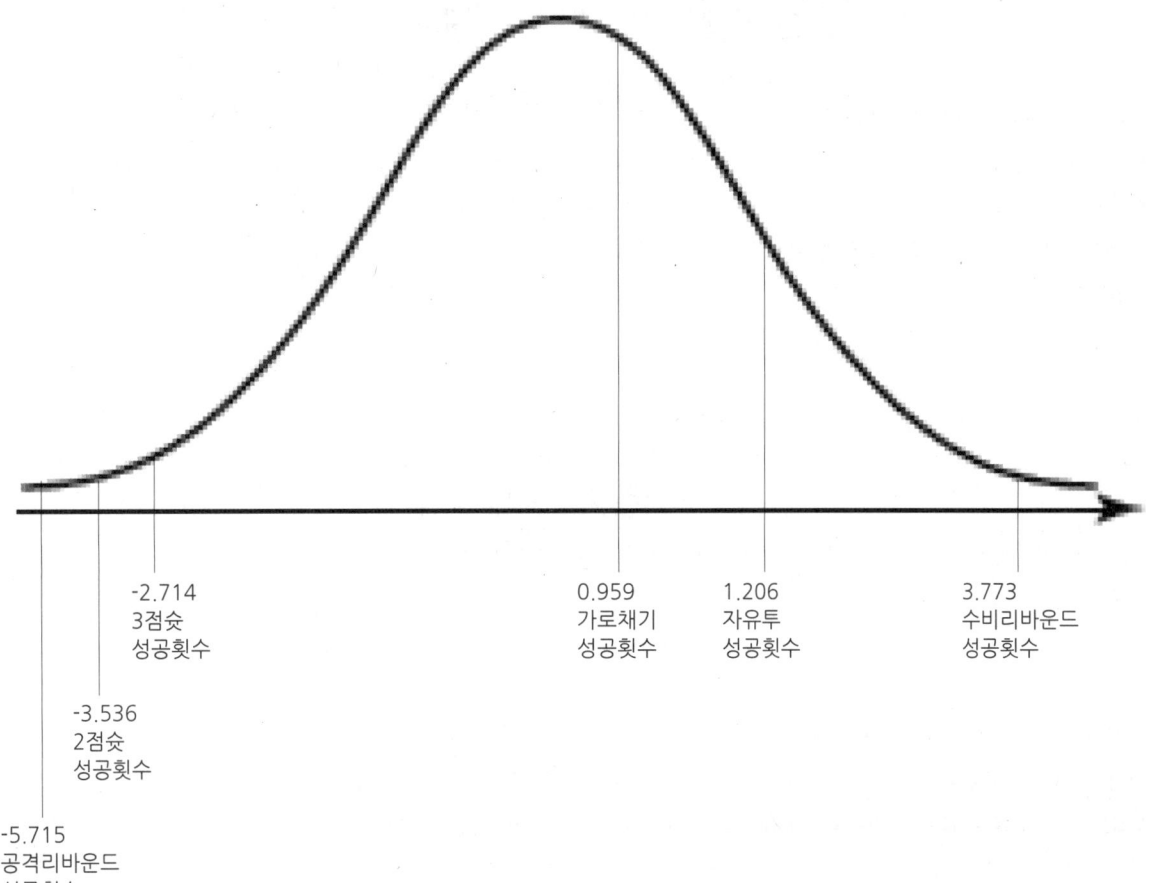

(가) A 팀과 B 팀 간의 농구 기록 차이 분석   ※ t검정 방법의 모든 기본 가정을 만족하였음.

경기력 변인	팀	학생수	평균	표준편차	t값	유의확률
수비 리바운드 성공횟수	A팀	5	7.0	1.00	3.773	0.005
	B팀	5	4.8	0.84		
자유투 성공횟수	A팀	5	3.0	1.22	1.206	0.262
	B팀	5	2.2	0.84		
가로채기 성공횟수	A팀	5	3.2	0.83	0.959	0.367
	B팀	5	2.4	1.67		
3점슛 성공횟수	A팀	5	2.2	0.84	-2.714	0.027
	B팀	5	4.0	1.22		
2점슛 성공횟수	A팀	5	5.4	0.55	-3.536	0.008
	B팀	5	7.4	1.14		
공격 리바운드 성공횟수	A팀	5	5.0	0.70	-5.715	0.001
	B팀	5	7.8	0.84		

164. 심폐지구력 측정을 위한 PACER 검사의 준거 타당도(criterion validity) 확보방법으로 옳은 것은?
① 마라톤 선수 집단과 역도 선수 집단 간의 PACER 결과의 차이 규명(×)
② 최대운동부하검사의 VO₂max값과 PACER 결과 간의 상관관계 규명
③ 심폐지구력 전문가로부터 확보한 PACER 검사 내용의 정당성(×)
④ PACER 결과를 이용한 마라톤 선수의 성공 가능성 예측(×)

165. <보기>에 해당하는 추리통계 기법의 명칭을 쓰시오.

<보기>
마라톤 선수 집단과 역도 선수 집단 간의 PACER 결과의 차이 규명

답 독립 t검정

166. 심폐지구력 평가를 위한 오래달리기 검사의 타당도 검증 방법에 대한 설명으로 옳지 않은 것은? 2018
① 준거타당성 검증을 위해서는 먼저 준거검사의 내용타당성을 확인한다.
② 오래달리기 검사와 윗몸일으키기 검사 간 상관으로 수렴의 관계를 확인하여 타당성을 검증한다(×).
③ 마라톤 선수 집단과 일반인 집단 간 오래달리기 검사의 차이를 통해 타당성을 검증한다.
④ 준거타당성 검증을 위해 오래달리기 검사와 운동부하 검사로 측정된 VO₂max 간 상관을 분석한다.

167. <보기>에 해당하는 통계기법의 명칭을 쓰시오. 2018

<보기>
마라톤 선수 집단과 일반인 집단 간 오래달리기 검사의 차이를 통해 타당성을 검증한다.

답 독립 t검정

이기봉 Q&A 재구성

168. 두 집단의 평균 차이를 검증할 때 사용하는 통계 방법을 쓰시오. 기출문제

답 두 집단의 평균이 의미 있는 차이가 있는가를 분석하는 통계 방법을 **독립 t-test(t검정)**이라 한다.

독립 t검정은 두 집단의 평균 차이를 검증하는 방법으로 두 모집단의 분산을 모르거나 사례수가 30명 이하일 경우에 사용하는 통계 기법이다.

169. 독립 t검증에 대한 물음에 답하시오. 기출문제

(1) 독립 t검정의 5단계를 서술하시오.

답 두 집단이 독립이라고 가정되기 때문에 독립 t검정이라고 한다. 독립 t검정의 절차는 다음과 같다.

① 영가설과 대립가설을 세운다.

② **유의수준**을 설정한다.

③ 검정통계치인 **t값**을 계산한다.

④ 계산된 t값(=검정통계량)과 t통계표에서 찾은 **기각치**(임계치)를 비교한다.

⑤ 결론을 내린다.

  → 계산된 t값의 절대값이 **기각치**(임계치)보다 크다면 두 집단의 평균 차이는 통계적으로 유의하다.

(2) t값을 계산하는 공식을 쓰시오.

답 $t = \dfrac{\overline{X_1} - \overline{X_2}}{\sigma_{\overline{X_1} - \overline{X_2}}}$

위 공식에서 $\sigma_{\overline{X_1} - \overline{X_2}}$는 두 **모집단**의 **평균 차이**에 대한 **표준오차**이다.

(3) t값이 무엇을 의미하는지 쓰시오.

답 t통계치가 두 **표본집단**의 **평균 차이**를 **표준오차**로 나누어 준 값이다.

※ 어떤 체육 교사가 학기 초에 학생들의 체력을 측정하고, 일정 기간 체력 운동 수업을 진행한 다음 동일한 검사를 이용하여 체력을 측정하여, 두 측정치 간 차이가 있는가를 알아보기 위해서는 **종속 t검정**을 사용할 수 있다.

독립 t검정 - 체육측정평가[이기봉]

t검정은 두 집단의 평균 차이를 검증하는 방법으로 두 모집단의 분산을 모르거나 사례수가 30명 이하일 경우에 사용하는 통계 기법이다. 정확하게 말하면, 두 집단이 독립이라고 가정되기 때문에 **독립 t검정**이라고 한다.

독립 t검정의 절차는 다음과 같다.

> ① 영가설과 대립가설을 세운다.
>
> ② 유의수준(α)을 설정한다.
>
> ③ 검정통계치인 **t값**을 계산한다.
>
> ④ 계산된 **t값**과 **기각치**(t통계표)를 비교한다.
>
> ・기각치 ≥ t값 : 영가설 채택
>
> ・기각치 < t값 : 대립가설 채택
>
> **유의수준(α)**과 **유의확률(P)**을 비교한다.
>
> ・P ≥ α이면 영가설을 채택한다.
>
> ・P < α이면 영가설을 기각(대립가설 채택)한다.
>
> ⑤ 결론을 내린다.

기각치는 앞의 예와 같이 Z검정을 할 경우 계산된 Z값의 절대값이 이 값보다 더 커야 두 집단의 평균 차이가 유의한 것으로 결론 내릴 수 있는데, 이 때 사용되는 기준치로 유의수준 0.05에서 기각치는 1.96과 −1.96이 된다. 이러한 기각치는 기초통계 책의 부록에 나와 있어 쉽게 참고할 수 있고, 분포의 종류 즉, Z분포・t분포・F분포 등에 따라 기각치는 달라진다.

구체적인 절차에 대해 살펴보면 다음과 같다.

① 첫 번째 단계인 영가설과 대립가설을 세우는 것은 다음과 같다. **두 집단의 평균 차이를 검정하기 위한 영가설은 '두 집단의 평균은 차이가 없다'** 로 설정하면 될 것이다.

② 두 번째 단계인 유의수준은 연구자가 판단하여 설정하는데, 보통 0.05나 0.01을 사용한다.

③ 세 번째 검정통계치를 계산하는 단계에서 t통계치는 Z점수를 계산하는 공식과 매우 유사하며, 다음과 같이 계산된다.

$$t = \frac{\overline{X_1} - \overline{X_2}}{\sigma_{\overline{X_1} - \overline{X_2}}}$$

위 공식에서 $\sigma_{\overline{X_1} - \overline{X_2}}$는 **두 모집단의 평균 차이에 대한 표준오차**(standard error)이다. 표준오차는 Z점수를 계산할 때 분모에 들어가는 표준편차와 유사한 것으로, 다음과 같이 계산된다.

$$\sigma_{\overline{X_1} - \overline{X_2}} = \sqrt{S_{p^2} \cdot \left(\frac{1}{n_1} + \frac{1}{n_2}\right)}$$

위 공식에서 S_{p^2}은 두 집단의 분산을 통합하여 계산한 분산으로 다음과 같이 계산된다.

$$S_{p^2} = \frac{(n_1-1)s_1^2 + (n_2-1)s_2^2}{(n_1-1) + (n_2-1)}$$

상기한 공식에서 통합 분산을 사용하는 이유는 표준오차를 계산하기 위하여 두 표본집단의 분산을 이용해야 하는데, 두 표본집단의 분산을 대표하는 통합 분산을 사용하는 것이다.

실제로 t값은 통계프로그램을 이용하여 쉽게 산출되므로, 상기한 계산식을 암기할 필요는 없지만, t통계치가 두 표본집단의 평균 차이를 표준오차로 나누어 준 값이라는 것은 이해해야 한다.

④ 네 번째 단계로 t 통계표에서 기각치를 찾아야 하는데, 이를 위해서는 유의수준과 자유도를 알아야 한다. 유의수준은 이미 연구자가 설정했으므로 알고 있는 것인데, 자유도는 어떻게 산출될까? **자유도**는 보통 사례수에서 1을 뺀 숫자로, 두 표본집단의 자유도는 위 공식에서 통합 분산을 계산할 때 분모에 들어가는 수이다. 즉, 각 집단의 사례수에서 1을 뺀 후 더한 값이 된다.

⑤ 다섯 번째 단계로 (계산된 t값과 t통계표에서 찾은 기각치를 비교하여) 결론을 내리면 된다. 만약, <u>계산된 t값의 절대값이 기각치보다 크다면 두 집단의 평균 차이는 통계적으로 유의하다</u>고 주장할 수 있다.

그렇다면, 이렇게 복잡한 절차를 거쳐 결론을 내려야 하는 이유는 무엇일까? 단순히 두 집단의 평균이 5점 차이가 나는데, 이러한 차이는 전공의 입장에서 볼 때 매우 큰 차이이므로 두 집단의 평균은 의미 있는 차이를 나타낸다고 주장하면 안 되는 것인가? 물론, 전문가의 입장에서 주관적으로 판단하는 것도 인정될 수 있겠지만, 통계 방법을 통해서 의미 있는 평균 차이를 찾아내는 것이 더욱 과학적이기 때문에 복잡한 절차를 이해하고 사용하는 것이다.

만약, 어떤 체육 교사가 학기 초에 학생들의 체력을 측정하고, 일정 기간 체력 운동 수업을 진행한 다음 동일한 검사를 이용하여 체력을 측정하여, 두 측정치 간 차이가 있는가를 알아보기 위해서는 어떤 방법을 사용할 수 있을까? 이러한 경우에는 **종속 t검정**을 사용할 수 있다. 종속 t검정은 독립 t검정과 자유도와 표준오차를 계산하는 방법이 다를 뿐 가설 검정 절차는 동일하다.

☞ 15. 종속 t검정 = 대응표본 t검정(paired t-test)

170. 박미선 학생은 육상대회의 400m 달리기 경기에서 전력을 다하여 달렸다.

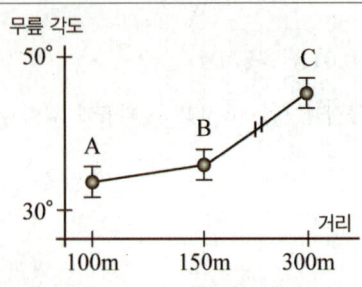

〈종속 t-검정 결과〉

무릎 각도 평균 차이	자유도(df)	t값	p값
B-A	19	1.89	.072
C-B	19	2.79	.012

최 교사는 근육 피로가 쌓이면 400m를 달릴 때 무릎을 당기는 순간 무릎 각도가 커질 것으로 생각하고, 박미선 학생의 무릎 각도의 차이가 나타나는 시점 확인을 위해 100m, 150m, 300m 지점의 중간 질주에서 시간 간격을 두고 무릎 각도를 20회 측정하였다.

(1) '100m와 150m 지점의 중간 질주에서 무릎 각도의 차이'가 통계적으로 유의미한지를 확인하기 위한 '영가설·대립가설·유의도 수준'을 설정하고, t-검정 결과를 해석하시오.

답 ◦ 영가설 : 100m와 150m 지점의 중간질주에서 무릎각도의 차이가 <u>없</u>다.

◦ 대립가설 : 100m와 150m 지점의 중간질주에서 무릎각도의 차이가 <u>있</u>다.

◦ 유의도 수준 : 5%(.05)

◦ t검정 결과 해석 : <u>유의확률</u> p값이 0.072이고, <u>유의수준</u> α값이 0.05이다. p > α 이기 때문에 <u>영가설</u>이 채택된다.

즉 100m와 150m 지점의 중간질주에서 무릎각도의 차이가 <u>없</u>다.

(2) 유의도 수준 5%($α=0.05$)에서 '150m와 300m 지점의 중간 질주에서 무릎 각도의 차이'가 통계적으로 유의미한지 t-검정 결과를 해석하시오.

답 유의확률 p값이 <u>0.012</u>이고, 유의수준 α값이 0.05이다. p < α 이기 때문에 <u>대립</u>가설이 채택된다.

즉 150m와 300m 지점의 중간질주에서 무릎각도의 차이가 <u>있</u>다.

문1. 종속 t-검정에서 '등분산 검정' 절차를 거치지 않는 이유를 기술하시오.

답 <u>서로 다른 2개</u> 집단의 평균차이를 비교하는 것이 아니라, 박미선 학생의 20회 측정 자료를 <u>동일</u>한 <u>집단</u>으로 보기 때문이다.

문2. 자유도(df : degree of freedom)가 19인 이유를 서술하시오.

답 측정회수 <u>20</u>회에서 <u>1</u>을 뺀 값이다.

종속 t-검정(대응 t-검정) - 체육학통계실습 오수학·김병준

종속 t-검정에는 '등분산 검정' 절차를 거치지 않는다. 그 이유는 **동일한 집단**이기 때문이다.

t-검정에는 독립 t-검정과 종속 t-검정의 2가지 경우가 있다.

독립 t-검정은 두 개의 다른 집단 간 평균차이를 검정하는 것이고, **종속 t-검정**은 같은 집단의 데이터를 두 번 수집하여 평균차이를 검정하는 방법이다.

문 44명의 여자 대학생들이 동일한 유연성 검사를 일정기간의 간격 두고 2회 실시하였다. 2회의 측정 간에 평균이 차이가 있는지 종속 t-검정을 실시하시오.

○ 종속 t-검정에서는 한 피험자가 두 번에 걸쳐 반복적으로 수행한 결과(데이터)를 검정한다. 그러므로 여기에서는 **집단이 하나**이다. 두 변수 모두 연속형 변수로 이루어지며 독립 t-검정에서와 같이 범주형 변수(독립변수)가 존재하지 않는다.

○ 두 표본의 기술통계값이 먼저 제시된다. 평균을 보면 2회에 걸친 유연성 검사 시행 간 평균은 49.95cm와 49.34cm로 거의 비슷하게 나타났다.

대응표본 통계량

		평균	N	표준편차	평균의 표준오차
대응1	NFL-L1	49.95	44	21.14	3.19
	NFL-L2	49.34	44	20.27	3.06

○ 종속 t-검정 결과표를 보면, 독립 t-검정에서의 **'르빈의 등분산'** 검정 결과부분이 없음을 알 수 있다. 이것은 동일한 집단이 두 번의 측정을 하였기 때문에 등분산을 검정하지 않아도 분산이 같은 것으로 인정되기 때문이다. 다시 말하자면, 종속 t-검정에는 '등분산 검정' 절차를 거치지 않는다.

○ '대응차' 항목에 제시된 모든 값들은 두 측정값의 차이에 관한 통계값임을 유의해야 한다.

대응표본 검정

	대응차					t	자유도	유의확률 (양쪽)
	평균	표준편차	평균의 표준오차	차이의 95% 신뢰구간 하한	상한			
대응1 'NFL-L1' - 'NFL-L2'	.61	3.34	.50	-.40	1.63	1.220	43	.229

① 영가설은 '두 평균의 차이가 없다' 이다.

② 유의수준은 .05로 결정하였다.

③ 계산된 검정통계값 t=1.220으로 자유도는 43, 유의확률은 .229인 것으로 나타났다.

④ 유의확률이 유의수준보다 크므로 영가설을 채택한다.

⑤ 그러므로 '2회의 유연성 측정결과 두 평균은 통계적으로 유의한 차이가 없다' 라고 통계적 결론을 내린다.

16. F검정=분산(변량)분석=ANOVA : (1)one-way ANOVA, (2)two-way ANOVA[①상호작용효과·②주효과]

171. 다음은 3명의 교사가 학생들의 한국 무용 능력을 검사한 결과표이다(단, 교사 3명은 서로 모르는 관계였고, 검사 시행 당일 간단한 자기 평가 지침을 전달받고 검사에 임하였다. 학생은 10명이다).

학생 \ 검사자	박 교사	이 교사	최 교사
홍○○	45	35	57
이○○	56	55	43
김○○	35	56	46
⋮	⋮	⋮	⋮
정○○	34	32	54
박 교사와 이 교사의 검사 결과 상관 계수(r) = 0.25			
이 교사와 최 교사의 검사 결과 상관 계수(r) = 0.24			
박 교사와 최 교사의 검사 결과 상관 계수(r) = 0.18			

문1. 위의 결과표에 해당하는 통계기법의 명칭을 쓰시오.

답 **일원**분산분석 = **one**-way ANOVA = F검정

문2. 자유도1과 자유도2를 차례대로 쓰시오.

답 자유도1 : (**2 = 3 - 1**)

자유도2 : **27** [= **30 - 3 = (10 - 1) + (10 - 1) + (10 - 1)**]

172. 다음은 김 교사가 36명을 무선(random)으로 선정한 후 제자리멀리뛰기를 실시하여 얻은 결과이다. 성별과 운동 참여 여부가 기록에 미치는 영향을 알아보기 위하여 실시하는 통계분석에 대한 설명이다(단, 변량분석을 위한 기본 가정들이 모두 충족되었음).

(단위: cm)

	운동참여	운동비참여
남학생	230, 205, 240, 220, 198, 260, 235, 238, 215	201, 198, 176, 185, 192, 220, 195, 198, 190
여학생	180, 169, 202, 178, 182, 185, 185, 178, 190	160, 172, 154, 168, 172, 152, 164, 158, 162

(1) <u>평균 차이 검증</u>을 위하여 <u>추리</u>통계(inferential statistics)를 실시하고, 분석을 위하여 <u>모수</u>(parametric) 통계기법을 이용한다.

※오답 : 평균 차이 검증을 위하여 기술통계(descriptive statistics)를 실시한다.

(2) <u>독립</u>변인의 상호작용 효과를 <u>이원</u>변량분석(two-way ANOVA)으로 검증한다.

<u>상호작용이 있는 경우</u>는 <u>주효과</u>를 각각 분석할 필요가 없고,

<u>상호작용이 없는 경우</u>는 <u>주효과</u>를 각각 분석할 수 있다.

※오답 : 독립변인의 상호작용 효과를 일원변량분석(one-way ANOVA)으로 검증한다.

(3) 독립변인의 요인(factor)은 2개이고 수준(차원)은 4개이다. 요인 2가지를 쓰시오.

답 요인1은 <u>성별</u>이고 요인2는 <u>운동참여여부</u>이다.

※오답 : 독립변인의 요인(factor)은 4개이다.

(4) 종속변인의 척도 수준은 서열척도가 아니라, <u>비율</u>척도이다.

※오답 : 종속변인의 척도 수준은 서열척도이다.

문 자유도1과 자유도2를 차례대로 쓰시오.

답 자유도1 : **3**(= 4 − 1)

자유도2 : **32**[= 36 − 4 = (9 − 1) + (9 − 1) + (9 − 1) + (9 − 1)]

173. 그림은 중학생을 비만도와 체력 수준에 따라 6개 집단으로 나누어 성인병 위험도를 비교한 것이다. 이 그림을 해석하시오.

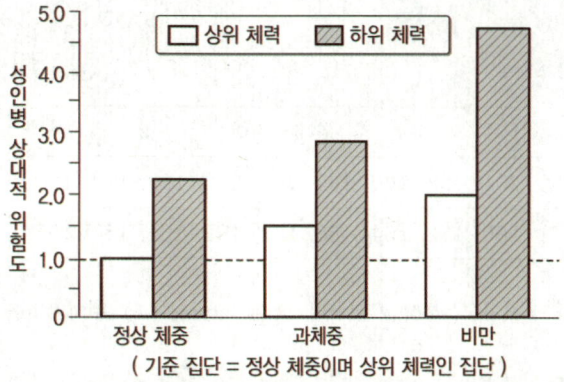

(기준 집단 = 정상 체중이며 상위 체력인 집단)

답 성인병 위험도는 <u>비만도</u>와 <u>체력</u>의 <u>상호작용</u>에 의해 결정된다.

※오답 : ① 비만도가 증가하면 체력이 비례적으로 감소한다.

② 비만 학생이 체력을 향상시키면 비만도가 줄어든다.

③ 비만 학생의 체력과 성인병 위험도는 관련성이 낮다.

④ 비만 학생의 체력 향상도는 정상 체중 학생보다 낮다.

문1. 요인과 차원을 서술하시오.

답 ○요인1은 비만도, 요인2는 체력 수준이다.

　　○차원1 : <u>정상체중-상위 체력</u>

　　　차원2 : <u>정상체중-하위 체력</u>

　　　차원3 : <u>과체중-상위 체력</u>

　　　차원4 : <u>과체중-하위 체력</u>

　　　차원5 : <u>비만-상위 체력</u>

　　　차원6 : <u>비만-하위 체력</u>

비만도＼체력수준	상위 체력	하위 체력
정상체중		
과체중		
비만		

문2. 자유도1을 쓰시오.

답 자유도1 : 5 (= 6 - 1)

이기봉 Q&A 재구성

174. 세 집단 이상의 평균 차이를 검증할 때 사용하는 통계 방법을 쓰시오. 기출문제

답 세 집단 이상의 평균 차이를 한 번에 검증하는 방법을 **분산**분석[**변량**분석, **ANOVA**(**AN**alysis **O**f **VA**riance)]이라 한다.

분산 분석(Analysis of variance : ANOVA)은 세 집단 이상의 평균 차이를 검증하는데 사용되는 통계방법으로 **변량** 분석이라고도 한다.

A, B, C 3가지 트레이닝 방법을 적용한 후 세 집단에게 각각 동일한 체력 검사를 실시하여, 세 집단의 평균 간 차이가 있는가를 검증한다. → 전반적인 평균차이 검증

세 집단의 평균 차이가 트레이닝 방법의 차이 때문인지, 아니면 단순히 세 집단을 표집할 때 발생하는 오차 때문인지를 **분산** 분석(=**변량** 분석)에 의해 밝힐 수 있다.

세 집단 이상의 평균 차이를 검증하기 위해서는 집단 **간**의 변화량(MS_b)과 집단 **내**의 변화량(MS_w)을 분석할 수 있는 **F**분포를 이용해야 한다.

175. F값을 계산할 때 분모에 들어가는 것은 무엇이며, 이 부분이 오차로 간주되는 이유를 쓰시오.

답 F값의 계산은 $F = \dfrac{MS_B}{MS_W}$ 의 공식으로 한다. 공식에서 분자인 MS_B은 **집단 간 분산**을 의미하고, 분모인 MS_W은 **집단 내 분산**을 의미한다.

따라서, F값의 의미는 분모인 각 집단의 분산에 비해 분자인 세 집단 간 분산 즉, 세 집단의 평균 차이가 얼마나 큰가를 의미하고 있다. 따라서 분모인 **집단 내 분산**이 작고 분자인 **집단 간 분산**이 클수록 F값은 커진다. (t검정과 유사하게,) F값이 커지면 영가설을 기각하게 되어 세 집단 간 평균 차이가 유의한 것^{전반적인 평균차이 검증}으로 주장할 수 있다.

그렇다면, 위 공식의 분모와 분자에 나타낸 집단 내 분산과 집단 간 분산은 구체적으로 무엇을 뜻하는 것일까?

위 공식에서 분자인 MS_B의 의미는 **집단 간 평균 제곱합**(mean sum of square of between)으로 세 집단 각각의 평균에서 총 평균을 뺀 후 제곱한 값에 각 집단의 사례수를 곱하여 모두 더하고, 그 값을 **자유도**(집단수에서 1을 뺀 값, 세 집단이면 3-1로 2가 됨)^{집단간자유도(df1)}로 나누어 준 값이다. 즉, 분자인 **집단 간 분산**이 크다는 것은 상기한 예에서 교수법에 의한 효과가 크다는 것을 의미하고, 실험 연구에서는 집단 간 분산을 **처치** 효과로 간주한다.

분모인 MS_W의 의미는 **집단 내 평균 제곱합**(mean sum of square of within)으로 각 집단의 피험자들이 기록한 값에서 그 집단의 평균을 빼준 다음 제곱하여 모두 더하고, 그 값을 **자유도**(총 피험자 수에서 집단수를 뺀 값)^{집단내자유도(df2)}로 나누어 준 값이다. 즉, 분모인 **집단 내 분산**은 연구자가 알 수 없는 집단 내에서 발생하는 분산이므로 **오차**라 할 수 있다. 실험 연구에서 각 집단을 무선으로 할당했음에도 불구하고 **집단 내 분산**이 크게 나타났다면, 이것은 처치에 의한 효과와 관계없이 알 수 없는 오차가 크다는 것을 의미한다. 따라서 F값을 계산할 때 분모에 오차항으로 MS_W이 들어가는 것이다.

F검정 · 분산(변량)분석

1. 분산 분석 - 체육측정평가[이기봉]

분산 분석(Analysis of variance : ANOVA)은 **세 집단 이상의 평균 차이를 검증하는데 사용되는 통계방법**으로 **변량분석**이라고도 한다. A, B, C 세 가지 트레이닝 방법을 적용한 후 세 집단에게 각각 동일한 체력 검사를 실시하여, **세 집단의 평균 간 차이가 있는가를 검증**한다고 하자.

- A, B, C 세 가지 트레이닝 방법을 적용한 후 세 집단에게 각각 동일한 체력 검사를 실시하여, 세 집단의 평균 간 차이가 있는가?
- 세 집단의 평균 차이가 트레이닝 방법의 차이 때문인지, 아니면 단순히 세 집단을 표집할 때 발생하는 오차 때문인지를 **분산 분석**에 의해 밝힐 수 있다. 세 집단 이상의 평균 차이를 검증하기 위해서는 집단 간의 변화량과 집단내의 변화량을 분석할 수 있는 **F분포**를 이용해야 한다.
- 그렇다면, 세 집단의 평균 차이를 검증하기 위해서 t검정을 사용하면 안 되는 것일까?
- 결론부터 말하면 바람직하지 않다. 세 집단의 평균 차이를 각각 두 집단씩 비교하면 모두 세 번의 t검정을 실시해야 하는데, t검정을 여러 번 실시하면 유의수준이 증가하여 기각할 수 있는 영역이 넓어지게 된다. 따라서, 실제로는 영가설이 참인데도 불구하고 영가설을 기각하는 오류가 커지게 되는 것이다.

분산 분석에 의한 가설 검정도 앞에서 설명한 t검정과 절차에서는 동일하다. 단, t검정에서 계산한 t값 대신 F값을 계산하게 된다. F값의 계산은 다음과 같다.

$$F = \frac{MS_B}{MS_W}$$

위 공식에서 **분자인 MS_B은 집단간 분산**을 의미하고, **분모인 MS_W은 집단내 분산**을 의미한다.

따라서, **F값의 의미**는 분모인 각 집단의 분산에 비해 분자인 세 집단 간 분산 즉, 세 집단의 평균 차이가 얼마나 큰가를 의미하고 있다. 따라서 분모인 집단내 분산이 작고 분자인 집단간 분산이 클수록 F값은 커진다.

t검정과 유사하게, **F값이 커지면** 영가설을 기각하게 되어 세 집단 간 평균 차이가 유의한 것으로 주장할 수 있다.

- 그렇다면, **위 공식의 분모와 분자에 나타낸 집단내 분산과 집단간 분산은 구체적으로 무엇을 뜻하는 것일까?**
- **분자인 MS_B의 의미는 집단간 평균 제곱합**(mean sum of square of between)으로 세 집단 각각의 평균에서 총 평균을 뺀 후 제곱한 값에 각 집단의 사례수를 곱하여 모두 더하고, 그 값을 **자유도**(집단수에서 1을 뺀 값, 세 집단이면 3-1로 2가 됨)**로 나누어 준 값**이다. 즉, 분자인 집단간 분산이 크다는 것은 상기한 예에서 교수법에 의한 효과가 크다는 것을 의미하고, 실험 연구에서는 **집단간 분산**을 **처치 효과**로 간주한다.
- **분모인 MS_W의 의미는 집단내 평균 제곱합**(mean sum of square of within)으로 **각 집단의 피험자들이 기록한 값에서 그 집단의 평균을 빼준 다음 제곱하여 모두 더하고, 그 값을 자유도**(총 피험자 수에서 집단수를 뺀 값)**로 나누어 준 값**이다. 즉, 분모인 집단내 분산은 연구자가 알 수 없는 집단 내에서 발생하는 분산이므로 **오차**라 할 수 있다. 실험 연구에서 각 집단을 무선으로 할당했음에도 불구하고 집단내 분산이 크게 나타났다면, 이것은 처치에 의한 효과와 관계없이 알 수 없는 **오차**가 크다는 것을 의미한다. 따라서, F값을 계산할 때 분모에 오차항으로 MS_W이 들어가는 것이다.

상기한 분산 분석의 설명은 독립 변인이 한 개인 경우에만 적용될 수 있는 **일원분산분석**(one-way ANOVA)에 국한되었다. 독립 변인이란 측정치 즉, 종속 변인에 영향을 미치는 변인으로 상기한 예에서는 교수법이 될 것이다.

만약, 교수법과 성별에 따른 체력의 차이를 검증하기 위해서는 독립 변인이 두개가 되어 **이원분산분석**(two-way ANOVA)를 실시해야 한다.

지금까지 설명한 가설 검정의 논리는 연구를 하는 학생들에게는 필수적인 부분이며, 체육측정평가 분야에서도 신뢰도나 타당도를 추정하거나 측정 이론을 이해하는데 활용도가 크다.

2. ANOVA(F검정)

1) one-way ANOVA

○ t-검정이 두 개의 집단 간 평균차이를 검정하는 방법이었다면,

○ One-way ANOVA는 세 개 이상 집단 간의 평균차이를 검정하는 방법이다.

2) two-way ANOVA

○ One-way ANOVA가 한 요인을 다루는 반면,

○ Two-way ANOVA는 요인이 둘인 경우에 사용되어지는 평균차이분석 방법이다. 이를 이원변량분석 또는 이원배치 분산분석이라고도 한다.

· Two-way ANOVA에서 각 요인은 수준이 최소 2개 이상이어야 한다. 성 요인(2수준), 학년 요인(2수준)을 동시에 반영하는 평균차이 분석임을 알 수 있다.

· Two-way ANOVA를 실시하는 가장 큰 장점은 요인들 간의 상호작용효과에 대한 정보를 얻을 수 있다는 점이다.

. 상호작용이 없는 경우 : 주효과를 각각 분석할 수 있다.

. 상호작용이 있는 경우 : 주효과를 각각 분석할 수 없고 상호작용만을 해석해야 한다.

☞ 17. χ^2 검정

176. 다음의 (가)는 체육 교사가 남녀 학생 간 체육수업 만족도의 차이를 조사한 결과이고, (나)는 χ^2 분포표의 일부이다.

<작성 방법>에 따라 순서대로 서술하시오. 2017

(가) 성별에 따른 체육수업 만족도

만족여부 \ 성별	남학생	여학생	전 체
만 족	75명	60명	135명
불만족	25명	40명	65명
전 체	100명	100명	200명

χ^2(Chi-square)값 = 5.13   ㉠자유도(df : degree of freedom) = 1

(나) χ^2 분포표

자유도 \ 유의수준	α = 0.10	α = 0.05	α = 0.01
1	2.71	**3.84**	**6.63**
2	4.61	5.99	9.21
3	6.25	7.81	11.34

※ 각 셀에 들어 있는 유의수준(α)에 해당하는 χ^2 값을 나타냄.

(0) ㉠의 이유를 쓰시오.

답 [**만족여부**의 사례수(만족·불만족) 2에서 1을 뺀 값] × [**성별**의 사례수(남학생·여학생) 2에서 1을 뺀 값]

= [(2-1) × (2-1)] = 1

(1) 유의수준 1%(α=0.01)에서 검정통계량과 임계값을 제시하고, 이에 근거하여 통계적 의사결정을 기술하시오.

검정통계량(χ^2)	임계값	통계적 의사결정
5.13	**6.63**	χ^2(검정통계량) 5.13이 임계값 6.63보다 <u>작</u>기 때문에 <u>영가설</u>이 채택된다. 즉, 유의수준 1%에서 남녀 학생 간 체육수업 만족도는 유의미한 차이가 <u>없</u>다.

(2) 유의수준 5%(α=0.05)에서 검정통계량과 임계값을 제시하고, 이에 근거하여 통계적 의사결정을 기술하시오.

검정통계량(χ^2)	임계값	통계적 의사결정
5.13	**3.84**	χ^2(검정통계량) 5.13이 임계값 3.84보다 <u>크</u>기 때문에 영가설이 기각되고 대립가설이 채택된다. 즉, 유의수준 5%에서 남녀 학생 간 체육수업 만족도는 유의미한 차이가 <u>있</u>다.

통계 결과 - 체육학통계실습 오수학·김병준

1) t-검정

○ t-검정의 결과를 표로 작성할 때 유의할 점은 두 집단 간 분산의 동일성을 검정하는 르빈의 테스트(Leven's Test)의 유의도에 따라 t값이 달라진다는 것이다.

○ 르빈의 테스트에서 분산이 서로 같은 것으로 나타나면($p > .05$) 동일 분산을 가정한 t-검정 결과를 제시하고, 분산이 다르다면($p < .05$) 분산이 다른 때의 t값을 사용 한다.

○ 종속변수가 여러 개이면서 서로 연관성이 있다면 결과표를 따라 제시하지 말고 하나의 표로 통합한다.

2) one-way ANOVA

○ One-way ANOVA는 2개의 집단, 특히 3개 집단 이상일 때 집단 간 평균차이를 분석할 때 사용된다. 그러므로 집단간의 평균이 어느 정도인지를 알아볼 수 있도록 기초통계값을 제시한 다음, 변량분석의 결과를 제시한다.

○ 표에 제시해야 할 정보로는 각 집단별 사례수, 평균, 표준편차, 제곱합, 평균제곱, 자유도df, F값이다.

  ▸ 학술지에 게재되는 논문이라면 지면 사용에 제약이 따르므로 약식으로 제곱합, 평균제곱, 자유도를 생략하고 사례수, 평균, 표준편차, F값, 유의확률만을 제시한다.

  ▸ 변량분석이 여러 차례 이루어졌다면 결과표가 많은 공간을 차지한다. 이때에는 기초통계값과 함께 F값, p값만을 제시하고 하나의 표로 통합하는 것을 고려해 본다.

3) two-way ANOVA

○ Two-way ANOVA는 독립변인이 2개인 상황에서 이루어지는 분산분석을 말한다.

  ▸ 이 때 독립변인을 요인이라고 부른다. 각 요인에 포함된 하위 범주를 차원이라 한다.

  ▸ Two-way ANOVA에는 두 개의 요인(독립변인)이 있고, 각 요인에는 대개 2개 이상의 차원^{수준}으로 구성된다.

○ 남녀 학생이 여가 운동빈도(가끔, 자주)에 따라 스포츠자신감에서 차이가 있는가를 알아보는 연구 문제를 가정한다.

  ▸ 결과표를 제시 할 때는 평균값을 먼저 제시한다.

  ▸ 성과 운동빈도에 해당하는 4개의 셀에 평균값을 제시하고, 행과 열에 해당하는 전체 평균을 제시한다.

  ▸ 평균값을 보면 남자와 여자, 그리고 가끔 운동하는 학생과 자주 운동하는 학생 사이에 스포츠자신감이 어느 수준인가를 대략적으로 알 수 있다.

○ 3개의 F값이 가장 중요한 정보를 제공한다.

  ▸ F값을 근거로 의미 있는 주 효과가 있는지 또는 의미 있는 상호작용 효과가 있는가를 판단할 수 있다.

  ▸ F값을 기준으로 의미 있는 차이가 있으면 별표(*)를 붙여두고, 표의 하단에 $p < .05$와 같은 형식으로 구체적인 유의수준을 표시하는 것이 일반적이다.

4) 교차분석

○ 교차분석은 두 변수 사이의 관련성을 알아보는데 목적이 있으며, 분석의 단위는 빈도(사례수, 인원수)이다.

○ 교차분석의 결과를 표로 작성할 때 변수를 행과 열에 제시하고 빈도와 비율(%)를 알려준다.

○ 결과 분석표의 하단에 카이제곱값(χ^2), 자유도(df), 유의수준(α)이 어느 정도였는지를 표시한다.

평가 및 검사

Ⅱ. 체육측정평가의 개요

1 체육측정평가의 이해

☞ 0. 측정 및 평가의 개념 : 측정(양적 자료수집), 평가(질적 가치판단), 검사(시험 도구)

스포츠지도사 기출문제 & 서답형

1. 다음 중 측정의 개념으로 맞는 것은?
가. 측정대상의 조작적 정의(×)
나. 측정과정의 표준화 작업(×)
다. 어떤 사건이나 현상에 일정한 규칙에 따라 숫자를 부여하는 과정
라. 학습효과의 장단점을 파악하는 일련의 과정(×)

2. 측정의 절차를 완성하시오.
답 ① 측정대상의 선정
② 측정대상의 속성·행위의 구체화
③ 측정단위의 설정
④ **수치부여 규칙 설정**

3. 어떤 사건이나 현상에 일정한 규칙에 따라 숫자를 부여하는 과정을 **측정**이라고 한다.

4. 측정에 대한 설명으로 옳은 것은?
① 수집된 자료에 대한 가치판단 과정(×)
② 문제점을 파악하고 긍정적인 피드백을 제공하는 과정(×)
③ 개인이나 집단에 대한 정보를 수집하기 위해 사용되는 도구(×)
④ **개인의 속성에 대해 체계적인 방법으로 점수를 부여하는 절차**

5. <보기>에서 괄호 안의 ㉠, ㉡, ㉢에 적합한 용어를 순서대로 쓰시오.

<보기>
○ 개인의 속성에 대해 체계적인 방법으로 점수를 부여하는 절차를 (㉠)이라고 함.
○ 수집된 자료에 대한 가치판단 과정을 (㉡)라고 함.
○ 문제점을 파악하고 교정적 피드백을 제공하는 과정을 (㉡)라고 함.
○ 개인이나 집단에 대한 정보를 수집하기 위해 사용되는 도구를 (㉢)라고 함.

답 ㉠**측정**, ㉡**평가**, ㉢**검사**

6. 측정에 대한 설명으로 적절하지 <u>않은</u> 것은? 2018
① 일정한 규칙에 따라 대상의 특성에 숫자를 부여하는 과정이다.
② 어떤 사물이나 행동, 사건의 증거를 수집하여 수량으로 표시하는 것이다.
❸ **수집된 자료 또는 검사 점수에 대한 가치판단의 과정을 의미한다(×).**
④ 검사를 통해 자료를 수집한다.

7. <보기>에서 ㉠, ㉡이 의미하는 적절한 용어를 순서대로 쓰시오. 2018

<보기>
㉠ 일정한 규칙에 따라 대상의 특성에 숫자를 부여하는 과정이다. 어떤 사물이나 행동, 사건의 증거를 수집하여 수량으로 표시하는 것이다. <u>검사</u>를 통해 자료를 수집한다.
㉡ 수집된 자료 또는 검사 점수에 대한 가치판단의 과정을 의미한다. 진단에 의한 전문적 판단이다.

답 ㉠**측정(measurement)**, ㉡**평가(evaluation)(assessment)**

8. 손상평가정보(SOAP) 작성 시 평가(assessment) 항목에 해당되는 것은? 2018
① 특수검사 결과(×)
② 부종의 존재 유무(×)
③ 관절가동범위 측정 결과(×)
❹ **진단에 의한 전문적 판단**

9. <보기>에서 괄호 안의 ㉠, ㉡에 해당하는 용어를 순서대로 쓰시오. 2018

<보기>
○ 특수검사 결과 및 관절가동범위 측정 결과를 수집하는 과정을 (㉠)이라고 함.
○ 진단에 의한 전문적 판단하는 과정을 (㉡)라고 함.

답 ㉠**측정(measurement)**, ㉡**평가(assessment)**

10. <보기>의 대화에서 평가의 개념과 목적을 잘못 이해하고 있는 지도자는? 2019

<보기>
박 코치 : 평가의 유사개념에는 측정, 사정, 검사 등이 있는 것으로 알고 있습니다.
정 코치 : 네, 측정이나 검사는 가치 지향적이고 평가는 가치중립적인 활동입니다(×).
김 코치 : 평가는 학습자의 학습 상태와 지도에 관한 정보를 제공할 수 있습니다.
유 코치 : 그래서 평가는 지도 활동에 대한 피드백이 될 수 있습니다.

① 박 코치
❷ **정 코치**
③ 김 코치
④ 유 코치

11. <보기>에서 ㈎ 영역의 용어가 ㈏ 영역의 정의와 바르게 모두 묶인 것은? 2019

<보기>
㈎	㈏
㉠ 측정	Ⓐ 가치판단
㉡ 측정규칙	Ⓑ 절대평가
㉢ 평가	Ⓒ 수량화 과정
㉣ 준거기준	Ⓓ 표준화 과정

① ㉢-Ⓓ, ㉡-Ⓐ
② ㉡-Ⓐ, ㉢-Ⓑ
❸ **㉠-Ⓒ, ㉡-Ⓓ**
④ ㉣-Ⓒ, ㉠-Ⓑ

2 체육측정평가의 유형

☞ 1. 평가 유형
(1) 평가 기준 ^{기초원리수행}

① 규준지향^{상대}평가(경쟁·선발적 교육관)

② 준거지향^{절대}평가(협동·발달적 교육관) ≒ 성취평가제

(2) 평가 기능 및 시기 : Ⓐ ①진단평가 · ②형성평가 · ③총괄평가

Ⓑ ①수시평가 · ②형성평가 · ③총괄평가

(3) 평가 방법 : Ⓐ ①양적 평가, ②질적 평가 / Ⓑ ①결과 평가, ②과정 평가

(4) 평가 주체 : ①교사 평가, ②학생 평가(자기평가·동료^{상호}평가)

---

(1) 평가 기준 : ①규준지향^{상대}평가(경쟁·선발적 교육관), ②준거지향^{절대}평가(협동·발달적 교육관)≒성취평가제

12. 다음 <참고 자료>에서 괄호 안의 ㉢, ㉣에 해당하는 평가 방법을 차례대로 쓰시오. 2014

(㉢)	
중고강도 신체활동 참여시간(분/일)	성취등급
90분 이상	우수
60분 이상	보통 (성취)
60분 미만	미흡

(㉣)	
○○ 중학교 중고강도 신체활동 참여시간	
백분위	분/일
>99	180
95	100
75	60
50	40
25	30
5	20
<1	10
평균치	50
표준편차	20

🖉 ㉢ : **준거**지향평가(**성취**평가·**절대**평가)　　㉣ : **규준**지향 평가(**상대**평가)

13. 최○○의 중고강도 신체활동 참여시간은 진단평가 시 **성취**기준보다 낮았습니다(40분/일).

형성평가 시 신체 활동량이 증가(90분)하여 [우수등급]까지 **성취**하였고,

총괄평가 시 상대적으로 감소(64분)하였으나 **성취**기준치에 도달하고 있습니다. 2014

14. 개인차를 확실히 구분 지을 수 있는 **상대**평가 내용 → **규준**지향 평가

15. 학교체육평가의 새로운 경향인 준거지향검사(절대평가)는 규준지향검사(상대평가)가 갖는 교육적 문제점을 극복할 수 있는 장점을 가지고 있다. 규준지향검사와 비교하여 준거지향검사의 장점을 2가지만 설명하시오.

🖉 ① 학생의 **발달**에 대한 구체적 정보를 제공한다. → **발달**적 교육관

② **경쟁**보다는 **협동**을 강조한다.

16. 운동능력보다는 건강을 강조하는 건강관련체력검사를 개발하고자 한다. 건강관련체력검사의 결과를 사용하여 개인의 건강상태를 평가하고자 한다. 운동능력보다는 건강을 강조하는 **건강관련체력검사**를 개발하고자 한다. '준거^{평가기준}'에 따른 분류에 기초하여 가장 타당한 평가방법을 쓰시오.

답 **준거**지향 평가(**절대**평가)

17. 홍 교사와 최 교사는 배드민턴 수업을 실시하고, 학기말에 다음과 같이 평가하였다.

홍 교사

평가 목적	학생들의 학습 목표 달성 여부를 파악하고, 이를 기초로 지도법을 개선하고자 하였다.
평가 방법	◦학습 목표에 비추어 교사가 작성한 평가 기준표에 따라 평가하였다. ◦평가 기준 이상의 학생은 '**성공**^{성취}'으로, 평가 기준 이하의 학생은 '**실패**^{미성취}'로 판정하였다.

최 교사

평가 목적	학생들의 운동기능을 **서열화**하여 학업 성취도를 제고하고, 학급 대표 5명을 **선발**하고자 한다.
평가 방법	◦전체 학생들을 대상으로 리그전을 실시하여 승률로 평가하였다. ◦상위 5명을 학급 대표로 **선발**하였다.

(1) 홍 교사와 최 교사가 사용한 검사법의 명칭을 참조 준거에 따라 구분하여 쓰시오.

답 ◦홍 교사 : **절대**평가(**준거**지향 평가)
  ◦최 교사 : **상대**평가(**규준**지향 평가)

(2) '교육관'과 '학생들의 관계' 측면에서, 2가지 검사법의 특징을 비교하여 설명하시오.

답 ◦홍 교사 : **발달**적 교육관, **협동**
  ◦최 교사 : **선발**적 교육관, **경쟁**

18. 다음은 팔굽혀펴기 평가 기준표이다. 교사 1, 2가 활용한 평가 방법의 명칭과 특징을 쓰시오.

<교사 1의 평가기준>

등급	횟수
수	45회 이상
우	35~44회
미	25~34회
양	15~24회
가	14회 이하

<교사 2의 평가기준>

등급	비율
수	상위 10%
우	20%
미	40%
양	20%
가	하위 10%

답 ◦교사 1의 평가방법
  ▸명칭 : **준거**지향평가(**절대**평가)
  ▸특징 : **발달**적 교육관, **협동**

 ◦교사 2의 평가방법
  ▸명칭 : **규준**지향평가(**상대**평가)
  ▸특징 : **선발**적 교육관, **경쟁**

19. 다음은 학생들의 일련체조 실시 결과를 평가하기 위한 기준표이다. 다음의 기준과 관련된 평가의 방법을 '평가기준'에 근거하여 쓰시오.

평가영역	성취기준
일련체조	일련체조를 시간과 힘의 배분에 따라 정확히 실시할 수 있다.

수준	상	중	하
시간성 및 힘의 배분	동작에 따라 빠르고 느리게 그리고 힘을 적절하게 배분하여 자연스럽게 실시할 수 있다.	동작에 따라 시간성과 힘의 배분을 할 수 있으나, 동작의 연결이 자연스럽지 못하다.	동작의 시간성, 힘의 배분이 등이 제대로 이루어지지 않는다.
정확성	동작이 신속하고 리듬감이 있다.	동작이 신속하나, 리듬감이 없다.	동작이 신속하지 못하고 서툴다.

<성취기준>

일련체조를 시간과 힘의 배분에 따라 정확히 실시할 수 있다.

<평가기준>

시간성 및 힘의 배분

상	동작에 따라 빠르고 느리게 그리고 힘을 적절하게 배분하여 자연스럽게 실시할 수 있다.
중	동작에 따라 시간성과 힘의 배분을 할 수 있으나, 동작의 연결이 자연스럽지 못하다.
하	동작의 시간성, 힘의 배분이 등이 제대로 이루어지지 않는다.

정확성

상	동작이 신속하고 리듬감이 있다.
중	동작이 신속하나, 리듬감이 없다.
하	동작이 신속하지 못하고 서툴다.

답 **준거지향 평가(절대평가) = 성취평가**

20. 다음은 농구의 레이업 슛과 체스트 패스에 대한 평가기준이다. 이에 근거하여 평가방법의 명칭을 쓰시오.

평가 내용 및 기준 - 레이업 슛

상	달려온 속도를 효율적으로 이용하고 레이업 슛을 성공한다.
중	달려온 속도를 효율적으로 이용하지 못하고 레이업 슛을 성공한다.
하	달려온 속도를 효율적으로 이용하지 못하고 레이업 슛을 성공하지 못 한다.

평가 내용 및 기준 - 체스트 패스

상	무릎과 팔 동작이 정확하고 상대방에게 정확하게 패스한다.
중	무릎과 팔 동작이 정확하나 상대방에게 부정확하게 패스한다.
하	무릎과 팔 동작이 부정확하고 상대방에게 부정확하게 패스한다.

답 **준거지향 평가(절대평가)**

21. 다음은 학생들의 일련체조 실시 결과를 평가하기 위한 기준표이다.

평가영역	성취기준
일련체조	일련체조를 시간과 힘의 배분에 따라 정확히 실시할 수 있다.

성취수준			
수준	상	중	하
시간성 및 힘의 배분	동작에 따라 빠르고 느리게 그리고 힘을 적절하게 배분하여 자연스럽게 실시할 수 있다.	동작에 따라 시간성과 힘의 배분을 할 수 있으나, 동작의 연결이 자연스럽지 못하다.	동작의 시간성, 힘의 배분이 등이 제대로 이루어지지 않는다.
정확성	동작이 신속하고 리듬감이 있다.	동작이 신속하나, 리듬감이 없다.	동작이 신속하지 못하고 서툴다.

<성취 기준>

일련체조를 시간과 힘의 배분에 따라 정확히 실시할 수 있다.

<평가기준>

시간성 및 힘의 배분

상	동작에 따라 빠르고 느리게 그리고 힘을 적절하게 배분하여 자연스럽게 실시할 수 있다.
중	동작에 따라 시간성과 힘의 배분을 할 수 있으나, 동작의 연결이 자연스럽지 못하다.
하	동작의 시간성, 힘의 배분이 등이 제대로 이루어지지 않는다.

정확성

상	동작이 신속하고 리듬감이 있다.
중	동작이 신속하나, 리듬감이 없다.
하	동작이 신속하지 못하고 서툴다.

22. 다음은 농구의 레이업 슛과 체스트 패스에 대한 평가기준이다.

평가 내용 및 기준 - 레이업 슛	
상	달려온 속도를 효율적으로 이용하고 레이업 슛을 성공한다.
중	달려온 속도를 효율적으로 이용하지 못하고 레이업 슛을 성공한다.
하	달려온 속도를 효율적으로 이용하지 못하고 레이업 슛을 성공하지 못 한다.

평가 내용 및 기준 - 체스트 패스	
상	무릎과 팔 동작이 정확하고 상대방에게 정확하게 패스한다.
중	무릎과 팔 동작이 정확하나 상대방에게 부정확하게 패스한다.
하	무릎과 팔 동작이 부정확하고 상대방에게 부정확하게 패스한다.

23. 다음은 영역형 경쟁 - 농구의 기본 기능에 대한 채점기준이다.

영역	영역형 경쟁 - 농구
평가도구	루브릭(rubric)
평가내용	루브릭을 활용해 농구 기본 기능(드리블·패스) 평가

채점기준		
수준 \ 기능		드리블
매우 잘함 (5점)		공을 쳐다보지 않고 손목의 스냅을 이용하여 드리블하며 공이 벗어나지 않는다.
보통 (3점)		**공을 쳐다보지 않고 손목의 스냅을 이용하여 드리블하나 공이 벗어난다.**
노력 요함 (1점)		공을 쳐다보고 드리블하며 공을 자주 놓친다.
수준 \ 기능		패스
매우 잘함 (5점)		수비자의 움직임을 예측하여 정확하게 패스하고 상황에 맞게 적절한 방법으로 패스한다.
보통 (3점)		**패스의 동작과 방향이 대체로 정확하나 상황에 맞는 적절한 패스를 하지 못한다.**
노력 요함 (1점)		패스가 부정확하고 상황에 맞는 적절한 방법으로 패스를 하지 못한다.

24. 다음은 학생들의 일련체조 실시 결과를 평가하기 위한 기준표이다. 빈 칸을 채우고, 옳지 <u>않은</u> 것을 바르게 수정하시오.

평가영역	성취기준
일련체조	일련체조를 시간과 힘의 배분에 따라 정확히 실시할 수 있다.

수준	상	중	하
시간성 및 힘의 배분	동작에 따라 빠르고 느리게 그리고 힘을 적절하게 배분하여 자연스럽게 실시할 수 있다.	동작에 따라 시간성과 힘의 배분을 할 수 있으나, 동작의 연결이 자연스럽지 못하다.	동작의 시간성, 힘의 배분이 등이 제대로 이루어지지 않는다.
신속성	동작이 신속하고 리듬감이 있다.	동작이 신속하나, 리듬감이 없다.	동작이 신속하지 못하고 서툴다.

① 학생들은 일련체조 실시 결과를 세 수준으로 나누어 상대적으로 비교하여 평가하려는 의도가 있다.
  → **상대적**이 아니라, **절대적**이다.
② 제시된 성취기준 '신속성'은 성취기준의 하위 내용으로 부적절하므로 바꾸는 것이 바람직하다(×).
  → **'정확성'**으로 바꾸는 것이 바람직하다.
③ 수준을 상중하로 구분한 것은 학생들이 도달해야 할 규준을 세분화한 것이다.
  → **규준**을 **준거**로 바꾼다.
④ 제시된 기준표에 의하면 모든 학생이 만점을 받거나 최하점을 받을 수 있기 때문에 잘못 작성한 것이다.
  → 잘못 작성한 것이 아니라, **준거**지향평가에 맞게 작성한 것이다.
⑤ 수준을 다시 '지식-이해-적용-분석-종합-평가'로 세분하여 제시하면 현재 상태보다 우수한 평가기준표가 된다.
  → 수준이 **심동**적 영역이기 때문에 인지적 영역의 6가지 위계적 수준으로 제시하는 것은 바람직하지 않다.

25. 다음은 농구 자유투 검사 기준 설정에 대한 두 교사의 대화 내용이다. 괄호 안의 ㉠에 해당하는 용어를 쓰시오.

2019

이 교사 : 이번 농구 종목의 수행평가는 학생의 성취기준 도달여부로 판단하는 (㉠) 평가를 하기로 했습니다. 자유투 10회 시도 시 몇 회 성공을 합격 기준으로 판단하는 것이 타당할까요?

강 교사 : (㉠) 평가 합격 기준을 설정하는 방법이 있습니다. 우선 농구 교육을 미수료한 학생 20명과 수료한 학생 20명을 대상으로 자유투를 10회씩 실시하여 다음 표와 그림을 작성합니다.

농구 자유투 성공 수(회)	농구 교육 미수료 학생(명)	농구 교육 수료 학생(명)
0	1	0
1	3	0
2	5	0
3	6	1
4	3	1
5	1	3
6	1	6
7	0	4
8	0	3
9	0	1
10	0	1

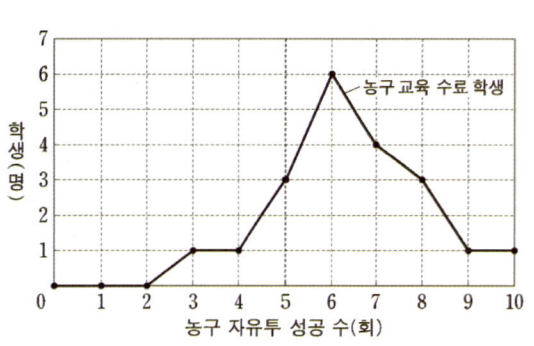

농구 교육 미수료 학생 빈도 분포 곡선까지 완성되면, 수료한 학생 빈도 분포 곡선과 교차하는 지점에서 가까운 자유투 성공 수를 (㉠) 평가 기준으로 가정하고 유관표들을 작성합니다. 이들 중에서 분류정확확률이 상대적으로 가장 높게 나온 자유투 성공 수가 타당한 (㉠) 평가 기준이 되는 것입니다.

답 ㉠ **절대** 평가 = **준거지향** 평가

※오답 : 준거지향평가를 실시하지 않고 규준지향평가를 실시하였다.

26. 다음은 ○○중학교에서 실시한 운동기능 검사 결과에 대해 박 교사와 김 교사가 나눈 대화 내용이다. 괄호 안의 ㉠에 해당하는 용어를 순서대로 쓰시오. 2020

박 교사 : 김 선생님, 운동기능 검사는 끝났나요?

김 교사 : 네, 선생님. 이번 체육 수업에서 실시한 운동기능 검사 점수를 근거로 운동기능이 숙달되지 않은 학생 집단 ㈎와 운동기능이 숙달된 학생 집단 ㈏로 나누었어요. 그런 다음에 Ⓐ와 같이 두 집단 간 교차가 되는 점수를 숙달 여부의 판단을 위한 기준 점수(cut-off score)로 정했어요.

박 교사 : 학교스포츠클럽 대회가 얼마 안 남았는데 대회에 출전할 학생들은 선발하셨나요?

김 교사 : 아니요. 그렇지 않아도 대회가 얼마 남지 않아서 걱정입니다. 이번에는 학교 간 대회이기 때문에 운동기능이 <u>상대적으로 우수</u>한 ㈏ 집단에서 Ⓑ수준 이상인 학생들을 <u>선발</u>하려고 합니다. 이를 위해 운동기능 검사점수의 <u>백분위 수</u>를 근거로 정해지는 <u>선발</u> 기준인 (㉠)을/를 사용하려고 합니다.

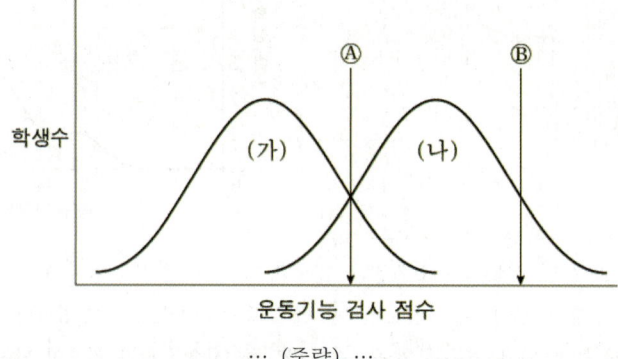

··· (중략) ···

김 교사 : 그런데 걱정이네요. 적용할 검사를 결정하기 전에 검사가 타당한지, 신뢰로운지 그리고 우수한 학생(예 상위 25%)과 우수하지 않은 학생(예 하위 25%)을 잘 구별해 내는 특성인 변별도를 가지고 있는지를 확인해야 하거든요.

답 ㉠은 **규준=norm=규준지향기준**이다.

문 밑줄 친 부분에 해당하는 평가기준을 쓰시오.

답 준거=criterion=준거지향기준

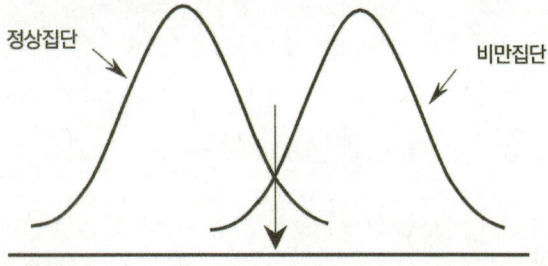

〈경험적 방법에 의한 비만 검사와 준거지향기준 설정〉

평가 특징	규준참조평가	준거참조평가
교육관	선발적 교육관	발달적 교육관
명칭	상대평가, 상대기준평가, 규준관련평가	절대평가, 절대기준평가, 목표참조평가, 목표도달평가
기준	규준 (학업성취의 결과에 의한 상대적 우위)	준거 (교육목표 달성 여부)
목적과 기능	집단내 상대적 비교 순위나 서열 판정 비교를 통한 분류나 선발의 기능	교육목표 달성도, 자격 유무의 판정 진단적, 형성적 기능 강조
개인차	필요불가결한 요소, 개인차 극대화	교육 실패의 결과, 개인차 최소화
결과 활용	선발, 분류, 배치	진단, 점검, 자격 부여
장점	• 평가의 객관성 • 개인차 변별 • 경쟁을 통한 학습동기 유발	• 교수-학습활동의 개선에 대한 정보 제공 • 지적 성취감 강조 • 경쟁보다 협동심 조장 • 학습효과의 비교
단점	• 부정적 자아개념 형성 • 지나친 경쟁심 고취로 학생의 정신건강을 해침 • 표본에 따른 규준의 차이 • 교육목표 달성 여부의 판정이 어려움 • 교수-학습활동의 진단과 보완 기능의 미약	• 준거 설정의 어려움 • 개인차 변별의 어려움 • 신뢰도 산출의 어려움 • 통계처리의 제한점

27. 검사의 결과를 같은 집단의 점수분포에 근거하여 평가하는 평가법으로 맞는 것은?
가. 형성평가
나. 규준관련평가
다. 준거관련평가
라. 진단평가

28. 검사의 결과를 같은 집단의 점수분포에 근거한 평가법으로 맞는 것은?
가. 형성평가
나. 상대평가
다. 절대평가
라. 진단평가

29. 준거지향(절대)평가에 대한 설명으로 옳지 않은 것은?
① 경쟁을 통한 외형적 동기유발에 효과(×)
② 도달기준을 설정해 놓고 개인성적을 평가
③ 판정기준을 어떻게 설정하느냐가 중요한 과제
④ 집단 내에서 개인의 위치를 알아보기 어렵다는 단점

30. <보기>는 평가기준에 따른 평가방법에 대한 설명이다. 규준지향평가(상대평가)와 준거지향평가(절대평가)로 구분하여 제시하시오.

<보기>
㉠ 검사의 결과를 같은 집단의 점수분포에 근거한 평가법
㉡ 경쟁을 통한 외형적 동기유발에 효과
㉢ 도달기준을 설정해 놓고 개인성적을 평가
㉣ 판정기준을 어떻게 설정하느냐가 중요한 과제
㉤ 집단 내에서 개인의 위치를 알아보기 어렵다는 단점

답 규준지향^{상대}평가 : ㉠, ㉡
　　준거지향^{절대}평가 : ㉢, ㉣, ㉤

31. <보기>의 두 가지 선발방법에 대한 설명으로 옳은 것은?

<보기>
㉠ 올해 양궁 대회에서는 4위까지 국가대표로 선발된다.
㉡ 올해 육상 높이뛰기 대회에서는 기준 높이를 넘을 경우 국가대표로 선발된다.

① ㉠은 절대평가를 적용한 것이다(×).
② ㉡은 선수들 간의 차이에 기초한 방법이다(×).
③ ㉡은 ㉠에 비해 자신의 목표 기록에만 집중할 수 있도록 한다.
④ ㉡은 ㉠에 비해 선수들 간 경쟁심을 강하게 유발한다 (×).

32. <보기1>의 ㉠·㉡ 선발방법에 해당하는 평가방법을 차례대로 쓰고, 각각에 대한 옳은 설명을 <보기2>에서 모두 골라 쓰시오.

<보기1>
㉠ 올해 양궁 대회에서는 4위까지 국가대표로 선발된다.
㉡ 올해 육상 높이뛰기 대회에서는 기준 높이를 넘을 경우 국가대표로 선발된다.

<보기2>
① 선수들 간의 차이에 기초한 방법이다.
② 자신의 목표 기록에만 집중할 수 있도록 한다.
③ 선수들 간 경쟁심을 강하게 유발한다.

답 ㉠**상대평가** : ①, ③
　　㉡**절대평가** : ②

33. 다음의 설명에 맞는 평가방법은?

<보기>
- 미리 정해놓은 기준과 비교하여 학습자의 성취도 수준 평가
- 개인의 목표성취 여부에 관심
- 신뢰할 수 있는 기준의 설정 어려움

가. 절대평가

나. 상대평가

다. 형성평가

라. 총괄평가

⇨ (1) 평가기준에 따라 절대평가와 상대평가로 구분된다.
　　① 절대평가는 사전에 정해진 교육목표나 학습내용의 숙달수준에 어느 정도 도달했는지에 따라 평가결과가 결정된다.
　　② 상대평가는 학습자 상호간의 상대적 비교를 통해 평가결과가 결정된다.
　(2) 평가시기에 따라 진단평가, 형성평가, 총괄평가로 구분된다.
　　① 진단평가는 교수·학습 전에 실시되는 평가이고,
　　② 형성평가는 교수·학습 중에 이루어지는 평가이며,
　　③ 총괄평가는 교수·학습 후에 성취도를 평가하기 위한 방법이다.

34. <보기>의 설명에 맞는 평가방법을 쓰시오.

<보기>
- 미리 정해놓은 기준과 비교하여 학습자의 성취도 수준 평가
- 개인의 목표성취 여부에 관심
- 신뢰할 수 있는 기준의 설정 어려움

답 **절대평가 = 준거지향 평가**

35. <보기>에서 절대평가(준거지향평가)에 대한 설명으로 옳은 것은? *2018*

<보기>
㉠ 수업 목표의 달성 여부를 평가하는 것이다.
㉡ 전체에 대한 개인차를 평가하는 방법이다(×).
㉢ 자료가 정상분포일 때에만 적용할 수 있다(×).
㉣ 도달기준을 설정해 놓고 그 기준을 바탕으로 개인의 성적을 평가하는 방법이다.

① ㉠, ㉡　② ㉡, ㉢　**③ ㉠, ㉣**　④ ㉡, ㉣

36. <보기>에서 절대평가(준거지향평가)와 상대평가(규준지향평가)를 각각 구분하여 골라 쓰시오. *2018*

<보기>
㉠ 수업 목표의 달성 여부를 평가하는 것이다.
㉡ 전체에 대한 개인차를 평가하는 방법이다.
㉢ 자료가 정상분포일 때에만 적용할 수 있다.
㉣ 도달기준을 설정해 놓고 그 기준을 바탕으로 개인의 성적을 평가하는 방법이다.

답 **절대**_{준거지향}**평가 : ㉠, ㉣**
　　상대_{규준지향}**평가 : ㉡, ㉢**

37. 평가의 시기와 목적에 따른 평가유형으로 맞는 것은?

가. 규준관련평가　**나. 형성평가**　다. 준거관련평가　라. 수행평가

38. 목표설정을 위해 규준지향기준(norm-referenced standard)을 채택한 운동/신체활동 프로그램으로 옳은 것은? *2019*

① A 대학 농구수업 : A 학점 기준은 레이업슛 15개 이상 성공하기
② B 역도클럽 : 우수 체력기준은 전체 회원 중에서 상위 10% 이상에 도달하기
③ C 걷기동호회 : 건강을 유지하기 위한 기준은 일일 만보(10,000보) 이상 걷기
④ D 보건소 : 신체활동권장량 기준은 주당 150분 이상 중·고강도 신체활동에 참여하기

39. 건강관련체력 검사의 결과 활용으로 바르게 묶인 것은?

<보기>
㉠ 체력의 향상도 평가를 위한 기초자료로 활용한다.
㉡ 달성 가능한 건강체력목표를 설정하는데 활용한다.
㉢ 규준(norm)지향 기준과 비교하여 신체활동 동기를 유발한다.
㉣ 준거(criterion)지향기준과 비교하여 체력의 상대적 위치를 확인한다(×).

① ㉠, ㉡, ㉢ ② ㉠, ㉡, ㉣
③ ㉡, ㉢, ㉣ ④ ㉠, ㉡, ㉢, ㉣

40. 건강체력 검사의 목적으로 바르지 <u>않은</u> 것은?
가. 기준치와 비교하여 참가자의 체력상태 평가
나. 달성 가능한 체력목표 설정
다. 운동전 상태와 향후 체력의 변화 비교
라. **객관적인 평가를 통한 질환의 진단(×)**

41. <보기>의 설명에 맞는 평가방법을 쓰시오.

<보기>
○ 신체활동 동기를 유발한다.
○ 체력의 상대적 위치를 확인한다.

답 **상대**평가 = **규준(norm)지향** 평가

42. <보기>는 건강 관련 체력검사의 결과 활용이다. 괄호 안의 ㉠, ㉡에 해당하는 평가기준의 명칭을 차례대로 쓰시오.

<보기>
○ 체력의 향상도 평가를 위한 기초자료로 활용한다.
○ 달성 가능한 건강체력목표를 설정하는데 활용한다.
○ (㉠)지향 기준과 비교하여 신체활동 동기를 유발하고 체력의 상대적 위치를 확인한다.
○ (㉡)지향 기준과 비교하여 '건강'과 '위험'을 분류한다. 즉, 기준치와 비교하여 참가자의 체력상태를 평가한다.

답 ㉠**규준(norm)**, ㉡**준거(criterion)**

43. <보기>는 국민체력100의 체력인증시스템에 대한 설명이다. 괄호 안에 들어갈 용어로 바르게 묶인 것은? *2018*

<보기>
• 체력을 3개 등급으로 분류하는 (㉠)를 실시한다.
• 노인기 민첩성을 측정하기 위해 (㉡) 검사를 활용한다.

	㉠	㉡
①	절대평가	의자에 앉았다 일어서기
②	상대평가	의자에 앉았다 일어서기
③	준거지향평가	의자에 앉아 3m 표적 돌아오기
④	규준지향평가	의자에 앉아 3m 표적 돌아오기

44. <보기>에서 ㈎ 영역의 용어가 ㈏ 영역의 정의와 바르게 모두 묶인 것은? *2019*

<보기>

㈎	㈏
㉠ 측정	Ⓐ 가치판단
㉡ 측정규칙	Ⓑ 절대평가
㉢ 평가	Ⓒ 수량화 과정
㉣ 준거기준	Ⓓ 표준화 과정

① ㉢-Ⓓ, ㉡-Ⓐ
② ㉡-Ⓐ, ㉣-Ⓑ
③ ㉠-Ⓒ, ㉡-Ⓓ
④ ㉣-Ⓒ, ㉠-Ⓑ

스포츠지도사 선택형 추가 문제

45. 다음의 <표>에서 사용한 스포츠교육의 평가 기준은?

평가영역	성취 기준		수준		
			상	중	하
테니스	서비스	동작연결	세부 동작의 연결이 자연스럽고 리듬감이 있다.	세부 동작의 연결이 자연스러우나 리듬감이 부족하다.	세부 동작의 연결이 자연스럽지 않고 리듬감이 없다.
		정확성	서비스 성공률이 70% 이상이다.	서비스 성공률이 30~70%이다.	서비스 성공률이 30% 미만이다.

① 준거 지향
② 규준 지향
③ 자기 지향
④ 상대 지향

⇨ <표>에 제시되어 있는 평가기법은 루브릭이다. 루브릭은 평가자에게 평가 시 활용할 수 있도록 각각의 수행 수준의 특징에 대한 정보를 명세화하여 제공할 수 있고, 학습자에게는 자신들이 어느 정도의 수준인지에 대해 알려주고 향후 수행능력 향상을 위해 무엇이 필요한지에 대한 분명한 피드백을 제공한다. 이런 맥락 속에서 루브릭은 <u>준거지향</u> 평가를 토대로 하고 있다. <u>준거지향</u> 평가는 스포츠지도사가 설정한 행동 준거에 의거하여 학습자가 도달했을 때 교육목표가 달성되었다고 본다. 즉 <u>준거지향</u> 평가의 절대적 준거 적용은 학습자 집단의 검사점수 분포를 고려하지 않고 개인의 성취도를 설정된 준거나 척도에 비교하여 평가결과를 해석한다.

이기봉 Q&A 재구성

46. 중학교 2학년을 대상으로 농구 지그재그 드리블 검사를 실시하였다. 측정된 검사 점수를 전국 규모의 규준과 비교하여 70백분위점수보다 높은 점수를 받은 학생은 **수업목표를 달성**한 것으로 판단한다면, 이 검사는 규준지향검사인가 준거지향검사인가? 그 이유를 설명하시오. **기출문제**

답 **준거**지향검사이다. 즉 **절대**평가이다.

70백분위점수는 **준거(criterion)**이다. 70백분위점수보다 높은 점수를 받은 학생은 수업목표 성취이고, 70백분위점수보다 낮은 점수를 받은 학생은 수업목표 미성취이기 때문이다.

○ 규준지향검사(NRT : Norm-Referenced Test)상대평가 : 이 학생의 점수를 **다른 학생**의 점수와 **비교**한다면, 그 학생이 집단 내에서 어느 정도의 수준인가를 쉽게 알 수 있을 것이다. 즉, 이러한 경우처럼 학생들의 **개인차**를 변별하는데 주된 관심을 갖는 것이 규준지향검사이다. 일반적으로 규준지향검사에서 얻어진 검사 점수는 국가 수준의 규준(Norm)과 비교되어 해석하는 것이 바람직하다.

예 한 학생이 윗몸 일으키기 점수가 35개인데, 이 점수가 그 학교에서는 80백분위수에 해당하지만, 국가 수준의 규준에 비교되었을 때 50백분위수라면, 이 학생은 국내 모든 학생의 **중앙값**에 해당한다고 평가할 수 있다. 하지만, 규준지향적 관점에서 평가가 이루어지려면 해당 측정치에 대한 국가 수준의 규준이 설정되어 있어야 한다.

○ 준거지향검사(CRT : Criterion-Referenced Test)절대평가는 학생들이 **수업목표를 달성했는가**를 체육 교사가 알고자 할 때, 병원에서 운동 처방사나 스포츠 센터의 지도자가 고객들이 건강한가를 알고 싶을 때 주로 사용하는 방법이다.

예 어떤 체육 교사가 심폐기능 강화를 목적으로 수업을 실시한 후에 1600m오래달리기-걷기 검사에서 7분 30초 이하의 **기록**을 **달성**한 학생은 **수업목표**를 **달성**한 것으로 **판단**한다면, 이 검사는 준거지향검사라 할 수 있다.

최근 건강에 대한 일반인의 관심이 급증하면서 **건강**과 관련하여 **준거지향** 검사를 사용하는 경우가 증가하고 있다.

47. 체육 현장에서 사용되는 수행평가가 준거지향검사와 유사한 점을 설명하시오. **기출문제**

답) 준거지향검사는 교육목표나 건강과 같은 절대적인 준거에 비추어 피험자를 평가한다.

학교에서 준거지향검사는 학생들이 수업목표를 달성하는가의 여부를 평가하는 것으로, 학생들의 상대적 비교보다는 학생들의 준거 달성 여부에 관심을 두는 검사이다.

준거지향검사는 모든 학생들이 정상적으로 수업을 받는다면 수업목표를 달성할 수 있다는 **발달**적 교육관에 기초한다. 따라서 학교 현장에서는 검사 점수를 상대적으로 비교하여 순위를 부여하는 **선발**적 교육관에 입각한 규준지향검사보다 교육적으로 바람직하다.

※ 최근 강조되고 있는 **건강**관련체력은 **준거**지향검사^{건강vs위험}에 입각하여 평가되어야 할 것이다. 즉, 건강을 기준으로 한 체력 수준이 어느 정도인지를 설정하여 준거로 제시할 필요가 있다.

48. 준거지향검사의 가장 큰 문제점 2가지를 설명하시오.

답) ① **자의성**(arbitrariness) : 준거지향검사의 기준을 설정하는 방법은 다양하나, 어떤 방법을 사용하더라도 기준설정 과정에 평가자의 **자의성**이 개입되는 것을 부정하기 어렵다. 우수한 체육교사가 설정한 기준도 오랜 경험에 의해 축적된 지식에 기초했기 때문에, 기준설정의 **자의성**은 준거지향검사에서 필연적으로 나타나는 문제점이다. 따라서 체육 교사나 평가자들은 준거지향검사의 기준설정이 가능한 과학적인 방법으로 이루어지도록 노력해야 하며, 충분한 경험과 지식을 갖춘 전문가로 구성된 집단에 의해 기준을 설정한다면 **자의성**의 문제를 어느 정도 해결할 수 있을 것이다.

② **분류오류**(misclassification) : 준거지향검사에서는 집단을 구분하는 기준점수가 단 하나 존재하기 때문에 오완수자나 오미수자로 **잘못 분류**된 피험자가 나타난다. 만약, **분류오류**가 대학입시나 인명구조원의 자격과 같이 매우 심각한 결과를 초래하는 경우에는 기준을 설정하는 교사나 연구자는 기준설정에 대한 의사결정이 개인에게 미치게 될 영향을 반드시 고려해야 한다.

분류오류의 가능성을 감소시키는 방안으로는 '검사를 반복 측정하여 조금 더 정확한 분류를 하는 것'과 '2개 이상의 기준점수를 설정하여 **분류오류**가 나타날 가능성을 감소시키는 것'이다.

준거지향검사는 설정된 기준에 따라 '합격 or 불합격'과 같이 이분법적으로 피험자를 구분하기 때문에 평가기준을 작성하는 과정이 매우 중요하다.

준거지향검사의 평가기준을 설정하는 방법은 학자에 따라 다양한데 기준을 설정할 때 **평가자의 주관적 판단이 개입되는 것**이 불가피하여 **자의성**을 갖게 되고, 이에 따라 피험자를 잘못 분류하는 문제점이 발생한다.

(2) 평가 기능 및 시기 : Ⓐ①진단평가・②형성평가・③총괄평가 / Ⓑ①수시평가・②형성평가・③총괄평가

49. 다음은 ○○중학교의 체육 교과 협의회에서 혼성 학급 운영에 대하여 나눈 대화이다. 빈 칸에 들어갈 용어를 쓰시오.

> 강 교사 : 박 선생님! 진단평가를 해봤는데 혼성 학급의 모둠 편성은 어떻게 하는 것이 좋을까요?
> 박 교사 : 제 7차 체육과 교육과정을 보면 남녀 학생들이 적극적으로 함께 수업에 참여하도록 나와 있지 않습니까?
> 　　　　그러니까 당연히 남녀 학생들을 섞어 모둠을 편성하는 것이 좋을 것 같아요.
> 최 교사 : 그래도 진단평가를 활용해서 학급의 특성을 고려한 다음에 모둠을 편성하는 것이 좋지 않을까요?
> 강 교사 : 네, 조언 고맙습니다. 진단평가 결과를 토대로 모둠 편성 방식을 계획해 보겠습니다.

〈표1〉 진단평가 결과

학생	성별	기능	흥미
A	남	높음	높음
B	여	높음	낮음
C	여	높음	높음
D	남	높음	낮음
E	남	낮음	낮음
F	여	낮음	높음
G	여	낮음	낮음
H	남	낮음	높음

〈보기1〉 강 교사의 모둠 편성 방식 　　〈보기2〉 최 교사의 모둠 편성 방식

　　(A, D, E, H)　(B, C, F, G)　　　(A, C)　(E, G)　(B, D)　(F, H)

답 진단

〈평가기능별 차이점〉

평가기능	내용
진단평가	교육 프로그램 실시 이전에 참여자의 특성을 점검하는 평가활동으로, 학습자 또는 참여자의 정보를 수집하고 교육 방향을 설정・수정하며 학습장애의 원인과 정도를 파악하기 위한 기능
형성평가	교육 프로그램이나 지도방법의 개발단계에서 이루어지는 과정 중심의 평가활동으로, 지도방법과 과정, 결과의 향상과 효율을 증진시키는 방향으로 프로그램과 지도방법 수정하기 위한 기능
총괄평가	교육 프로그램과 지도방법을 적용한 이후 학습자들의 성취도를 포함한 프로그램의 효과 및 효율성 등의 결과를 종합적으로 판단하기 위한 기능

50. 학생들의 '신체 활동 참여 증진 프로그램' 실천 과정 및 결과를 종합적으로 평가한다. 2014

  ○ **진단** 평가 - 1주차에 실시함.
  ○ **형성** 평가 - 6주차에 실시함.
  ○ **총괄** 평가 - 12주차에 실시함.

51. 최○○의 중고강도 신체활동 참여시간은 **진단**평가 시 성취 기준보다 낮았습니다(40분/일).

  형성평가 시 신체 활동량이 증가(90분)하여 [우수등급]까지 성취하였고,

  총괄평가 시 상대적으로 감소(64분)하였으나 성취 기준치에 도달하고 있습니다.

  지속적인 신체활동으로 건강을 유지하세요! 2014

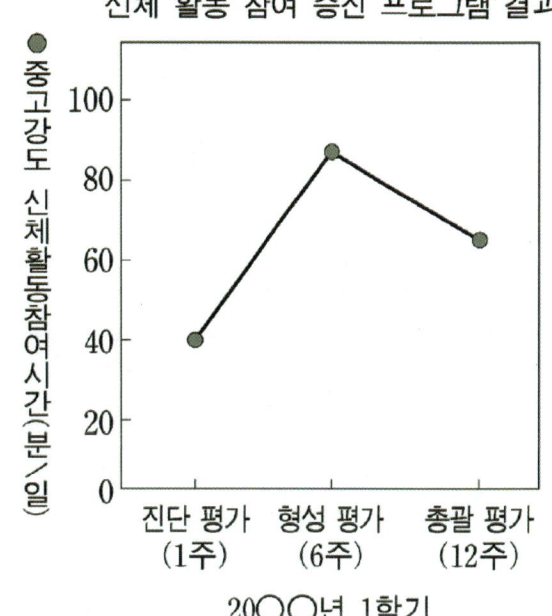

※오답 : 형성 평가를 실시하지 않고 총괄 평가를 실시하였다.

52. 정 교사는 중학교 2학년 높이뛰기 수업을 설계하고자 한다. 정 교사의 교수·학습과 평가 계획이 지향하는 의도에 대한 설명이다.

	교수·학습 목표	
	○ 높이뛰기의 과학적 원리 이해 및 적용　　○ 학생 자신에게 적합한 수준 설정과 도전	

⇩

차시	교수·학습 활동	평가(준비자료)
1	높이뛰기의 과학적 원리 조사·탐색	(영상자료)
2	수준별 그룹편성 및 공중동작 연습	**진단**평가 (평가기록지)
3	도움닫기·수직점프·공중동작의 과학적 원리 적용	(과제활동지)
4	수준별 학습과 자기점검	자기평가 (평가기록지)
5	평가 및 수준별 그룹 재편성	동료평가 (평가기록지)
--- <중략> ---		
10	**총괄**평가	지필평가, 포트폴리오평가, 기록평가

① 수업 중 **수시** 평가를 통해 학생의 학습 과정에 대한 평가를 시도하고 있다.

② 학생에게 높이뛰기의 **수행** 과정에 대한 피드백을 제공하려고 한다.

※오답 : 학생의 성취도를 높이뛰기 기록 위주로 평가하려고 한다.

스포츠지도사 기출문제 & 서답형

53. 평가 시기와 관련한 평가의 유형이 아닌 것은?
가. **절대평가**
나. 진단평가
다. 형성평가
라. 총괄평가

54. 평가의 시기와 목적에 따른 평가유형으로 맞는 것은?
가. 규준관련평가
나. 형성평가
다. 준거관련평가
라. 수행평가

55. 평가의 시기와 목적에 따른 평가의 유형 3가지를 쓰시오.

답 진단평가, 형성평가, 총괄평가

56. 체육 활동 지도 초기에 참여자의 수준과 상태를 파악하고, 효과적인 교수·학습 전략을 수립하기 위해 실시하는 평가는?
① **진단평가**
② 형성평가
③ 총괄평가
④ 수시평가

⇨ 체육활동 지도 초기에 파악하는 평가는 진단평가이다.

57. <보기>에 해당하는 평가방법의 명칭을 쓰시오.

<보기>
체육 활동 지도 **초기**에 참여자의 수준과 상태를 **파악**하고, 효과적인 교수·학습 전략을 수립하기 위해 실시한다.

답 진단평가

평가	기능
진단평가	교육 프로그램 실시 이전에 참여자의 특성을 점검하는 평가활동으로, 학습자 또는 참여자의 정보를 수집하고 교육방향을 설정·수정하며 학습장애의 원인과 정도를 파악하기 위한 기능
형성평가	교육 프로그램이나 지도방법의 개발단계에서 이루어지는 과정 중심의 평가활동으로, 지도방법과 과정, 결과의 향상과 효율을 증진시키는 방향으로 프로그램과 지도방법을 수정하기 위한 기능
총괄평가	교육 프로그램과 지도방법을 적용한 이후 학습자들의 성취도를 포함한 프로그램의 효과 및 효율성 등의 결과를 종합적으로 판단하기 위한 기능

58. 평가시기를 고려할 때, 훈련 프로그램의 중간에 운동기능을 측정하여 그 결과를 프로그램에 반영하기 위한 평가는?
① **형성평가**
② 기말평가
③ 사후평가
④ 총괄평가

59. <보기>에 해당하는 평가방법의 명칭을 쓰시오.

<보기>
평가시기를 고려할 때, 훈련 프로그램의 **중간**에 운동기능을 측정하여 그 결과를 프로그램에 반영한다.

답 형성평가

60. 진단평가의 목적은? 2018
① **수준별로 분류한다.**
② 향상도를 판단한다(×).
③ 최종성적을 부여한다(×).
④ 프로그램을 평가한다(×).

61. 평가의 유형 중 총괄평가에 대한 설명으로 옳은 것은? 2018
① 훈련이 실시되기 전 체력수준을 파악한다(×).
② **훈련이 모두 종료된 후 실시하는 평가이다.**
③ 훈련과정 중간에 체력검사를 실시한다(×).
④ 훈련이 실시되기 전 훈련자의 숙련정도를 파악한다(×).

62. <보기>에서 ㉠~㉢에 해당하는 평가 유형을 '평가기능 및 시기'에 근거하여 순서대로 쓰시오. 2018

<보기>
㉠ 수준별로 분류한다.
　훈련이 실시되기 전 체력수준을 파악한다.
　훈련이 실시되기 전 훈련자의 숙련정도를 파악한다.
㉡ 향상도를 판단한다.
　훈련과정 중간에 체력검사를 실시한다.
㉢ 훈련이 모두 종료된 후 실시하는 평가이다.
　최종성적을 부여한다.
　프로그램을 평가한다.

답 ㉠**진단평가**, ㉡**형성평가**, ㉢**총괄평가**

63. <보기>의 대화에서 각 지도자들이 활용하고 있는(활용하고자 하는) 평가 유형이 바르게 나열된 것은? 2019

<보기>
이 감독 : 오리엔테이션 때 학생들에게 최종 목표를 분명하게 애기했어요. 그 목표의 달성 여부를 종합적으로 확인하기 위해 시즌 마지막에 평가를 실시할 계획이에요.
윤 감독 : 이번에 입학한 학생들은 기본기가 많이 부족했어요. 시즌 전에 학생들의 기본기 수준을 평가했어요.
김 감독 : 학교스포츠클럽에서 배구를 가르칠 때 수시로 학생들의 기본기능을 확인하고 있어요.

　　이 감독　윤 감독　김 감독
① 총괄평가　형성평가　진단평가
② **총괄평가　진단평가　형성평가**
③ 진단평가　형성평가　총괄평가
④ 진단평가　총괄평가　형성평가

64. 다음 중 체육학습 평가의 목적과 활용에 대한 설명으로 적절하지 <u>않은</u> 것은 무엇인가?
가. 학습자들에게 학습상태와 학습지도에 관한 정보를 제공한다.
나. **평가로 활용할 수 있는 방법은 진단평가보다 형성평가가 적합하다**(×).
다. 학습목표와 관련된 학습 진행 상태를 평가하여 교수활동을 조정한다. → 형성평가
라. 교수의 효과를 판단하고 학습자들에게 운동수행의 향상동기를 유발한다.

65. 지도자가 수업의 성공여부를 판단할 때 가장 중요한 기준은?

가. 학생들이 얼마나 즐겁게 수업에 참여했는가?
나. 학생들이 수업 중 규칙을 얼마나 잘 준수했는가?
다. 학생들이 수업 중 얼마나 열심히 참여했는가?
라. 학생들이 목표를 얼마나 달성했는가? → 최종 목표 달성 여부 - 총괄평가

⇨ 지도자가 수업의 성공여부를 판단할 때 가장 중요한 기준은 목표에 대한 달성여부이다. 모든 수업에는 목표가 가장 먼저 설정된다. 지도자가 수행하는 수업의 성공여부는 '수업에서 제시한 목표가 얼마나 달성되었느냐'에 따라 그 수업의 결과에 대한 성공 또는 실패를 판단할 수 있다.

66. 체육 활동 지도 초기에 참여자의 수준과 상태를 파악하고, 효과적인 교수·학습 전략을 수립하기 위해 실시하는 평가는?

① **진단평가**
② 형성평가
③ 총괄평가
④ 수시평가

67. <보기>의 괄호 안에 들어갈 평가의 유형을 쓰시오.

<보기>
(㉠)는 단원별 각 학습 과제가 수행되는 동안에 이뤄진다. 이 평가는 "최신(up-to-the-minute)" 정보를 제공함으로써 학생들이 현재 과제에 머물러 있어야 하는지 다음 과제로 넘어가도 되는지 등 교사들이 학습 진도에 대한 의사결정을 하는데 이용될 수 있다. (㉠)는 적은 양의 정보를 제공하지만, 그 기간 동안(time lines) 교사가 다음 수업이나 현재의 수업에서도 얼마든지 변화를 도모할 수 있도록 해준다.

답 **수시 평가(continuous assessment)**

68. 다음 평가의 기능 영역에서 ㉠과 ㉡에 들어갈 명칭은?

평가의 기능	내용 또는 특성
진단평가	◦교육 프로그램 실시 이전, 참여자의 특성을 점검하는 평가 활동 ◦학습자의 정보 수집, 교육방향 설정
(㉠)	◦교육 프로그램 운영 중간에 이루어지는 과정중심의 평가활동 ◦프로그램과 지도 방법의 수정가능
(㉡)	◦교육 프로그램 운영 이후 프로그램의 효과성 검증 ◦교육 프로그램의 결과에 대한 종합적 판단

   ㉠   ㉡
① 형성 평가 성과 평가
② 수시 평가 총괄 평가
③ **형성 평가 총괄 평가**
④ 수시 평가 성과 평가

➪ 스포츠교육의 평가는 시기별로 진단평가, 형성평가, 총괄평가로 구분된다.
 ◦ 진단평가는 교육 프로그램 실시 이전에 시행되는 평가를 의미한다.
 ◦ 형성평가는 교육 프로그램 운영 중간에 시행되는 평가를 의미한다.
 ◦ 총괄평가는 교육 프로그램 이후에 진행되는 평가를 의미한다.

69. 평가의 기능에 따른 분류에 해당하지 <u>않는</u> 것은?
① 진단 평가
② **절대 평가**
③ 형성 평가
④ 총괄 평가

➪ 평가의 기능에 따른 분류는 진단평가, 형성평가, 총괄평가로 구분된다.
 ◦진단평가는 교육 프로그램 실시 이전에 참여자의 특성을 점검하는 평가활동으로, 학습자 또는 참여자의 정보를 수집하고 교육방향을 설정·수정하며 학습장애의 원인과 정도를 파악하기 위한 기능을 수행한다.
 ◦형성평가는 교육 프로그램이나 지도방법의 개발단계에서 이루어지는 과정 중심의 평가활동으로, 지도방법과 과정·결과의 향상과 효율을 증진시키는 방향으로 프로그램과 지도방법을 수정하기 위한 기능을 한다.
 ◦총괄평가는 교육 프로그램과 지도방법을 적용한 이후 학습자들의 성취도를 포함한 프로그램의 효과 및 효율성 등의 결과를 종합적으로 판단하기 위한 기능을 수행한다.

이기봉 Q&A 재구성

70. 형성평가와 총괄평가 중 어떤 방법이 더 바람직한지, 또 그 이유는 무엇인지 설명하시오.

답) **형성**평가는 수업 중간에 실시되는 평가로 수업 중간에 학생들의 문제점을 파악하여 긍정적인 피드백을 제공할 수 있는 평가방법이다. **형성**평가를 이용하면 수업의 적절성을 모니터링 할 수 있고, 수업 중에 학생들이 실시하는 연습이 적절한가에 대해서도 파악할 수 있다.

학교에서는 **총괄**평가를 이용하여 성적을 부여하며, 수업의 효과를 나타내는 지표를 확인하기 위해 사용되기도 한다.

과거에 비해 **최근**에는 **형성**평가가 더욱 강조되고 있지만, 형성평가가 총괄평가보다 우수하다고 생각하는 것은 바람직하지 않다. 교사나 지도자의 **목적**에 맞는 평가방법을 선택하여 사용해야 하며, 평가방법의 효과를 극대화하기 위해서는 2가지 평가가 모두 사용되는 것이 바람직하다.

평가의 기능 - 체육측정평가 이기봉

평가는 평가가 어떤 기능(평가 시기 및 방법)을 하는지에 따라 **'진단, 형성, 총괄평가'** 로 구분된다.

① **진단 평가**(Diagnosis Evaluation)는 수업 초기에 학생들의 출발점 위치를 알아보기 위해 실시되는 평가이다.

② **형성 평가**(Formative Evaluation)는 수업 중간에 실시되는 평가로 수업 중간에 학생들의 문제점을 파악하여 긍정적인 피드백을 제공할 수 있는 평가 방법이다. 따라서 형성평가를 이용하면 수업의 적절성을 모니터링 할 수 있고, 수업 중에 학생들이 실시하는 연습이 적절한가에 대해서도 파악할 수 있다. 최근 학교 체육에서 강조되는 수행평가는 형성평가와 유사한 평가 방법이라 할 수 있다.

③ **총괄평가**(Summative Evaluation)는 일반적으로 수업의 마지막 시기에 실시되는 평가로 학생의 성취 수준을 평가할 때 주로 사용한다. 학교에서는 총괄평가를 이용하여 성적을 부여하며, 수업의 효과를 나타내는 지표를 확인하기 위해 사용되기도 한다.

과거에 비해 최근에는 형성 평가가 더욱 강조되고 있지만 형성 평가가 총괄 평가보다 우수하다고 생각하는 것은 바람직하지 않다. 교사나 지도자의 목적에 맞는 평가 방법을 선택하여 사용해야 하며, 평가 방법의 효과를 극대화하기 위해서는 2가지 평가가 모두 사용되는 것이 바람직하다.

⟨진단평가⟩

(1) 역할

① 학습 전 학습목표에 따른 학습자 수준 결정
② 지도과정에서 학습자의 계속적인 학습 오류에 대한 적절한 의사결정
③ 지도전략의 극대화를 위해 학습자를 일정한 상황에 의도적으로 머무르게 유도

(2) 설문지 예시

공통 설문 항목				
번호	설문 내용			
1	준비된 개인 기본장비를 모두 체크해보세요.	① 라켓	② 신발	③ 운동복
2	배드민턴 강습 시 희망하는 강습 형태를 선택하세요.	① 1~2인 강습	② 4인 강습	③ 상관없음
3	배드민턴을 최근 3년 내 강습 받은 경험이 있나요?	① 있다	② 없다	
개별 설문 항목				
번호	설문 내용			
4	포핸드 그립을 안정적으로 잡을 수 있는가?	① 그렇다	② 보통	③ 아니다
5	백핸드 그립을 안정적으로 잡을 수 있는가?	① 그렇다	② 보통	③ 아니다
6	8방향 전환 스텝을 할 수 있는가?	① 그렇다	② 보통	③ 아니다
7	강습과 관련해 기타 의견과 건의사항을 적어주십시오.			

<형성평가>

(1) 역할

① 강습의 교수·학습활동 피드백과 교정
② 교육목표에 기초한 교수·학습 과정 개선
③ 교수·학습활동의 유동적 시기에 지도내용과 교수·학습활동 개선

(2) 설문지 예시

공통 설문 항목						
번호	설문 내용	매우 그렇다	그렇다	보통이다	아니다	전혀 아니다
1	강습내용의 난이도가 높았는가?					
2	강습환경이 쾌적하고 안전하다고 생각하는가?					
3	강습활동에서 요구하는 체력수준을 견디기 어려운가?					

개별 설문 항목				
번호	설문 내용	상	중	하
4	시범과 설명이 강습내용을 이해하는 데 적절하다고 생각하는가?			
5	지도사의 비언어적 지도행동이 자신의 학습행동 몰입에 도움이 되는가?			
6	금주 강습내용 중 이해하기 어렵거나 습득하기 힘든 내용은 무엇인가?			
7	강습환경이나 모둠 편성과 관련하여 건의사항이 있으면 적어주십시오.			

<총괄평가>

(1) 역할

> ① 학습자의 학업성취도에 대한 종합적 판단
> ② 학습효과 비교를 통한 차후 학습계획과 예측
> ③ 지도사 교수활동 개선에 대한 구체적인 정보 제공

(2) 설문지 예시

공통 설문 항목						
번호	설문 내용	매우 그렇다	그렇다	보통이다	아니다	전혀 아니다
1	테니스 코트 청결상태와 안전 확보가 되어 있나요?					
2	학습자에 대한 지도사의 친화력 노력에 만족하세요?					
3	지도사의 강습 전문성과 지도방법에 만족하세요?					

번호	설문 내용	교육목표 달성도			
		미흡	초보	우수	탁월
4	테니스의 경기규칙과 게임 용어를 설명할 수 있다.				
5	포핸드 스트로크 시 스플릿 스텝을 사용하고 있다.				
6	포핸드 스트로크 랠리 시 데드존에 70% 이상 넣을 수 있다.				
7	정해진 테니스 게임 에티켓을 준수하면서 연습한다.				

학습성과 관련 설문					
번호	설문 내용	학습성과 달성도			
		미흡	초보	우수	탁월
8	라켓의 스윗스퍼트에 공을 임팩트 시킬 수 있는 능력				
9	스플릿 스텝으로 스트로크 타이밍을 맞출 수 있는 능력				
10	포핸드 스트로크 시 안정적인 사이드스텝을 할 수 있는 능력				
11	타 강습생과 친화력 있게 표현하며 활동할 수 있는 소통능력				

학습성과와 교육 내용의 관련도 설문					
번호	학습성과	교육 내용	학습성과와의 관계		
			무관	보통	밀접
12	라켓의 스윗스퍼트에 공을 임팩트 시킬 수 있는 능력	지도사가 토스해주는 공을 네트 넘어 데드존까지 보낼 수 있다.			
13	스플릿 스텝으로 스트로크 타이밍을 맞출 수 있는 능력	지도사가 토스해주는 순간 스플릿 스텝으로 스트로크 할 준비를 한다.			
14	포핸드 스트로크 시 안정적인 사이드스텝을 할 수 있는 능력	지도사가 좌우 토스해주는 공을 사이드스텝을 이용하여 스트로크 한다.			
15	타 강습생과 친화력 있게 표현하며 활동할 수 있는 소통능력	수강생과 항상 눈을 마주치며 인사하고, 이름 불러주기			

기타 설문	
16	강습과정에서 이해하기 어렵거나 습득하기 힘든 내용은 무엇이었는가?
17	강습과 관련하여 기타 의견이나 건의사항이 있으면 적어주십시오

(3) 평가 방법 : Ⓐ①양적 평가, ②질적 평가 / Ⓑ①결과 평가, ②과정 평가

71. 평가 방법 : 양적 평가, 질적 평가

(1) **양적** 평가는 검사도구 등을 통하여 얻어진 수량화된 형태의 자료에 대한 평가이다.

(2) **질적** 평가는 '관찰·면접·실기 평가'와 같이 수량화하기 어려운 정보에 대한 평가이다.

※오답 : 양적 평가를 실시하지 않고 질적 평가를 실시하였다.

72. 평가 방법 : 결과 평가, 과정 평가

(1) 체육 수업 중에 학생이 학습하는 **과정**을 관찰하면서 수행평가를 하고자 한다.

(2) '수행평가'는 체육교사로 하여금 학생들의 학습**과정**과 **결과**를 다양한 방식으로 파악하고 이해하도록 함으로써 반성적 수업을 하도록 요청한다.

(3) 학생들의 '신체 활동 참여 증진 프로그램' 실천 **과정** 및 **결과**를 종합적으로 평가한다. 2014

(4) 수업 중 수시 평가를 통해 학생의 학습 **과정**에 대한 평가를 시도하고 있다.

(5) 학생에게 높이뛰기의 수행 **과정**에 대한 피드백을 제공하려고 한다.

73. 평가 방법과 평가 도구의 다양성 ← 2015 개정 교육과정에 따른 체육과 교육과정

○ 평가는 학습의 **결과**뿐만 아니라 학습의 **과정**을 포함하여 실시한다.

○ **양적** 평가와 **질적** 평가를 병행하고, 실제성과 종합성이 확보되고 핵심역량의 성취 정도를 파악할 수 있는 평가를 비중 있게 실시한다.

(4) 평가 주체 : ①교사 평가, ②학생 평가(자기평가・동료상호평가)

74. 정 교사는 중학교 2학년 높이뛰기 수업을 설계하고자 한다. 정 교사의 교수·학습과 평가 계획이 지향하는 의도에 대한 설명이다. 4차시와 5차시의 평가기법을 평가주체에 근거하여 쓰시오.

교수·학습 목표
○ 높이뛰기의 과학적 원리 이해 및 적용
○ 학생 자신에게 적합한 수준 설정과 도전

⇩

차시	교수·학습 활동	평가 (준비자료)
1	높이뛰기의 과학적 원리 조사·탐색	(영상자료)
2	수준별 그룹편성 및 공중동작 연습	진단평가 (평가기록지)
3	도움닫기·수직점프·공중동작의 과학적 원리 적용	(과제활동지)
4	수준별 학습과 자기점검	**자기평가** (평가기록지)
5	평가 및 수준별 그룹 재편성	**동료평가** (평가기록지)
---- <중략> ---		
10	총괄평가	지필평가 포트폴리오평가 기록평가

답 **학생**평가

75. 다음은 김 교사가 시행한 학생 간 **동료평가**의 예비 검사 결과이다. 다음은 모둠별 **동료평가** 결과이다.

학생 간 동료 평가를 위한 예비 검사

- 목적 : 축구 슛 동작의 학생 간 동료 평가가 일관성 있게 이루어질 수 있는지를 확인하고자 함.
- 방법
1. 각 모둠별 두 명의 학생이 50명의 학생을 대상으로 축구 슛 동작을 '잘함'과 '미흡함'으로 구분하여 평가
2. 두 학생 간 평가 결과를 2×2 분할표를 이용하여 일치도 산출
- 모둠별 **동료평가** 결과

(가) A모둠 평가 결과

		학생 1의 평가	
		잘함	미흡함
학생 2의 평가	잘함	21	8
	미흡함	2	19

(나) B모둠 평가 결과

		학생 3의 평가	
		잘함	미흡함
학생 4의 평가	잘함	8	15
	미흡함	22	5

(다) C모둠 평가 결과

		학생 5의 평가	
		잘함	미흡함
학생 6의 평가	잘함	11	13
	미흡함	14	12

(라) D모둠 평가 결과

		학생 7의 평가	
		잘함	미흡함
학생 8의 평가	잘함	18	8
	미흡함	10	14

76. 제7차 체육과 교육과정의 '평가' – 체육 수업 중에 학생이 학습하는 과정을 관찰하면서 수행평가를 하고자 한다. 체육수업에서 실시되는 수행평가에서는 다양한 평가기법을 사용하여 종합적인 평가가 이루어지도록 해야 한다. 평가기법을 **평가주체**에 따라 분류할 경우 ①_____ 와(과) ②_____ 로(으로) 구분할 수 있다.

답 ① **교사**평가

② **학생**평가 : **자기**평가, **동료(상호)**평가

77. <보기>의 대화 내용에 비추어 보고서에 나타난 두 학생의 평가기법을 평가주체에 근거하여 쓰시오.

모둠 활동 보고서
〈모둠명 : 스타트〉

모둠장 : 최성실
모둠 활동 내용 : '울트라 모둠'과 '2PM짱 모둠'이 농구 경기를 하는데 기록을 포함한 모든 운영을 우리 모둠이 맡음.

〈창환이의 기록지〉

이름	득점	반칙	㈎훌륭한 스포츠 행동
은정	2	0	3회
정남	0	1	1회
혜리	1	0	3회
은혜	0	1	2회

〈재홍이의 기록지〉

이름	득점	반칙	㈎훌륭한 스포츠 행동
은정	2	0	1회
정남	0	1	1회
혜리	1	0	0회
은혜	0	1	1회

─────────〈보기〉─────────

창환 : 재홍아! 네가 기록한 '훌륭한 스포츠 행동'의 횟수가 나랑 완전히 다르네! 난 정확하게 기록했는데 왜 이럴까?

재홍 : 넌 '훌륭한 스포츠 행동'이 뭐라고 생각하니?

창환 : 우리 팀, 상대 팀 할 것 없이 모든 선수들을 격려하고 배려하는 행동으로 보고, 그때마다 기록했어.

재홍 : 난 경기 중에 넘어진 상대 선수를 일으켜 세워주는 것과 같이 상대 팀에게 스포츠맨십을 발휘하는 행동으로 봤는데…….

답 **학생**평가 中 **동료**평가 = **상호**평가

78. 평가 방법과 평가 도구의 다양성 ← 2015 개정 교육과정에 따른 체육과 교육과정

○ **교사**에 의한 평가뿐만 아니라, **상호** 평가 · **자기** 평가 등 학생이 주체가 된 평가를 병행하여 실시할 수 있다.

79. 다음 중 학습자간 동료평가에 대한 설명으로 올바르지 않은 것은 무엇인가?
가. 짧은 시간에 신뢰성 높은 자료를 수집할 수 있다.
나. 자기평가보다 신뢰성이 높다
다. **지도자는 평가하는 학생에게 처음부터 책임범위를 넓게 주는 것이 필요하다(×).**
라. 학습자가 평가 기준에 대해 충분히 이해하고 있어야 한다.

80. 학습자간 동료평가는 짧은 시간에 신뢰성 높은 자료를 수집할 수 있고 자기평가보다 신뢰성이 높다. 동료평가와 자기평가와 같은 학생평가 사용 시 유의사항 2가지를 제시하시오.

답 ① 학습자가 **평가기준**에 대해 충분히 **이해**하고 있어야 한다.
② 평가자들 간의 사전협의(훈련), 정직성(신뢰성), 책임의식

81. <보기>는 학습자간 동료평가에 대한 설명이다. 괄호 안의 ㉠, ㉡에 해당하는 적절한 용어를 순서대로 쓰시오.

<보기>
○ 짧은 시간에 신뢰성 높은 자료를 수집할 수 있다.
○ (㉠)평가보다 신뢰성이 높다
○ 학습자가 (㉡)에 대해 충분히 이해하고 있어야 한다.

답 ㉠**자기**, ㉡**평가 기준**

82. 다음은 김 교사가 5학년 체조활동의 '다리모아 앞구르기'를 지도하면서 활용한 평가이다. 체육과의 학습목표에 근거하여 볼 때, 김교사가 실시한 괄호 안의 ㉠·㉡에 해당하는 평가의 명칭을 각각 쓰시오.

(㉠) 평가	김 교사는 '다리모아 앞구르기' 활동을 지도하면서, 학생들로 하여금 자신감을 갖고 열심히 하였는지, 수업에 적극적으로 참여하였는지, 차례를 지키면서 질서 있게 참여하였는지를 스스로 평가하도록 하였다.
(㉡) 평가	한 학생은 '다리모아 앞구르기'를 수행하고, 또 다른 한 학생은 친구가 수행한 동작을 관찰하고 이를 평가하도록 하였다. 동작에 대한 평가 관점은 '무릎을 굽히고 매트에 손을 짚었는가?, …, 발목이나 무릎을 잡고 일어났는가?'이며, 이를 '잘함·보통임·부족함'의 평가기준에 맞추어 평가하도록 하였다. 평가가 끝난 뒤에는 서로 역할을 바꾸도록 하였다.

답 ㉠**자기**평가, ㉡**동료**평가=**상호**평가

2015 체육과교육과정(2015-74) - 평가

(1) 평가의 방향

㈎ 교육과정과의 연계성

㈏ 평가 내용의 균형성

㈐ 평가 방법과 평가 도구의 다양성

- 평가는 학습의 **결과**뿐만 아니라 학습의 **과정**을 포함하여 실시한다.

- 단편적 기능 또는 일회성 기록 측정 위주의 평가를 지양하고, 수업 목표와 교수·학습 내용에 따라 다양한 평가 요소를 제시하고 충분한 시간을 확보하여 평가한다.

- 평가의 타당도와 신뢰도를 높이기 위해 평가 목표와 내용, 방법이 밀접하게 관련되도록 점검하고, 다양한 유형의 방법을 활용하여 평가한다.

- **양적** 평가와 **질적** 평가를 병행하고, 실제성과 종합성이 확보되고 핵심역량의 성취 정도를 파악할 수 있는 평가를 비중 있게 실시한다.

- **교사**에 의한 평가뿐만 아니라, **상호** 평가·**자기** 평가 등 학생이 주체가 된 평가를 병행하여 실시할 수 있다.

2. 체육과 수행평가 (1) 개념-실제성
(2) 종류-평가방법 및 평가도구[루브릭 · 평정척도 · 포트폴리오 · 체크리스트 · 면접법 · 관찰법]

(1) 개념 - 실제성

83. 정 교사는 **실제성**(authenticity)을 강조하는 **수행평가**를 통해 학생들의 농구경기능력을 평가하고자 한다. 정교사가 실시하고자 하는 ㉮~㉰번 평가의 실제성을 AAHPERD 종합농구기능검사와 비교하여 '높다' '낮다' 로 답하시오.

AAHPERD 종합농구기능검사
'슈팅 검사 · 패스 검사 · 드리블 검사 · 방어능력 검사' 등으로 구성

㉮ 교사가 농구시합 중의 경기능력을 평가한다.

㉯ 동료 학생이 농구시합 중의 경기능력을 평가한다.

㉰ 10회 자유투 성공률을 평가한다.

㉱ 12미터 떨어진 벽의 표적지를 향해 농구공을 던지는 과제를 이용하여 패스의 정확성을 평가한다.

답 ㉮ **높**다.

㉯ **높**다.

㉰ **낮**다.

㉱ **낮**다.

84. 다음은 배구 수업에서 평가를 받은 학생들의 대화이다. 대화를 토대로 철수의 선생님이 실시한 평가의 문제점을 기술하시오.

영 희 : 난 이번 체육시험에서 생각보다 높은 점수를 받아서 기분이 좋아. 선생님이 3월에 나누어 주신 평가기준 봤지? 배구 경기에 대한 이해, 기본 기능, 경기 능력이 평가 내용에 포함되었더라.

철 수 : 그 기준은 나도 알지. 그런데 난 수업 중 시합을 할 때는 패스와 서브를 모두 성공했는데, 지난 월요일과 수요일 수업 중 시험에서는 서브 15개 중에 8개만 성공했어. 15개가 최고 점수 기준인데 공이 정해진 구역을 7번이나 벗어나 버렸어. 그래서 점수가 낮아.

영 희 : 저런, 속상했겠다. 넌 경기를 참 잘하는데 시험 때는 실력 발휘를 제대로 못했구나.

철 수 : 응. 실수를 많이 했어. 어제 수업 시간 중 시합에서도 패스와 서브 실력을 제대로 발휘했는데 점수에 반영되지 않아 아쉬워. 다음 수업 중 시험에서는 서브를 꼭 최소한 13개 이상 성공해서 높은 점수를 받고 싶어.

답 실기 수행 능력의 **실제성**을 고려하지 않고 평가를 실시하였다.

※오답

① 형성 평가를 실시하지 않고 총괄 평가를 실시하였다.

② 양적 평가를 실시하지 않고 질적 평가를 실시하였다.

③ 평가 계획표를 미리 작성하지 않고 실기평가를 실시하였다.

④ 준거 지향평가를 실시하지 않고 규준 지향 평가를 실시하였다.

85. 김 교사는 **수행평가**를 적용하기 위하여 전통적인 배드민턴 쇼트서브 검사방법 ㈎에 새로운 절차를 추가하여 검사방법 ㈏를 개발하였다.

㈎ 전통적인 배드민턴 쇼트서브 검사

- A서브 구역에서 B서브 구역으로 5회 쇼트서브를 실시한다.
- 서브가 네트를 넘지 못하면 0점으로 처리한다.
- 셔틀콕이 떨어진 지점에 해당하는 점수를 합산하여 배드민턴 기능 점수로 활용한다.

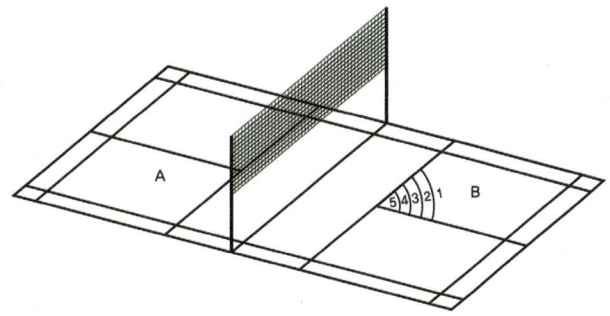

㈏ 새로운 배드민턴 쇼트서브 검사

- A서브 구역에서 B서브 구역으로 5회 쇼트서브를 실시한다.
- 서브가 네트를 넘지 못하면 0점으로 처리한다.
  ⓐ 보조선(네트에서 50cm)과 네트 사이로 통과한 서브만 유효한 것으로 간주하고 보조선에 닿거나 위로 넘어가면 0점으로 처리한다.
  ⓑ 5점 지역에 가까운 미스지역(C지역)은 실패일지라도 1점을 부여한다.
- 셔틀콕이 떨어진 지점에 해당하는 점수를 합산하여 배드민턴 기능 점수로 활용한다.

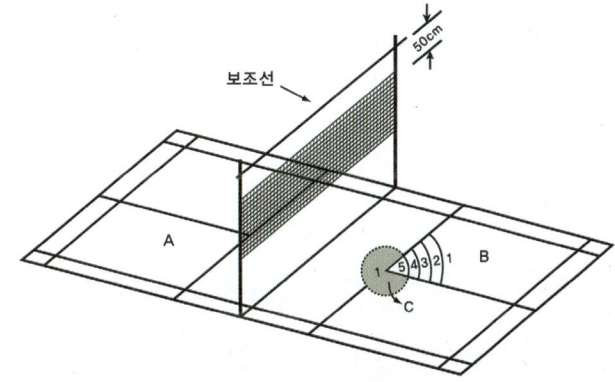

---

(1) ㈏에 반영된 절차 ⓐ · ⓑ의 의미를 각각 설명하시오.

답 ⓐ 쇼트서브는 **낮고 빠르게** 넘겨야 한다.

　ⓑ C지역은 리시버의 실수를 유발할 수 있다(**노력 과정** 중시).

(2) ⓐ · ⓑ의 의미들이 공통적으로 가지는 수행평가적 특징을 (2가지만) 기술하시오.

답 ① **실제성** 질적평가

　② **피드백** 제공 과정평가

86. 다음은 김 교사가 2005년도와 2006년도에 실행한 농구 실기평가이다. 2005년도의 실기평가와 비교하여 김 교사가 2006년도에 실행한 실기평가의 특징을 각각 쓰시오.

〈표1〉 2005년도 실기 평가

실기평가 종목	평가 날짜	세부 평가 내용
농구	7/10	농구 자유투 성공 횟수

〈표2〉 2006년도 실기 평가

실기평가 종목	평가 날짜	세부 평가 내용
농구	6/ 5	체스트 패스와 바운드 패스의 동작과 정확도 1차 평가
	6/13	체스트 패스와 바운드 패스의 동작과 정확도 2차 평가
	6/20	자유투와 레이업 슛 동작과 성공횟수 1차 평가
	6/27	자유투와 레이업 슛 동작과 성공횟수 2차 평가
	7/ 3	농구 간이게임에서의 패스와 슛 능력 평가
	7/10	농구 경기 수행 능력 평가

답

① 일회성 평가가 아닌 **6**회의(**지속성**) 평가를 실시하여, 단순기능만을 평가하지 않고 **경기수행능력**을 포함한 다양한 기능(패스, 슛)을 평가하였다. → 타당도

② 체스트 패스, 바운드 패스, 자유투, 레이업 슛 등의 평가를 **2**회에 걸쳐 실시하였다. → 신뢰도

87. 정 교사는 중학교 2학년 높이뛰기 수업을 설계하고자 한다. 정 교사의 교수·학습과 평가 계획이 지향하는 의도에 대한 설명이다.

교수·학습 목표
○ 높이뛰기의 과학적 원리 이해 및 적용
○ 학생 자신에게 적합한 수준 설정과 도전

⇩

차시	교수·학습 활동	평가 (준비자료)
1	높이뛰기의 과학적 원리 조사·탐색	(영상자료)
2	수준별 그룹편성 및 공중동작 연습	진단평가 (평가기록지)
3	도움닫기·수직점프·공중동작의 과학적 원리 적용	(과제활동지)
4	수준별 학습과 자기점검	자기평가 (평가기록지)
5	평가 및 수준별 그룹 재편성	동료평가 (평가기록지)
---- 〈중략〉 ---		
10	총괄평가	지필평가 포트폴리오평가 기록평가

① '교수·학습 목표, 교수·학습 활동, 평가'를 **일관성** 있게 유지하려고 한다.

② 높이뛰기의 수준별 수업에 따른 평가를 시도하여 교수 **타당도**를 높이려고 한다.

③ 수업 중 **수시** 평가를 통해 학생의 학습 과정에 대한 평가를 시도하고 있다.

④ 학생에게 높이뛰기의 수행 과정에 대한 **피드백**을 제공하려고 한다.

※오답 : 학생의 성취도를 높이뛰기 기록 위주로 평가하려고 한다.

2015 체육과교육과정(2015-74) - 평가

(1) 평가의 방향

　(가) 교육과정과의 연계성

　(나) 평가 내용의 균형성

　(다) 평가 방법과 평가 도구의 다양성

　　◦ 평가는 학습의 **결과**뿐만 아니라 학습의 **과정**을 포함하여 실시한다.

　　◦ **단편적 기능 또는 일회성 기록 측정 위주의 평가를 지양하고, 수업 목표와 교수·학습 내용에 따라 다양한 평가 요소를 제시하고 충분한 시간을 확보하여 평가한다.**

　　◦ 평가의 타당도와 신뢰도를 높이기 위해 평가 목표와 내용, 방법이 밀접하게 관련되도록 점검하고, 다양한 유형의 방법을 활용하여 평가한다.

　　◦ **양적** 평가와 **질적** 평가를 병행하고, 실제성과 종합성이 확보되고 핵심역량의 성취 정도를 파악할 수 있는 평가를 비중 있게 실시한다.

　　◦ **교사**에 의한 평가뿐만 아니라, **상호 평가·자기 평가** 등 학생이 주체가 된 평가를 병행하여 실시할 수 있다.

수행평가와 실제평가

◦ '**수행평가**(performance-based assessment)'는 학생이 주어진 문제에 관해서 정해진 몇 개의 예시 중에서 정답 하나를 선택하는 형태로 보는 시험이 아니라, 학생이 특정의 기술이나 능력을 '보여주는' 방식으로 실시하는 평가를 말한다.

◦ '**실제평가**(authentic assessment)'는 학생의 수행이 평가되는 맥락이나 상황을 의미하기 때문에, 인위적이고 왜곡된 상황을 마련했던 전통적 평가와는 달리, '실제 상황'에서 벌어지는 것처럼 실행되도록 준비된다.

　(예) 테니스 시험을 볼 때 베이스 라인에 서서 반대편 코트에 공을 토스해서 스트로크 하는 것은 작위적인 상황인 반면, 실제 테니스 시합을 하는 도중에 공을 상대방에게 치는 학생의 능력을 주관적으로 평가하는 것은 보다 실제(진짜) 상황에 가까운 형태의 평가이다(실제평가는 언제나 실제수행에 근거를 두어야 하지만, 수행평가가 언제나 실제평가적인 형태로 이루어지는 것은 아니다.).

(2) 종류 - 평가방법 및 평가도구[루브릭·평정척도·포트폴리오·체크리스트·면접법·관찰법]

88. '수행평가'는 체육교사로 하여금 학생들의 학습과정과 결과를 다양한 방식으로 파악하고 이해하도록 함으로써 반성적 수업을 하도록 요청한다. 체육과에서 활용할 수 있는 일반적 수행평가 방법을 제시하시오.

답 ① 일화적 기록

② **체크리스트**와 **서열척도**

③ 실제상황 과제

④ **포트폴리오(portfolio)**

⑤ 질문지(questionnaire)

⑥ 일기·일지

⑦ 인터뷰(면접법)

⑧ 비디오 분석(캠코더와 컴퓨터)

⑨ **학생평가**

⑩ 영역별 평가

89. 배드민턴 수업의 학생 평가 계획 ㈎~㈑에 대한 평가방법을 기술하시오.

㈎ 학생들과의 자연스러운 **대화**를 통해 배드민턴 수업에 대한 학생들의 생각이나 느낌 등의 정보를 수집하여 수업 태도·협동성·책임감 등을 평가하고자 한다.
㈏ 활동 과제를 해결하기 위해 학생이 각종 자료를 수집·분석·종합하여 작성한 배드민턴 **연구 보고서**를 평가하고자 한다. 단, 활동 과제의 범위가 넓을 경우 **모둠별 과제**로 작성하게 할 예정이다.
㈐ 배드민턴 실기 능력이 떨어지는 학생을 지속적·객관적으로 **살펴보기** 위해서 체크리스트와 비디오 녹화를 활용하여 평가하고자 한다.
㈑ 네트형 경쟁 활동에 대한 이해 및 배드민턴 경기 능력에 대한 **학생의 변화·발전 과정을 전반적으로 평가**하고 학생의 자기반성 및 평가도 촉진하고자 한다.

답 ㈎ **면접법**

㈏ **프로젝트법**

㈐ **관찰법**

㈑ **포트폴리오**

대안적 평가의 종류

○ 전통적인 방식 - 사지선다형 시험 등의 지필검사, 단순 운동기능 평가

○ **대안적 평가**(alternative assessment)

▸ 일지(journal)·포트폴리오(portfolio)·시범(demonstration)·교사관찰(teacher observation)·로그(log)·구술보고 및 서술보고서(oral and written report)·전시(exhibition)

▸ 체육교사들은 관찰 분석적 평가방법과 주관적(질적) 평가방법을 사용해 왔다.

90. <보기>의 대화 내용에 비추어 보고서에 나타난 두 학생의 평가기법을 평가주체에 근거하여 쓰고, 평가도구의 명칭을 쓰시오.

모둠 활동 보고서

<모둠명 : 스타트>

모둠장 : 최성실

모둠 활동 내용 : '울트라 모둠'과 '2PM짱 모둠'이 농구 경기를 하는데 기록을 포함한 모든 운영을 우리 모둠이 맡음.

<창환이의 기록지>

이름	득점	반칙	㈎훌륭한 스포츠 행동
은정	2	0	3회
정남	0	1	1회
혜리	1	0	3회
은혜	0	1	2회

<재홍이의 기록지>

이름	득점	반칙	㈎훌륭한 스포츠 행동
은정	2	0	1회
정남	0	1	1회
혜리	1	0	0회
은혜	0	1	1회

─────────────── <보기> ───────────────

창환 : 재홍아! 네가 기록한 '훌륭한 스포츠 행동'의 횟수가 나랑 완전히 다르네! 난 정확하게 기록했는데 왜 이럴까?

재홍 : 넌 '훌륭한 스포츠 행동'이 뭐라고 생각하니?

창환 : 우리 팀, 상대 팀 할 것 없이 모든 선수들을 격려하고 배려하는 행동으로 보고, 그때마다 기록했어.

재홍 : 난 경기 중에 넘어진 상대 선수를 일으켜 세워 주는 것과 같이 상대 팀에게 스포츠맨십을 발휘하는 행동으로 봤는데……

답 평가유형은 **학생**평가(**동료**평가)이고, 평가도구는 **체크리스트**이다. → 체계적 관찰법이라면? 사건기록법

91. 제7차 체육과 교육과정의 '평가' - 체육 수업 중에 학생이 학습하는 과정을 관찰하면서 수행평가를 하고자 한다. 체육수업에서 실시되는 수행평가에서는 다양한 평가기법을 사용하여 종합적인 평가가 이루어지도록 해야 한다. 평가 기법을 평가주체에 따라 분류할 경우 교사 평가와 _____ 로(으로) 구분할 수 있다.

답 **학생**평가 : **자기**평가, **동료**(상호)평가

92. 다음은 김 교사가 시행한 학생 간 **동료** 평가의 예비 검사 결과이다. 다음은 모둠별 **동료** 평가 결과이다.

학생 간 동료 평가를 위한 예비 검사

- 목적 : 축구 슛 동작의 학생 간 동료 평가가 일관성 있게 이루어질 수 있는지를 확인하고자 함.
- 방법
  ① 각 모둠별 두 명의 학생이 50명의 학생을 대상으로 축구 슛 동작을 '잘함'과 '미흡함'으로 구분하여 평가
  ② 두 학생 간 평가 결과를 2×2 분할표를 이용하여 일치도 산출
- 모둠별 **동료** 평가 결과

(가) A모둠 평가 결과		학생 1의 평가	
		잘함	미흡함
학생 2의 평가	잘함	21	8
	미흡함	2	19

(나) B모둠 평가 결과		학생 3의 평가	
		잘함	미흡함
학생 4의 평가	잘함	8	15
	미흡함	22	5

(다) C모둠 평가 결과		학생 5의 평가	
		잘함	미흡함
학생 6의 평가	잘함	11	13
	미흡함	14	12

(라) D모둠 평가 결과		학생 7의 평가	
		잘함	미흡함
학생 8의 평가	잘함	18	8
	미흡함	10	14

93. 교사는 중학교 2학년 높이뛰기 수업을 설계하고자 한다. 정 교사의 교수·학습과 평가 계획이 지향하는 의도에 대한 설명이다. 학생평가 중 ㉠에 적절한 유형을 쓰고, 학생의 질적 변화 발전 과정을 전반적으로 평가하는 방법을 ㉡에 쓰시오.

교수·학습 목표	
○ 높이뛰기의 과학적 원리 이해 및 적용	○ 학생 자신에게 적합한 수준 설정과 도전

⇩

차시	교수·학습 활동	평가(준비자료)
1	높이뛰기의 과학적 원리 조사·탐색	(영상자료)
2	수준별 그룹편성 및 공중동작 연습	진단평가 (평가기록지)
3	도움닫기·수직점프·공중동작의 과학적 원리 적용	(과제활동지)
4	수준별 학습과 자기점검	㉠____평가 (평가기록지)
5	평가 및 수준별 그룹 재편성	동료평가 (평가기록지)
---- 〈중략〉 ---		
10	총괄평가	지필평가, ㉡_____평가, 기록평가

답 ㉠**자기**, ㉡**포트폴리오**

94. 네트형 경쟁 활동에 대한 이해 및 배드민턴 경기 능력에 대한 **학생의 변화·발전 과정을 전반적으로 평가**하고 학생의 자기반성 및 평가도 촉진하고자 한다. → **포트폴리오**

95. 다음은 ○○중학교에서 유 교사가 2015 개정 체육과 교육과정을 반영한 도전 영역 단원의 교수·학습 및 평가를 계획하면서 체육부장인 장 교사와 나눈 대화의 일부이다. 밑줄 친 ㉢에 해당하는 수행평가 방법을 제시하시오. 2019

장 교사 : 그럼, 평가는 어떻게 구상하고 있나요?
유 교사 : 예, 교육과정 내용을 반영하여 학습의 결과뿐만 아니라 학습의 과정을 포함하여 평가하고자 합니다. ㉢스마트 기기를 활용해서 학생들의 수행 과정을 영상과 기록으로 남긴 자료와 최종 산출물로 제작한 UCC를 평가 자료로 활용한 평가를 할 예정입니다.
장 교사 : 유 교사의 수업에 대한 열정에 감동했습니다. 앞으로 계획한 수업이 잘 이루어지고, 수업 개선을 위한 반성적 체육 수업을 기대하겠습니다.

답 ㉢은 **포트폴리오**이다.

96. 다음은 2013학년도 대한중학교 1학년의 영역형 경쟁 활동 단원 계획에 대한 김 교사와 서 교사의 대화이다. 축구 활동에서 '페어플레이'와 관련된 학습 과제를 ㈎의 직접 체험 활동과 간접 학습 활동별로 <조건 1>에 따라 제시하시오.

김 교사 : 이번 학기 영역형 경쟁 활동은 '축구'를 선택해서 교수·학습의 내용과 방법을 계획했으면 합니다.
서 교사 : 네. '2009 개정 교육과정에 따른 체육과 교육과정'은 신체활동 가치와 함께 창의·인성을 내면화할 수 있도록 가르치는 것이 중요한데, 영역형 경쟁에서는 인성 요소로 '페어플레이'가 제시되어 있더군요.
김 교사 : 맞습니다. 저는 체육 수업에서 학생들이 인성을 총체적으로 알고, 느끼고, 실천하려면 ㈎ '2009 개정 교육과정에 따른 체육과 교육과정'에서 제시된 '통합적 교수·학습 방법'을 활용하여 가르치는 것이 필요하다고 생각합니다.

─────── <조건> ───────
○ 평가 방법에는 평가내용·평가도구가 포함되도록 할 것.

답 ○ 직접 체험 활동

① 평가 내용 : 페어플레이 실천 여부

② 평가 도구 : **루브릭**, **체크리스트**

○ 간접 학습 활동

① 평가 내용 : 페어플레이 관련 서적 독후감 쓰기, 축구경기 중 페어플레이 장면에 대한 감상문 쓰기, 페어플레이 장면에 대해 토의·토론하기 → 역사·철학·문학·예술·종교

② 평가 도구 : **반성일지**, **감상문**, **독후감**

97. 다음은 ○○중학교에서 2009 개정 교육과정에 따른 체육과 교육과정에 근거해 작성한 체육과 평가 계획서이다. 빈 칸에 들어갈 평가도구의 명칭을 쓰시오.

영역	영역형 경쟁 - 농구	평가도구	루브릭(rubric)
평가내용	루브릭을 활용해 농구 기본 기능(드리블·패스) 평가		

채점기준	
수준 \ 기능	드리블
매우 잘함 (5점)	공을 쳐다보지 않고 손목의 스냅을 이용하여 드리블하며 공이 벗어나지 않는다.
보통 (3점)	공을 쳐다보지 않고 손목의 스냅을 이용하여 드리블하나 공이 벗어난다.
노력 요함 (1점)	공을 쳐다보고 드리블하며 공을 자주 놓친다.

수준 \ 기능	패스
매우 잘함 (5점)	수비자의 움직임을 예측하여 정확하게 패스하고 상황에 맞게 적절한 방법으로 패스한다.
보통 (3점)	패스의 동작과 방향이 대체로 정확하나 상황에 맞는 적절한 패스를 하지 못한다.
노력 요함 (1점)	패스가 부정확하고 상황에 맞는 적절한 방법으로 패스를 하지 못한다.

이름	드리블(5점)	패스(5점)	총점(10점)
김성실			
오사랑			

권 교사 : 제가 '경쟁 활동' 영역의 평가를 위한 계획서를 작성해 보았습니다. 선생님께서 한번 검토해 주세요.
송 교사 : 평가 도구로 [   ]을 활용하셨군요! [   ]은 학생에게 학습에 대한 피드백을 제공해 주는 것이 장점이죠.
권 교사 : 아 그런가요? 아무튼 저는 채점 기준 만드는 절차에 신경을 썼어요. 우선 <u>평가 과제 성공 여부를 확인할 수 있는 수준을 정한 다음에 각 수준에 적합한 점수를 정했습니다.</u>
송 교사 : 그건 그렇고 이 계획서의 평가 내용은 2009 개정 교육과정에 따른 체육과 교육과정에 제시된 평가의 방향과 상반되는 것 같아요. 2009 개정 교육과정에 따른 체육과 교육과정에 부합되게 보완하려면 농구 기능에만 편중하지 말고 가급적 다양한 평가 요소를 제시해야 할 것 같습니다. 그리고 [   ]은 정의적 영역도 평가할 수 있습니다.

답 **루브릭**

※오답 : 루브릭은 학생에게 학습에 대한 피드백을 제공해 주지 못하는 것이 단점이죠.

　　　　루브릭으로는 정의적 영역을 평가할 수 없습니다.

⟨관찰지⟩

농구 경기 관찰지	
1. 관찰 목적: 컷 인 플레이 상황 2. 관찰 문제: 기습공격 상황 3. 관찰 대상: 기습공격 시 공 없는 공격자의 움직임 4. 관찰 장면: 기습공격 장면	5. 관찰 기간: 전·후반 경기 6. 관찰 행동: 컷 인 플레이 7. 기록 형식: 설명문 형식과 상황 도식 8. 관찰 위치: 경기장 센터라인 근처

⟨학습자 일지⟩

학습자 일지
1. 주제: 3주 동안 자신의 식습관과 1일 음용한 식음료 양을 매일 기록하시오.

⟨학습자 상담지⟩

학습자 상담지
1. 골프를 배우는 이유는 무엇인가? 　탐사: 골프가 재미있는가? / 골프에 대한 학습목표가 있는가? / 가족 중에 골프를 즐기는 사람이 있는가?

98. 다음은 성수가 작성한 가족 여가 활동 체험 학습 보고서이다. ㉣과 같이 준비한 자료들을 활용하여 평가하는 수행 평가 방식을 쓰시오. 2015초

체험 학습 보고서

3학년 1반 김성수

날짜	2014년 11월 ○○일	체험 장소	경춘 자전거 전용 도로
		함께 한 사람	엄마, 아빠, 동생, 나

○ **활동 주제** : 가족과 함께 자전거 여행   ○ **활동 목적** : 자전거 여행을 통해 가족 유대감 쌓기

학교에서 자전거 수업을 듣고, 엄마·아빠·동생과 자전거로 가족 여행을 하기로 했다. 어제 우리 가족은 서울에서 자전거 전용 도로를 따라 양평까지 갔다. 나는 자전거 여행을 위해 주말마다 가족들과 한강에서 자전거 타기 연습을 했다. 처음 몇 주는 자전거를 조금만 타도 숨이 차고 다리가 아팠다. 그때마다 선생님께서 체육 시간에 말씀하셨던 체력의 중요성이 떠올랐다. 그래서 나는 자전거 타기 연습을 계속 했고, 이제는 오랫동안 자전거를 타도 숨이 차지 않고 다리도 아프지 않다. 지난주에 학교에서 체력 측정을 했는데 자전거 타기를 처음 배울 때보다 심폐지구력이 많이 향상되었고 나의 근력과 근지구력도 좋아졌다고 선생님께서 칭찬해 주셨다.

… (중략) …

선생님께서 얼마 후에 수행 평가가 있다고 하셨다. 그래서 ㉣<u>이번에 찍은 우리 가족 자전거 여행 사진을 자료철에 모아 여행에 대한 추억을 정리하였다. 또한 얼마 전부터 모으기 시작한 자전거 여행에 관한 신문 기사를 분류하여 추가하였다. 그리고 지난 주말에 엄마와 동생이랑 함께 본 '자전거로 세계 여행'이라는 영화에 대한 소감문도 작성하였다.</u> 이번 자전거 가족 여행은 힘들기는 했지만, 가족들과 함께 해서 정말 즐거웠다.

답 **포트폴리오**

스포츠지도사 기출문제 & 서답형

99. 실제 스포츠활동 상황에서 참여자가 알고 있는 것과 할 수 있는 것을 평가하는 방법은?
① 형성평가
② 상대평가
③ 절대평가
④ 수행평가

100. <보기>에 해당하는 평가방법의 명칭을 쓰시오.

<보기>
실제 스포츠활동 상황에서 참여자가 알고 있는 것과 할 수 있는 것을 평가한다.

답 **수행평가**

⇨ 실제 스포츠 활동 상황에서 참여자가 알고 있는 것과 할 수 있는 것을 평가하는 방법을 수행 평가(참평가=실제 평가)라고 한다. 즉 수행평가는 인위적인 환경에서 1회성으로 부분능력을 평가받는 것이 아니라, 실제 상황에서 학습자가 갖추고 있는 종합적인 능력을 평가받는 것을 추구한다.

101. <보기>는 생활체육 참여자가 지도자의 자질을 평가하는 도구이다. 이 평가 도구의 명칭은? 2018

<보기>

평가 요소		매우 만족	만족	보통	불만족	매우 불만족
안전 관리	운동상해 예방 및 관리, 안전사고 대응 지식					
시설 관리	시설, 운동기구의 배치 및 관리 지식					
의사 소통	참가자를 대상으로 한 운동 상담 기본 지식					

① 보고서
② 루브릭
③ 평정척도
④ 학습자 일지

102. <보기>에 해당하는 평가 도구의 명칭을 쓰시오. 2018

<보기>

평가 요소		매우 만족	만족	보통	불만족	매우 불만족
안전 관리	운동상해 예방 및 관리, 안전사고 대응 지식					
시설 관리	시설, 운동기구의 배치 및 관리 지식					
의사 소통	참가자를 대상으로 한 운동 상담 기본 지식					

답 **평정척도**

103. <보기>의 ㉠, ㉡에 해당하는 평가기법으로 적절한 것은? 2019

<보기>
배드민턴 평가 계획
㉠ 하이클리어 기능 평가 도구

항목	예	아니오
포핸드 스트로크를 할 때 타점이 정확한가?		
시선을 고정하고 있는가?		
팔꿈치를 펴서 스트로크를 하는가?		

㉡ 배드민턴에 대한 태도 평가
• 수강생의 배드민턴에 대한 열정과 의지를 물어봄
• 반구조화 된 내용으로 질의응답을 함

	㉠	㉡
①	평정척도	면접법
②	평정척도	관찰법
③	**체크리스트**	**면접법**
④	체크리스트	관찰법

⟨평정척도⟩

교육환경 만족도	매우 만족	만족	보통	불만족	매우 불만족
테니스 코트 청결 상태는 어떠한가?					
테니스 코트 시설 관리 상태는 어떠한가?					
연습공간 및 연습시설 활용 측면은 어떠한가?					
야간 강습 시 테니스코트 조명의 밝기 정도는 어떠한가?					

⟨감상지를 활용한 평가방법⟩

점수	내용	대통 (4점) 매우 그렇다	통 (3점) 그런 편이다	보통 (2점) 미흡하다	약통 (1점) 그렇지 않다	점수
감상 종목의 이해 정도	감상 종목의 명칭을 정확하고 구체적으로 알고 있는가?					
	경기 종목의 성격과 특성을 파악하고 있는가?					
	감상 종목의 기술 구현 또는 기술 이름을 정확한 명칭으로 기술하고 있는가?					
	경기규칙과 경기방법을 정확하게 이해하고 있는가?					
미적 요소 분석능력	감상 종목의 표현 수단과 방식을 자신의 관점에서 비평하고 있는가?					
	감상 종목의 독특한 특징을 찾아내어 비평하고 있는가?					

스포츠지도사 선택형 추가 문제

104. 다음의 <표>에서 사용한 스포츠교육의 평가 기준은?

평가영역	성취 기준		수준	
		상	중	하
테니스	서비스	동작연결	세부 동작의 연결이 자연스럽고 리듬감이 있다.	세부 동작의 연결이 자연스러우나 리듬감이 부족하다.	세부 동작의 연결이 자연스럽지 않고 리듬감이 없다.
		정확성	서비스 성공률이 70% 이상이다.	서비스 성공률이 30~70%이다.	서비스 성공률이 30% 미만이다.

① 준거 지향　② 규준 지향　③ 자기 지향　④ 상대 지향

⇨ <표>에 제시되어 있는 평가기법은 루브릭이다. 루브릭은 평가자에게 평가 시 활용할 수 있도록 각각의 수행 수준의 특징에 대한 정보를 명세화 하여 제공할 수 있고, 학습자에게는 자신들이 어느 정도의 수준인지에 대해 알려주고 향후 수행능력 향상을 위해 무엇이 필요한지에 대한 분명한 피드백을 제공한다. 이런 맥락 속에서 루브릭은 준거지향 평가를 토대로 하고 있다. 준거지향 평가는 스포츠지도사가 설정한 행동 준거에 의거하여 학습자가 도달했을 때 교육목표가 달성되었다고 본다. 즉 준거지향 평가의 절대적 준거 적용은 학습자 집단의 검사점수 분포를 고려하지 않고 개인의 성취도를 설정된 준거나 척도에 비교하여 평가결과를 해석한다.

<루브릭>

지도행동	미흡	초보	우수	탁월
지도방법 및 전략	지도방법과 전략이 대부분 교육목표에 부합하지 못함	일부 지도방법과 전략이 교육목표에 적절함	대부분의 지도방법과 전략이 교육목표에 적절함	지도방법과 전략이 교육목표에 따라 다양하고 적절하게 전환
의사소통	지도사의 어휘나 지시사항이 부적절하거나 모호함	지도사의 어휘가 모호하지만 지시사항은 정확하게 전달	지도사의 어휘나 지시사항을 명확하고 정확하게 전달	학생들이 이해하기 어려운 부분을 미리 예측하여 정확한 어휘와 지시로 전달

105. 다음과 같은 평가 기법의 장점이 <u>아닌</u> 것은?

운동기능	배드민턴의 백핸드 하이클리어
Y / N	백핸드 스트로크 시 타점이 적절한가?
Y / N	리스트 콕(wrist cock)을 하고 있는가?
Y / N	백핸드 스트로크 시 썸업(thumb up)을 하고 있는가?
Y / N	백핸드 스트로크 시 팔꿈치를 펴서 스트로크를 하는가?

① 제작과 활용이 용이하다.
② 평가의 시간을 단축할 수 있다.
③ **평가 항목의 수를 늘릴 수 있다(×).**
④ 관찰도구나 질문지로 활용가능하다.

⇨ 해당 문제에 제시되어 있는 평가기법은 <u>체크리스트</u>이다. <u>체크리스트</u>는 다른 평가기법에 의해 제작과 활용이 용이하고, 평가 시간을 단축할 수 있는 장점이 있다. 또한 이 <u>체크리스트</u>는 관찰도구나 질문지로 활용이 가능하다. 그러나 평가항목의 수는 <u>체크리스트</u>를 포함하여 어떤 평가기법이던지 평가항목의 수를 무작정 늘리는 것은 바람직하지 않다.

〈체크리스트〉

운동기능	배드민턴의 백핸드 하이클리어
Y / N	백핸드 스트로크 시 타점이 적절한가?
Y / N	리스트 콕(wrist cock)을 하고 있는가?
Y / N	백핸드 스트로크 시 썸업(thumb up)을 하고 있는가?
Y / N	백핸드 스트로크 시 팔꿈치를 펴서 스트로크를 하는가?

이기봉 Q&A 재구성

106. 수행평가가 기존의 평가 방식과 다른 점에 대해서 설명하고, 수행평가가 교육적으로 바람직한 면을 설명하시오. 기출문제

답 체육 분야에서 전통적으로 사용해 오던 평가 방법은 교사 앞에서 학생이 자신의 능력을 객관적인 평가 방법에 맞추어 펼쳐 보이면 교사가 객관적인 평가기준에 의해 평가하는 것이었다. 그러나 이러한 평가 방법은 **실제적인 상황**에서 학생의 능력을 평가하지 못하였고, 학생들이 **수업활동을 펼치는 동안 향상되는 부분**을 평가에 반영하지 못하는 단점을 보였다.

이러한 반성에 입각하여 강조되고 있는 평가 방법이 수행평가(performance based evaluation)이다. 즉, 수행평가는 **수업**활동과 **평가**활동이 동시에 일어나고, **경기**와 같이 **실제**적인 **상황**에서 학생들의 능력을 평가하는 것이 검사 받는 사람의 진정한 능력을 평가할 수 있다는 생각에서 발달하였다.

수행평가는 **학생 스스로**가 자신의 지식이나 기능을 나타낼 수 있도록 답을 작성하거나^{자기평가}, 발표를 하거나^{프로젝트법}, 성과물을 제출하거나^{포트폴리오}, 행동을 나타내도록 요구하는 방법이다.

107. 기존의 성적 산출만을 위한 성취 수준의 평가 방식의 문제점으로 인해 대두된 수행평가가 기존의 평가 방식과 다른 점에 대해 논하시오. 기출문제

답 기존의 평가에서는 검사를 실시하는 가장 일반적인 이유인 성취 수준의 평가가 대부분이었고, 학생들이 수동적으로 평가 활동에 참여하였으며, 학습의 **과정**보다는 결과만을 강조하였다. 그러나 학습자가 지식을 구성하는 방법에 관심을 갖는 **구성주의** 학습이론이 등장하면서 학생들의 학습활동이 평가활동과 동시에 이루어지도록 요구하게 되었다.

예 기존의 평가 : 배구 언더핸드패스 능력을 평가하기 위해 배구공을 언더핸드패스로 땅에 떨어뜨리지 않고 공중으로 쳐올린 횟수를 측정하는 경우 학생들이 수업시간에 연습했던 **과정**과 결과를 전반적으로 파악하기는 어렵다.

수행평가 : 배구 언더핸드패스 능력을 평가하기 위해서 수업 시간마다 학생들의 언더핸드패스 횟수를 측정하고 학생들 스스로 미리 준비된 용지에 기록하게 하여 **피드백**을 제공한다.

체육과에서는 학생들의 학습**과정**과 **결과**를 동시에 평가하는 의미의 **수행중심**의 평가와 함께 실제 상황과 연계된 평가가 강조된다.

수행평가의 특징은 정규적이고 진행적이라는 것이다. 과정을 중요하게 여기는 수행평가는 학생들의 수행력을 향상시키는데 많은 도움을 줄 수 있는 **형성평가**의 개념이다. 수행평가는 한 학기 동안 특정 종목의 특정 기능을 연습한 후에 학기말에 평가를 하는 성취 수준의 측정만을 위한 평가가 아니다. 수행평가에서는 수업 시간마다 교사에 의해 수업목표가 설정되고 학생들은 설정된 수업목표를 달성하기 위해 노력해야 한다. 학생들이 노력하는 **과정**을 평가하여 **피드백**을 제공하는데 실제성 평가의 주된 목적이 있는 것이다.

이외에도 수행평가는 실생활에서 즐길 수 있는 다양한 신체활동과 함께 학생들의 **노력·향상도·참여도** 등을 **포함**한다는 특징이 있다. 따라서 수행평가는 단순히 한 가지 운동 기능만을 평가하는 것보다는 학생들의 다양한 측면을 평가하는 기법이라 할 수 있다.

108. 최근 학교에서 강조되고 있는 수행평가의 관점에서 볼 때, 가장 수행평가다운 체육과의 실기평가에는 어떤 것들이 있는지 예를 들어 설명하시오. 기출문제

109. 체육과의 실기 부분에서 실제성평가(authentic assessment)라는 용어가 사용된다. 실제성평가의 의미는 무엇이며, 실제성 평가의 실제 예를 들어보시오. 기출문제

답 Wiggin는 체육과 실기 평가에서 수행평가를 할 때 **실제 상황**과 관련되어 설계되어야 한다고 주장했고, Hensley 등은 객관화된 운동수행력 검사(축구 리프팅 개수)들이 경기 상황과 관련되어질 때 **타당도**가 낮아지므로 실제 상황에 맞는 타당한 수행평가의 필요성을 강조했다. 이러한 요구를 충족할 수 있는 평가를 실제성 평가라 할 수 있다.

예 교사가 학생들을 두 팀으로 나누어 배구 **경기**를 진행하게 하고, **경기** 상황에서 학생들의 언더핸드패스 능력을 평가했다면 실제성 평가를 실시한 것이라 할 수 있다.

실제성 평가는 수행평가와 다른 종류의 평가 방법으로 인식될 수 있으나, 수행평가에서 추구하고자 하는 특성을 잘 나타내는 평가 방법이므로 동일하게 간주하는 경우도 있다.

110. 국내 학교 체육 현장에서 수행평가가 원활하게 이루어지기 위한 방안을 논하시오.

답
- 학생의 **개인차**를 인정하고 개별적인 지도가 가능하도록 학급 내 학생 수를 조절해야 하며, 수행평가 준비를 위한 교사의 근무여건의 적정화 등이 우선되어야 한다. 체육의 경우 바람직한 수행평가를 지원할 수 있는 시설 및 교구의 확충이 필수적이라 하겠다.
- 학부모와 교사들이 수행평가의 중요성을 정확하게 인식하고 긍정적으로 받아들여야 하며, 이를 위해 학교 및 교육청 차원에서 체계적인 지원을 해야 한다. 예를 들어 수행평가로 인해 늘어난 부담을 줄이기 위해 교사들의 업무 부담을 줄이는 체계적인 노력이 선행되어야 할 것이다.
- 어려운 여건 속에서 수행평가를 통한 교육목표 달성이라는 책무성과 교사의 **전문성**을 함양해야 하며, 교사 개인과 교과 내에서 평가활동에 대한 자율적인 관리 체제가 확립 되어야 할 것이다.

111. 수행평가의 타당도는 교수 타당화, 구인 타당화, 내적 타당화의 관점에서 고려되어야 한다. 3가지 관점이 무엇을 의미하는지 설명하시오.

답 수행평가의 타당도란 수행과제를 통해 달성하고자 하는 수업목표를 수업 중에 얼마나 잘 이행할 수 있는가의 문제로 다음의 3가지 관점에서 고려되어야 한다.

① **교수** 타당화란 교사가 설계한 수업 및 수업목표를 충실히 수행했는가의 정도를 의미한다. 교사가 계획한대로 수업을 진행하고 수업목표를 달성했다면 **교수** 타당화가 보장된 것이다.

② **구인** 타당화의 관점은 실제로 수업에서 교사가 의도했던 바를 수행과제를 통하여 얼마나 달성하였는가의 문제이다.
   예 고등학교 체육 교사가 농구 수업 시간에 패스를 적절하게 구사하는 것을 목표로 했을 때, 실제 경기에서 학생들이 적절한 패스를 구사했다면 **구인** 타당화가 만족된 것이다.

③ **내적** 타당화의 관점은 계획된 수행과제를 통해서 의도한 정신기능을 발달시킨 것이다.

112. 표준화된 규준지향검사를 이용하여 수행평가의 타당도를 검증하는 방법을 설명하시오.

답 표준화된 규준지향검사 중 적절한 검사를 실시하여 얻은 검사점수와 수행평가를 통해서 얻은 검사 점수를 비교함으로써 수행평가의 타당도를 추정할 수 있을 것이다(Burger&Burger).

※ 수행평가는 타당도와 함께 신뢰도를 확보하는데 어려움이 많은 평가 방법이다. 특히 수행평가의 신뢰도는 검사자간 일치 정도인 **객관도**로 확인할 수 있다. 실제로 학교 체육 현장에서 수행평가의 큰 문제점 중 하나는 검사자간 평가가 일치되지 않는다는 점이다.

이 문제를 해결하기 위해서는 수행평가의 범위 내에서 평정척도의 객관성을 최대한 확보(평가기준의 명료화)하고 체육 교사 간 **평가기준**에 대한 **사전 협의**가 충분히 이루어져야 할 것이다.

113. 학교와 스포츠 현장에서 많이 활용되는 종목을 선정하여 복합기능검사를 개발하고, 개발된 복합기능검사의 타당도를 검증하는 방법을 설명하시오.

답 농구 복합기능검사의 **내용** 타당성 평가와 **기준** 타당성 평가를 통해 검증한다.

① **내용** 타당성은 복합기능검사의 측정항목 구성의 적절성을 전문가의 평가에 의해 검증한다. 그 결과 전문가들은 농구에서 중요한 기능인 패스·골밑슛·드리블·레이업슛이 일련의 연속된 동작으로 구성된 복합기능검사의 상황은 실제 경기에서 자주 일어날 수 있고 반드시 필요한 기능들로 구성된 것으로 평가한다.

또한, 복합기능검사의 측정항목별 점수들과 전문가가 학생들의 농구 경기 장면을 보고 주관적으로 평가한 점수 간 상관으로 **내용** 타당성을 평가한다.

이외에도 측정항목별 점수와 총점 간 상관으로 검사의 타당성을 추정한다.

② 농구 복합기능검사의 **기준** 타당성은 검사 점수와 전문가들 점수의 상관관계를 분석하여 추정하였다.

114. 학교와 스포츠 현장에서 많이 활용되는 종목을 선정하여 경기상황에서의 경기수행력을 측정하는 검사 도구를 개발하고, 전문가의 평가 점수와 개발된 검사도구로 측정된 점수를 비교하여 타당도를 검증하시오.

답 ① GPAI(게임수행력평가도구)

평가 요소	내용
기본 움직임(Base)	운동기능을 시도한 후 원래 포지션으로 적절히 되돌아오기
조정하기(Adjust)	공격과 수비에서 경기의 흐름에 따라 적절히 움직이기
의사결정(Decisions made)	공을 가지고 있을 때 어떻게 해야 하는가(예 슛)에 대해 적절히 선택하기
기능수행(Skill execution)	선택한 기능을 효율적으로 수행하기
보조하기(Support)	공을 받거나 패스하기 위해 적절한 위치로 움직이기
도와주기(Cover)	공을 가진 선수가 원활하게 움직이거나, 공을 받으러 움직이거나, 슛을 하는데 적절히 도와주기
수비하기(Guard/mark)	공을 가진 상대방이나 공을 갖지 않은 상대방을 적절히 수비하기

▸ 경기참여(Game Involvement)

▸ 의사결정 지수(DMI)

▸ 기능수행지수(SEI)

▸ 보조지수(SI)

▸ 경기수행력(Game Performance)

② GOAA(게임중심실제성평가)

구분	평가 요소	내용
공 소유 방법	공을 빼앗는 것(CB : Conquering the Ball)	◦상대방의 공을 가로챌 경우 ◦슛한 공이 튀어 나왔을 때 잡은 경우 ◦패스나 슛한 공이 상대방 근처에 있을 때 잡은 경우
	공을 받는 것(RB : Receiving the Ball)	◦동료로부터 패스된 공을 받아 곧바로 상대방에게 뺏기지 않을 경우
공 처리 방법	중립 상태의 패스(NB : playing a Neutral Ball)	◦상대방에게 위협적이지는 않지만, 동료에게 안정적으로 전달되는 전형적인 패스를 할 경우
	공을 뺏기는 것(LB : Losing the Ball)	◦상대방에게 공을 빼앗기는 경우
	공격적인 패스(OB : playing an Offensive Ball)	◦상대방에게 압박을 가하는 패스나 골을 이끌어내는 패스를 할 경우
	성공적인 슛(SS : executing a Successful Shot)	◦득점을 한 경우나 슛한 후에도 동료가 공을 가지게 되는 경우

▸ 공격적 활동횟수(AB : the number of Attack Balls) = OB$^{공격적인\ 패스}$ + SS$^{성공적인\ 슛}$

▸ 경기활동량(PB : the volume of Play) = CB$^{공을\ 빼앗는\ 것}$ + RB$^{공을\ 받는\ 것}$

▸ 효율성 지수(efficiency index) = $\dfrac{CB^{공을\ 빼앗는\ 것} + AB^{공격적\ 활동횟수}}{10 + LB^{공을\ 뺏기는\ 것}}$ = $\dfrac{CB^{공을\ 빼앗는\ 것} + OB^{공격적인\ 패스} + SS^{성공적인\ 슛}}{10 + LB^{공을\ 뺏기는\ 것}}$

▸ 수행력점수(performance score) = (효율성 지수 × 100) + $\dfrac{경기활동량}{2}$

2-1. 검사의 목적 - 검사는 왜 하는가? : ①동기유발, ②성취수준의 평가, ③향상도의 측정, ④진단, ⑤처방, ⑥성적의 부여, ⑦교육프로그램의 평가, ⑧분류와 선발, ⑨미래 수행력의 예측

스포츠지도사 기출문제 & 서답형

115. <보기>에서 설명하는 측정평가의 목적으로 가장 적절한 것은?

<보기>
"현재 체력수준이 어느 정도인가?", "왜 비효율적으로 백핸드 스트로크를 하는가?", "달리기 능력을 향상시키는데 실패한 이유는 무엇인가?"

① **진단** ② 동기유발 ③ 향상도 측정 ④ 프로그램 평가

116. <보기>에서 설명하는 측정평가의 가장 적절한 목적을 쓰시오.

<보기>
"현재 체력수준이 어느 정도인가?", "왜 비효율적으로 백핸드 스트로크를 하는가?", "달리기 능력을 향상시키는데 실패한 이유는 무엇인가?"

답 **진단**

117. 측정과 평가의 목적과 관련이 없는 것은?
가. **신뢰도 향상**   나. 동기부여
다. 진단과 처방   라. 프로그램의 평가

118. 체력검사의 목적과 관련이 가장 적은 것은?
가. 운동프로그램의 평가   나. 운동목표의 성취도 평가
다. 현재 체력수준의 진단   **라. 체력 과시 기회 제공**

119. 체력검사의 목적이 아닌 것은?
① 동기유발   ② **검사 도구 개발**
③ 운동프로그램 평가   ④ 운동목표의 성취도 평가

120. 운동기능 검사의 목적으로 적절하지 않은 것은?
① 연습 및 훈련의 성취수준 평가
② 연습 및 훈련에 대한 대상자들의 동기유발
③ 수준에 따른 대상자들 분류
④ **질병에 대한 면역력 강화(×)**

121. 다음 중 체육학습 평가의 목적과 활용에 대한 설명으로 적절하지 않은 것은 무엇인가?
가. 학습자들에게 학습상태와 학습지도에 관한 정보를 제공한다.
나. 평가로 활용할 수 있는 방법은 진단평가보다 형성평가가 적합하다(×).
다. 학습목표와 관련된 학습 진행 상태를 평가하여 교수활동을 조정한다.
라. 교수의 효과를 판단하고 학습자들에게 운동수행의 향상동기를 유발한다.

122. 검사의 목적
(1) **동기**유발 - **동기**부여
(2) 성취수준의 평가
(3) **향상도** 측정
(4) **진단**과 **처방**
(5) **프로그램**의 평가
(6) 성적의 부여
(7) 분류와 선발
(8) 미래 수행력의 예측

123. 건강증진을 위해 운동을 실행하는 일반 성인에 대한 체력검사의 목적으로 적절하지 않은 것은? 2019

① 현 체력상태 진단과 처방
② 운동참여에 대한 동기유발
③ 운동프로그램의 효과성 검증
④ 천정효과(ceiling effect) 증진 (×)

스포츠지도사 선택형 추가 문제

124. 다음 중 스포츠교육의 평가 목적으로 가장 거리가 먼 것은?
① 스포츠지도사의 교육활동 개선
② 학습자의 운동 수행 참여와 동기 촉진
③ 스포츠지도사의 근무 능력 및 근무 태도 개선
④ 교육 목표에 따른 학습 진행 상태 점검과 지도 활동 조정

⇨ 스포츠교육의 평가는 여러 가지 목적을 가지고 있다.
- 스포츠지도사의 교육활동을 개선하거나 교수학습의 효과성을 판단할 수 있으며, 학습자의 운동수행 참여 및 향상 동기를 촉진할 수 있다.
- 학습자의 학습상태와 학습지도에 관한 정보를 제공하고 학습지도 및 관리운영의 효율성을 위한 집단을 편성할 수 있다.
- 학습자 역량 판단을 위한 이수과정 선택 정보를 제공하고, 교육프로그램 또는 교육과정의 적합성과 적절성 확인, 교육목표에 따른 학습진행상태 점검과 지도활동을 조정하기 위해 시행된다.

〈평가의 목적〉

지도사의 교육활동 개선
교수-학습의 효과성 판단
학습자의 운동수행 참여 및 향상 동기 촉진
학습자의 학습상태와 학습지도에 관한 정보 제공
학습지도 및 관리운영의 효율성을 위한 집단 편성
학습자 역량 판단을 통한 이수 과정 선택 정보 제공
교육 프로그램 또는 교육과정의 적합성과 적절성 확인
교육 목표에 따른 학습 진행 상태 점검과 지도활동 조정

125. (가)는 예비교사의 5~6학년군 '도전 활동' 영역 중 높이뛰기 교수·학습 계획이고, (나)는 (가)의 ⓒ에 대해 수업 계획 과정에서 지도교사와 예비교사가 주고받은 대화의 일부이다. 괄호 안의 ⓐ에 해당하는 용어를 쓰시오. 2016초

(가)

[수업배경]
높이뛰기 수업에서 학생들의 성취감과 도전의식을 키워줄 생각이다. 그래서 '포괄형 교수 스타일'을 적용하고자 한다.

[수업주제]
가위뛰기의 기본동작을 익히고 목표 기록에 도전한다.

[교수·학습 활동 흐름]
○ 학습 활동 안내 : 학습 활동 안내 및 학습 과제 제시하기
○ 준비 운동 : 본시 학습과 관련 있는 관절 운동과 스트레칭하기
○ 학습 활동1 : 가위뛰기 연습하기
○ 학습 활동2 : 자신의 기록에 도전하기
○ ⓒ평가하기 : 가위뛰기 기록 측정하기
○ 정리 운동 : 많이 사용한 신체 부위를 중심으로 스트레칭하기
○ 학습 활동 정리 : 활동 내용 및 결과를 공책에 정리하기

(나)

예비교사: 이 수업에서는 학생들이 가위뛰기를 연습하여 목표한 기록에 도달하는 것이 중요하다고 생각합니다. 그래서 저는 수업의 마무리 단계에서 학생 개개인의 기록을 정확하게 측정하려고 합니다.

지도교사: 선생님의 생각도 좋습니다만, 이런 방법은 어떨까요? 연습 시작 단계에서 학생들의 동작을 촬영해 줍니다. 학생들은 영상을 보며 자신의 모습을 관찰하고 기록을 확인한 다음, 교사의 피드백을 바탕으로 연습을 합니다. 그리고 수업의 마무리 단계에서 교사는 학생의 동작을 다시 촬영한 후 이전의 영상과 비교하며 평가합니다. 이렇게 평가하면 학생의 (ⓐ)를 확인할 수 있는 이점이 있습니다.

답 **향상도**

이기봉 Q&A 재구성

126. 체육 수업 전과 후에 나타난 학생들의 수행력의 차이를 알아보기 위해 검사를 주로 실시하게 되는데, 이 때 문제가 되는 <u>현상</u>을 무엇이라 하며, 이러한 현상이 나타나는 <u>원인</u>을 설명하시오. 기출문제

답 향상도는 정해진 한 시점과 그 이후 시점에서 측정된 수행력의 차이로 알 수 있다. 체육 교사들은 대부분 수업 초기와 학기말에 학생들의 능력이 많은 차이를 보이는 것을 기대한다. 또한, 학생들의 수행력이 향상되는 것은 수업의 주된 목표이기도 하다. 검사는 향상도를 측정하기 위한 가장 일반화된 방법이라 할 수 있다.

그러나, 향상도를 측정하는데 <u>천정효과(ceiling effect)</u>라는 문제점이 있다. 향상도는 사전검사와 사후검사를 통해서 측정되는데, 사전검사에서 <u>높은</u> 점수를 받은 학생은 <u>낮은</u> 점수를 받은 학생에 비해 향상될 수 있는 범위가 좁아진다. → <u>숙련자에게 불리</u>

따라서 최초의 검사에서 높은 검사를 받은 학생과 낮은 검사를 받은 학생들에게 <u>동일한 단위가 부여되는 것</u>은 적절하지 않다(<u>척도단위</u>의 <u>비동질성</u>).

향상도를 측정하는 것은 많은 체육 교사나 지도자들이 원하는 것이지만, 이러한 이유 때문에 실제로 현장에서 적용하는 것은 쉽지 않다. 그러나 향상도 점수를 실제성 평가에 적용하여 학생들의 <u>동기유발</u>을 위한 방법으로 활용한다면, 매우 효과적인 수업을 진행할 수 있을 것이다.

127. 검사를 실시하는 목적 중에서 선발에 대해 예를 들어 설명하시오. 기출문제

답 학교에서는 대개 선수를 <u>선발</u>할 때 기초체력검사를 실시하게 된다. 즉, 엘리트 선수를 위한 운동부 <u>선발</u>이나 특정 대회에 참가할 선수를 <u>선발</u>할 때 검사를 이용할 수 있다. 초등학생들에게 검사를 실시하여 미래의 꿈나무를 <u>선발</u>하는 경우는 검사를 선수 선발에 이용하는 좋은 예라 할 것이다.

→ <u>선발</u>적 교육관 : <u>규준</u>지향 평가

※ 체육 교사나 지도자들은 학생들의 능력이 유사한 집단으로 구분되기를 원한다. 검사는 학생들을 유사한 능력 집단으로 <u>분류</u>할 때 유용하게 사용될 수 있다. 물론, 이러한 경우에 <u>분류</u>를 위한 기준점을 설정하는 것이 필요한데, 객관적·주관적 방법을 적절하게 동원하여 <u>기준</u>을 설정해야 한다.

→ <u>발달</u>적 교육관 : <u>준거</u>지향 평가

128. 검사의 목적 - 미래의 운동 수행력 예측(Prediction)

① 엘리트 선수들의 최대산소섭취량이나 불안 수준 등을 통해서 경기력을 예측하는 것은 미래 수행력을 예측하기 위해 검사를 사용하는 좋은 예이다.

② 일반인들의 경우 피부두겹검사에 의해 추정된 체지방률을 통해서 건강 정도를 예측하거나, 꿈나무 선발을 위한 체력 검사를 통해서 미래의 선수로서 성공 정도를 예측하는 것도 좋은 예가 될 것이다.

검사의 목적 : 검사는 왜 하는가? - 체육측정평가^{이기봉}

1) 동기유발(motivation)

일반적으로 검사를 실시하는 목적은 성적을 부여하는 것으로 알려져 있다. 그러나 검사를 실시하는 가장 중요한 목적은 학생들에게 수업목표 달성이나 운동수행력의 향상을 위해 동기를 부여하는데 있다. 학교 체육 수업 시간에 운동기능 검사를 실시하고 교사가 평가기준을 공개함으로써 학생들은 자신의 검사 점수를 확인하고 기능 향상을 위해 더 노력하게 될 것이다. 따라서 검사는 학기말에 한 번만 시행하는 것보다는 주기적으로 동일한 검사를 시행함으로써 학생들이 자신의 향상도에 관심을 갖고 노력하도록 유도해야 한다. 특히, 검사 시행 전·중·후에 체육 교사는 학생들에게 긍정적인 피드백을 제공하여 학생들의 동기유발을 가속화시켜야 한다. 검사 점수가 낮게 나타난 학생에게는 원인을 과학적으로 분석하여 제공하고, 검사 점수가 향상된 학생들에게는 칭찬을 통해서 계속 노력하도록 유도하는 것이 바람직하다.

2) 성취(achievement) 수준의 평가

검사를 실시하는 가장 일반적인 이유는 학생들의 성취 정도를 알아보기 위한 것이다. **성취**란 정해진 기간 동안 연습하여 측정 시점에서 재고자 하는 관점에 대해 수행되는 최종 능력 수준이라 할 수 있다. 한 학기 동안 열심히 체육 수업을 받고 연습한 학생들은 자신의 수행력이 어느 정도 향상되었는가에 대해 궁금해 할 것이다. 또한 교사는 자신의 교수법이 효과가 있었는가에 대해 관심을 갖게 될 것이다. 이러한 학생과 교사의 궁금증을 동시에 해결해 줄 수 있는 방법이 검사라 할 수 있고, 이러한 측면에서 검사는 성취 수준을 평가하는데 목적이 있다.

3) 향상도(improvement)의 측정

향상도는 정해진 한 시점과 그 이후 시점에서 측정된 수행력의 차이로 알 수 있다. 체육 교사들은 대부분 수업 초기와 학기말에 학생들의 능력이 많은 차이를 보이는 것을 기대한다. 또한, 학생들의 수행력이 향상되는 것은 수업의 주된 목표이기도 하다. 검사는 향상도를 측정하기 위한 가장 일반화된 방법이라 할 수 있다. 그러나 향상도를 측정하는데 **천정효과**(ceiling effect)라는 문제점이 있다. 전술한 바와 같이, 향상도는 사전검사와 사후검사를 통해서 측정되는데, 사전검사에서 높은 점수를 받은 학생은 낮은 점수를 받을 학생에 비해 향상될 수 있는 범위가 좁아진다. 따라서 최초의 검사에서 높은 검사를 받은 학생과 낮은 검사를 받은 학생들에게 동일한 단위가 부여되는 것(**척도단위의 동질성**)은 적절하지 않다. 향상도를 측정하는 것은 많은 체육 교사나 지도자들이 원하는 것이지만, 이러한 이유 때문에 실제로 현장에서 적용하는 것은 쉽지 않다. 그러나 향상도 점수를 실제성 평가에 적용하여 학생들의 동기 유발을 위한 방법으로 활용한다면, 매우 효과적인 수업을 진행할 수 있을 것이다.

4) 진단(diagnosis)

학교나 스포츠센터에서 학생들과 고객의 체력 상태나 건강 상태를 알아보기 위해서 교사나 스포츠 지도자는 검사를 실시하여 체력을 측정하게 된다.

①학교에서 체육 교사는 학기 초에 학생들의 전체적인 수준을 파악하고 교육내용과 목표를 설정하기 위해서 검사를 실시하는 것이 보통이다. 즉, 현재 상태의 학생들이 어느 정도의 수준인가를 진단하기 위해서 검사를 하는 것이다. 진단을 위해 검사를 실시할 때에는 학생들의 개인차를 확인하여 개별화된 교육 프로그램을 계획하는 것이 중요하다. 특히 진단적 과정은 효과적으로 가르치고 배우도록 도와주는 역할을 하며, 인지적 영역을 다룰 때에는 더욱 중요하다.

②이외에도 한 학기 수업이 끝난 후에 수업목표를 달성하지 못했거나 향상되지 않은 사람들을 판단할 때에도 검사를 이용할 수 있다.

즉, 진단을 위한 검사는 운동을 처음 시작하는 단계나 학기 초에만 실시한다기보다는 교사나 지도자가 학생이나 고객의 능력 수준을 파악하고자 할 때에는 언제든지 이용될 수 있다.

5) 처방(prescription)

　스포츠 센터에서 고객들을 진단하여 문제점을 교정하기 위한 처방을 내리기 위해서 검사를 실시하기도 한다. 특히 최근에는 건강과 관련된 요인들을 측정하여 현재 피험자의 상태를 판단하고 적절한 운동프로그램을 처방하는 운동 처방이 많은 사람들에게 이용되고 있다. 스포츠 센터에서 운동프로그램을 처방하기 위해 검사를 실시하는 것처럼, 학교에서도 검사를 이용하여 학생들에게 개별적으로 운동수행력을 교정할 수 있다. 장애물달리기에서 허들링의 자세를 교사가 평가한 후에 개별적으로 잘못된 부분들을 지적하여 학생들에게 언어적 피드백을 제공하는 것은 학교에서 학생들에게 운동 교정을 위한 처방의 좋은 예라 할 수 있다.

6) 성적(grading)의 부여

　학생들에게 성적은 평생 동안 기억되는 중요한 부분이다. 따라서 성적을 부여하기 위해 실시되는 검사는 객관적이면서 공정해야 한다. 최근 학교에서 실시되는 체육과 수행평가는 **평정척도**(rating scale)에 의한 검사를 이용한다. 이 때 주의할 점은 평정척도를 개발할 때, 개발된 평정척도를 이용하여 비전공자가 평가를 해도 동일한 결과가 나올 수 있도록 평정척도는 학생과 학부모에게 미리 공개되어야 하고 검사가 끝나면 학생들에게 점수를 알려 주어 교사 스스로 검사의 공정성을 유지하도록 최선을 다해야 한다. 상기한 설명처럼 검사는 성적을 결정할 때 이용되지만, 성적을 결정하기 위해서만 검사를 시행하는 것은 측정의 가치를 한정하는 것이 되므로, 다양한 목적에 따라 검사를 시행하는 것이 바람직하다.

7) 교육프로그램의 평가

　학기 초에 실시되는 검사를 통해서 교사는 과거 체육 수업에서 사용했던 교육프로그램의 효과를 평가할 수 있고, 학기말에 실시되는 검사를 통해서 자신이 실시했던 체육 수업 프로그램이 효과가 있었는가를 평가할 수 있다.

　만약, 여러 가지 교수방법의 효과를 비교하려면 학기가 끝날 때 측정한 검사점수의 결과들을 비교하면 될 것이다. 교육프로그램에 대한 평가를 주의해야 할 사항은 한 가지 검사를 통해서 일부 수업을 단편적으로 평가하는 것보다는 다양한 검사를 통해서 프로그램 전체에 대해 평가해야 한다는 것이다.

8) 분류(classification)와 선발(selection)

　효과적으로 교수·학습이나 스포츠 지도를 위해서는 학생이나 피검자들이 유사한 능력 집단으로 구성되어야 한다. 따라서 체육 교사나 지도자들은 학생들의 능력이 유사한 집단으로 구분되기를 원한다. 검사는 학생들을 유사한 능력 집단으로 분류할 때 유용하게 사용될 수 있다. 물론, 이러한 경우에 **분류**를 위한 기준점을 설정하는 것이 필요한데, 객관적·주관적 방법을 적절하게 동원하여 기준을 설정해야 한다.

　학교에서는 대개 선수를 **선발**할 때 기초체력검사를 실시하게 된다. 즉, 엘리트 선수를 위한 운동부 선발이나 특정 대회에 참가할 선수를 선발할 때 검사를 이용할 수 있다. 초등학생들에게 검사를 실시하여 미래의 꿈나무를 선발하는 경우는 검사를 선수 선발에 이용하는 좋은 예라 할 것이다.

9) 미래 수행력의 예측(prediction)

　검사는 미래의 운동 수행력에 대한 예측을 위해서 이용될 수 있다.

　엘리트 선수들의 최대산소섭취량이나 불안 수준 등을 통해서 경기력을 예측하는 것은 미래 수행력을 예측하기 위해 검사를 사용하는 좋은 예이다.

　일반인들의 경우 피부두겹검사에 의해 추정된 체지방률을 통해서 건강 정도를 예측하거나, 꿈나무 선발을 위한 체력검사를 통해서 미래의 선수로서 성공 정도를 예측하는 것도 좋은 예가 될 것이다.

III. 체육측정평가의 양호도

③ 규준지향평가의 양호도

☞ **3. 고전진점수이론**

   1) 가정   (0)진점수=관찰점수−오차점수   (1)$\epsilon(X) = T$, (2)$\rho_{ET} = 0$, (3)$\rho_{E_1 E_2} = 0$, (4)$\rho_{E_1 T_2} = 0$

   2) 측정의 오차(체계적 오차 · 비체계적 오차) → 검사의 도구적 특성(신뢰도)

   3) 평행검사와 진점수 동등검사

129. 다음은 두 교사 간의 e-메일 대화 내용이다. 괄호 안의 ㉠에 해당하는 용어를 순서대로 쓰시오. 2015

제목	학생 평가와 관련하여 상의를 드립니다.
김 선생님 안녕하세요?	
낮에 학교에서 말씀드렸던 대로 학생 평가와 관련하여 두 가지 상의 드릴 내용이 있습니다.	
첫 번째는 학생들의 체력 평가를 위해 체지방을 측정하는데, 측정할 때마다 값이 달라 당황스럽습니다.	
같은 학생을 동일한 방법으로 2회 반복하여 측정하였음에도 두 값에 차이가 있습니다.	
제가 무엇을 잘못하고 있는 것인지요?	
↳ 답장	
최 선생님 학교 일들이 재미있지요?	
첫 번째, 체지방을 측정할 때마다 다른 값이 나오는 것은 당연한 일입니다.	
선생님 잘못이 아니라 측정오차가 원인이지요.	
고전검사 이론에 따르면 **관찰**점수는 (㉠)와/과 **오차**점수의 합이고,	
신뢰도는 전체 **관찰**점수 분산 중에서 (㉠) 분산이 차지하는 비율로 설명할 수 있습니다.	
따라서 측정오차 때문에 측정할 때마다 값이 달라지는 것이지요.	
다음 주에 재검사 신뢰도를 확인해 봅시다.	

답 ㉠ **진점수**

130. 다음은 박 교사가 2종류의 보행수 측정 기기를 사용해 얻은 자료이다. 괄호 안의 ⓒ에 해당하는 명칭을 쓰시오.

2020

보행수 측정 분석 자료

(가) 측정 방법
- A학생이 ㉮형 보행수 측정기기와 ㉯형 보행수 측정기기를 동시에 착용하고 1주일 동안 매일 1회 보행수를 측정함.
  ※ ㉮형 보행수 측정기기는 준거 기기임.
- 2종류 측정기기의 신체착용위치, 측정시간 등 모든 측정조건은 동일함.

요일	㉮형 측정기기의 보행수 (ⓐ)	㉯형 측정기기의 보행수 (ⓑ)	보행수의 차이 (ⓒ = ⓑ - ⓐ)	㉠요일별 보행수(㉯형)-1주일 평균 보행수(㉯형) (ⓔ = ⓑ - ⓓ)
월	5,518	4,435	-1,083	-773
화	4,540	4,309	-231	-899
수 목 금			…(중략)…	
토	3,304	3,312	+8	-1,896
일	7,107	8,212	+1,105	+3,004
평균	5,212	ⓓ5,208	-4	(ⓒ)

(나) 자료 분석 결과
- 두 기기 산의 보행수 차이(ⓒ)의 방향(+, -)과 크기는 ㉯형 측정기기의 (ⓒ)에 대한 판단 근거이다.
- ㉮형 측정기기와 ㉯형 측정기기로 측정한 보행수간의 상관계수는 .87이다.

답 **오차** or **신뢰도** ← ㉮형 기기가 진점수이고 ㉯형 기기가 관찰점수로 본다면 방향(+,-)과 크기는 오차점수이므로 신뢰도로 판단할 수 있음.

그런데 말입니다. 신뢰도는 검사도구(측정기기) 자체의 신뢰도가 아니라, 검사도구(측정기기)를 이용하여 수집한 자료의 신뢰도인데...??? 그냥 받아들이자^^

131. 50m 달리기 검사 중 다음과 같은 상황에서 오차들이 발생하였다. 각 오차들이 검사도구(50m 달리기)가 갖추어야 할 도구적 특성에 미친 영향을 각각 설명하시오.

오차상황 1	일부 학생들이 달릴 때 뒷바람이 강하게 불었다.
오차상황 2	50m 달리기 검사를 모두 마친 후 실제 거리를 확인한 결과 49m로 밝혀졌다.
오차상황 3	기록 측정자인 교사가 일부 학생들이 골인 지점을 통과할 때 초시계를 조금 늦게 눌렀다.

[답] ○ 오차상황 1 : **비체계적** 오차 → **신뢰도**가 낮다.

○ 오차상황 2 : **체계적** 오차 → **신뢰도**에 영향을 주지 않는다.

○ 오차상황 3 : **비체계적** 오차 → **신뢰도**가 낮다.

[참] 오차상황 2 – 검사도구의 신뢰도란 '**검사도구**를 이용하여 수집한 **자료**의 신뢰도' 라는 의미이지, '사용한 **검사도구 자체**의 신뢰도'를 의미하는 것이 아니다.

측정오차

1. 측정의 오차 - 체육측정평가[이기봉]

고전진점수이론에서 관찰점수에 포함되는 오차점수는 검사를 시행할 때 발생하는 측정의 오차를 의미하는 것으로, 측정의 오차는 **체계적 오차**(systematic error)와 **비체계적 오차**(unsystematic error)로 구분한다.

① **체계적 오차**는 검사를 받는 모든 대상자에게 동일하게 발생하는 오차로 고전진점수이론에서 <u>체계적 오차는 오차점수로 포함되지 않는다.</u>

  예) 학교에서 50m달리기 검사를 할 때 검사자인 교사가 초시계를 일관되게 늦게 누르는 경우는 체계적 오차에 해당한다. 일반적으로 학교에서는 결승선에서 검사자인 교사가 손을 들면 출발선 전방 5~10m에서 보조자가 깃발을 들어 올려 출발신호를 하게 되는데, 이 때 교사가 깃발을 들어 올린 후 0.5초 늦게 초시계를 누른다면 모든 학생들의 기록은 0.5초 빨라지게 된다. 하지만, 이 경우는 모든 학생들의 기록이 일관되게 빨라진 것이므로, 오차점수로 간주하지 않는 것이다.

② **비체계적 오차**는 대상자 개인의 신체적·심리적 컨디션이나 검사 환경 등 알 수 없는 다양한 원인에 의해 발생하는 무선적인 오차로, 대상자마다 다르게 나타날 수 있는 오차이다. 고전진점수이론에서는 <u>비체계적 오차만을 오차점수로 간주한다.</u>

  예) 50m달리기를 할 때 일부 학생들이 검사를 받는 상황에 뒷바람이 강하게 불어 기록이 단축되었다면 이는 비체계적 오차라 할 수 있다.

2. 측정오차 - 운동계량학[김종택]

자료에 근거한 연구에서 무엇보다도 중요한 것은 관찰치 혹은 측정치의 질에 관한 문제이다. 이는 경험과학을 지향하는 학자들이 과학적 탐구의 의미를 연구결과 즉, 경험적 결론의 평가를 제시한 증거자료가 얼마나 정확하고 믿을만한 것이냐에 두기 때문이다. 과학적으로 자료의 분석과 해석이 이루어졌다 해도 검사도구나 검사방법 등에 의한 측정치의 타당도나 신뢰도가 낮을 경우 연구결과의 내적·외적타당도(internal and external validity)를 기대할 수 없기 때문이다. 자료의 진실성은 측정오차가 적거나 객관성·신뢰성·타당성 등이 높은 정도로 평가되며 전산실의 "garbage in garbage out"이라는 표어에서 그 중요성을 엿볼 수 있다.

측정오차(measurement error)는 측정대상으로서 피검자의 속성이나 능력의 정도가 잘못 측정된 정도이며 구체적으로 측정의 표준오차(SEM; standard error of measurement)로 평가된다. 이론적으로 고전검사이론(classical test theory)에서 측정오차는 검사점수(obtained score)와 진점수·참점수(true score)의 차이이다. 즉, 턱걸이를 50회 반복했을 때 피검자 A의 진점수는 고전검사이론에 근거하여 50회 반복검사의 평균치로 간주하는 것이 논리적이다. 다만, 현실적으로 불가능한 반복검사에서 A의 피로나 집중력 등 생리적·심리적 상황이나 온도·습도 등 제반 검사환경이 같다는 전제조건을 가정해야 한다.

측정오차는 **체계적 오차**(systematic error)와 **비체계적 오차·무선오차**(random errorr)로 구분된다. 체계적 오차는 타당도와 관련된 오차이고 비체계적 오차는 신뢰도와 관련된 오차이다. 많은 반복검사를 가정할 경우 검사점수의 산포도(scattergram)가 작은 원을 그릴수록 신뢰도가 높고 참값을 중심으로 모여 있을수록 타당도가 높다.

〈반복검사를 통한 체계적 오차와 비체계적 오차〉

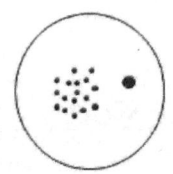 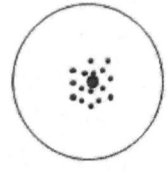 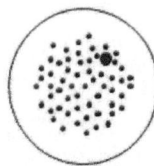 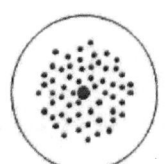

체계적 오차는 크고 / 체계적 오차와 / 체계적 오차와 / 체계적 오차는 적고
비체계적 오차는 / 비체계적 오차가 / 비체계적 오차가 / 비체계적 오차는
적다. / 적다. / 크다. / 크다.

스포츠지도사 기출문제 & 서답형

132. 백분위수, Z점수 등 한 집단 내에서의 상대적인 위치를 나타내는 점수를 통칭하는 용어는?
① 준거점수
② 표준점수
③ 오차점수
④ 진점수

133. <보기>에서 괄호 안의 ㉠에 해당하는 용어를 쓰시오.

<보기>
고전진점수이론에 근거하여 (㉠)는 진점수와 오차점수의 합이다.

답 관찰점수

134. 체력측정의 오차에 영향을 주는 요인으로 옳지 않은 것은? 2019
① 측정 대상자의 체력 증진
② 측정 대상자의 피로도
③ 측정도구(기기)의 정확도
④ 대상자별로 적용되는 측정 절차의 차이(다양성)

135. 검사 점수의 신뢰도와 가장 관련이 깊은 것은?
① 모집단의 크기
② 측정의 오차
③ 중앙치
④ 최빈치

136. 신체조성 검사에 대한 설명으로 적절하지 않은 것은?
가. 생체전기저항법으로 검사하기 30분전에 소변을 보도록 권유한다.
나. 배(복부), 넙다리(대퇴) 앞면은 남성의 피하지방 두께측정 부위에 포함된다.
다. 컴퓨터단층촬영법(CT)으로 내장지방의 면적을 계산할 수 있다.
라. 허리둘레의 반복 측정시 측정 오차는 10mm 이내가 되어야 한다(×).

137. 신체활동량을 검사하는 방법에 대한 설명으로 옳은 것은? 2018
① 일일기록지(diary)는 가속도계(accelerometer)보다 신체활동량의 측정 오차가 적다(×).
② 보행계수계(pedometer), 가속도계, 심박수계(heart rate monitor)를 활용한 검사는 객관적인 방법이다.
③ 신체활동 설문지는 가속도계보다 신체활동량을 정확하게 측정할 수 있다(×).
④ IPAQ(International Physical Activity Questionnaire) 신체활동 설문지로 측정한 자료는 대사당량(METs)과 열량(kcal)을 추정할 수 없다(×).

138. 측정 도구의 타당도에 대한 개념으로 가장 적절한 것은?
① 측정자 간 점수의 일치도를 의미한다(×).
② 측정하고자 하는 점수에서 오차가 낮은 정도를 의미한다(×).
③ 측정하고자 하는 속성(변인)에 대한 변별력을 의미한다(×).
④ 측정하고자 하는 속성(변인)을 제대로 측정하는가의 정도를 의미한다.

139. <보기>에서 괄호 안의 ㉠에 해당하는 용어를 쓰시오.

<보기>
○ 측정의 오차는 검사 점수의 (㉠)와 가장 관련이 깊다.
○ 측정하고자 하는 점수에서 오차가 낮으면 (㉠)가 가 높다.
○ 허리둘레의 반복 측정 시 발생하는 측정 오차는 (㉡) 오차이다.

답 ㉠신뢰도, ㉡비체계적

이기봉 Q&A 재구성

140. 고전검사이론의 기본전제가 무엇인지 설명하시오. **기출문제**

답 고전검사이론이란 측정을 통해서 얻은 **관찰점수**는 **진점수** 요소와 **오차점수** 요소로 구성된다는 전제를 갖는다. **진점수**란 피험자가 갖고 있는 진짜 능력이며, **오차점수**는 검사를 실시하여 관찰점수를 얻을 때 발생하는 측정 오차와 관련된 것이다. 만약, 오차가 없다면 진점수는 **관찰점수**와 동일하게 된다. (X = T)

141. 고전검사이론에 의하면 관찰점수는 진점수와 오차점수로 구성된다. 고전검사이론에서 신뢰도는 무엇인지 설명하시오. **기출문제**

답 고전검사이론에 의하면, 검사 점수의 신뢰도는 **관찰점수**에서 **진점수**가 차지하는 비율로 정의된다.

※ 고전검사이론에서는 한 개인의 점수가 동일한 집단 내에 있는 다른 피험자의 점수와 비교되어 검사되므로, **상대**평가로 알려져 있는 **규준**지향측정은 고전검사이론의 한 방법이라 할 수 있다.

142. 과거에 실시한 선행연구에서 제시한 검사도구의 신뢰도를 현재의 연구에서 인용하여 제시하는 것이 바람직하지 않은 이유를 설명하시오. **기출문제**

답 일반적으로 체육 분야의 연구나 보고서에서는 연구에서 사용한 검사 도구의 신뢰도를 제시할 때 과거에 보고했던 신뢰도 계수를 그대로 제시하는 경우가 많다. 그러나, 검사도구의 신뢰도란 '**검사도구를 이용하여 수집한 자료의 신뢰도**'라는 의미이지 '**사용한 검사도구 자체의 신뢰도**'를 의미하는 것이 아니다.

동일한 검사도구라할지라도 누가, 어떻게, 어떤 대상에게 검사를 시행하여 자료를 수집하였느냐에 따라 신뢰도 계수는 달라진다.

따라서 체육 교사나 연구자가 사용하고자 하는 검사도구의 신뢰도가 선행연구에서 이미 밝혀졌다 하더라도, 과거의 신뢰도 계수를 그대로 보고하는 것보다는 현재 연구자가 수집한 자료의 신뢰도를 추정하여 보고하는 것이 바람직하다.

고전진점수 이론 - 체육측정평가^{이기봉}

고전 진점수 이론 : 'X = T + E'가 성립되기 위한 가정

(0) X = T + E   (1) $\epsilon(X) = T$ (2) $\rho_{ET} = 0$ (3) $\rho_{E_1 E_2} = 0$ (4) $\rho_{E_1 T_2} = 0$

고전진점수이론을 간단하게 수식으로 나타내면 다음과 같다.

$$X = T + E \quad \cdots\cdots\cdots \text{공식 1}$$

공식 1에서 **X는 관찰된 검사점수**이고, **T는 진점수**이며, **E는 오차점수** 즉, **측정의 오차**를 의미한다. 즉, 측정된 검사점수는 진점수와 오차점수의 합이다.

① **진점수** : 진점수란 측정하고자 하는 속성에 있어서 대상자의 진짜 능력을 의미하며, 이는 고정된 값으로 가정된 다.

② **오차점수** : 반면, 오차점수는 측정 상황에서 발생하는 측정의 오차를 의미하며, 측정 상황에 따라 값이 달라지는 것으로 가정된다.

관찰점수 역시 오차점수와 같이 측정 상황에 따라 달라진다.

㉠ 고등학교 1학년 학생을 대상으로 오래달리기 검사를 실시한다고 가정해보자. 측정 시 현재 상태에서 대상자들의 진짜 오래달리기 능력은 고정적인 것이라 할 수 있겠지만, 검사일의 날씨·검사장의 환경·대상자의 컨디션 등 다양한 요인에 의해 측정된 관찰점수는 기대했던 대상자의 진짜 능력을 측정하지 못할 수 있다. 이와 같이 **대상자마다 기대했던 진점수**와 **실제로 측정된 관찰점수**의 **차이**는 **오차점수** 즉, **측정의 오차**인 것이다.

고전진점수이론 즉, 'X = T + E'가 성립되기 위해서는 몇 가지 가정(공식2~5)이 필요하다.

그 **첫 번째 가정**은 다음과 같다.

$$\epsilon(X) = T \quad \cdots\cdots\cdots \text{공식 2}$$

공식2에서 **ε(X)란 관찰점수의 기댓값**(expected value)으로 동일한 검사를 동일한 대상자에게 무한히 반복하여 독립적으로 시행했을 때 얻어지는 점수들의 평균을 의미한다. 독립적이라는 의미는 반복하여 시행하는 검사 간 관계가 독립이라는 것으로, 각각의 검사가 다른 검사에 아무런 영향을 주지 않는 것을 의미한다. 즉, 특정 검사에 대한 한 대상자의 **진점수**는 이 검사를 그 대상자에게 무한히 반복하여 시행했을 때 측정된 검사점수들의 평균이라는 것이다.

㉠ 홍길동이가 윗몸일으키기 검사를 독립적으로 무한히 반복하여 시행했을 때, 평균 점수가 35개였다면, 홍길동이의 윗몸일으키기 진점수는 35개가 된다.

하지만, 실제로 동일한 검사를 무한히 반복하여 시행하기 어렵고, 반복하여 시행하는 검사 간에 아무런 영향을 주지 않는다는 독립 시행의 가정을 만족하기 어려워 이 가정은 이론적인 것이다. 즉, **진점수 T**는 이론적인 개념이다.

진점수의 개념은 검사점수의 타당도 측면에서 특히 고려되어야 한다.

㉠ 과거 학생체력검사에서 남학생의 상완근지구력을 측정하기 위해 실시했던 턱걸이 검사를 초등학생들에게 실시하면 난이도가 너무 높아 대부분의 대상자들이 낮은 기록을 나타내 실제로는 상완근지구력에 차이가 있는 대상자들 간에도 변별을 할 수 없게 된다.

㉠ 생활체육 지도자를 대상으로 경기규칙에 대한 검사를 할 때, 이 검사지가 영어로 만들어졌다면 영어를 잘 하지 못하는 대상자는 경기규칙에 대해 잘 알고 있더라도 낮은 점수를 받게 될 것이다.

이와 같이 대상자의 진점수를 검사를 통해서 정확하게 측정해 내려면, 검사를 제작할 때 검사가 대상자의 진점수를 제대로 측정해낼 수 있도록 세심한 주의를 기울여야 한다.

고전진점수이론의 **두 번째 가정**은 다음과 같다.

$$\rho_{ET} = 0 \quad \cdots\cdots\cdots\text{공식 3}$$

공식 3에서 ρ_{ET}는 **오차점수와 진점수 간 모집단 상관**을 의미하는 것으로, 두 번째 가정은 모집단에서 측정된 한 검사의 오차점수와 진점수 간 상관은 '0'이라는 것이다. 즉, 이 가정은 진점수가 높은 대상자가 낮은 대상자에 비해 오차점수가 체계적으로 높거나 낮지 않음을 의미한다.

⟦예⟧ 검사자가 주관적으로 점수를 부여하는 체조 실기검사를 할 때, ①체조 능력이 낮은 대상자들에게는 관대하게 점수를 부여하고, ②능력이 뛰어난 학생들에게는 엄격하게 평가하여 점수를 부여한다면, 대상자들의 진점수와 오차 점수 간에는 **부적(negative) 상관**이 나타날 것이다.

왜냐하면, ①실력이 낮은 학생들 즉, 진점수가 낮은 학생들은 진점수보다 높은 관찰점수를 나타냄으로써 오차점수가 양수(+)로 나타나고, ②실력이 높은 학생들 즉, 진점수가 높은 학생들은 진점수보다 낮은 관찰점수를 나타내 오차점수가 음수(-)로 나타나, 결과적으로 오차점수와 진점수 간에는 **부적 상관**이 나타날 것이다.

⟦예⟧ 학교에서 하루 동안 실시하는 체력검사 전 날 ③체력 수준이 높은 학생들에게 늦게까지 검사장 준비를 시켰다면, ③체력 수준이 높은 학생들은 진점수보다 낮은 관찰점수를 나타내 오차점수가 음수(-)로 나타날 것이고, 결과적으로 진점수가 높을수록 오차점수가 음수로 큰 값을 나타내게 되므로, 오차점수와 진점수 간에는 **부적 상관**이 나타날 것이다.

고전진점수이론의 **세 번째 가정**은 다음과 같다.

$$\rho_{E1E2} = 0 \quad \cdots\cdots\cdots\text{공식 4}$$

공식 4에서 **E1은 한 검사의 오차점수**이고, **E2는 다른 검사의 오차점수**로, ρ_{E1E2}는 **서로 다른 두 검사의 오차점수 간 상관**을 의미한다. 즉, 이 가정은 서로 다른 두 검사의 오차점수 간 상관이 '0'이라는 가정이다. 하지만, 이 가정은 검사점수가 대상자의 피로나 연습효과, 검사 시 대상자의 컨디션, 검사 상황의 분위기, 측정 환경 등에 영향을 받을 때 만족되기 어렵다.

⟦예⟧ 체육 분야에서 서로 다른 검사의 측정오차 간 상관에 영향을 주는 경우는 **체력검사장**을 예로 들 수 있다.

만약, 여러 개의 검사로 구성된 체력검사장의 경우, 대상자들의 피로로 인해 마지막 두 개의 검사에서 대상자의 능력보다 낮은 관찰점수를 나타낸다면 오차점수는 음수가 될 것이다. 이 경우 마지막 두 검사의 오차점수 간에는 **정적(positive) 상관**이 나타난다.

이와 같이 고전진점수이론을 적용하려면, 서로 다른 검사를 시행할 때 대상자의 피로나 연습효과, 검사 시 분위기나 환경조건 등이 동질적이 되도록 하여 두 검사의 측정오차 간 상관이 없도록 해야 한다.

고전진점수이론의 **네 번째 가정**은 다음과 같다.

$$\rho_{E1T2} = 0 \quad \cdots\cdots\cdots\cdots\text{공식 5}$$

공식 5에서 **E1**은 한 검사의 오차점수이고 **T2**는 다른 검사의 진점수로, ρ_{E1T2}는 한 검사의 오차점수와 다른 검사의 진점수 간 상관을 의미한다. 따라서 이 가정은 어떤 한 검사의 오차점수와 다른 검사의 진점수 간 상관이 '0'이라는 가정이다. 즉, ①검사2(또는 검사 1)의 검사점수가 검사1(또는 검사2)의 오차점수에 영향을 받거나, 두 번째 가정인 ②한 검사 내에서 오차점수와 진점수 간 상관이 '0'이라는 가정을 만족하지 못할 때 네 번째 가정은 만족될 수 없다.

상기한 내용들을 종합하면,

첫 번째로 **고전진점수이론**이란 관찰점수(X)가 진점수(T)와 오차점수(E)의 합(공식 1)이며,

두 번째로 **진점수(T)는 고정된 값**이지만 **관찰점수(X)와 오차점수(E)는** 검사 상황에 따라 달라질 수 있는 **무선변인**(random variable)이라는 것이다. 이러한 관찰점수에 대한 정의가 만족되려면, **진점수(T)**가 무한히 반복하여 독립적으로 시행한 검사점수의 평균(공식 2)이며, 한 검사의 오차점수(E)와 진점수(T)의 상관이 없고(공식3), 한 검사의 진점수(T1)와 다른 검사의 오차점수(E2)는 상관이 없다(공식5)는 가정이 전제되어야 한다.

고전진점수이론에서는 관찰점수만 측정되어 얻어지는 점수이며, 진점수와 오차점수는 직접 측정되지 않는 이론적인 개념이므로 쉽게 이해하기 어려운 내용이다.

☞ **4. 신뢰도의 개념 정의**

　(1) 일반적 개념 - 평가^{검사}·채점점수 결과의 일치성

　(2) 고전검사이론의 진점수 모형

　　① 두 평행검사에서 관찰점수 간 상관계수(ρ_{xx})

　　② 관찰점수 분산 중 진점수 분산이 차지하는 비율($\frac{\sigma_T^2}{\sigma_X^2}$)

　　③ 관찰점수와 진점수 간 상관의 제곱(ρ_{XT}^2)

스포츠지도사 기출문제 & 서답형

143. 신뢰도에 대한 설명으로 옳은 것은?
① **안정성, 일관성 등으로 표현되며, 측정치의 오차 정도**
② 시설, 도구, 장소, 시간, 경제성 등을 고려한 측정(×)
③ 객관적인 자료에 근거하지 않고 전문가의 주관에 의해 평가(×)
④ 정확성으로 표현되며, 검사가 측정하고자 하는 속성을 제대로 측정하는 정도(×)

144. 건강 관련 체력검사의 신뢰도와 타당도에 대한 설명으로 옳지 <u>않은</u> 것은?
① 변별력이 높은 체력검사는 타당도가 높다.
② 여러 번 측정해도 검사 결과가 비슷한 검사는 신뢰도가 높다.
③ 신뢰도가 높은 검사라도 타당도는 낮을 수 있다.
④ **추정표준오차(Standard Error Estimate, SEE)는 준거검사의 신뢰도를 나타낸다(×).**

145. <보기>에 해당하는 평가^{검사}도구의 양호도를 쓰시오.

<보기>
○ 안정성·일관성 등으로 표현되며, 측정치의 오차 정도가 작을수록 (㉠)가 높다.
○ 여러 번 측정해도 검사 결과가 비슷한 검사는 (㉠)가 높다.

🅐 <u>신뢰도</u>

신뢰도는 안정성(stability), 일관성(consistency), 예측가능성(predictability), 정확성(accuracy), 의존가능성(dependability) 등으로 표현될 수 있다.

신뢰도는 타당도를 위한 전제 조건으로 <u>신뢰도가 높아야 타당도가 높을 수 있지만, 타당도가 높다고 해서 반드시 신뢰도가 높은 것은 아니다.</u> 이에 검사를 개발하거나 시행하는 교사나 지도자는 신뢰도의 개념을 정확하게 이해하는 것이 중요하다.

(1) 일반적 개념 - 평가검사·채점점수 결과의 일치성

146. 검사도구의 양호도를 나타내는 2가지 기준은 타당도와 신뢰도(객관도)이다. 신뢰도의 개념을 설명하시오.

답 검사가 **오차** 없이 얼마나 **정확**하게 측정할 수 있는가? 측정결과(검사점수)의 **일관**성(**일치**도)을 의미한다.

(2) 고전검사이론의 진점수 모형

① 두 평행검사에서 관찰점수 간 상관계수($\rho_{xx'}$)

② 관찰점수 분산 중 진점수 분산이 차지하는 비율($\frac{\sigma_T^2}{\sigma_X^2}$)

③ 관찰점수와 진점수 간 상관의 제곱(ρ_{XT}^2)

147. 다음은 두 교사 간의 e-메일 대화 내용이다. 괄호 안의 ㉠에 해당하는 용어를 순서대로 쓰시오.

제목	학생 평가와 관련하여 상의를 드립니다.
김 선생님 안녕하세요? {{br}} 낮에 학교에서 말씀드렸던 대로 학생 평가와 관련하여 두 가지 상의 드릴 내용이 있습니다. {{br}} 첫 번째는 학생들의 체력 평가를 위해 체지방을 측정하는데, 측정할 때마다 값이 달라 당황스럽습니다. {{br}} 같은 학생을 동일한 방법으로 2회 반복하여 측정하였음에도 두 값에 차이가 있습니다. {{br}} 제가 무엇을 잘못하고 있는 것인지요?	
↳ 답장 {{br}} 최 선생님 학교 일들이 재미있지요? {{br}} 첫 번째, 체지방을 측정할 때마다 다른 값이 나오는 것은 당연한 일입니다. {{br}} 선생님 잘못이 아니라 측정오차가 원인이지요. {{br}} 고전검사 이론에 따르면 신뢰도는 전체 **관찰점수 분산** 중에서 (㉠)이/가 차지하는 비율로 설명할 수 있습니다. {{br}} 따라서 측정오차 때문에 측정할 때마다 값이 달라지는 것이지요. {{br}} 다음 주에 재검사 신뢰도를 확인해 봅시다.	

답 ㉠ **진점수 분산**

신뢰도 - 체육측정평가[이기봉]

신뢰도의 개념은 **Pearson**이 소개한 상관관계의 수학적 모형을 바탕으로 **Spearman**이 소개하고 발전시켰다. Spearman은 신뢰도를 **고전검사이론**(classical test theory)의 **진점수 모형**(true-score model)을 통해서 설명하였다. 고전진점수이론은 어떤 대상들을 측정하여 얻은 **관찰점수**는 **진점수**와 **오차점수**로 구성되는데, 이 때 관찰점수와 진점수가 높은 상관을 가진다면 신뢰도가 높은 것이다. 좀 더 구체적으로 설명하면, 측정의 오차가 전혀 없는 경우 즉, 오차점수가 0이라면 관찰점수와 진점수가 같게 되어 신뢰도가 완벽하게 된다.

신뢰도 계수는 일반적으로 $\rho_{XX'}$으로 나타내는데, 대부분 진점수를 계산해 내기 어렵고 두 검사가 평행검사라는 것을 증명하기 어려워 다양한 방법으로 신뢰도 계수를 추정하게 된다.

신뢰도 계수는

① $\rho_{XX'}$: 두 평행검사에서 관찰점수 간 상관계수

② $\dfrac{\sigma_T^2}{\sigma_X^2}$: 관찰점수 분산에서 **진점수 분산**이 차지하는 비율

③ ρ_{XT}^2 : 관찰점수와 진점수 간 상관의 제곱 = **결정계수**

등 다양한 방법으로 추정된다.

첫 번째, 신뢰도 계수를 나타내는 일반적인 방법인 $\rho_{XX'}$은 **두 평행검사 간 상관**으로 신뢰도를 추정하는 것이다. 왜냐하면, 아래첨자로 표기한 X와 X'이 평행검사를 나타내기 때문이다. 즉, 어떤 검사의 신뢰도 계수는 그 검사와 그 검사의 평행검사 간 상관으로 추정한다는 것이다.

예) 평행검사인 검사 A와 B가 있다고 할 때, 검사 A에 대 한 모든 대상자들의 관찰점수와 검사 A의 평행검사인 검사 B의 관찰점수가 동일하다면 검사 A의 신뢰도 계수 $\rho_{XX'}$은 1.0으로 완벽하다고 할 수 있다.

두 번째, 어떤 검사의 신뢰도 계수는 그 검사의 **관찰점수 분산**(σ_X^2)에서 **진점수 분산**(σ_T^2)이 차지하는 비율로 나타낸다. 고전진점수이론에 의하면, **관찰검사**는 **진점수**와 **오차점수**의 **합**으로 나타낼 수 있고, 이를 통해 다음 공식과 같이 관찰점수 분산은 진점수 분산과 오차점수 분산의 합이 됨을 유도할 수 있다.

$$\sigma_X^2 = \sigma_T^2 + \sigma_E^2 \quad \cdots\cdots\cdots \text{공식 6}$$

공식6과 같은 관계에서 **신뢰도**란 **관찰점수 분산에서 진점수 분산이 차지하는 비율**로 정의된다. 이를 공식으로 나타내면 다음과 같다.

$$\rho_{XX'} = \dfrac{\sigma_T^2}{\sigma_X^2} \quad \cdots\cdots\cdots \text{공식 7}$$

이해를 돕기 위해 좀 더 쉽게 설명하면, 공식7을 다음과 같이 나타낼 수 있다.

분산은 **차이점수**^{편차}**의 제곱**으로 계산되는 값이다. 즉, 분산은 면적으로 나타낼 수 있으므로, 관찰점수 분산은 〈그림〉과 같이 나타낼 수 있다.

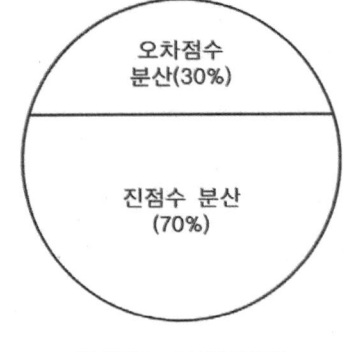

〈그림1 : 신뢰도 : 관찰점수 분산 중 진점수 분산의 비율〉

〈그림1〉은 어떤 검사의 관찰점수 분산이 원 전체 면적이고, 진점수 분산이 관찰점수 분산의 70%인 경우를 나타낸 것이다. 상기한 설명에 의하면, 신뢰도 계수는 관찰점수 분산 중 진점수 분산이 차지하는 비율이므로, 이 경우에 신뢰도 계수는 0.7이 될 것이다. 만약, 어떤 검사의 신뢰도 계수가 1.0이라면, 관찰점수 분산은 진점수 분산이 될 것이다. 즉, 이 경우에는 측정 대상자들의 관찰점수의 차이가 오직 진점수의 차이만을 나타내는 것으로, 측정이 오차 없이 이루어짐을 알 수 있다. 반대로 신뢰도 계수($\rho_{XX'}$)가 '0'이라면, '$\sigma_X^2 = \sigma_E^2$'이 되고, 이 경우에는 모든 관찰점수들이 오차점수만을 반영한 것이 된다.

신뢰도 계수는 오차점수 분산의 관점에서 다음과 같이 나타낼 수도 있다.

$$\rho_{XX'} = 1 - \frac{\sigma_E^2}{\sigma_X^2} = \frac{\sigma_X^2 - \sigma_E^2}{\sigma_X^2} \quad \cdots\cdots \text{공식 8}$$

공식8은 신뢰도 계수가 1에서 관찰점수 분산 중 오차점수 분산이 차지하는 비율을 뺀 값으로 설명하고 있다. 이미 공식7과 〈그림1〉을 통해 신뢰도 계수가 관찰점수 분산에서 진점수 분산의 비율임을 설명하였고, 공식6에 의하면, 관찰점수 분산(σ_X^2)은 진점수 분산(σ_T^2)과 오차점수 분산(σ_E^2)의 합이므로, 신뢰도 계수는 공식8과 같이 오차점수 분산이 관찰점수 분산에서 차지하는 비율을 1에서 뺀 값으로 설명될 수 있다.

우리는 공식8에서 재미있는 사실을 발견할 수 있다. 만약, <u>오차점수 분산이 동일한 경우라면 관찰점수 분산이 클수록 신뢰도 계수는 커진다.</u> 즉, 동일한 검사를 하더라도 측정 대상자들이 동질적이어서 관찰점수 분산이 작은 집단보다는 <u>관찰점수 분산이 큰 이질적인 집단(MS_b)에서 산출된 신뢰도 계수가 더 크게 나타난다.</u>

㉮ 일반학생들과 레슬링 선수 집단에게 윗몸일으키기 검사를 실시한다면, 오차점수 분산이 같다고 할 때 이 검사의 신뢰도 계수는 복근에 있어서 레슬링 선수보다는 <u>이질적인 일반학생 집단(MS_b)</u>에서 더 높게 나타날 것이다.

신뢰도를 나타내는 **세 번째 방법**은 **관찰점수와 진점수 간 상관의 제곱**(ρ_{XT}^2)으로 신뢰도를 설명하는 것이다. 이를 공식으로 나타내면 다음과 같다.

$$\rho_{XX'} = \rho_{XT}^2 \quad \cdots\cdots \text{공식 9}$$

사실 공식9는 공식7에 의하면 당연한 결과라 할 수 있다. 예를 들어, 모든 측정 대상자들의 관찰점수와 진점수가 동일하다면, 관찰점수 분산은 진점수 분산과 같아져 〈그림1〉에서 오차점수 분산은 없어지고 진점수 분산이 관찰점수 분산을 나타내는 원의 전체 면적이 될 것이다. 이 경우를 관찰점수와 진점수 간 상관으로 해석해 보면, 모든 대상자들의 관찰점수와 진점수가 동일하므로 관찰점수와 진점수 간 상관(ρ_{XT})은 1.0이 되고, 결국 관찰점수와 진점수 간 상관의 제곱(ρ_{XT}^2) 또한 1이 되어 완벽한 신뢰도 계수를 나타낸다. 즉, 공식 7과 공식 9는 같은 의미인 것이다.

공식9를 다른 관점에서 살펴보자. 만약, 어떤 검사의 신뢰도 계수($\rho_{XX'}$)가 0.81 이면, 관찰점수와 진점수 간 상관(ρ_{XT})은 0.9가 되고, $\rho_{XX'}$이 0.36이면, ρ_{XT}는 0.6이 될 것이다. 이러한 관계를 표로 나타내면 다음과 같다.

신뢰도 계수($\rho_{XX'}$)와 관찰점수와 진점수 간 상관(ρ_{XT}) 비교

$\rho_{XX'} = \rho_{XT}^2$	ρ_{XT}
0.81	0.9
0.49	0.7
0.25	0.5
0.09	0.3

〈표〉와 공식9에 의하면, 어떤 검사 A와 평행검사 A′의 상관으로 추정된 신뢰도 계수($\rho_{XX'}$)는 검사 A의 관찰점수와 진점수 간 상관(ρ_{XT})보다 크지 않음을 알 수 있다. 이러한 결과는 한 검사 내에서 관찰점수와 진점수 간 상관(ρ_{XT})이 다른 검사와 상관으로 추정하는 신뢰도 계수($\rho_{XX'}$)보다 크기 때문이다. 즉, 한 검사와 다른 검사 간 상관의 최대값은 그 검사의 관찰점수와 진점수 간 상관(ρ_{XT})이 된다.

공식9에서 밝힌 것처럼, 신뢰도 계수($\rho_{XX'}$)는 관찰점수와 진점수 간 상관의 제곱(ρ_{XT}^2)이다. 전술한 것처럼, ρ_{XT}^2은 관찰점수 분산 중 진점수 분산의 비율($\frac{\sigma_T^2}{\sigma_X^2}$)이므로, 신뢰도 계수는 다음과 같이 관찰점수와 오차점수 간 상관의 관점에서도 표시할 수 있다.

$$\rho_{XT}^2 = \rho_{XX'} = 1 - \rho_{XE}^2 \quad \cdots\cdots \text{공식 10}$$

공식10은 1에서 관찰점수와 오차점수 간 상관의 제곱(ρ_{XE}^2)을 뺀 값이 신뢰도 계수임을 나타낸다. 공식 10은 공식 8과 같은 것으로, 관찰점수와 오차점수 간 상관의 제곱(ρ_{XE}^2)은 관찰점수 분산 중 오차점수 분산의 비율($\frac{\sigma_E^2}{\sigma_X^2}$)과 같은 것으로 이해하면 된다.

지금까지 설명한 신뢰도의 의미를 신뢰도 계수($\rho_{XX'}$)의 크기에 따라 3가지로 구분하여 요약해 보면 다음과 같다.

① **신뢰도 계수가 1인 경우**는 검사점수가 오차 없이 측정된 것으로 모든 측정 대상자들의 관찰점수는 진점수와 같고, 관찰점수 분산은 진점수 분산과 같아 관찰점수의 차이는 진점수의 차이를 반영하는 것이며, **관찰점수와 진점수 간 상관은 1**이다.

② **신뢰도 계수가 0인 경우**는 검사점수가 측정의 오차만을 나타내는 것으로 모든 측정 대상자들의 관찰점수는 오차점수와 같고, 관찰점수 분산은 오차점수 분산과 같아 관찰점수의 차이는 오차점수의 차이만을 반영하는 것이며, **관찰점수와 진점수 간 상관은 0**이 되고, **관찰점수와 오차점수 간 상관은 1**이 된다.

③ **신뢰도 계수가 0과 1 사이**라면, 관찰점수는 진점수와 오차점수의 합으로 표현되며(**X = T + E**), 관찰점수 분산은 진점수 분산과 오차점수 분산의 합이 되고($\sigma_X^2 = \sigma_T^2 + \sigma_E^2$), 대상자들의 점수 차이는 진점수와 오차점수의 차이를 모두 반영하는 것이다. 이 경우에 신뢰도 계수는 관찰점수분산 중 진점수분산이 차지하는 비율($\frac{\sigma_T^2}{\sigma_X^2}$), 관찰점수와 진점수 간 상관의 제곱($\rho_{XT}^2$), 또는 '1 - ρ_{XE}^2' 으로 나타낼 수 있다.

결론적으로 관찰 점수로 진점수를 추정할 때, **검사의 신뢰도 계수**($\rho_{XX'}$)가 클수록 **추정의 정확성**은 높아진다.

☞ 5. 신뢰도 계수의 추정 방법

1) 재검사 신뢰도(심동적 영역) : ⑴개념 및 특징, ⑵문제점-①반복수행의 효과, ②검사 간 간격의 문제

2) 평행(동형)검사 신뢰도

3) 내적일관성 신뢰도 : ①반분검사신뢰도, ②Cronbach α(문항내적일관성 신뢰도)

4) 급내상관계수 : 분산(변량)분석(ANOVA)

---

148. 체력검사에서 사용할 수 있는 가장 적절한 신뢰도 추정법의 명칭과 그 방법을 설명하시오.

답 ○ 명칭 : **재검사** 신뢰도(**안정성** 계수)

○ 방법 : **동일**한 **검사**를 **동일**한 **집단**에게 **2**번 실시하여 두 검사 점수 간 **상관**으로 신뢰도를 추정한다.

149. 학생들의 체력 평가를 위해 체지방을 측정하는데, 측정할 때마다 값이 달라 당황스럽습니다. 같은 학생을 동일한 방법으로 2회 반복하여 측정하였음에도 두 값에 차이가 있습니다. 체지방을 측정할 때마다 다른 값이 나오는 것은 당연한 일입니다. 선생님 잘못이 아니라 측정오차가 원인이지요. 고전검사 이론에 따르면 관찰 점수는 진점수와 오차 점수의 합이고, 신뢰도는 전체 관찰 점수 분산 중에서 진점수 분산이 차지하는 비율로 설명할 수 있습니다. 따라서 측정오차 때문에 측정할 때마다 값이 달라지는 것이지요. 다음 주에 **재검사 신뢰도**를 확인해 봅시다. 2015

150. 중학생 2명이 400m 달리기와 10km 마라톤에 참가한 상황이다.

─── 〈상황1〉 ───	─── 〈상황2〉 ───
박미선 학생은 육상 대회의 400m 달리기 경기에서 전력을 다하여 달렸다. 달리기 직후 근육 피로를 느꼈다. 	강조상 학생은 10km 마라톤 경기에서 최선을 다해 달렸다. 달릴수록 전신 피로감은 높아져 갔으며 완주 후에는 근육 피로와 함께 탈진 상태에 이르렀다. 

⑴ 최대 운동후 근육 피로에 관한 재검사(test-retest) 신뢰도를 확인하려고 할 때 가장 중요하게 고려해야 할 요인을 〈상황 1〉 또는 〈상황 2〉와 연관시켜 기술하시오.

답 **두 검사 간 간격**의 문제를 고려해야 한다.

　　〈상황 1〉은 정상적 탄수화물량 또는 고탄수화물을 섭취할 경우 완전한 근글리코겐의 보충에는 24시간이 필요하다.

　　〈상황 2〉는 고탄수화물 식이요법을 했을지라도 근글리코겐을 완전히 보충하는 데 48시간이 필요하다.

　　그러므로 **1차 검사와 2차 검사 간 간격**이 〈상황 1〉은 24시간 이상이 필요하고, 〈상황 2〉는 48시간 이상이 필요하다.

⑵ 재검사 신뢰도의 또 다른 문제점을 기술하시오.

답 **반복수행의 효과 - 과대추정** or **과소추정**

신뢰도 계수 추정 방법-재검사 신뢰도 - 체육측정평가[이기봉]

재검사 신뢰도(test-retest reliability)는 동일한 검사를 동일한 집단에게 두 번 실시하여 두 검사 점수 간 상관으로 신뢰도를 추정하는 방법으로 **안정성 계수**(stability coefficient)라고도 한다. 하지만, 이 방법에는 다음과 같은 2가지 문제점이 있다.

(1) 재검사 신뢰도의 첫 번째 문제점은 동일한 검사를 두 번 시행하여 나타나는 **반복수행의 효과**(carry-over effect) 이다.

① 신뢰도 추정을 위해 검사를 두 번 시행하는 것은 매우 번거로운 일이며, 반복수행으로 나타나는 기억효과·연습효과·측정 대상자의 태도 변화·검사의 측정 환경 변화 등이 문제가 된다. 만약, 기억이나 연습효과로 인하여 모든 대상자들의 검사 점수가 두 번째 검사에서 향상된다면, 재검사 신뢰도 방법으로 추정한 신뢰도 계수는 실제 검사의 신뢰도보다 **과대추정**(overestimate)하게 된다.

② 첫 번째 검사와 두 번째 검사의 측정 환경이나 피험자의 검사에 대한 동기 및 태도가 다를 수 있다. 예를 들어, 일부 대상자가 두 번째 검사에 성실하게 응하지 않을 경우, 추정되는 신뢰도 계수는 실제 검사의 신뢰도보다 **과소추정**(underestimate)하게 된다. 검사를 시행하는 검사자는 두 검사의 측정 환경을 동일하게 만들고 피험자들에게는 두 번의 검사에 성실히 참여하도록 방법을 강구해야 한다.

(2) 반복수행의 효과와 함께 문제가 되는 것은 **두 검사 간 간격의 문제**이다.

① 검사 간 간격이 짧으면 기억효과·연습효과 등의 반복수행의 효과가 나타날 수 있다.

② 검사 간 간격이 길어지면 성장이나 성숙 요인으로 인해 측정하려는 대상자의 특성이 변화될 수 있고, 두 검사의 측정 환경이 다를 수 있으며, 검사를 실시하는 대상자의 태도도 다를 수 있다.

(1)**반복수행의 효과**와 (2)**시간 간격의 문제** 등으로 인해 재검사 신뢰도는 지식 검사보다는 체육 분야의 실기 검사에 많이 이용된다. 만약, 재검사 신뢰도 방법을 이용하여 체육 분야 실기검사의 신뢰도를 추정하려면, 전술한 (1)**반복수행의 효과**와 (2)**두 검사 간 간격의 문제**를 적절히 고려해야 한다.

예) **오래달리기**와 같이 체력 소모가 많은 검사의 신뢰도를 재검사 신뢰도 방법으로 추정하려면, 검사 간 간격을 2주일 이상으로 하여 대상자의 체력 소모 때문에 두 번째 검사의 기록이 저하되지 않도록 해야 할 것이다.

예) **운동기능검사**의 경우 측정대상자들에게 검사 전 충분한 연습 기회를 주지 않을 경우 측정대상자에 따라 두 번째 검사에서 연습의 효과가 다르게 발생할 수 있어 주의해야 한다. 운동기능검사의 경우 검사를 반복함으로써 연습효과가 발생할 수 있으니, 두 번째 검사에서 연습효과가 나타나지 않도록 검사의 난이도를 조정할 필요가 있다.

스포츠지도사 기출문제 & 서답형

151. 다음 내용에 해당하는 신뢰도 추정 방법은?

> 다른 날짜에 동일한 검사를 동일한 집단에게 두 번 실시하여 두 점수 간 상관으로 신뢰도를 추정한다.

가. KR21 신뢰도
나. 동형법 신뢰도
다. 반분신뢰도
라. 재검사 신뢰도

152. <보기>에 해당하는 신뢰도 추정 방법을 쓰시오.

> <보기>
> 다른 날짜에 동일한 검사를 동일한 집단에게 두 번 실시하여 두 점수 간 상관으로 신뢰도를 추정한다.

답 **재검사 신뢰도 = 검사-재검사 신뢰도**

---

153. **동형**법 신뢰도 - **평행**검사 신뢰도(parallel-form reliability)는 두 개의 **평행**검사를 만들어 동일한 집단에게 두 검사를 시행하고 두 검사점수 간 상관계수로 신뢰도를 추정하는 방법이다. **평행**검사 신뢰도는 (재검사 신뢰도 방법과 같이) 두 번의 검사 시행에 따른 반복수행의 효과 즉, 두 검사의 측정 환경과 대상자의 검사에 응하는 태도 등이 다를 수 있어 문제가 된다. **평행**검사 신뢰도 방법은 두 개의 검사를 동일한 집단에게 동시에 시행하므로 시험의 간격이 문제가 되지 않고, 신뢰도가 간편하게 추정되며, 기억 효과·연습 효과를 감소시킬 수 있는 장점이 있다.

154. **반분**신뢰도 - **반분**검사 신뢰도란 한 번 시행한 검사 점수를 두 개로 나누어 두 검사 점수의 상관계수로 추정하는 신뢰도로, 재검사 신뢰도가 부적당하거나 평행검사 제작이 어려울 때 사용할 수 있는 방법이다. **반분**검사 신뢰도는 평행검사 신뢰도와 함께 지식 검사의 신뢰도 추정에 자주 사용된다. **반분**검사 신뢰도는 재검사 신뢰도나 평행검사 신뢰도처럼 검사를 두 번 시행할 필요가 없는 장점이 있지만, **반분**하는 방법에 따라 신뢰도가 달라질 수 있기 때문에 두 부분이 동질성을 갖도록 나누어 평행검사가 되도록 해야 한다. 하나의 검사를 두 부분으로 나누는 방법은 다양하지만, 체육 분야의 실기 검사에서는 피로와 연습의 효과를 배제하기 위해 앞쪽 시행과 뒤쪽 시행보다는 짝수 시행과 홀수 시행으로 구분하는 것이 적절하다.

155. **KR21** 신뢰도 - 쿠더 리차드슨 신뢰도 추정공식은 문항이 양분된(맞거나 틀림) 검사인 경우에 사용한다. 단지 한 번만 검사를 시행하며 상관계수는 계산하지 않는다. KR20과 KR21로 알려진 두 공식이 가장 일반적으로 쓰이고 있다. 산출된 계수는 모든 가능한 반분신뢰도 계수의 평균을 나타낸다. 대부분의 검사전문가들은 KR20을 신뢰도를 결정하는 가장 좋은 공식으로 평가하고 있다. KR21은 검사내의 모든 문항의 난이도가 같다는 가정을 하는 반면 KR20은 동일한 난이도를 가정하지 않는다. 따라서 KR21은 KR20을 단순화시킨 것으로 볼 수 있다. KR21은 매우 쉽고 빨리 계산할 수 있기 때문에 교사(혹은 연구자)들이 자신이 만든 검사에 쉽게 사용할 수 있다. KR21공식은 다음과 같다.

$$K\text{-}R21 = 1.00 - \frac{\overline{X} - (n - \overline{X})}{n(S^2)}$$

여기에서, $\overline{X}$ = 검사의 평균점수
n = 검사문항의 수
S^2 = 검사점수의 변량(표준편차의 자승)이다.

KR공식은 다른 신뢰도추정 방법보다 일반적으로 낮은 신뢰도계수를 나타낸다. 따라서 이 계수는 최소 신뢰도 추정치를 나타낸다.

156. <보기>에서 설명하는 것은? *2018*

<보기>
- 1단계 : 새로 개발된 체중계를 이용하여 동일한 대상의 체중을 2회 측정한다.
- 2단계 : 1차와 2차 측정값 사이의 상관계수를 산출한다.
- 3단계 : 측정도구의 일관성을 검증한다.

① 평가자 간 신뢰도 → 객관도
② 동형검사 신뢰도
③ 내적일관성 신뢰도
④ 검사-재검사 신뢰도

157. <보기>에서 설명하는 신뢰도의 명칭을 쓰시오. *2018*

<보기>
- 1단계 : 새로 개발된 체중계를 이용하여 동일한 대상의 체중을 2회 측정한다.
- 2단계 : 1차와 2차 측정값 사이의 상관계수를 산출한다.
- 3단계 : 측정도구의 일관성을 검증한다.

답 **재검사 신뢰도 = 검사 - 재검사 신뢰도**

158. <보기>에 해당하는 신뢰도 추정 방법을 쓰시오.

<보기>
여러 문항(항목)들 사이에 얼마나 관련성이 높은가의 정도를 말한다. 논문에 사용된 질문지의 신뢰도를 나타낼 때 사용하는 Cronbach 알파가 대표적이다.

답 문항**내적일관성 신뢰도**

159. 2020년을 목표로 가칭 [전국 다이빙 대회]를 개최하고자 한다. 대회에서 심판들의 판정 일관성 정도를 측정할 수 있는 지수로 옳은 것은? *2019*

① 크론바흐 알파 계수(Cronbach α)
② 피어슨의 상관계수(Pearson correlation coefficient)
③ 동형검사 신뢰도 계수(equivalence reliability)
④ 단순카파계수(simple kappa coefficient)

160. 같은 검사자가 동일 피험자를 동일시점에서 2회 반복 측정한 체지방 값 간의 낮은 일관성에 대한 해석으로 옳은 것은?

① 해당 체지방 검사는 객관도가 낮다(×).
② 해당 체지방 검사는 민감도가 낮다(×).
③ 해당 체지방 검사는 신뢰도가 낮다.
④ 해당 체지방 검사는 타당도가 낮다(×).

161. <보기>에 해당하는 신뢰도 추정 방법을 쓰시오.

<보기>
같은 검사자가 동일 피험자를 동일 시점에서 2회 반복 측정한 체지방 값 간의 일관성을 검증한다.

답 **재검사 신뢰도 = 검사 - 재검사 신뢰도**

스포츠지도사 선택형 추가 문제

162. 평가의 신뢰도를 측정할 수 있는 방법에 해당하는 것은?
① **검사-재검사**
② 외적 일관성
③ 구인 검사
④ 동질 검사
⇨ 평가의 신뢰도를 측정하는 방법으로는 검사-재검사법, 동형검사법, 내적일관성이 있다.

검사-재검사 신뢰도

○ 신뢰도의 가장 대표적인 지표로 사용되며, 그 명칭에서 알 수 있듯이 <u>동일한 사람을 대상으로 **일정한 시간간격**을 두고 **두 번 측정**</u>을 해서 두 번의 점수가 얼마나 일치하는가 여부로 신뢰도를 평가하는 방법이다.

검사-재검사 신뢰도(test-retest reliability)를 재검법 신뢰도(retest reliability)라고도 하는데, 그 이유는 동일한 사람이나 집단을 두 번 검사해서 시간적으로 얼마나 안정성이 있는가를 알아보기 때문이다.

검사-재검사 신뢰도는 <u>처음 검사 점수와 두 번째 검사 점수 사이의 상관계수</u>(correlation coefficient)로 알 수 있다.

만약, 두 번에 걸친 검사 점수가 완벽하게 일치한다면 상관계수는 1이 되고, 평가도구를 이용해서 얻은 결과는 완벽한 일치성을 보여주기 때문에 매우 신뢰할만하다고 볼 수 있다.

○ **학교체육에서 운동능력 검사**를 개발할 때 신뢰도를 알아보는 방법으로 <u>검사-재검사 신뢰도</u>가 이용된다.

　예) 상완의 근지구력 측정을 위한 검사를 개발하기 위해 동일한 집단을 대상으로 4주의 시간간격을 두고, 두 번에 걸쳐 조사를 실시하고 두 조사 사이의 상관계수가 어느 정도인지를 알아볼 수 있다.

163. 문항내적일관성 신뢰도 중 대표적인 것으로 설문지 문항의 내적일관성을 추정할 때 주로 사용되는 것은 무엇인가?

답 **Cronbach α**계수는 대표적인 문항내적일관성 신뢰도로 검사를 인위적으로 반분하지 않고 검사를 구성하는 문항의 분산을 이용하여 신뢰도를 추정하는 방법으로 체육 분야에서는 **지필** 검사나 설문지 문항의 신뢰도를 추정할 때 주로 사용된다.

문항 간 상관이 크다는 것은 1번 문항에서 높은 점수를 얻은 학생이 2번 문항, 3번 문항에서도 높은 점수를 얻는다는 것으로, 피험자들이 각 문항에 일관되게 답한다는 의미가 된다. 이러한 특성 때문에 **Cronbach α**계수가 **문항내적일관성**의 대표적인 지수로 사용되는 것이다.

Cronbach α는 검사를 둘로 나누지 않아도 되며 각 문항이 나타내는 일관성의 정도에 따라 추정된다. 일반적으로 **Cronbach α**는 다른 신뢰도 지수보다 낮게 추정되지만, 검사도구를 신뢰도로 평가할 때 보수적으로 평가하는 것이 바람직하므로, **Cronbach α**를 신뢰도 지수로 사용하는 것이 문제가 되지는 않는다.

신뢰도 계수 추정 방법 - 체육측정평가[이기봉]

일반적으로 신뢰도를 추정하는 방법은 **재검사 신뢰도**(test-retest reliability), **평행 검사 신뢰도**(parallel_form reliability), **내적일관성 신뢰도**(internal consistency reliability) 등이 있다. 한 가지 주의할 것은 이러한 방법들로 산출된 신뢰도 계수는 검사의 실제 신뢰도 계수가 아니라 추정된 값이라는 점이다.

0) 재검사 신뢰도

1) 평행검사 신뢰도

평행검사 신뢰도(parallel-form reliability)는 <u>두 개의 평행검사를 만들어 동일한 집단에게 두 검사를 시행하고 두 검사점수 간 상관계수로 신뢰도를 추정하는 방법</u>이다.

평행검사(동형검사)는 외형적으로는 다른 검사이지만, <u>두 검사의 진점수와 오차점수 분산이 같아 측정이론에서 볼 때 동질적이며 동일한 것으로 간주되는 문항들로 구성된 검사</u>를 의미한다. 평행검사는 동일한 내용이나 속성을 측정해야 하며, 문항수·난이도·변별도 등 문항의 특성이 동일해야 한다.

단점 : 이러한 이유로 <u>완벽하게 똑같은 평행검사를 만드는 것이 쉽지 않고, 평행검사를 제작한 검사자의 능력에 따라 신뢰도 계수가 영향을 받는 단점</u>이 있다.

평행검사 신뢰도는 (재검사 신뢰도 방법과 같이) 두 번의 검사 시행에 따른 **반복수행의 효과** 즉, <u>두 검사의 측정 환경과 대상자의 검사에 응하는 태도</u> 등이 다를 수 있어 문제가 된다. 보통 평행검사 제작이 어려워 대안검사(alternative test)를 만들어 신뢰도 추정에 이용한다. **대안검사**란 <u>두 검사가 최대한 평행검사가 되도록 노력하여 만든 검사</u>로, 대안검사를 사용할 경우 두 검사가 완벽한 평행검사가 아니라는 문제점이 있다.

장점 : 평행검사 신뢰도 방법은 두 개의 검사를 동일한 집단에게 동시에 시행하므로 <u>시험의 간격이 문제가 되지 않고, 신뢰도가 간편하게 추정되며, 기억 효과·연습 효과를 감소시킬 수 있는</u> **장점**이 있다.

평행검사 신뢰도는 교육에서 표준화된 검사(예 수능검사)의 신뢰도를 추정하는데 자주 사용된다.

2) 내적일관성 신뢰도

내적일관성 신뢰도(internal consistency reliability)는 <u>단 한 번의 검사로 신뢰도를 추정하는 방법</u>으로 **반분검사 신뢰도**(split-half reliability)와 **Cronbach α계수**가 있다.

(1) 반분검사 신뢰도

반분검사 신뢰도란 <u>한 번 시행한 검사 점수를 두 개로 나누어 두 검사 점수의 상관계수로 추정하는 신뢰도</u>로, 재검사 신뢰도가 부적당하거나 평행검사 제작이 어려울 때 사용할 수 있는 방법이다. 반분검사 신뢰도는 평행검사 신뢰도와 함께 <u>지식 검사의 신뢰도 추정에 자주 사용</u>된다.

반분검사 신뢰도는 <u>재검사 신뢰도나 평행검사 신뢰도처럼 검사를 두 번 시행할 필요가 없는</u> **장점**이 있지만, 반분하는 방법에 따라 신뢰도가 달라질 수 있기 때문에 두 부분이 동질성을 갖도록 나누어 평행검사가 되도록 해야 한다.

하나의 검사를 두 부분으로 나누는 방법은 다양하지만, **체육 분야의 실기 검사에서는 피로와 연습의 효과를 배제**하기 위해 앞쪽 시행과 뒤쪽 시행보다는 짝수 시행과 홀수 시행으로 구분하는 것이 적절하다.

반분검사 신뢰도는 전체검사 신뢰도가 아니라 하나의 검사를 둘로 나눈 부분검사의 신뢰도가 되므로 전체검사 신뢰도를 다시 계산해야 된다. 두 부분을 합쳤을 때의 검사 전체의 신뢰도를 계산하기 위해서 다음의 **Spearman-Brown공식**을 사용해서 교정한다.

$$\rho_{XX'} = \frac{2\rho_{YY'}}{1+\rho_{YY'}}$$ ·············· 공식 1

공식1에서 $\rho_{XX'}$은 **전체 검사의 신뢰도**이며, $\rho_{YY'}$은 **부분검사의 신뢰도 계수** 즉, 둘로 나눈 검사 점수들의 상관계수이다.

문 축구에서 리프팅 검사를 10회 시행하여 이 검사의 반분검사 신뢰도를 추정해보자. 홀수 시행과 짝수 시행한 검사 점수의 상관계수를 추정했더니 0.8이었다면, 전체 검사의 신뢰도는 얼마일까?

답 공식1의 $\rho_{YY'}$ 대신 0.8을 대입하여 계산하면, 다음과 같다.

$$\rho_{XX'} = \frac{2(0.8)}{1+0.8} = \frac{1.6}{1.8} = 0.89$$

즉, 10회 시행한 축구 리프팅 검사점수의 신뢰도 계수는 0.89이다.

공식1은 검사를 두 개로 나누었을 때에만 해당되는 것으로 검사를 여러 개로 나누었을 때에도 전체 검사의 신뢰도를 추정할 수 있는 일반화된 스피어만-브라운(**Spearman-Brown**) 예측 공식은 다음과 같다.

$$\rho_{XX'} = \frac{N\rho_{YY'}}{1+(N-1)\rho_{YY'}}$$ ·············· 공식 2

공식2에서 $\rho_{XX'}$은 **전체 검사의 신뢰도 계수**, $\rho_{YY'}$은 **부분검사의 신뢰도 계수**이며, N은 **전체검사를 구분한 부분검사의 수**이다. 공식 2를 이용하면, 부분검사의 수가 2 이상인 경우에도 전체검사의 신뢰도 계수를 계산할 수 있다.

장점 : 반분검사 신뢰도는 비교적 간단하게 추정이 되고, 재검사 신뢰도나 평행검사 신뢰도처럼 검사를 두 번 시행하지 않고 단 한 번의 검사 시행으로 신뢰도를 추정할 수 있는 **장점**이 있다.

단점 : 검사를 양분하는 방법에 따라 신뢰도 계수가 다르게 추정되는 **단점**이 있다. 이러한 단점 외에도 반분검사 신뢰도가 재검사 신뢰도와 함께 문제가 되는 것은 반분검사 신뢰도를 추정할 때 사용하는 상관계수가 이변량통계치(bivariate statistic)라는 것이다(Baumgartner). 이변량통계치란 서로 다른 두 개의 변인 간 관계에서 나타나는 통계치라는 의미로, 반분검사 신뢰도는 하나의 검사 점수를 이용하므로 단변량통계치(univariate statistic)를 이용해야 적절하다. 이러한 문제점을 해결할 수 있는 방법이 **Cronbach α 계수**라 할 수 있다.

(2) Cronbach α계수

Cronbach α계수(문항내적일관성 신뢰도)는 검사를 임위적으로 반분하지 않고 검사를 구성하는 문항의 분산을 이용하여 신뢰도를 추정하는 방법으로 **체육 분야에서는 지필 검사나 설문지 문항의 신뢰도를 추정**할 때 주로 사용된다. Cronbach α계수를 추정하는 공식은 다음과 같다.

$$\alpha = \frac{n}{n-1}\left(1 - \frac{\Sigma S_i^2}{S_X^2}\right) \quad \cdots\cdots\cdots\cdots \text{공식 3}$$

공식3에서 S_X^2은 **총점의 분산**이고, S_i^2은 **각 문항 점수의 분산**이며, n은 **문항수**이다. 공식 3을 자세히 살펴보면, **총점의 분산**(S_X^2)에 비해 **각 문항들의 분산**(S_i^2)이 작을수록 α계수가 커진다는 것을 알 수 있다. 즉, 각 문항에서 피험자들이 유사한 점수를 나타내 각 문항의 분산이 작을 때, α계수는 큰 값을 나타낸다.

예) 5점 리커트 척도로 구성된 생활체육 만족도에 대한 설문지 검사를 대학생들에게 실시했을 때, 대부분의 대학생들이 1번 문항에는 5번(매우 만족)에 답하고, 2번 문항에는 1번(매우 불만족)에 답하고, 하는 식으로 각 문항에 일관되게 답했다면, 이 설문지 검사의 α계수는 매우 클 것이다. 왜냐하면, 각 문항들의 분산이 작아져 각 문항들의 분산을 모두 더한 값(ΣS_i^2)이 작아지고, 결과적으로 α계수가 커지기 때문이다.

상기한 공식3의 분산을 표준화하면 다음과 같이 나타낼 수 있다.

$$\alpha = \frac{n\rho}{1 + \rho(n-1)} \quad \cdots\cdots\cdots\cdots \text{공식 4}$$

공식4에서 ρ는 **문항내적상관의 평균**으로 **검사에 포함된 모든 문항들의 상관을 평균한 값**이고, n은 **문항수**이다. 공식4의 의미를 좀 더 살펴보면, 공식4에서 ρ가 커지면 α계수가 커지게 된다. 즉, 각 문항 간 상관이 커서 문항내적 상관의 평균이 커지면 α계수가 커지게 된다. 즉, 각 문항 간 상관이 커서 문항내적 상관의 평균이 커지면 α계수가 커지게 된다. 문항 간 상관이 크다는 것은 1번 문항에서 높은 점수를 얻은 학생이 2번 문항, 3번 문항에서도 높은 점수를 얻는다는 것으로, 피험자들이 각 문항에 일관되게 답한다는 의미가 된다. 이러한 특성 때문에 Cronbach α계수가 문항내적일관성의 대표적인 지수로 사용되는 것이다.

공식4에서 제시한 표준화된 α계수 공식은 각 문항들의 분산의 차이를 고려하지 않아, 각 문항의 분산이 동일한 경우를 제외하고는 위 공식을 이용하여 α계수를 추정하는 것이 권장된다.

반분검사 신뢰도에 비해 **Cronbach α**는 검사를 둘로 나누지 않아도 되며 각 문항이 나타내는 일관성의 정도에 따라 추정된다. Cronbach α는 다른 신뢰도 지수보다 낮게 추정되지만, 검사도구를 신뢰도로 평가할 때 보수적으로 평가하는 것이 바람직하므로, Cronbach α를 신뢰도 지수로 사용하는 것이 권장된다.

3) 급내상관계수

급내상관계수(intra-class correlation coefficient)는 **분산분석**(ANOVA)을 이용하여 신뢰도를 추정하는 방법으로, 반복하여 측정된 측정치의 분산 성분(variance component)을 이용하여 신뢰도를 추정한다. Hoyt를 시작으로 많은 학자들이 분산분석을 이용하여 신뢰도를 추정하는 방법을 개발하였다. **분산 분석을 이용하여 신뢰도를 추정하는 방법**에는 **일원분산분석**(one-way ANOVA)과 **이원분산분석**(two-way ANOVA)을 사용한다. 분산 분석을 이용하여 신뢰도를 추정하는 논리는 고전검사이론의 진점수 모형으로부터 설명된다.

고전검사이론에 의하면, 신뢰도는 **관찰점수분산**(σ_X^2) 중 **진점수분산**(σ_T^2)이 차지하는 비율로 정의된다고 공식($\rho_{XX'} = \frac{\sigma_T^2}{\sigma_X^2}$) 설명하였다. **진점수**란 피험자가 갖고 있는 진짜 능력을 의미하므로 측정될 수 없는 점수이다. 따라서 **진점수**는 **관찰점수에서 오차점수를 뺀 값**으로 대신할 수 있고, **진점수분산**(σ_T^2)은 관찰점수분산(σ_X^2)에서 오차점수분산(σ_E^2)을 뺀 **값**으로 대신할 수 있다. 이러한 설명에 따라 신뢰도(R)는 다음과 같이 전개될 수 있다.

$$\rho_{XX'} = \frac{\sigma_T^2}{\sigma_X^2} = \frac{\sigma_X^2 - \sigma_E^2}{\sigma_X^2} \quad \cdots\cdots\cdots \text{공식 5}$$

만약, 동일한 검사를 여러 번 시행하였을 때 나타난 점수들로부터 관찰점수 분산과 오차점수 분산을 알 수 있다면, 공식 5를 이용하여 신뢰도를 계산할 수 있을 것이다. 특히, 분산 분석을 이용하여 신뢰도를 추정할 때에는 분산분석의 결과에서 관찰점수분산과 오차점수분산에 해당하는 항목을 대입하여 신뢰도를 추정하게 된다.

①**일원분산분석**을 적용할 경우에 **관찰점수분산**은 **피험자간 평균제곱합**(MS_b : mean sum of squares between subject)이며, **오차점수분산**은 **피험자내 평균제곱합**(MS_w : mean sum of squares within subject)이 된다. 따라서 일원분산분석을 적용하여 추정된 신뢰도는 다음과 같다.

$$\rho_{XX'} = \frac{MS_b - MS_w}{MS_b} \quad \cdots\cdots\cdots \text{공식 6}$$

공식6에서 **피험자간 평균제곱합**(MS_b)은 검사를 시행한 피험자 점수 간 평균적인 차이이고, **피험자내 평균제곱합**(MS_w)은 각 피험자들이 여러 번 시행한 점수 간 평균적인 차이를 의미한다. 즉, **일원분산분석**을 적용했을 경우에는 동일한 피험자가 여러 번 검사를 시행했을 때 나타난 점수들의 차이를 **오차**로 간주한다.

②**이원분산분석**을 적용할 경우에 **관찰점수분산**은 **피험자간 평균제곱합**(MS_b : mean sum of squares between subject)이며, **오차 점수분산**은 **상호작용 평균제곱합**(MS_i : mean sum of squares interaction)이 된다. 따라서 이원분산분석을 적용하여 추정된 신뢰도는 다음과 같다.

$$\rho_{XX'} = \frac{MS_b - MS_i}{MS_b} \quad \cdots\cdots\cdots \text{공식 7}$$

공식7에서 **상호작용 평균제곱합**(MS_i)은 피험자와 검사시행 간 상호작용(interaction)에 의해 나타나는 차이이다. 즉, 이원분산분석을 적용했을 경우에는 **피험자와 검사시행 간 상호작용**을 오차로 간주한다. 체육 분야의 실기 검사에서는 동일한 측정 문항을 2번 이상 반복하여 시행하는 검사들이 많아 분산분석을 적용하여 신뢰도를 추정하는 방법이 널리 이용될 수 있다. 과거에는 분산분석이라는 통계 방법에 정통해야 이 방법을 이용하여 신뢰도 계수를 추정하였으나, 최근에는 SPSS 통계 프로그램의 메뉴에서 '분석-척도화 분석-신뢰도 분석-통계량'을 차례로 선택한 뒤 '**급내 상관계수**' 항목을 선택하면 쉽게 추정할 수 있다.

5-1. 측정의 표준오차(SEM)

이기봉 Q&A 재구성

164. 한 개인의 검사 점수에 대한 정확성을 평가하거나 개인의 점수들을 서로 비교할 때 사용될 수 있는 지수는 무엇이며, 계산 공식을 쓰시오.

답 **측정의 표준오차**(SEM : Standard Error of Measurement)는 한 개인의 검사 점수에 대해 신뢰도를 평가할 때 사용하는 지수로 **절대** 신뢰도라고도 한다.

측정의 표준오차(SEM)는 이론적으로 한 사람에게 동일한 검사를 무수히 많이 시행하여 얻어지는 검사 점수의 **표준편차**를 의미한다. 즉, 이 값은 한 사람의 점수에 대한 평균적인 오차를 의미하며, 측정의 표준오차가 작으면 한 학생의 검사 점수가 다시 측정했을 때에도 비슷하게 나올 가능성이 커지는 것이다. 그런데, 문제는 이러한 절차를 현실적으로 실행하기 어렵다는 것이다. 그래서 SEM은 한 번 측정된 한 집단의 표준편차(s)와 신뢰도($\rho_{XX'}$)를 이용하여 추정하게 된다. SEM을 계산하는 공식은 다음과 같다.

$$SEM = s\sqrt{1-\rho_{XX'}}$$

위 공식에서 s는 **피험자 집단의 표준편차**이고, $\rho_{XX'}$은 상관계수 방법^{t검정}이나 분산분석 방법^{F검정} 등에 의해 추정된 **검사 점수의 신뢰도**이다.

추정의 표준오차(SEE : Standard Error of Estimation)는 **회귀방정식의 정확성 정도를 나타내는 지수**로 다음과 같이 계산된다.

$$SEE = s_y\sqrt{1-r_{xy}^2}$$

[SEE:추정의 표준오차, **x**:현장검사(오래달리기-걷기 검사)의 점수, **y**:준거검사(VO_2max 값)의 점수,

s_y:준거검사 점수의 표준편차, r_{xy}^2:두 검사 점수 간 상관을 제곱한 값]

문) 고등학교 3학년 남학생을 대상으로 실시한 팔굽혀펴기 검사의 표준편차가 3개이고 이 검사 점수의 신뢰도가 0.84였다면, SEM은 얼마인가?

답) $SEM = 3\sqrt{1-0.84} = 3 \times 0.4 = 1.2$

고3 남학생을 대상으로 실시한 팔굽혀펴기 검사의 SEM은 1.2개이다.

SEM은 검사 점수의 **표준편차**와 유사한 개념으로 사용된다. 어떤 집단의 검사 점수가 정규분포를 한다면, ±1 표준편차 범위 내에 이 집단의 약 **68**% 정도의 검사 점수가 있다.

SEM에 대한 위의 설명을 종합해 보면, 크게 2가지로 요약될 수 있다.

① SEM은 한 개인의 점수에 대한 신뢰성을 판단하는데 사용될 수 있다. 이와 유사하게 한 학생이 동일한 검사를 무수히 많이 시행한다면, 이 학생의 검사 점수 중 약 **68**%는 ±1 SEM 범위 내에 있고, **95**%는 ±2 SEM 범위 내에 있다고 할 수 있다.

  예) A라는 학생의 왕복달리기 기록이 10초이고 측정의 표준오차가 0.5초라면 이것은 A 학생이 왕복달리기 검사를 무수히 많이 시행했을 때, 68%는 **9.5**초에서 **10.5**초 사이의 기록이 나올 것이고, 95%는 **9.0**초에서 **11.0**초 사이의 기록이 나올 것으로 판단할 수 있다.

② SEM은 둘 이상의 피험자의 검사 점수를 비교할 때 유용하다. ±1SEM 또는 ±2SEM 신뢰구간(confidence interval)은 두 피험자의 점수를 비교할 때 매우 유용하다.

  문) A라는 학생의 왕복달리기 기록은 10초이고 B라는 학생의 기록은 11.1초라면, 두 학생의 왕복 달리기 능력을 어떻게 비교·평가할 수 있을까?

  답) SEM이 0.5초라면, 두 학생의 신뢰구간을 비교할 수 있을 것이다. 즉, A학생의 ±1SEM 신뢰구간은 **9.5**초 ~ **10.5**초이고, B학생의 ±1SEM 신뢰구간은 **10.6**초 ~ **11.6**초가 되어 두 학생의 신뢰구간이 겹치지 않는다. 따라서 두 학생의 왕복달리기 능력은 **68**%의 신뢰성을 갖고 '차이가 있다' 또는 'A학생이 B학생보다 왕복달리기를 더 잘한다'라고 비교할 수 있을 것이다.

☞ **6. 신뢰도에 영향을 미치는 요인** : (1)검사의 특성, (2)검사의 길이,
   (3)신뢰도계수의 종류(③검사시행의 간격 · ②신뢰도 추정방법^{오차점수분산}),
   (4)피험자집단의 동질성^{이질성}, (5)측정대상자의 준비정도^{검사 시 피험자의 준비정도}, (6)피험자의 수

165. 박 교사는 중학교 2학년 농구 단원 평가 항목으로, <u>교사의 패스에 의한 레이업 슛 검사</u>를 선정하였다. '검사 자체 영역'·'검사 환경 영역'에서 신뢰도에 영향을 미치는 요인과 그 이유를 각각 쓰시오.

영역	요인
수행자 (학생)	개인의 능력, 소질, 동기, 검사일 컨디션, 사전 경험, 검사에 대한 기억, 피로 등
검사 자체 (속성)	
검사 환경 (조건)	
검사자 (평가자)	검사에 대한 이해력, 친숙도, 검사 경험, 검사자 수 등

답 ○ 검사 자체 영역

   요인 : **운동기능** 검사(**정확성**이 요구되는 검사)

   이유 : 체력검사와 비교하여 운동기능 검사는 **피험자의 능력** 외에도 피험자가 자신의 **심리**적인 상태에 **영향**을 받기 때문에 따라 반복된 검사에서 신뢰도가 낮다.

○ 검사 환경 영역

   요인 : **검사의 길이**(**검사 횟수**)

   이유 : 검사의 횟수가 증가할수록 신뢰도 계수가 **증가**하기 때문이다.

스포츠지도사 기출문제 & 서답형

166. 신뢰도에 영향을 미치는 요인이 <u>아닌</u> 것은?

가. 검사집단의 동질성 정도

나. 피험자의 수

다. 피험자의 특성

라. 측정자의 판단

167. 신뢰도에 영향을 미치는 요인을 완성하시오.

답 ①신뢰도계수의 종류(오차점수 분산)

②검사의 특성

③검사의 길이

④검사집단의 **동질**성 정도 : 오차점수 분산이 일정할 경우, 관찰점수 분산(피험자간 평균제곱합)이 작을수록 신뢰도가 작다.

⑤피험자의 **특성**

⑥피험자의 **수**

168. 체력측정의 오차에 영향을 주는 요인으로 옳지 <u>않은</u> 것은? *2019*

① 측정 대상자의 체력 증진

② 측정 대상자의 피로도

③ 측정도구(기기)의 정확도

④ 대상자별로 적용되는 측정 절차의 차이(다양성)

169. '체력'이라는 복합적 특성을 측정하기 위해서 흔히 여러 개의 세부 항목(종목)으로 구성된 체력 검사장(fitness test battery)을 개발·적용한다. 체력 검사장에 대한 설명으로 옳은 것은? *2019*

① 체력 검사장을 구성하는 세부 종목들 간의 상관관계가 높을수록 효율성이 높은 검사장으로, 다양한 요인을 비교적 독립적으로 측정해 낼 수 있다.

② 일반적으로 현장(field)에서 사용되는 항목은 실험실 검사 항목에 비해 타당도가 낮으나 측정의 효율성이 높은 종목들로 구성되어 있다.

③ 타당도가 높은 종목과 낮은 종목들이 혼합되어 체력장 전체의 타당도 계수가 0.5 내외로 유지되도록 해야 한다.

④ 검사의 종목이 많을수록 더 객관적이고 효율적인 측정치를 얻을 수 있으나, 검사의 종목 수가 적을수록 전체 체력장의 신뢰도는 높아진다.

이기봉 Q&A 재구성

170. 체력 요인을 측정하는 검사와 운동 기능 검사 중에 더 높은 신뢰도 수준이 요구되는 것은 무엇이며 그 이유는 무엇인가? 기출문제

답 최대한 힘과 노력을 요구하는 검사는 피험자가 **최선**을 다했다면 거의 일관된 결과를 보이게 되지만, 정확성을 요구하는 검사는 외형적으로 나타나는 피험자의 능력 외에도 **피험자가 자신의 심리적인 상태를 어떻게 조절하느냐**에 따라 검사 결과가 달라질 수 있다.

검사를 시행하는 방법이 얼마나 <u>간단</u>하고, <u>복잡</u>하느냐에 따라 신뢰도는 달라질 수 있다.

운동기능 검사는 체력 검사보다 검사 시행 방법이 복잡하게 구성되는데, 동일한 집단에게 복잡한 검사와 단순한 검사를 시행했을 때 단순한 검사 점수의 신뢰도가 더 높게 나타날 것이다.

일반적으로 **체력** 검사의 경우 최소한 0.80 이상의 신뢰도가 요구되지만, 정확성이 요구되는 **운동기능** 검사의 경우 타당도가 확보된다면 $0.70^{0.60}$ 이상이면 받아들일 수 있다. 검사의 특성과 관계없이 $0.70^{0.60}$ 이하의 신뢰도를 나타내는 검사도구는 수용하기 어려운 것이 일반적인 견해이다.

171. 과거에 실시한 선행연구에서 제시한 검사도구의 신뢰도를 현재의 연구에서 인용하여 제시하는 것이 바람직하지 <u>않</u>은 이유를 설명하시오. 기출문제

답 일반적으로 체육 분야의 연구나 보고서에서는 연구에서 사용한 검사 도구의 신뢰도를 제시할 때 과거에 보고했던 신뢰도 계수를 그대로 제시하는 경우가 많다. 그러나, 검사도구의 신뢰도란 '검사도구를 이용하여 수집한 자료의 신뢰도'라는 의미이지 '사용한 검사도구 자체의 신뢰도'를 의미하는 것이 **아니다**.

동일한 검사도구라할지라도 <u>누가, 어떻게, 어떤 대상에게 검사를 시행하여 자료를 수집하였느냐</u>에 따라 신뢰도 계수는 달라진다.

따라서 체육 교사나 연구자가 사용하고자 하는 검사도구의 신뢰도가 선행연구에서 이미 밝혀졌다 하더라도, 과거의 신뢰도 계수를 그대로 보고하는 것보다는 현재 연구자가 수집한 자료의 신뢰도를 추정하여 보고하는 것이 바람직하다.

신뢰도에 영향을 미치는 요인 - 체육측정평가[이기봉]

1) 검사의 특성

일반적으로 체력 요인을 측정하려는 **체력 검사**(physical fitness test)가 운동 기능을 측정하는 **운동기능 검사**(sports skills test)보다 높은 신뢰도를 나타낸다.

㉠ 학생체력검사의 팔굽혀펴기나 윗몸일으키기와 같은 검사들은 **최대한 힘과 노력을 다할 것이 요구되는 검사**이지만, 농구의 자유투 검사나 배드민턴 숏 서비스 검사와 같은 **운동기능 검사**들은 **정확성이 요구**된다.

최대한 힘과 노력을 요구하는 검사는 피험자가 최선을 다했다면 거의 일관된 결과를 보이게 되지만, **정확성을 요구하는 검사**는 외형적으로 나타나는 **피험자의 능력** 외에도 피험자가 **자신의 심리적인 상태를 어떻게 조절하느냐**에 따라 검사 결과가 달라질 수 있다. 검사를 시행하는 방법이 얼마나 **간단**하고, **복잡**하느냐에 따라 신뢰도는 달라질 수 있다. 주로 운동기능 검사는 체력 검사보다 검사 시행 방법이 복잡하게 구성되는데, 동일한 집단에게 복잡한 검사와 단순한 검사를 시행했을 때 단순한 검사 점수의 신뢰도가 더 높게 나타날 것이다. 이러한 특성은 검사를 개발할 때 교사나 지도자가 반드시 고려해야 한다.

상기한 설명 때문에 검사의 특성에 따라 수용될 수 있는 신뢰도의 정도가 달라지기도 한다. 일반적으로 체력 검사의 경우 최소한 0.80 이상의 신뢰도가 요구되지만, 정확성이 요구되는 운동기능 검사의 경우 타당도가 확보된다면 0.70 이상이면 받아들일 수 있다. 검사의 특성과 관계없이 0.70 이하의 신뢰도를 나타내는 검사도구는 수용하기 어려운 것이 일반적인 견해이다.

2) 검사의 길이

지필 검사나 운동기능 검사는 일반적으로 검사에 포함된 문항의 수가 많을수록 검사의 신뢰도는 커진다. 일반적으로 학교 체육 현장에서 학생들의 운동 기능을 평가할 때에는 동일한 검사를 여러 번 실시하게 된다.

㉠ 배구에서 언더핸드패스를 땅에 떨어뜨리지 않고 위로 올려 치는 검사가 있다. 이 검사를 3회 실시하는 것보다는 10회 실시하여 얻어진 검사 점수의 신뢰도가 높게 나타날 것이다.

이와 같이 한 가지 검사를 반복하여 시행하는 경우가 많은 체육의 실기 검사에서는 검사 시행 횟수를 늘릴수록 신뢰도가 높아진다.

3) 신뢰도 계수의 종류

① 검사 시행의 간격 신뢰도의 정도에 영향을 미칠 수 있는 요인 중 하나는 **검사 시행의 간격**[2회(재검사신뢰도)]이다. 하루에 동일한 검사를 여러 번 실시하여 신뢰도를 추정하는 것이 동일한 검사를 여러 날 동안 시행하여 신뢰도를 추정하는 것보다 높은 신뢰도를 나타낸다. 왜냐하면, 하루 동안 검사를 시행하였을 때 얻어진 피험자의 점수가 여러 날 동안 시행되었을 때보다 변동될 수 있는 요인이 적기 때문이다. 즉, 서로 다른 날에 시행되는 검사의 신뢰도는 컨디션이 좋은 날과 나쁜 날에 따라 검사 점수가 달라지는 현상(good day/bad day phenomenon)이 작용하여 하루에 검사를 시행하는 경우보다 일반적으로 낮게 나타난다.

② 신뢰도 추정방법 분산분석 방법[3회 이상]을 사용하여 신뢰도를 추정할 경우에는 어떤 방법을 사용했느냐에 따라 신뢰도의 정도가 달라질 수 있다. 그 이유는 분산분석의 결과에서 어떤 성분을 **오차점수 분산으로 판단했는가**에 따라 신뢰도 계수가 달라지기 때문이다.

따라서 논문이나 연구보고서에서 검사점수의 신뢰도를 보고할 때에는 신뢰도 계수 추정방법[예 일원분산분석(MS_w), 이원분산분석(MS_i)]을 제시하는 것이 권장된다. 왜냐하면, 검사의 방법에 따라 적절한 신뢰도 계수 추정 방법을 적용하는 것도 중요하지만, 적용한 방법이 무엇인지를 연구보고서나 논문에서 밝히는 것도 독자나 후속 연구 세대를 위해 매우 중요하다.

4) 피험자 집단의 동질성

신뢰도의 정도에 영향을 미칠 수 있는 또 다른 요인은 '**피험자 집단의 특성이 얼마나 동질적인가 또는 이질적인가**' 하는 것이다.

예 피험자들의 능력이 큰 차이를 보여 능력의 범위가 넓은 집단에게 검사를 시행하여 얻어진 검사 점수의 신뢰도는 과대 추정될 것이다. 만약, 중1부터 중3까지의 학생들에게 공던지기 검사를 시행한 후에 신뢰도를 추정하면, 동일한 학년에게 검사를 시행한 것보다 더 높은 신뢰도가 추정될 것이다.

피험자 집단이 이질적이라면, 분산분석을 이용하여 신뢰도를 추정한 공식에서 **피험자 간 평균제곱합**(MS_b)이 커지게 되는데, 이 경우 피험자내 평균제곱합(MS_w) : 상호작용 평균제곱합(MS_i)이 일정하다면(오차점수 분산이 일정하다면) 신뢰도 계수는 커지게 된다.

따라서, 능력 범위가 넓은 집단에게 검사를 시행할 경우에는 동일 학년이나 동일 수준으로 구분하여 검사를 시행하고 신뢰도를 추정해야 인위적으로 신뢰도가 팽창하지 않을 것이다.

5) 측정대상자의 준비정도 ^{검사 시 피험자의 준비 정도}

 연구에서 보고하는 검사 점수의 신뢰도에서 간과할 수 있는 것이 **검사를 시행할 때 피험자의 준비 정도**와 관련된 것이다. 검사를 시행하기 전 피험자는 검사 방법에 대해 충분히 이해하고 있어야 하며, 적어도 하루 전에는 검사에 대한 경험이 있어야 한다. 왜냐하면, 피험자가 검사에 대해 충분히 이해하고 있어야 가장 좋은 검사 점수를 얻기 위해 노력할 것이기 때문이다.

 또한, 교사나 검사자는 피험자들이 생리적·심리적으로 검사받을 준비가 되어 있는지 확인해야 한다. 만성적으로 천식이 있는 학생에게 확인 절차 없이 오래달리기-걷기 검사를 시행한다거나, 충분한 준비 운동을 하지 않고 추운 날씨에 유연성 검사를 하는 것은 검사 점수의 신뢰도를 떨어뜨리는 원인이 된다.

 따라서 검사를 시행하기 전에 교사나 연구자는 모든 피험자들이 검사 받을 준비를 충분히 갖추도록 주변 여건과 개인적인 상태를 파악해야 할 것이다.

6) 피험자의 수

 피험자의 수가 신뢰도의 정도에 영향을 미친다.

 만약, 피험자의 수가 너무 적으면 피험자 집단이 너무 동질적이거나 이질적이 될 수 있기 때문에 신뢰도에 영향을 미치게 된다.

 만약, 피험자 집단이 동질성에 있어서 큰 문제가 되지 않는다면, 신뢰도 계수를 추정하는데 30~50명 정도가 권장된다.

신뢰도 계수의 보고

 일반적으로 체육 분야의 연구나 보고서에서는 연구에서 사용한 검사 도구의 신뢰도를 제시할 때 <u>과거에 보고했던 신뢰도 계수를 그대로 제시하는 경우</u>가 많다.

 그러나, **검사도구의 신뢰도**란 '검사도구를 이용하여 수집한 ^{측정}자료의 신뢰도' 라는 의미이지 '**사용한 검사도구 자체의 신뢰도**^{50m→49m}' 를 의미하는 것이 아니다.

 동일한 검사도구라할지라도 <u>누가, 어떻게, 어떤 대상에게 검사를 시행하여 자료를 수집하였느냐</u>에 따라 신뢰도 계수는 달라진다.

 따라서, 체육 교사나 연구자가 사용하고자 하는 검사도구의 신뢰도가 선행연구에서 이미 밝혀졌다 하더라도, 과거의 신뢰도 계수를 그대로 보고하는 것보다는 현재 연구자가 수집한 자료의 신뢰도를 추정하여 보고하는 것이 바람직하다.

☞ **7. 객관도=평가자**검사자·채점자 **신뢰도** **(1)**⇧ : ①평가기준(조작적 정의)의 구체성명확성
②평가자검사자·채점자 간의 사전 협의훈련·책임의식정직성
(2)객관도 추정방법 : ①상관계수 방법, ②분산분석 방법(급내상관계수)

172. 다음은 박 교사가 상호 평가를 활용하여 작성한 평가 결과표이다.

〈표1〉 2005년도 탈춤 동작 평가 결과표

상호평가자 평가대상자	박○○	이○○	오○○	합계 점수	평균 점수
최○○	8	10	6	8 +10 + 6 = 24	8점
유○○	4	6	8	4 + 6 + 8 = 18	6점
박○○	7	10	10	7 +10 +10 = 27	9점

〈표2〉 2006년도 탈춤 동작 평가 결과표

상호평가자 평가대상자	유○○	김○○	오○○	정○○	박○○	합계 점수	평균 점수
홍○○	8	10	8	6	8	8 + 8 + 8 = 24	8점
고○○	4	6	7	8	9	6 + 7 + 8 = 21	6점
송○○	9	6	10	8	10	9 +10 + 8 = 27	9점

(1) 박 교사가 2006년도에 새롭게 도입한 평가 방법(또는 전략)을 2가지 쓰시오.

답 ① **평가자의 수**를 증가시켰다(**3**명 → **5**명).

② **최고**점과 **최하**점을 **제외**한 나머지 점수의 **평균**점수를 구했다.

(2) 박 교사가 2006년도에 새롭게 도입한 평가 방법(또는 전략)을 활용한 이유를 설명하시오.

답 **객관**도(**평가자간** 신뢰도)를 높이기 위함이다.

173. 박 교사는 중학교 2학년 농구 단원 평가 항목으로, 교사의 패스에 의한 레이업 슛 검사를 선정하였다. 신뢰도에 영향을 미치는 여러 가지 요인 중 아래의 요인과 관련된 평가검사도구의 양호도를 무엇이라고 하는가?

영역	요인
검사자(평가자)	검사에 대한 이해력, 친숙도, 검사 경험, 검사자 수 등

답 **객관도**

174. 다음은 3명의 교사가 학생들의 한국 무용 능력을 검사한 결과표이다(단, 교사 3명은 서로 모르는 관계였고, 검사 시행 당일 간단한 자기 평가 지침을 전달받고 검사에 임하였다).

검사자 학생	박 교사	이 교사	최 교사
홍○○	45	35	57
이○○	56	55	43
김○○	35	56	46
⋮	⋮	⋮	⋮
정○○	34	32	54
박 교사와 이 교사의 검사 결과 상관계수(r) = 0.25			
이 교사와 최 교사의 검사 결과 상관계수(r) = 0.24			
박 교사와 최 교사의 검사 결과 상관계수(r) = 0.18			

(1) 위의 결과를 토대로 이 검사에서 나타난 문제점을 쓰시오.

답 **검사자 간 신뢰도**, 즉 **객관도**가 낮다.

(2) 이와 같은 문제를 예방하기 위한 방법을 '평가기준'과 '검사자' 측면에서 각각 설명하시오.

답 ◦ 평가기준 : 평가기준^{평가지침}의 **구체**화(**명확**화) = **조작적 정의**를 명확하게!

  ◦ 검사자 : 평가자 간의 **사전협의**(**훈련**·**책임의식**)

175. <보기>의 대화 내용에 비추어 보고서에 나타난 두 학생의 '㈎훌륭한 스포츠 행동'에 관한 기록이 서로 다른 이유를 설명하시오.

모둠 활동 보고서

<모둠명 : 스타트>　　　　　　　　　　　　　　　　　　　　　　　　모둠장 : 최성실

모둠활동 내용 : '울트라모둠'과 '2PM짱 모둠'이 농구경기를 하는데 기록을 포함한 모든 운영을 우리 모둠이 맡음.

<창환이의 기록지>

이름	득점	반칙	㈎훌륭한 스포츠 행동
은정	2	0	3회
정남	0	1	1회
혜리	1	0	3회
은혜	0	1	2회

<재홍이의 기록지>

이름	득점	반칙	㈎훌륭한 스포츠 행동
은정	2	0	1회
정남	0	1	1회
혜리	1	0	0회
은혜	0	1	1회

───── <보기> ─────

창환 : 재홍아! 네가 기록한 '훌륭한 스포츠 행동'의 횟수가 나랑 완전히 다르네! 난 정확하게 기록했는데 왜 이럴까?

재홍 : 넌 '훌륭한 스포츠 행동'이 뭐라고 생각하니?

창환 : 우리 팀, 상대 팀 할 것 없이 모든 선수들을 격려하고 배려하는 행동으로 보고, 그때마다 기록했어.

재홍 : 난 경기 중에 넘어진 상대 선수를 일으켜 세워 주는 것과 같이 상대 팀에게 스포츠맨십을 발휘하는 행동으로 봤는데…….

📝 두 학생이 **'훌륭한 스포츠 행동'** 변인을 서로 **다르게 (조작적) 정의**하고 있기 때문이다. → **평가기준의 비구체화**

※오답

① 두 학생이 변인을 질적으로 기록하고 있기 때문이다.

　→ 질적을 **양**적으로 바꾼다.

② 두 학생이 서로 다른 리커트 척도를 사용하고 있기 때문이다.

　→ **사건기록**법 또는 **체크리스트**를 사용하고 있다.

③ 두 학생이 서로 다른 측정 척도를 사용하고 있기 때문이다.

　→ 서로 **같은** 측정 척도(회)를 사용하고 있다.

④ 두 학생 간 높은 객관도 수준에서 변인을 기록하고 있기 때문이다.

　→ **낮은** 객관도 수준에서 변인을 기록하고 있다.

176. 다음은 2013학년도 대한중학교 1학년의 영역형 경쟁 활동 단원 계획에 대한 김 교사와 서 교사의 대화이다. 축구 활동에서 '페어플레이'와 관련된 학습 과제를 ㈎의 직접 체험 활동과 간접 학습 활동별로 <조건>에 따라 제시하시오.

김 교사 : 이번 학기 영역형 경쟁 활동은 '축구'를 선택해서 교수·학습의 내용과 방법을 계획했으면 합니다.
서 교사 : 네. '2009 개정 교육과정에 따른 체육과 교육과정'은 신체활동 가치와 함께 창의·인성을 내면화할 수 있도록 가르치는 것이 중요한데, 영역형 경쟁에서는 인성 요소로 '페어플레이'가 제시되어 있더군요.
김 교사 : 맞습니다. 저는 체육 수업에서 학생들이 인성을 총체적으로 알고, 느끼고, 실천하려면 ㈎ '2009 개정 교육과정에 따른 체육과 교육과정'에서 제시된 '통합적 교수·학습 방법'을 활용하여 가르치는 것이 필요하다고 생각합니다.

<조건>
o 평가 방법에는 평가내용·평가도구(타당도)·평가자 행동(객관도)이 포함되도록 할 것.

[답]

▸ 직접 체험 활동

① 평가 내용 : 페어플레이 실천 여부

② 평가 도구 : 루브릭, 체크리스트

③ 평가자 행동 : 페어플레이의 **조작적 정의**를 명확히 하고 평가기준을 **구체화**하고 **평가자 간**의 **사전협의(훈련)**를 통하여 **객관도**가 높을 수 있도록 평가한다.

▸ 간접 학습 활동

① 평가 내용 : 페어플레이 관련 서적 독후감 쓰기, 축구경기 중 페어플레이 장면에 대한 감상문 쓰기, 페어플레이 장면에 대해 토의·토론하기 → 역사·철학·문학·예술·종교

② 평가 도구 : 반성일지, 감상문, 독후감

③ 평가자 행동 : 반성일지와 감상문 등의 지속성과 진실성, 토의·토론 과정에 대한 적극성에 대하여 평가기준을 구체화하고 **평가자 간**의 **사전협의**를 통하여 **객관도**가 높을 수 있도록 평가한다.

177. 피부두겹(skinfold) 방법은 BMI 방법과 비교할 때, **검사자 간 신뢰도(객관도)**가 상대적으로 낮다.

※오답 : 피부두겹(skinfold) 방법은 BMI 방법과 비교할 때, 검사자 간 신뢰도(객관도)가 상대적으로 높다.

178. 다음 그림은 학생들의 성취도에 대한 교사들의 평가 결과이다. 평가 내용, 대상의 조건이 동일한 것으로 가정할 때 이에 대한 해석이다.

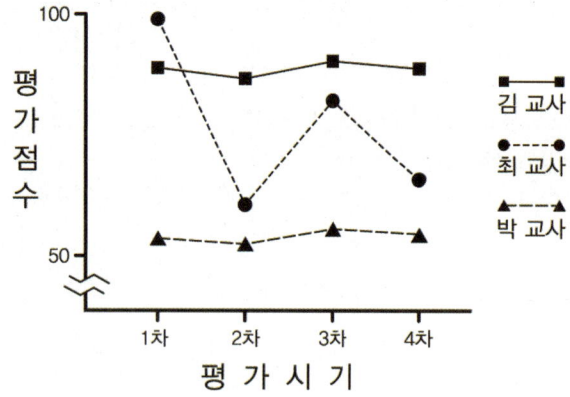

① 김 교사와 박 교사는 평가의 일관성을 보여 주고 있다. → 평가자내 신뢰도는 **높**다.

② 최 교사는 편파적 판정을 내릴 가능성이 높다. → 평가자내 신뢰도는 **낮**다.

③ 박 교사는 성적을 낮게 부여하는 경향이 있다. → 평가자내 신뢰도는 **높**다.

④ 김 교사와 박 교사가 동일한 학년을 평가한다면 객관도 문제가 발생할 수 있다. → 평가자간 신뢰도가 **낮**다.

⑤ 3명의 교사는 평가자간 신뢰도가 **낮**다.

※오답 : 김 교사는 비교적 타당도가 높은 평가를 실시하고 있다.

김 교사	관대함	관찰점수 - 진점수 = 오차점수(+)	진점수와 오차점수는 부적 상관
최 교사	비일관성		
박 교사	엄격함	관찰점수 - 진점수 = 오차점수(-)	진점수와 오차점수는 부적 상관

179. 다음은 50m 달리기 검사 중 발생한 오차이다. 이 오차가 검사도구(50m 달리기)가 갖추어야 할 도구적 특성에 미친 영향을 설명하시오.

오차 상황	기록 측정자인 교사가 일부 학생들이 골인 지점을 통과할 때 초시계를 조금 늦게 눌렀다.

답 **평가자내 신뢰도**, 즉 **객관도**가 낮다.

180. 다음은 1학기 창작댄스와 농구 실기 평가에 대한 체육 교사 간의 대화 내용이다. 대화 내용에 근거하여 신뢰도^{채점자} _{신뢰도·객관도} 측면의 문제점을 찾고 해결 방안을 제시하시오. 2016

강 교사 : 선생님, 이번에 평가한 창작댄스의 동료평가 결과를 확인했는데 문제가 많아요.

황 교사 : 어떻게 평가하셨죠?

강 교사 : 저는 학생들을 A, B, C의 세 모둠으로 나눠 한 모둠을 다른 두 개의 모둠이 평가하도록 했어요. 예를 들어 A모둠이 창작댄스를 발표할 때 B모둠과 C모둠이 동시에 A모둠의 작품을 평가하도록 했어요.

황 교사 : 그런데 평가 결과에 어떤 문제가 있었나요?

강 교사 : 네. A모둠에 대한 B모둠과 C모둠의 평가가 너무 달라 점수 차이가 컸어요. 학생들은 공정하지 않다며 동료 평가에 대한 불만이 컸어요.

답 ○ 신뢰도 측면의 문제점 : **평가자 간 신뢰도**, 즉 **객관도**가 **낮**다.

　　(A모둠에 대한 B모둠과 C모둠의 평가가 너무 달라 점수 차이가 컸다. 동료평가에 대한 불만이 컸다.)

　○ 해결방안 : ① **평가기준**(평가지침)의 **구체화**(명확화)

　　　　　　　② **평가자 간**의 **사전협의**(훈련·책임의식)

181. <보기>에서 괄호 안에 들어갈 말은?

<보기>
( )는 평가자 내 혹은 평가자 간의 반복측정 결과에 대한 일치 정도이다.

가. 타당도
나. 결정도
다. 객관도
라. 적합도

182. 동일한 대상자에 대해 두 명 이상의 검사자가 각각 측정한 점수들이 일치하는 정도를 나타내는 것은?
① **객관도**
② 변별도
③ 변산도
④ 다양도

183. 측정 도구의 타당도에 대한 개념으로 가장 적절한 것은?
① 측정자 간 점수의 일치도를 의미한다(×).
② 측정하고자 하는 점수에서 오차가 낮은 정도를 의미한다(×).
③ 측정하고자 하는 속성(변인)에 대한 변별력을 의미한다(×).
④ **측정하고자 하는 속성(변인)을 제대로 측정하는가의 정도를 의미한다.**

184. <보기>에서 괄호 안에 공통으로 들어갈 평가검사도구의 양호도를 쓰시오.

<보기>
○ ( )는 평가자 내 혹은 평가자 간의 반복측정 결과에 대한 일치 정도이다.
○ ( )는 동일한 대상자에 대해 두 명 이상의 검사자가 각각 측정한 점수들이 일치하는 정도를 나타낸다.
○ ( )는 측정자간 점수의 일치도를 의미한다.

답 **객관도**

185. 객관도를 높일 수 있는 방법으로 옳지 않은 것은?
① 정성적 평가(×)
② 채점 기준의 구체화
③ 측정 절차의 명료화
④ 평가 내용의 자세한 설명

186. 객관도를 높일 수 있는 방법을 완성하시오.
답 ①채점 기준의 구체화
   ②평가 내용의 자세한 설명
   ③측정 절차의 명료화

187. 신체구성 평가를 위한 피하지방 두께 측정법에 대한 설명으로 옳지 <u>않은</u> 것은? `2018`

① **한 손으로 측정 부위를 잡고, 잡은 손가락에 가장 가까운 부위를 캘리퍼로 집는다**(×).
② <u>측정 방식의 차이</u>는 <u>검사자 간 오차</u>의 원인이 된다.
③ 운동 직후나 더운 환경에서는 가급적 피하지방 두께 측정법을 사용하지 않는다.
④ <u>피하지방 두께 측정의 정확성</u>은 <u>측정자의 기술</u>과 <u>측정기구의 종류</u>에 의해 영향을 받는다.

188. <보기>는 신체구성 평가를 위한 피하지방 두께 측정법에 대한 설명이다. 밑줄 친 ㉠, ㉡과 관련된 평가^점^사도구의 양호도를 1가지만 쓰시오. `2018`

<보기>
○ 측정 방식의 차이는 ㉠검사자 간 오차의 원인이 된다.
○ 운동 직후나 더운 환경에서는 가급적 피하지방 두께 측정법을 사용하지 않는다.
○ 피하지방 두께 측정의 정확성은 ㉡측정자의 기술과 측정기구의 종류에 의해 영향을 받는다.

답 **객관도** = 평가자간 **신뢰도**

189. <보기>에서 설명하는 것은? `2018`

<보기>
• 1단계 : 새로 개발된 체중계를 이용하여 동일한 대상의 체중을 2회 측정한다.
• 2단계 : 1차와 2차 측정값 사이의 상관계수를 산출한다.
• 3단계 : 측정도구의 일관성을 검증한다.

① **평가자 간 신뢰도** → 객관도
② 동형검사 신뢰도
③ 내적일관성 신뢰도
④ **검사-재검사 신뢰도**

이기봉 Q&A 재구성

190. 상관계수 방법을 적용하여 검사 도구의 객관도를 추정할 때 발생하는 문제점 2가지를 설명하고, 그 문제점을 해결할 수 있는 방법을 제시하시오.

답 객관도를 추정하는 방법은 '상관계수 방법'과 '분산분석'을 이용하는 방법'이 있다.

상관계수 방법은 <u>2명의 평가자</u>에 의해 부여된 검사 점수 간 상관으로 객관도를 추정하는 방법이다. 그러나 상관계수 방법을 적용할 경우에는 신뢰도 계수를 추정할 때와 같은 문제점이 발생한다.

① 상관계수는 **이변량 통계치**이므로 <u>3명 이상의 평가자</u>에 의해 시행된 검사 점수의 객관도를 추정하는데 어려움이 있다.

② 상관계수 방법을 적용하여 객관도를 추정하면 상관계수의 특성 때문에 **평가자의 비일관성** 때문에 발생하는 오차를 포함시키지 않아 객관도를 정확하게 추정할 수 없게 된다.

   예 어떤 평가자가 다른 평가자에 비해 일관적으로 낮은 점수를 주더라도 피험자의 검사 점수의 순위가 바뀌지 않는다면, 두 점수 간 상관은 높게 산출되고 따라서, 높은 객관도 계수가 추정된다.

<u>분산분석</u>을 이용하게 되면 상기한 2가지 문제점을 동시에 해결할 수 있다.

이 방법은 **급내상관계수**(intraclass correlation coefficient)를 이용하여 신뢰도를 추정하는 것과 동일하다. 신뢰도를 추정할 때에는 동일한 검사를 여러 번 시행한 검사 점수를 분석하지만, 객관도를 추정할 때에는 <u>여러 명의 평가자</u>에 의해 부여된 검사 점수를 분석하면 된다.

객관도 - 체육측정평가[이기봉]

객관도는 **2명 이상의 평가자에 의해 부여된 점수의 일치 정도**로 평가자간 신뢰도(interrater reliability)라고도 한다. 체육 분야의 실기 검사에서는 객관도가 매우 중요함에도 불구하고 현장에서는 간과되고 있는 현실이다. 특히, **평가자의 주관에 의해 평가되는 검사**나 **선발, 성적 부여를 위한 검사**에서 객관도는 매우 중요하게 다루어진다.

왜냐하면 평가자에 따라 동일한 검사라도 점수 부여 방법이 달라질 수 있기 때문에, 입학시험이나 성적 부여를 위해서는 객관도가 높은 검사 도구를 사용하게 된다. 최근 강조되고 있는 수행평가는 교사의 주관적인 판단에 의해 평가되는 경우가 많아 객관도를 확보한 후에 수행평가를 실시해야 할 것이다.

객관도를 추정하는 방법은 신뢰도를 추정하는 방법과 동일하다. **재검사 신뢰도 계수 추정 방법**은 2명의 평가자에 의해 부여된 검사점수 간 상관으로 객관도를 추정할 때 사용될 수 있다. 만약, 3명 이상의 평가자에 의해 시행된 검사점수의 객관도를 추정할 때에는 **급내상관계수**를 이용하면 된다. **신뢰도**를 추정할 때에는 동일한 검사를 여러 번 시행한 검사 점수를 분석하지만, **객관도**를 추정할 때에는 여러 명의 평가자에 의해 부여된 검사 점수를 분석하면 된다.

객관도를 추정하는 방법은 '**상관계수 방법**' 과 '**분산분석을 이용하는 방법**' 이 있다.

(1) **상관계수 방법**은 둘 이상의 평가자에 의해 부여된 검사 점수 간 상관으로 객관도를 추정하는 방법이다. 그러나 상관계수 방법을 적용할 경우에는 신뢰도 계수를 추정할 때와 같은 문제점이 발생한다.

- 상관계수는 이변량통계치이므로 3명 이상의 평가자에 의해 시행된 검사 점수의 객관도를 추정하는데 어려움이 있다.

- 상관계수 방법을 적용하여 객관도를 추정하면 상관계수의 특성 때문에 평가자의 비일관성 때문에 발생하는 오차를 포함시키지 않아 객관도를 정확하게 추정할 수 없게 된다.

  예) 어떤 평가자가 다른 평가자에 비해 일관적으로 낮은 점수를 주더라도 피험자의 검사 점수의 순위가 바뀌지 않는다면, 두 점수 간 상관은 높게 산출되고 따라서, 높은 객관도 계수가 추정된다.

(2) **분산분석**을 이용하게 되면 상기한 2가지 문제점을 동시에 해결할 수 있다. 이 방법은 **급내**(유목내)**상관계수**(intraclass correlation coefficient)를 이용하여 신뢰도를 추정하는 것과 동일하다. 신뢰도를 추정할 때에는 동일한 검사를 여러 번 시행한 검사 점수를 분석하지만, 객관도를 추정할 때에는 여러 명의 평가자에 의해 부여된 검사 점수를 분석하면 된다.

☞ **8. 타당도의 개념 정의 : 평가**검사·채점**도구**측정기기**의 적절성**적합성=관련성=정확성=타당성

191. 다음은 핸드볼 스탠딩 슛의 정확성을 평가하는 모습이다(단, '공과 목표물의 크기·평가 횟수'는 동일함).

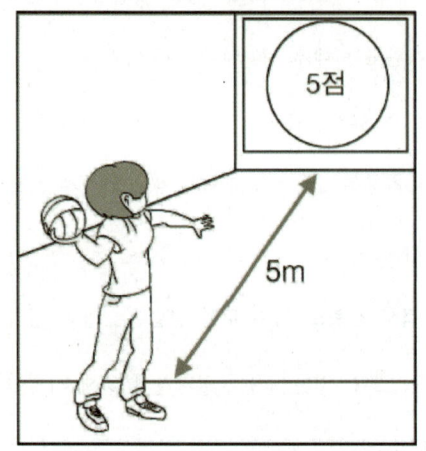

⑴ 손 교사와 유 교사가 사용한 평가도구(목표물)의 차이점을 쓰시오.

답 <u>유</u> 교사는 <u>손</u> 교사보다 목표물의 크기를 세분화하였다.

⑵ 손 교사의 평가도구와 비교하여, 유 교사가 사용한 평가도구의 장점을 쓰시오.

답 핸드볼 스탠딩 슛의 정확성을 <u>제대로</u>(<u>정확</u>하게) 평가할 수 있다.

　　핸드볼 스탠딩 슛의 기능 수준이 <u>높</u>은 학생이 <u>낮</u>은 학생보다 더 <u>좋</u>은 점수를 받을 수 있는 평가도구를 사용하였다.

⑶ 유 교사가 사용한 평가도구의 장점을 가장 잘 설명하는 <u>평가도구의 양호도</u>의 명칭을 쓰시오.

답 <u>타당</u>도 또는 <u>변별</u>도

문 <그림1>과 <그림2>의 5점 목표물의 크기와 관련된 운동기술 수행의 원리를 쓰시오. ← 운동학습과 제어

답 속도와 정확성 상쇄의 원리 $MT = a + b \cdot \log_2 \frac{2D}{W}$

192. 체력 검사에서 상체(팔과 어깨 부위)의 근지구력을 측정할 때, 남학생(턱걸이)과 여학생(오래매달리기)의 검사 항목이 다른 이유를 설명하시오. ← 성차를 고려한 실기평가

답 남학생과 여학생의 <u>근지구력</u>이 다르기 때문이다. 턱걸이는 남학생의 <u>동적</u> 근지구력을 평가하기 위한 적절한(타당한) 검사도구이고, 오래매달리기는 여학생의 <u>정적</u> 근지구력을 평가하기 위한 적절한(타당한) 검사도구이다. ← <u>타당도</u>

193. 다음은 1학기 창작댄스와 농구 실기 평가에 대한 체육 교사 간의 대화 내용이다. 대화 내용에 근거하여 타당도 측면의 문제점을 찾고 해결 방안을 제시하시오. 2016

> 강 교사 : 선생님! 지난번에 실시한 농구 평가도 문제가 있었어요. 선생님은 저와 다르게 농구의 전술 이해도를 슛 성공률로 평가하셨더라고요?
> 황 교사 : 슛을 잘하면 전술을 잘 이해하고 있다고 볼 수 있는 거 아닌가요? 저는 전술 이해도를 경기 중에 평가하기 어려워서 슛 성공률로 평가했어요.
> 강 교사 : 저는 그렇게 생각하지 않아요. 전술 이해도는 경기 중에 학생들의 의사 결정, 공간 활용, 의사소통 여부를 평가하는 것이 더 적절하다고 보거든요.

[답] ◦ 타당도 측면의 문제점 : 농구의 전술 이해도를

　　　　　　　　　　　　　황 교사는 '슛 성공률'로 정의하였고,

　　　　　　　　　　　　　강 교사는 '경기 중에 학생들의 의사결정·공간 활용·의사소통 여부를 평가하는 경우'로

　　　　　　　　　　　　　정의하였다.

◦ 해결방안 : ① 전술 이해도에 대한 **조작적 정의**를 명확하게(일관되게) 한다. → 평가기준의 구체화

　　　　　　② 전술 이해도를 평가하기 위한 **평가항목**의 **적절성**이 요구된다.

타당도 - 체육측정평가 [이기봉]

타당도란 '검사가 측정하고자 하는 속성을 제대로 측정하는가'의 문제이다.

[예] 어떤 대학교 운동생리학 실험실에서 대학생들의 심폐기능을 알아보기 위하여 가스분석을 통한 최대산소섭취량을 측정하였다. 이 검사는 심폐기능을 측정하는 정확한 방법으로 알려져 있어 측정하고자 하는 속성을 제대로 측정하고 있는 것으로 판단할 수 있다. 즉, 가스분석을 통한 최대산소섭취량 검사는 심폐기능을 측정하는 검사로 타당한 검사라 할 수 있다. 이렇게 검사가 측정하고자 하는 것을 제대로 측정하고 있다면 타당도가 높은 것으로 말할 수 있다.

타당도는 학자와 시대에 따라 그 종류와 표현하는 용어가 달랐다. 1950년대부터 타당도에 대한 내용을 정립해오던 미국심리학회(APA)는 1985년 개정된 Standards for Educational and Psychological Testing에서 '**내용타당도**(content validity), **준거관련 타당도**(criterion-related validity), **구인타당도**(construct validity)'의 3가지로 검사 도구의 타당성을 검증하는 것이 바람직한 것으로 제안했다. 최근에는 타당도를 **통합적인 관점**으로 보아야 한다는 주장들이 있다(오수학, Benson, Messick). 이들은 타당도를 기존의 삼분법적인 관점으로 보는 것보다 **구인타당도**가 내용타당도와 준거관련타당도를 모두 포함하는 통합적인 개념으로 보아야 한다고 주장한다.

문 다음은 박 교사가 2종류의 보행수 측정 기기를 사용해 얻은 자료이다. 괄호 안의 ⓒ에 해당하는 명칭을 쓰시오. 2020

보행수 측정 분석 자료

(가) 측정 방법

○ A학생이 ㉮형 보행수 측정기기와 ㉯형 보행수 측정기기를 동시에 착용하고 1주일 동안 매일 1회 보행수를 측정함.
   ※ ㉮형 보행수 측정기기는 **준거 기기**임.

○ 2종류 측정기기의 신체착용위치, 측정시간 등 모든 측정조건은 동일함.

요일	㉮형 측정기기의 보행수 (ⓐ)	㉯형 측정기기의 보행수 (ⓑ)	보행수의 차이 (ⓒ = ⓑ - ⓐ)	㉠요일별 보행수(㉯형)-1주일 평균 보행수(㉯형) (ⓔ = ⓑ - ⓓ)
월	5,518	4,435	-1,083	-773
화	4,540	4,309	-231	-899
수				
목		…(중략)…		
금				
토	3,304	3,312	+8	-1,896
일	7,107	8,212	+1,105	+3,004
평균	5,212	ⓓ5,208	-4	(ⓛ)

(나) 자료 분석 결과

○ 두 기기 간의 보행수 차이(ⓒ)의 방향(+, -)과 크기는 ㉯형 측정기기의 (ⓔ)에 대한 판단 근거이다.
○ ㉮형 측정기기와 ㉯형 측정기기로 측정한 보행수간의 상관계수는 .87이다.

답 **적절성(relevance)**=적합성=관련성=정확성=**타당성** ← 타당도의 개념을 물어보는 취지로 답을 만들었음.

㉮형 기기가 준거기기이고 ㉯형 기기가 새로운 기기이면 타당도이고, 그 개념 및 특징을 의미하는 적절성이 바람직하다고 여겨짐. But, 정답으로 출제될 가능성이 낮은 용어임.

스포츠지도사 기출문제 & 서답형

194. 다음 중 측정의 타당도와 가장 관계가 높은 것은 무엇인가?

가. 측정의 적합성
나. 측정의 일관성 → 신뢰도
다. 측정의 안정성 → 신뢰도
라. 측정의 정확성 → 신뢰도 or 타당도

195. 측정 도구의 타당도에 대한 개념으로 가장 적절한 것은?

① 측정자 간 점수의 일치도를 의미한다. → 객관도
② 측정하고자 하는 점수에서 오차가 낮은 정도를 의미한다.
   → 신뢰도
③ 측정하고자 하는 속성(변인)에 대한 변별력을 의미한다 (×).
④ 측정하고자 하는 속성(변인)을 제대로 측정하는가의 정도를 의미한다.

196. 신뢰도에 대한 설명으로 옳은 것은?

① 안정성, 일관성 등으로 표현되며, 측정치의 오차 정도
② 시설, 도구, 장소, 시간, 경제성 등을 고려한 측정
③ 객관적인 자료에 근거하지 않고 전문가의 주관에 의해 평가
④ 정확성으로 표현되며, 검사가 측정하고자 하는 속성을 제대로 측정하는 정도 → 타당도

197. <보기>의 내용에 해당하는 평가(검사)도구의 양호도를 쓰시오.

<보기>
○ 측정의 적합성을 의미한다.
○ 측정하고자 하는 속성(변인)을 제대로 측정하는가의 정도를 의미한다.
○ 정확성으로 표현되며, 검사가 측정하고자 하는 속성을 제대로 측정하는 정도

답 **타당도**

198. <보기>에서 이 감독이 고려하지 <u>않은</u> 평가의 양호도는?

<보기>
준혁: 서진아, 왜 이 감독님은 <u>배구 스파이크</u>를 평가할 때 <u>공을 얼마나 멀리 보내는지</u>를 가장 중요하게 평가하시는 걸까?
서진: 그러게 말이야. 스파이크는 멀리 보내는 것이 중요한 게 아니라 <u>코트 안으로 얼마나 정확하고 강하게 때리느냐</u>가 중요한 것 같은데.

① 신뢰도 ② 객관도 **❸ 타당도** ④ 실용도

199. <보기>에서 이 감독이 고려하지 <u>않은</u> 평가의 양호도를 쓰시오.

<보기>
준혁: 서진아, 왜 이 감독님은 <u>배구 스파이크</u>를 평가할 때 <u>공을 얼마나 멀리 보내는지</u>를 가장 중요하게 평가하시는 걸까?
서진: 그러게 말이야. 스파이크는 멀리 보내는 것이 중요한 게 아니라 <u>코트 안으로 얼마나 정확하고 강하게 때리느냐</u>가 중요한 것 같은데.

답 **타당도**

⇨ 평가의 양호도는 타당도와 신뢰도로 구성된다. 이 감독은 평가의 타당도를 소홀히 하고 있다. 타당도는 측정하고자 하는 것을 얼마나 정확하고 적합하게 측정하느냐에 관련된 사항이다. 따라서 스포츠지도사는 평가목적에 적절한 측정도구를 선택해서 활용해야 한다.

☞ 9. 타당도의 유형

1) 내용타당도=논리타당도 : 조작적 정의
2) 준거타당도 : (1)공인타당도 : 현재-상관관계
   (2)예언$^{예측 \cdot 예견}$타당도 : 미래 or 현재 → 회귀방정식(Y=bX+a)-**추정의 표준오차**^{SEE}
3) 구인타당도 : (1)조작적 정의, (2)검증방법[③**상관계수법(판별·수렴)**·②**실험설계법(집단차이분석)**·③**요인분석법**]

---

1) 내용타당도=논리타당도 : 조작적 정의

200. 윤 교사는 **2원 분류표**를 이용하여 체계적으로 축구 단원을 평가하고자 한다. 다음과 같이 **2원 분류표**를 작성할 때 ㉮·㉯에 해당하는 차원의 명칭을 쓰시오.

㉯ \ ㉮		지식	기능	태도
축구	드리블	%	%	%
	패스	%	%	%
	슛	%	%	%
	경기	%	%	%

답 ㉮ : **행동**, ㉯ : **내용**

201. 다음은 농구 수업에서 학생들이 게임을 할 때 보여 주는 기술과 전술에 대한 의사 결정 정도를 평가하기 위한 도구이다. 교사가 '평가 준거(criterion)' 요소를 결정할 때 가장 중요하게 고려해야 할 것을 쓰고, 이와 관련된 평가의 방향을 2015 개정 교육과정에 따른 체육과 교육과정에 근거하여 쓰시오.

	공격		방어		패스		의사결정	
	효과적	비효과적	효과적	비효과적	효과적	비효과적	적절	부적절
철수	///	/	////	/	////	/	////	/
현식	/		//	/	//	/		/
영철	////	//	///	//	///	//	///	//
⋮	⋮	⋮	⋮	⋮	⋮	⋮	⋮	⋮

답 .**교사**가 **수업**에서 **학생**들에게 **지도**할 **내용**이다.

  .평가의 방향 : **교육과정과**의 연계성

※오답 : 측정의 신뢰도를 높일 수 있는 평가 내용

202. 정 교사는 중학교 2학년 높이뛰기 수업을 설계하고자 한다. 정 교사의 교수·학습과 평가 계획이 지향하는 의도에 대한 설명이다.

교수·학습 목표
○ 높이뛰기의 과학적 원리 이해 및 적용
○ 학생 자신에게 적합한 수준 설정과 도전

⇩

차시	교수·학습 활동	평가 (준비자료)
1	높이뛰기의 과학적 원리 조사·탐색	(영상자료)
2	수준별 그룹편성 및 공중동작 연습	진단평가 (평가기록지)
3	도움닫기·수직점프·공중동작의 과학적 원리 적용	(과제활동지)
4	수준별 학습과 자기점검	자기평가 (평가기록지)
5	평가 및 수준별 그룹 재편성	동료평가 (평가기록지)
---- 〈중략〉 ---		
10	총괄평가	지필평가 포트폴리오평가 기록평가

① '교수·학습 목표, 교수·학습 활동, 평가'를 **일관성** 있게 유지하려고 한다.

② 높이뛰기의 수준별 수업에 따른 평가를 시도하여 **교수타당도**를 높이려고 한다. → 교과타당도 = 내용타당도

203. 다음은 김 교사가 실시한 체육과 평가의 일부와 평가에 대한 학생들의 문제 제기 내용이다. 여기에 나타난 학생 평가의 문제점을 기술하시오.

교수·학습 목표	체조의 매트운동 단원에서 회전 운동의 과학적 원리를 이해할 수 있다.
교수·학습 활동	○ 교사는 체육교과서에 있는 내용을 요약 및 정리하여 유인물을 제작하고 학생들에게 배포하였다. 요약한 유인물의 내용은 수업시간에 다루지 않았다. ○ 학생은 교사가 배부한 유인물을 토대로 스스로 공부하여 시험을 준비하였다.
평가	5지 선다형 지필평가
문제제기 내용	"유인물에 요약되어 있어도 선생님께서 가르쳐주지 않아서 문제를 잘 풀지 못했습니다. 왜 지필평가는 수업 시간에 가르쳐 주지 않고 매번 유인물만 외워서 시험을 치러야 하나요?"

답 이론 수업에서 다루지 않은 내용을 평가하는 것은 평가의 **타당도**를 저하시킨다.

※오답

① 과제중심의 수행평가 방법을 적용하여야 한다.

→ 과제중심의 수행평가 방법을 또는 **5지 선다형 지필평가**를 적용해도 된다.

② 선다형 지필평가로 회전운동의 과학적 원리를 평가하는 것은 타당도가 떨어진다.

→ 선다형 지필평가로 회전운동의 과학적 원리를 평가하는 것은 **타당도**가 떨어진다고 볼 수 없다.

③ 유인물의 내용을 지필평가에서 다루지 않을 때는 평가의 신뢰도가 저하된다.

→ 유인물의 내용을 지필평가에서 다루지 않을 때는 평가의 **타당도**가 저하된다.

④ 학교에서 이론수업이 정상적으로 이루어지지 않는 것은 교사의 전문성 결여 때문이다.

→ 교사는 **개별화지도** 모형을 실시하기 위해 위와 같이 수업했다고 주장할 수도 있다.

204. 다음은 강 교사가 '협동학습 모형(팀내 협동과 팀간 경쟁)'을 활용하여 배구 단원을 지도한 후 작성한 단원 평가 결과표이다.

단원 평가 결과표

○학년 ○반

번호	성명	평가내용	지필평가	수행평가				합계
			경기규칙	패스성공횟수	스파이크자세	출석	복장	
1	최성실		15	26	27	8	9	85
2	박온유		20	20	24	7	8	79

⑴ 협동학습 모형과 관련하여 강 교사가 실시한 평가의 문제점과 관련된 타당도의 명칭을 쓰시오.

답 **내용(논리)** 타당도=교과 타당도=교수 타당도

⑵ 강 교사가 실시한 평가의 문제점을 개선하기 위하여 평가 계획 시 작성해야 할 양식의 명칭을 쓰시오.

답 **이원목적분류표**

205. 한국중학교 체육 교과 협의록의 일부이다. ㉠에 해당하는 타당도의 유형을 쓰고, 이와 관련된 평가의 방향을 2015 개정 교육과정에 따른 체육과 교육과정에 근거하여 쓰시오.

체육 교과 협의록	참석자 : 김 교사, 이 교사, 박 교사
○ 배경 ▸ 학생들의 건강 개선을 위한 신체 활동 기초 자료를 확보하고자 함. ▸ 보행 계수기(만보기)를 착용시켜 자료를 수집하고자 함. ○ 안건 ▸ 보행 계수기 구입 건 타당도 분석 방법 토의 ○ 논의 결과 ▸ 보행 계수기의 타당도를 확인한 후, 일괄 구매하기로 결정함. ▸ 내용 타당도, 공인 타당도, 예언 타당도 측면에서 강조함. ㉠ 관련 분야의 전문가 의견을 구하여 보행 계수기의 측정 **원리**가 중학생들의 신체 활동량을 측정하려는 **목적**에 **적합**한지를 검토한다.	

답 타당도는 **내용** 타당도이고, 평가의 방향은 **교육과정과의 연계성**이다.

206. 다음은 정 교사가 수립한 농구 단원 계획서<표 1>와 실제로 평가한 내용<표 2>이다. 정 교사의 단원계획서를 보고 정 교사가 실제로 평가한 내용의 문제점을 **평가의 원리**^{교육과정과의 연계성}에 근거하여 3가지만 쓰시오.

<표1> 정 교사의 단원 계획서

단원목표	○ 레이업 슛의 방법을 이해할 수 있다. ○ 레이업 슛을 정확하게 할 수 있다. ○ 농구 경기를 통해 협동심을 기를 수 있다.		
~~ 중략 ~~~~~~~~~~~~~~~~~~~~~~~~~~~~			
평가 내용 및 기준	레이업 슛	상	달려온 속도를 효율적으로 이용하고 레이업 슛을 성공한다.
		중	달려온 속도를 효율적으로 이용하지 못하고 레이업 슛을 성공한다.
		하	달려온 속도를 효율적으로 이용하지 못하고 레이업 슛을 성공하지 못 한다.

<표2> 정 교사가 실제로 평가한 내용

평가 내용 및 기준	체스트 패스	상	무릎과 팔 동작이 정확하고 상대방에게 정확하게 패스한다.
		중	무릎과 팔 동작이 정확하나 상대방에게 부정확하게 패스한다.
		하	무릎과 팔 동작이 부정확하고 상대방에게 부정확하게 패스한다.

답 ① 교수·학습 **목표**(레이업 슛)와 연계되지 않은 **심동**적 영역의 평가 → 체스트 패스

② **인지**적 영역 평가의 부재 → 레이업 슛 방법의 이해 ×

③ **정의**적 영역 평가의 부재 → 농구경기를 통한 협동심 기름 ×

207. 학기 초에 체육선생님은 학생들에게 "축구의 게임에 대한 이해와 실제 게임 중에서 공격이나 수비로서의 자신의 팀에 공헌한 정도를 높게 평가하겠다"고 공고하였다. 그런데 실제 시험에서는 공의 리프팅 개수를 성적에 반영하셨다. 체육교사 지덕체는 학기 초에 학생들에게 공지한 것과 내용이 전혀 다른 평가를 실시하였기 때문에 **타당도**가 낮은 평가를 실시하였다.

208. 다음은 1학기 창작댄스와 농구 실기 평가에 대한 체육 교사 간의 대화 내용이다. 대화 내용에 근거하여 타당도 측면의 문제점을 찾고 해결 방안을 제시하시오. 2016

> 강 교사 : 선생님! 지난번에 실시한 농구 평가도 문제가 있었어요. 선생님은 저와 다르게 농구의 전술 이해도를 슛 성공률로 평가하셨더라고요?
> 황 교사 : 슛을 잘하면 전술을 잘 이해하고 있다고 볼 수 있는 거 아닌가요? 저는 전술 이해도를 경기 중에 평가하기 어려워서 슛 성공률로 평가했어요.
> 강 교사 : 저는 그렇게 생각하지 않아요. 전술 이해도는 경기 중에 학생들의 의사 결정, 공간 활용, 의사소통 여부를 평가하는 것이 더 적절하다고 보거든요.

답
- 타당도 측면의 문제점 : **내용**타당도(**논리**타당도=**교과**타당도=**교수**타당도)가 **낮**다.

   (농구의 전술 이해도를 황 교사는 '슛 성공률'로 정의하였고, 강 교사는 '경기 중에 학생들의 의사결정·공간 활용·의사소통 여부를 평가하는 경우'로 정의하였다.)

- 해결방안 : ① 전술 이해도에 대한 **조작적 정의**를 명확하게(일관되게) 한다. → 평가기준의 구체화

     ② 전술 이해도를 평가하기 위한 **평가항목**의 **적절성**이 요구된다.

이기봉 Q&A 재구성

209. 중·고등학교에서 실시하는 학업성취도 검사의 내용타당도를 검증하는데 주로 이용되는 것으로 내용 차원과 행동 차원으로 구성된 표를 무엇이라 하는가? 기출문제

답 체육교사가 학생들의 테니스 이론 지식을 평가하기 위해서 아래와 같은 **이원목적분류표**에 근거하여 검사를 실시했다.

내용	행동			%
	지식	이해	적용	
경기 방법	1, 6			20.0
경기 구성	2		3	20.0
경기 용어	7	10		20.0
경기 규칙 · 서비스 · 코트 교대 · 실점	4 8, 9		5	40.0
%	70.0	10.0	20.0	100.0

위에서 **내용** 차원과 **행동** 차원이 교차된 셀 내의 숫자들은 검사의 문항 번호이다. 위 표에서 경기 규칙 항목이 전체 검사 문항이 40%로 교사가 가장 중요하게 생각하는 항목으로 판단되며, 나머지 내용인 경기 방법, 경기 구성, 경기 용어의 내용도 각 20%씩 설정되었다. 위의 **이원목적분류표**는 실제로 학교 현장에서 사용되고 있는 것으로 교사나 지도자는 검사를 출제하기 전에 **이원목적분류표**를 먼저 작성하여 내용의 중요성을 결정하는 것이 바람직하다. 이러한 절차는 심동적 영역의 검사에서도 동일하게 적용되어야 할 것이다.

만약, 학교에서 체육 교사가 검사를 개발하고자 할 때에는 다음과 같은 절차를 통해서 **내용타당도**를 검증할 수 있다.

① **이원목적분류표**를 작성한다.

② 계획한대로 검사 문항을 개발한다.

③ 검사를 일부 학생들에게 시행하고 채점한다.

④ 전체 검사의 25%의 문항을 선택하여 **이원목적분류표**의 내용과 행동 영역에 각 문항들이 적절하게 위치하였는가를 검토한다. 만약, 선택된 25% 문항들 중에서 5% 이상의 문항들이 내용과 행동 영역에 잘못 위치하였다면, 검사의 나머지 75% 문항들도 모두 검토한다.

⑤ 검사에 포함된 내용과 행동 영역들을 수정해야 하는가를 결정한다. 즉, 추가 또는 삭제하거나, 더욱 강조하거나 덜 강조할 내용과 행동 영역들을 결정한다.

내용타당도 - 체육측정평가[이기봉]

내용타당도(content validity)는 객관적인 자료에 근거하지 않고 검사내용 전문가에 의해 주관적으로 판단하는 타당도이다. 내용타당도는 **액면타당도**(face validity)라고도 한다. 액면(face)이란 측정하고자 하는 속성을 의미한다.

예) 100m달리기가 초등학생의 스피드 체력 요인을 측정하는 검사로 타당한가를 체력 측정 전문가가 주관적으로 판단하는 것은 내용타당도를 검증한 것이라 할 수 있다. 만약, 전문가가 100m달리기는 초등학생의 스피드 체력 요인을 측정하는 검사로 타당하다는 판단을 내린다면 이 검사는 측정하고자 하는 속성인 액면(face)을 적절하게 측정하는 것으로 판단하여 내용타당도가 확보된 것으로 볼 수 있다.

단점 : 그러나 내용타당도에 의한 검사도구의 타당성 입증은 논란의 여지가 많다. 왜냐하면, 위의 예에서 다른 전문가는 100m달리기가 초등학생의 체력 발달 정도에 따라 지구력을 측정하는 검사가 될 수도 있다는 판단을 내린다면 이 검사의 내용타당도가 결여되어 있다고 주장할 수 있기 때문이다. 만약, 측정하고자 하는 속성이 명확한 정의를 내리기 어려운 **정의적 영역**과 같은 내용이라면 전문가마다 다른 판단을 내릴 수 있어 위에서 설명한 문제점을 드러낼 수 있다.

또한 정량화되어 있지 않기 때문에 타당성의 정도를 나타낼 수 없다는 **단점**이 있다.

장점 : 반면, 내용타당도는 계량화된 정보를 제공하지는 못하여도 전문가에 의한 판단으로 검증되므로, 연구대상의 수가 적거나 관찰에 의한 연구에서 자주 사용된다. 내용타당도는 단점을 갖고 있지만 가장 기초적인 타당도로 정량화된 자료를 얻기 어려운 경우에도 사용할 수 있어 많은 연구에서 사용하고 있다.

논문에서 사용한 검사 도구의 내용타당도는 지도교수나 논문지도위원에 의해 판단되는 경우가 많다. 반면, 중·고등학교에서 학업성취도 검사의 경우 **이원목적분류표**에 의하여 검사 문항들이 제작되었는지를 확인하는 과정을 통하여 내용타당도를 검증하게 된다.

[예] 어떤 체육 교사가 학생들의 테니스 이론 지식을 평가하기 위해서 아래와 같은 **이원목적분류표**에 근거하여 검사를 실시했다.

<표1>에서 **내용 차원**과 **행동차원**이 교차된 셀 내의 숫자들은 검사의 문항 번호이다.

〈표1 : 테니스 지식 검사의 이원론적 분류표〉

내용	행동			%
	지식	이해	적용	
경기 방법	1, 6			20.0
경기 구성	2		3	20.0
경기 용어	7	10		20.0
경기 규칙				40.0
◦서비스	4			◦10.0
◦코트 교대			5	◦10.0
◦실점	8, 9			◦20.0
%	70.0	10.0	20.0	100.0

<표1>에서 경기 규칙 항목이 전체 검사 문항이 40%로 교사가 가장 중요하게 생각하는 항목으로 판단되며, 나머지 내용인 경기 방법·경기 구성·경기 용어의 내용도 각 20%씩 설정되었다. 상기한 이원목적분류표는 실제로 학교 현장에서 사용되고 있는 것으로 교사나 지도자는 검사를 출제하기 전에 이원목적분류표를 먼저 작성하여 내용의 중요성을 결정하는 것이 바람직하다. 이러한 절차는 심동적 영역의 검사에서도 동일하게 적용되어야 할 것이다.

만약, 학교에서 체육 교사가 검사를 개발하고자 할 때에는 다음과 같은 절차를 통해서 내용타당도를 검증할 수 있다 (Safrit&Wood).

① 이원목적분류표를 작성한다.

② 계획한대로 검사 문항을 개발한다.

③ 검사를 일부 학생들에게 시행하고 채점한다.

④ 전체 검사의 25%의 문항을 선택하여 이원목적분류표의 내용과 행동 영역에 각 문항들이 적절하게 위치하였는가를 검토한다. 만약, 선택된 25% 문항들 중에서 5% 이상의 문항들이 내용과 행동 영역에 잘못 위치하였다면, 검사의 나머지 75% 문항들도 모두 검토한다.

⑤ 검사에 포함된 내용과 행동 영역들을 수정해야 하는가를 결정한다. 즉, 추가 또는 삭제하거나, 더욱 강조하거나 덜 강조할 내용과 행동 영역들을 결정한다.

실제 학교 체육 현장에서는 번거롭다는 이유로 문항을 먼저 개발한 후에 이원목적분류표를 작성하는 경우가 많은데, 이러한 경우에는 중요한 내용을 검사에서 빠트리거나 검사 문항들이 한두 가지 내용 영역에만 치우칠 수 있다. 따라서 이원목적분류표를 작성하고 상대적 중요성에 따라 각 영역들의 문항수를 결정한 후에 세부 문항을 개발하면 그 검사는 내용타당도가 확보된 검사가 될 것이다.

검사도구의 내용타당도를 검증하는데 이원목적분류표가 활용될 수 있는 근거는 AERA, APA, NCME의 내용타당도에 대한 정의에서 찾을 수 있다. AERA, APA, NCME는 내용타당도가 검사의 문항이나 목적이 측정을 위하여 규정된 내용 영역이나 전체를 대표하는 정도와 관계가 있는 것으로 정의하고 있다.

위의 예에서 체육 교사가 출제했던 검사 문항들이 측정하고자 했던 <u>테니스 이론 지식의 전체 내용을 대표하는 정도</u>가 이 **검사도구의 내용타당도**라고 할 수 있다.

내용타당도와 유사한 개념으로 체육학 분야에서는 **논리타당도**(logical validity)라는 용어가 사용된다. 논리타당도란 '검사가 특정 운동을 수행하는데 필수적이고 가장 중요한 기능 요소를 측정하고 있는 정도'로 정의된다. 즉, 어떤 검사가 중요한 운동 기능을 직접 측정하고 있다면 그 검사는 논리적으로 타당한 검사라 할 수 있다. 체육 현장에서 많이 사용되는 운동기능 검사는 특정 운동 기능을 수행하는데 중요한 요소가 무엇인가를 확인하는 것이 중요하다. 즉, 검사가 논리타당도를 충족시키려면 검사가 해당 운동 기능을 수행하는데 중요한 요소를 모두 포함하고 있어야 한다.

예 테니스 스트로크 검사에서 중요한 요소는 스트로크 한 공이 네트에 근접하여 넘어가서, 상대방 코트의 베이스라인 근처에 떨어지는 것이라고 할 수 있다. 따라서 테니스 스트로크 검사는 상기한 2가지 내용을 포함해야 논리타당도가 높다고 할 수 있다.

운동기능검사의 **논리타당도를 평가하는 절차**는 다음과 같다(Safrit&Wood).

① 검사가 측정하고자 하는 운동 기능 요소들과 검사의 목적에 대한 검사 개발자의 생각을 검토한다. 측정하려는 운동 기능 요소들의 목록을 적는다.

② 실제로 검사에서 측정되는 요소들을 기록한다.

③ 두 목록을 비교한다. 검사 개발자에 의해 선택된 요소들이 검사에서 실제로 측정되고 있는가를 확인한다.

④ 검사의 교육적 목적을 확인한다.

❶ 중요하시 않은 운동 기능 요소가 검사에 의해 측징되고 있는가?

❷ 중요한 운동 기능 요소가 검사에서 생략되었는가?

❸ 검사에서 부적절하게 특정 운동 기능 요소가 강조되고 있는가?

체육측정평가 전공자들에게 있어서 선수들의 경기 능력을 객관적으로 측정하는 것은 큰 관심 분야이다. 선수들의 경기 능력을 측정하기 위한 검사가 논리타당도를 확보하려면 한 가지 검사만으로는 부족할 것이다. 왜냐하면, 경기 능력이란 한두 가지 특정 요소만으로 측정되기 어렵기 때문이다. 따라서 경기 능력을 측정하는 검사는 하나의 검사보다는 여러 개의 검사로 구성된 **검사장(test battery)**을 이용하는 것이 더욱 타당할 것이다. 일반적으로 **검사장의 타당도 검증**은 논리타당도를 이용하는데, 검사장의 논리타당도 검증 방법은 다음과 같다.

먼저, ①가장 중요한 기능들이 무엇인지를 확인하여 그러한 기능들을 측정하는 검사들로 검사장이 구성되어 있는가를 확인하고, ②각 검사들 또한 논리타당도를 확보할 수 있는 것인가를 확인한다.

이러한 2가지 조건이 만족된다면, 검사장의 논리타당도는 확보된 것으로 판단할 수 있다.

2) 준거타당도 : (1)공인타당도 : 현재-상관관계
     (2)예언^{예측}·^{예견}타당도 : 미래 or 현재 → 회귀방정식(Y=bX+a)-추정의 표준오차^{SEE}

210. 운동능력보다는 건강을 강조하는 건강관련체력검사를 개발하고자 한다. 건강관련체력검사의 결과를 사용하여 개인의 건강상태를 평가하고자 한다. 운동능력보다는 건강을 강조하는 건강관련체력검사를 개발하고자 한다. 각 **검사항목**과 **준거검사**의 **상관계수**로 추정하는 타당도의 명칭을 쓰시오.

답 **준거** 타당도 : 공인타당도 · 예언^{예측}·^{예견}타당도

211. 한국중학교 체육 교과 협의록의 일부이다.

체육 교과 협의록   참석자 : 김 교사, 이 교사, 박 교사
○ 배경 ▸ 학생들의 건강 개선을 위한 신체 활동 기초 자료를 확보하고자 함. ▸ 보행 계수기(만보기)를 착용시켜 자료를 수집하고자 함. ○ 안건 ▸ 보행 계수기 구입 건 타당도 분석 방법 토의 ○ 논의 결과 ▸ 보행 계수기의 타당도를 확인한 후, 일괄 구매하기로 결정함. ▸ 내용 타당도, ㈎공인 타당도, ㈏예언 타당도 측면에서 강조함.

㈎ 동일 시점에서 수집한 보행 계수기 자료와 **준거** 검사로서 호흡 가스 분석기 자료의 **상관**을 통해 보행 계수기가 신체 활동량을 측정하기에 타당한지를 확인한다.

㈏ 학생들의 보행수와 신체 활동 에너지 소비량 간의 높은 **상관계수**를 바탕으로 보행수 자료(X)를 수집하여 신체 활동 에너지 소비량($\hat{Y}$)을 **추정**한다($\hat{Y}$=bX+a).

※오답 : 보행 계수기를 새로운 상황에서 적용할 때 일반화할 수 있는 근거를 확보하기 위하여 메타적 분석을 적용함.
    측정 조건 · 유형 · 시기 등에서 도구의 타당도를 확인함.

문 예언¦측¦견 타당도 - 회귀방정식 - 추정의 표준오차(SEE)의 공식을 쓰시오.

	인성 중학교 체육 교과 협의회 회의록
	2017. ○○. ○○
안건	축구 종목의 블록 타임 수업의 진행 여부 결정을 위한 연구 결과 토의
배경	▸ 지난 교과 협의에서 최성실 선생님께서 축구 종목을 진행하기에 45분 수업 시간이 짧다는 의견과 함께 90분 블록 타임 수업을 제안하였음. ▸ 박온유 선생님은 90분 블록 타임으로 축구 종목을 진행하는 경우에 학생들의 에너지 소비량이 지나치게 높아서 다른 활동에 부정적 영향을 미칠 것이라는 의견을 개진하였음. ▸ 이에 따라 수업 시간과 학생들의 에너지 소비량의 관계를 확인하여 축구 종목의 블록 타임 수업의 진행 여부를 결정하기로 함.
참석자	윤사랑 선생님, 조희락 선생님, 최성실 선생님, 추화평 선생님, 박온유 선생님
협의 내용	▸ 수업 시간(독립 변수)과 에너지 소비량(종속변수)의 관계를 근거로 회귀식을 개발함. (가) 수업 시간에 따른 에너지 소비량의 회귀선 〈회귀분석 결과 요약〉 | 모형	비표준 회귀계수	유의확률
---	---	---
(상수)	100	
수업 시간	5	.001	 종속변수 : 에너지 소비량 회귀식 $\hat{Y}$ = 5X + 100 45분 에너지 소비량 = 325kcal 90분 에너지 소비량 = 550 kcal
협의 결론	▸ 블록 타임 수업의 진행 여부에 대하여 다음과 같이 만장일치로 합의함.

답 SEE = $s_y \sqrt{1-r_{xy}^2}$ (s_y : **준거검사** 점수의 **표준편차**, r_{xy}^2 : **두 검사 점수** 간 **상관**을 제곱한 값)

212. 다음은 박 교사가 2종류의 보행수 측정 기기를 사용해 얻은 자료이다. 밑줄 친 ㉣로 확인할 수 있는 타당도 유형의 명칭을 쓰시오. 2020

보행수 측정 분석 자료

(가) 측정 방법

○ A학생이 ㉮형 보행수 측정기기와 ㉯형 보행수 측정기기를 동시에 착용하고 1주일 동안 매일 1회 보행수를 측정함.
  ※ ㉮형 보행수 측정기기는 준거 기기임.
○ 2종류 측정기기의 신체착용위치, 측정시간 등 모든 측정조건은 동일함.

요일	㉮형 측정기기의 보행수 (ⓐ)	㉯형 측정기기의 보행수 (ⓑ)	보행수의 차이 (ⓒ = ⓑ - ⓐ)	㉠요일별 보행수(㉯형)-1주일 평균 보행수(㉯형) (ⓔ = ⓑ - ⓓ)
월	5,518	4,435	−1,083	−773
화	4,540	4,309	−231	−899
수				
목		…(중략)…		
금				
토	3,304	3,312	+8	−1,896
일	7,107	8,212	+1,105	+3,004
평균	5,212	ⓓ5,208	−4	(㉡)

(나) 자료 분석 결과

○ 두 기기 간의 보행수 차이(ⓒ)의 방향(+, −)과 크기는 ㉯형 측정기기의 오차(신뢰도)에 대한 판단 근거이다.
○ ㉣ ㉮형 측정기기와 ㉯형 측정기기로 측정한 보행수간의 상관계수는 .87이다.

[답] ㉣은 **공인타당도**이다.

이기봉 Q&A 재구성

213. 체육 교사가 학교에서 적용할 수 있도록 간편한 검사를 새롭게 개발했을 때, 새로운 검사를 기존에 타당도가 높은 것으로 알려져 있는 검사와 비교하여 타당성을 추정하는 타당도를 무엇이라 하는가? **기출문제**

답 이미 타당성을 입증 받고 있는 검사에 의해 측정된 점수와 교사나 연구자가 새로 개발한 검사 점수의 관련성으로 추정되는 타당도가 **공인 타당도**(concurrent validity)이다. 공인타당도를 추정하는데 **상관계수**가 사용될 수 있다.

일반적으로 체육 분야에서 측정하고자 하는 특성을 타당하게 측정하는 검사들은 대부분 실험실에서 실시되는 검사들이다. 그러나 실험실 검사는 너무 복잡하고 시간이 많이 걸리며 비용이 많이 들어서 학교와 같은 체육 현장에서는 사용하기 어렵다.

따라서, 많은 검사 이용자들은 현장에서 사용하기에 편리하고 간단한 검사가 개발되기를 바라며, 실제로도 학교 체육 현장에서는 현장검사들이 주로 사용된다. 이러한 **현장검사의 적합성**(suitability)을 평가하고자 할 때 사용하는 타당도가 공인타당도라 할 수 있다. → PAPS

공인타당도는 체육과 운동 능력 측정 분야에서 가장 많이 사용되고 있는 타당도이다.

체육 분야에서 공인타당도를 추정하는 대표적인 예를 들면, 심폐 기능의 **준거검사**로 널리 알려진 트레드밀을 이용한 가스분석 검사를 대신하여 오래달리기-걷기 검사를 실시했을 경우, 두 검사 점수 간 **상관계수**로 오래달리기-걷기 검사의 공인타당도를 추정하는 것이다.

새롭게 개발할 검사의 공인타당도를 추정하는 절차는 다음과 같다.

① 준거검사가 논리적으로 타당한 즉, 기존에 타당성을 입증받은 검사인가?
  예 트레드밀을 이용한 최대산소섭취량(VO_2max)측정이 심폐기능을 측정하는 타당한 검사로 널리 알려져 있다.
② 동일한 피험자 집단에게 동일한 시험 상황에서 새롭게 제작된 검사와 준거검사를 실시한다.
③ 새로운 검사 점수와 준거검사 점수 간 **상관계수**를 추정한다.
  예 1600m오래달리기-걷기 검사 점수와 트레드밀을 이용한 최대산소 섭취량(VO_2max)측정 검사의 점수의 상관을 계산한다.
④ ①번에서 준거검사의 **논리타당도**가 확인되고, ③번에서 두 검사 점수 간 상관계수가 .80 이상으로 확인되면 새로운 검사를 사용해도 되지만, 그렇지 않다면 다른 검사를 고려하는 것이 바람직하다.

위와 같은 절차를 통해서 추정되는 공인타당도는 상관계수에 의해 구체적으로 추정되므로 타당성의 정도가 확인되며 **객관적**인 정보를 제공해 줄 수 있다(장점).

하지만, 기존에 타당성을 입증받은 검사가 없다면, 공인타당도는 추정될 수 없는 단점이 있다.

또한, 준거검사가 있다고 하더라도 공인타당도는 준거검사와의 관계에 의해 검증되므로 기존의 준거검사에 의존할 수밖에 없다.

예 오래달리기-걷기 검사의 공인타당도가 0.80으로 추정되었다고 하면, 이 타당도 계수는 준거검사인 최대산소섭취량 측정 검사와 상관을 의미하는 것일 뿐, 교사나 연구자가 측정하고자 했던 심폐 기능이라는 속성과의 상관은 아니라는 것이다. 따라서 공인타당도는 **준거검사**와 측정하고자 했던 속성과의 관계 정도에 따라 달라져, **새로운 검사**의 타당성 정도는 공인타당도 계수로 추정된 값보다는 낮아질 수밖에 없다. 따라서 공인타당도를 추정할 때에는 위의 추정 절차 중 첫 번째 절차 즉, 준거검사의 **논리타당도**를 확인하는 단계가 매우 중요하다.

214. 미래의 수행력을 예측하기 위해 검사를 실시하기도 한다. 이 때 사용될 수 있는 통계적인 방법은 무엇이며, 이 방법을 이용하여 검사점수의 예측력을 구체적으로 산출하는 방법을 설명하시오. 기출문제

215. 예측타당도를 추정할 때 회귀분석을 이용하게 되는데, 회귀방정식의 정확성을 나타내는 지수를 무엇이라 하며 이 지수는 어떻게 산출되는가? 기출문제

답 체육 분야에서는 미래의 행위는 아니지만, 현장검사 점수를 통해서 실험실 검사 점수를 예측하는 경우가 있다. 이 경우에는 실험실 검사 점수가 현재의 준거 행동이라 할 수 있다.

예 오래달리기-걷기 검사(현장검사)를 통해서 최대산소섭취량(현재의 준거 행동)을 예측하거나, 신체 3~4 부위의 피하지방(현장검사)을 통해서 체지방률(현재의 준거 행동)을 예측하는 경우가 그것이다.

만약, 지금까지 사용했던 검사와 다른 오래달리기-걷기 검사를 개발하여 최대산소섭취량을 예측하고, 이 검사의 예측타당도를 추정하려면 다음과 같은 절차를 통해서 가능하다.

1) 200명 이상 정도의 충분한 표본 크기로 표본을 **무선 표집**한다.

2) 현장검사(오래달리기-걷기)와 준거검사(VO_2max)를 실시한다.

3) 현장검사의 점수와 준거검사의 점수 간 상관을 산출하고, 그 상관 정도가 높은 것으로 나타나면 다음 단계로 간다. 즉, 두 검사 점수 간에 선형 관계가 있다면 다음 단계로 간다.

4) 다음과 같이 교차타당화 절차를 수행한다.

  ① 동일한 표본 크기로 두 집단을 **무선 할당**(예 200명을 표집하면 100명씩 구분)

  ② 집단 1을 이용하여 **회귀 방정식**을 산출한다.

  ③ 산출된 **회귀 방정식**에 집단 2의 현장검사(오래달리기-걷기) 점수를 대입하여 준거검사(VO_2max) 점수를 추정한다.

  ④ **추정**된 준거검사의 점수와 실제로 **측정**된 집단 2의 준거검사 점수 간 상관을 산출한다. : **상관이 클수록** 오래달리기-걷기 점수로 VO_2max를 더 **정확하게 예측한다**는 의미이다.

  ⑤ **추정의 표준오차**를 산출한다. : 두 검사 점수 간 상관이 클수록 추정의 표준오차는 작고, 추정의 표준오차가 작을수록 정확한 예측을 의미한다.

상기한 교차타당화 절차를 구체적으로 설명하면 다음과 같다.

위에서 설명한 예측타당도를 추정하는 절차 4)번의 ②에서 표기한 회귀방정식은 **회귀분석**(regression analysis)이란 통계 방법에 의해 산출되는 방정식으로, 한 변인 또는 두 변인 이상으로부터 다른 한 변인을 예측하는 식을 의미한다. 만약, 오래달리기-걷기 점수로 최대산소섭취량(VO_2max)을 예측하기 위해 회귀분석을 실시하여 다음과 같은 회귀방정식을 구했다고 가정하자.

$$y' = \beta x + \alpha$$

위에서 y'은 회귀방정식을 통해 예측된 VO_2max 값이며, x는 현장검사(오래달리기-걷기 검사)의 점수이며, α와 β는 회귀분석을 통해서 결정된 방정식의 y절편과 기울기 값이다. α와 β는 예측오차의 제곱합 즉, 회귀방정식을 통해서 예측된 VO_2max값(y')과 실제 VO_2max값(y)의 차이를 제곱하여 모두 더한 값이 **최소**가 되도록 하는 값이 된다. 회귀분석을 위해서는 두 변인 간 **선형**관계가 성립되어야 하고, 두 변인은 모두 **연속**변인이어야 하며, 측정오차가 없다는 가정이 성립되어야 한다. 두 변인 간 선형관계는 두 변인 간 상관으로 확인할 수 있는데, 현장검사 점수와 준거검사 점수 간 상관이 높으면 이 가정이 성립된다고 할 수 있다. 위의 절차에서는 3)에서 이 가정을 확인하였다.

교차타당화 세 번째 절차(③)에서 집단1로부터 산출된 회귀방정식을 집단2에 적용하는 것은 산출된 회귀방정식이 다른 표본에서도 높은 예측력을 나타내는가를 알아보기 위해서이다.

네 번째 단계(④)에서 집단 2의 **예측**된 VO_2max값(y')과 **실제**로 **측정**된 집단 2의 VO_2max값(y)의 상관이 높게 나타난다면, 위에서 산출된 회귀방정식은 매우 믿을만한 방정식이 될 것이다.

다섯 번째 단계(⑤)에서 설명한 추정의 표준오차(SEE : Standard Error of Estimation)는 **회귀방정식**의 정확성 정도를 나타내는 지수로 다음과 같이 계산된다.

$$SEE = s_y \sqrt{1 - (r_{xy})^2}$$

위에서 SEE는 추정의 표준오차이고, x는 **현장**검사(오래달리기-걷기 검사)의 점수이며, y는 **준거**검사의 점수(VO_2max 값)이며, s_y는 **준거검사 점수의 표준편차**이며, $(r_{xy})^2$는 **두** 검사 점수 간 상관을 제곱한 값이다. 만약, 추정의 표준오차가 작다면 산출된 회귀방정식이 믿을만하여 현장에서 준거검사 점수를 예측하는데 사용해도 무방함을 의미한다.

만약, '오래달리기-걷기 검사를 이용해서 VO_2max를 예측한 회귀방정식의 SEE$^{추정의\ 표준오차}$'보다 '스텝검사를 이용해서 VO_2max를 예측한 회귀방정식의 SEE$^{추정의\ 표준오차}$'가 작다면 VO_2max값을 예측하는 현장검사로 **스텝**검사를 사용해야 할 것이다.

준거관련타당도 - 체육측정평가[이기봉]

준거관련타당도(criterion-related validity)는 어떤 검사 도구에 의해 측정된 점수를 준거가 되는 검사 도구에 의해 측정된 점수에 비추어 추정한 타당도이다. 준거가 되는 검사는 기존에 타당성을 인정받고 있는 검사나 미래의 행위가 될 수 있다. 준거관련타당도는 간단하게 **준거타당도**(criterion validity)라고도 하며 내용타당도와 다르게 통계적인 방법에 의해 타당도의 정도가 구체적으로 추정될 수 있다.

준거타당도에는 **공인타당도**(concurrent validity)와 **예측타당도**(predictive validity)가 있다.

1) 공인타당도

이미 타당성을 입증 받고 있는 검사에 의해 측정된 점수와 교사나 연구자가 새로 개발한 검사 점수의 관련성으로 추정되는 타당도가 **공인타당도**(concurrent validity)로, 공인타당도는 **상관계수**를 통해 추정된다. 일반적으로 체육 분야에서 측정하고자 하는 특성을 타당하게 측정하는 검사들은 대부분 실험실에서 실시되는 검사들이다. 그러나 **실험실 검사**는 너무 복잡하고 시간이 많이 걸리며 비용이 많이 들어서 학교와 같은 체육 현장에서는 사용하기 어렵다. 따라서, 많은 검사 이용자들은 현장에서 사용하기에 편리하고 간단한 검사가 개발되기를 바라며, 실제로도 학교 체육 현장에서는 현장검사들이 주로 사용된다. 공인타당도는 이러한 **현장검사의 적합성**(suitability)을 평가하고자 할 때 자주 사용한다.

공인타당도는 체육과 운동 능력 측정 분야에서 가장 많이 사용되고 있는 타당도이다.

예 체육 분야에서 공인타당도를 추정하는 대표적인 예를 들면, **심폐 기능의 준거검사**로 널리 알려진 **트레드밀을 이용한 가스분석 검사**를 대신하여 오래달리기-걷기 검사를 실시했을 경우, 두 검사 점수 간 상관계수로 오래달리기-걷기 검사의 공인타당도를 추정하는 것이다.

새롭게 개발할 검사의 **공인타당도를 추정하는 절차**는 다음과 같다(Safrit&Wood, 성태제).

① 준거검사가 논리적으로 타당한 즉, 기존에 타당성을 입증 받은 검사인가?

예 트레드밀을 이용한 최대산소섭취량(VO_2max)측정이 심폐 기능을 측정하는 타당한 검사로 널리 알려져 있다.

② 동일한 피험자 집단에게 동일한 시험 상황에서 새롭게 제작된 검사와 준거검사를 실시한다.

③ 새로운 검사 점수와 준거검사 점수 간 상관계수를 추정한다.

예 1600m 오래달리기-걷기 검사 점수와 트레드밀을 이용한 최대산소섭취량(VO_2max) 측정 검사의 점수의 상관을 계산한다.

④ ①번에서 준거검사의 논리타당도가 확인되고, ③번에서 두 검사 점수 간 상관계수가 .80 이상으로 확인되면 새로운 검사를 사용해도 되지만, 그렇지 않다면 다른 검사를 고려하는 것이 바람직하다.

위와 같은 절차를 통해서 추정되는 공인타당도는 상관계수에 의해 구체적으로 추정되므로 타당성의 정도가 확인되며 객관적인 정보를 제공해 줄 수 있다. 하지만, 기존에 타당성을 입증 받은 검사가 없다면, 공인타당도는 추정될 수 없는 **단점**이 있다.

또한, 준거검사가 있다고 하더라고 공인타당도는 준거검사와의 관계에 의해 검증되므로 기존의 준거검사의 의존할 수밖에 없다.

㉮ **오래달리기-걷기 검사**의 공인타당도가 0.80으로 추정되었다고 하면, 이 타당도 계수는 **준거검사**인 **최대산소섭취량 측정 검사**와 상관을 의미하는 것일 뿐, 교사나 연구자가 측정하고자 했던 심폐 기능이라는 속성과의 상관은 아니라는 것이다.

따라서 공인타당도는 준거검사와 측정하고자 했던 속성과의 관계 정도에 따라 달라져, 새로운 검사의 타당성 정도는 공인타당도 계수로 추정된 값보다는 낮아질 수밖에 없다.

따라서 **공인타당도를 추정할 때에는 위의 추정 절차** 중 첫 번째 절차 즉, 준거검사의 논리타당도를 확인하는 단계가 매우 중요하다.

2) 예측타당도

현장에서 쉽게 사용될 수 있는 간편한 검사들은 공인타당도가 확보된다면 복잡하고 비용이 많이 드는 준거검사 대신 이용할 수 있을 것이다. **예측타당도**(predictive validity)는 어떤 검사 점수가 미래의 행위를 얼마나 잘 예측하느냐 하는 문제이다.

㉮ 대학교 체육과 입시의 실기 검사 점수가 높은 학생이 졸업 실기 검사 점수나 임용고시의 실기 검사 점수에서 높은 점수를 받는다면 이 대학교의 체육과 입시 실기 검사 점수는 졸업실기 검사 점수와 임용고시의 실기검사 점수를 예측 타당도가 높다고 할 수 있다.

현재 측정한 검사 점수로 미래의 성공적인 행동을 예측하려는 시도(㉮ 꿈나무 선수 선발 검사)는 체육 분야에서 선수 **선발**을 할 때에 자주 사용된다. 이러한 경우에 현재의 검사로 미래의 행동을 예측하는 정도를 **예측타당도**라 할 수 있다. Morgan&Johnson은 대학교 시절 조장 선수들의 심리적 요소들을 측정(**예측 검사**)하고, 올림픽 팀에서 선발(**준거검사**)되는가를 확인한 결과 0.8보다 낮은 약 0.7의 타당도 계수가 추정되어 심리적 요소를 측정한 검사는 올림픽 팀 선수로 선발되는 것을 성공적으로 예측하지 못한다고 주장하였다. 예측타당도는 공인타당도와 같이 상관계수에 의해 추정되어 계량화될 수 있다. 어떤 검사의 **예측타당도를 추정하는 절차**는 다음과 같다.

① 타당도를 추정하고자 하는 검사를 피험자들에게 시행한다.

② 일정 기간이 지난 다음 검사한 내용과 관계가 있는 행위를 측정한다. 이때 이미 실시했던 검사와 동일한 검사로 미래의 행위를 측정하는 것이 아니고, 다른 검사를 이용한다.

③ ①에서 실시했던 검사 점수와 미래 행위의 측정치와 상관을 추정한다.

위의 절차를 통해서 어떤 검사의 **예측타당도가 높게 추정**되었다면, 이 검사는 **선발**이나 **채용**을 위한 시험으로 사용될 수 있다. 어떤 대학교의 체육과 입시의 실기 검사 점수가 미래의 임용고시 실기 검사 점수를 예측하는 타당성이 높다고 한다면, 미래의 체육 교사를 육성하는 사범계열 체육학과에서는 매우 **유용**할 것이다.

하지만, 어떤 검사의 예측타당도를 검증하기 위해서는 일정 기간 동안의 시간이 필요하다는 **단점**이 있다. 이러한 문제점 때문에 연구를 위해 개발한 검사의 예측타당도를 검증하는 것은 어렵다. 만약, 지속적인 연구를 수행한다면 연구에서 사용한 검사도구의 예측타당도를 추정할 수 있을 것이다.

체육 분야에서는 미래의 행위는 아니지만, **현장검사 점수**를 통해서 **실험실 검사 점수**를 **예측**하는 경우가 있다. 이 경우에는 **실험실 검사 점수**가 **현재의 준거 행동**이라 할 수 있다.

예) 오래달리기-걷기 검사(현장검사)를 통해서 최대산소섭취량(현재의 준거 행동)을 예측하거나,

예) 신체 3~4 부위의 피하지방(현장검사)을 통해서 체지방률(현재의 준거 행동)을 예측하는 경우이다.

만약, 지금까지 사용했던 검사와 다른 오래달리기-걷기 검사를 개발하여 최대산소섭취량을 예측하고, 이 검사의 **예측타당도를 추정**하려면 다음과 같은 **절차**를 통해서 가능하다(Safrit&Wood).

① 200명 이상 정도의 충분한 표본 크기로 표본을 **무선 표집**한다.

② **현장검사**(오래달리기-걷기)와 **준거검사**(VO_2max)를 실시한다.

③ 현장검사의 점수와 준거검사의 점수 간 **상관**을 산출하고, 그 상관 정도가 높은 것으로 나타나면 다음 단계로 간다. 즉, 두 검사 점수 간에 선형 관계$(r=0.80\uparrow)$가 있다면 다음 단계로 간다.

④ 다음과 같이 **교차타당화 절차**를 수행한다.

- ㉠ 동일한 표본 크기로 두 집단을 **무선 할당**^{단순무선배정}(예) 200명을 표집하면 100명씩 구분)

- ㉡ 집단1을 이용하여 **회귀 방정식**을 산출

- ㉢ 산출된 회귀방정식에 집단 2의 현장검사(오래달리기-걷기)^X 점수를 대입하여 준거검사(VO_2max)^Y 점수를 추정

- ㉣ 추정된 준거검사의 점수 $\hat{Y}$와 실제로 측정된 집단 2의 준거검사 점수 Y 간 상관을 산출 : 상관이 클수록 오래달리기-걷기 점수로 VO_2max를 더 정확하게 예측한다는 의미

- ㉤ **추정의 표준오차** 산출 : 두 검사 점수 간 상관이 클수록 추정의 표준오차는 작고, 추정의 표준오차가 작을수록 정확한 예측을 의미

교차타당화 절차를 좀 더 자세하게 설명하면 다음과 같다. 예측타당도를 추정하는 절차 ④번의 ⓒ에서 표기한 회귀방정식은 **회귀분석**(regression analysis)이란 통계 방법에 의해 산출되는 방정식으로, 한 변인 또는 두 변인 이상으로부터 다른 한 변인을 예측하는 식을 의미한다. 만약, 오래달리기-걷기 점수로 최대산소섭취량(VO_2max)을 예측하기 위해 회귀분석을 실시하여 다음과 같은 회귀방정식을 사용한다.

$$y' = α + βx \quad \text{〈식1〉}$$

〈식1〉에서 **y'**은 회귀방정식을 통해 **예측된** VO_2max값이며, **x**는 **현장검사(오래달리기-걷기 검사)의 점수**이며, **α**와 **β**는 회귀분석을 통해서 결정된 방정식의 **y절편**과 **기울기 값**이다. **α**와 **β**는 예측오차의 제곱합 즉, 회귀방정식을 통해서 예측된 VO_2max값(**y'**)과 실제 VO_2max값(**y**)의 차이를 제곱하여 모두 더한 값이 최소가 되도록 하는 값이 된다. 회귀분석을 위해서는 두 변인 간 **선형관계**가 성립되어야 하고, 두 변인은 모두 **연속 변인**이어야 하며, **측정오차가 없다**는 가정이 성립되어야 한다. 두 변인 간 선형관계는 두 변인 간 상관으로 확인할 수 있는데, 현장검사 점수와 준거검사 점수 간 상관이 높으면 이 가정이 성립된다고 할 수 있다. 위의 절차에서는 ③번에서 이 가정을 확인하였다.

교차타당과 세 번째 절차(ⓒ)에서 집단1로부터 산출된 회귀방정식을 집단2에 적용하는 것은 산출된 회귀방정식이 다른 표본에서도 높은 예측력을 나타내는가를 알아보기 위해서이다.

네 번째 단계(ⓔ)에서 집단2의 예측된 VO_2max값(**y'**)과 실제로 측정된 집단2의 VO_2max 값(**y**)의 상관이 높게 나타난다면, 위에서 산출된 회귀방정식은 매우 믿을만한 방정식이 될 것이다.

다섯 번째 단계(ⓜ)에서 설명한 **추정의 표준오차**(SEE : Standard Error of Estimation)는 **회귀방정식의 정확성 정도를 나타내는 지수**로 다음과 같이 계산된다.

$$SEE = s_y \sqrt{1-r_{xy}^2} \quad \text{〈식2〉}$$

〈식2〉에서 SEE는 추정의 표준오차이고, **x**는 **현장검사(오래달리기-걷기 검사)의 점수**이고, **y**는 **준거검사(VO_2max 값)의 점수**이다. s_y는 **준거검사 점수의 표준편차**이며, r_{xy}^2는 **두 검사 점수 간 상관을 제곱한 값**^{결정계수}이다. 만약, 추정의 표준오차가 작다면 산출된 회귀방정식이 믿을만하여 현장에서 준거검사 점수를 예측하는데 사용해도 무방함을 의미한다.

⑪ 오래달리기-걷기 검사를 이용해서 VO_2max를 예측한 회귀방정식의 SEE보다 스텝 검사를 이용해서 VO_2max를 예측한 회귀방정식의 SEE가 작다면, VO_2max값을 예측하는 현장검사로 오래달리기-걷기 검사보다 스텝 검사를 사용해야 할 것이다.

측정의 표준오차(SEM : Standard Error of Measurement)는 **한 개인의 검사 점수에 대해 신뢰도를 평가할 때 사용하는 지수**로 **절대 신뢰도**(absolute estimates of reliability)라고도 한다.

$$SEM = s\sqrt{1-\rho_{XX'}}$$

[**s:피험자 집단의 표준편차**, $\rho_{XX'}$:상관계수 방법이나 분산분석 방법 등에 의해 추정된 **검사의 신뢰도**]

3) 구인타당도 : (1)조작적 정의, (2)검증방법[③상관계수법(판별·수렴)·②실험설계법/집단차이분석·③요인분석법]

216. 정 교사는 실제성(authenticity)을 강조하는 수행평가를 통해 학생들의 농구경기능력을 평가하고자 한다. 이와 관련된 타당도의 명칭을 쓰시오.

| AAHPERD 종합농구기능검사 : '슈팅 검사·패스 검사·드리블 검사·방어능력 검사' 등으로 구성 |

답 **구인** 타당도

217. <보기>의 대화 내용에 비추어 보고서에 나타난 두 학생의 '㈎훌륭한 스포츠 행동'에 관한 기록이 서로 다른 이유를 설명하시오.

모둠 활동 보고서

<모둠명 : 스타트>　　　　　　　모둠장 : 최성실

모둠 활동 내용 : '울트라 모둠'과 '2PM짱 모둠'이 농구 경기를 하는데 기록을 포함한 모든 운영을 우리 모둠이 맡음.

<창환이의 기록지>

이름	득점	반칙	㈎훌륭한 스포츠 행동
은정	2	0	3회
정남	0	1	1회
혜리	1	0	3회
은혜	0	1	2회

<재홍이의 기록지>

이름	득점	반칙	㈎훌륭한 스포츠 행동
은정	2	0	1회
정남	0	1	1회
혜리	1	0	0회
은혜	0	1	1회

──────────────<보기>──────────────

창환 : 재홍아! 네가 기록한 '훌륭한 스포츠 행동'의 횟수가 나랑 완전히 다르네! 난 정확하게 기록했는데 왜 이럴까?
재홍 : 넌 '훌륭한 스포츠 행동'이 뭐라고 생각하니?
창환 : 우리 팀, 상대 팀 할 것 없이 모든 선수들을 격려하고 배려하는 행동으로 보고, 그때마다 기록했어.
재홍 : 난 경기 중에 넘어진 상대 선수를 일으켜 세워 주는 것과 같이 상대 팀에게 스포츠맨십을 발휘하는 행동으로 봤는데…….

답 두 학생이 '훌륭한 스포츠 행동' **변인**을 서로 다르게 (**조작적**) **정의**하고 있기 때문이다.

218. 김 교사는 축구 기능 평정 척도(항목별 10점)를 제작하고, 다음과 같은 자료를 얻었다. 평정 척도 평가(분석 결과 해석)를 쓰시오.

기능 검사 요인과 항목	실험 집단 (우수군) 합 점수 평균	비교 집단 (일반군) 합 점수 평균	평균의 동일성에 대한 t 검정		
			t	자유도	유의확률
드리블	•20m 직선 주로 스피드 드리블 •20m 지그재그 드리블(왼발, 오른발) •5m 방향 전환 드리블	24.37점	15.37점	12.29	58	.000
패 스	•1 : 1 런닝 패스 •롱킥 패스 •논스톱 패스	17.97점	17.87점	.11	58	.911
슈 팅	•20m 슈팅 •터닝 슛 •헤딩 슛	23.40점	14.70점	7.03	58	.000

답 드리블·슈팅은 구인타당도가 **높**고, 패스는 구인타당도가 **낮**다.

문 구인타당도를 확인검증하기 위해 적용한 방법의 명칭을 쓰고, 그 통계기법을 쓰시오.

답 검증방법은 **실험설계법**이고, 통계기법은 **독립 t검정**이다.

스포츠지도사 기출문제 & 서답형

219. 평가의 타당도를 측정하는 방법이 <u>아닌</u> 것은?
가. **내용타당도**
나. **준거타당도**
다. 조언타당도
라. **구인타당도**

⇨ 평가도구의 양호도로 타당도와 신뢰도가 존재한다. 이 중 타당도를 결정하는 3가지는 ①내용타당도 · ②준거타당도 · ③구인타당도가 있다.

220. 규준지향검사에서 평가의 타당도를 측정하는 방법 3가지를 쓰시오.

답 **내용**타당도, **준거**타당도, **구인**타당도

221. 신뢰도에 대한 설명으로 옳은 것은?
① **안정성, 일관성 등으로 표현되며, 측정치의 오차 정도**
② 시설, 도구, 장소, 시간, 경제성 등을 고려한 측정
③ 객관적인 자료에 근거하지 않고 전문가의 주관에 의해 평가
→ 내용타당도
④ 정확성으로 표현되며, 검사가 측정하고자 하는 속성을 제대로 측정하는 정도 → 타당도

222. <보기>의 내용에 해당하는 타당도의 유형을 쓰시오.

<보기>
객관적인 자료에 근거하지 않고 전문가의 주관에 의해 평가한다.

답 **내용**타당도

223. 내용타당도에 대한 설명은? *2018*
① **검사내용 전문가가 논리적 판단에 근거하여 주관적으로 결정한다.**
② 검사도구에 의해 측정된 점수를 준거검사로 측정한 점수와 비교한다.
③ 검사점수가 미래의 행위를 얼마나 잘 예측하는지 판단한다.
④ 상관계수에 의해 추정한다.

224. <보기>는 타당도에 대한 설명이다. ㉠~㉢에 해당하는 타당도의 유형을 순서대로 쓰시오. *2018*

<보기>
㉠ 검사내용 전문가가 논리적 판단에 근거하여 주관적으로 결정한다.
㉡ 검사도구에 의해 측정된 점수를 준거검사로 측정한 점수와 비교한다.
㉢ 검사점수가 미래의 행위를 얼마나 잘 예측하는지 판단한다.

답 ㉠**내용**타당도, ㉡**준거**타당도 中 **공인**타당도
㉢**예언**예측·예견**타당도**

225. 상관계수에 의해 추정되는 타당도의 유형을 2가지만 쓰시오(단, 공인타당도·예언타당도의 명칭은 쓰지 말 것). *2018*

답 **준거**타당도, **구인**타당도

226. 새로운 검사방법 개발 시, 이미 검증된 검사방법과의 관련성을 비교하여 산출되는 타당도는?
① 내용타당도
② 준거타당도
③ 구인타당도
④ 요인타당도

227. 새로운 검사방법 개발 시, 이미 검증된 검사방법과의 관련성을 비교하여 산출되는 타당도의 명칭을 쓰시오.
답 **준거**타당도

228. 심폐지구력 측정을 위한 PACER 검사의 준거 타당도(criterion validity) 확보방법으로 옳은 것은?
① 마라톤 선수 집단과 역도 선수 집단 간의 PACER 결과의 차이 규명 (×)
② 최대운동부하검사의 VO_2max값과 PACER 결과 간의 상관관계 규명
③ 심폐지구력 전문가로부터 확보한 PACER 검사 내용의 정당성 (×)
④ PACER 결과를 이용한 마라톤 선수의 성공 가능성 예측 (×)

229. 심폐지구력 측정을 위한 PACER 검사의 준거 타당도(criterion validity) 확보방법으로 옳은 것이 ②이다. ①, ③, ④에 해당하는 평가^{검사}도구의 양호도를 각각 쓰시오.

<보 기>
① 마라톤 선수 집단과 역도 선수 집단 간의 PACER 결과의 차이 규명
② 최대운동부하검사의 VO_2max값과 PACER 결과 간의 상관관계 규명
③ 심폐지구력 전문가로부터 확보한 PACER 검사 내용의 정당성
④ PACER 결과를 이용한 마라톤 선수의 성공 가능성 예측

답 ① **구인**타당도
③ **내용**타당도(**논리**타당도)
④ **예언**^{예측·예견}타당도

230. 피하지방두께를 이용한 체지방률(% body fat) 추정식의 예측타당도(predictive validity)를 검증하는 과정을 순서대로 나열한 것은?

<보기>
㉠ 준거검사의 타당도 확인
㉡ 교차타당도 검증
㉢ 동일한 피검자에게 피하지방두께 측정과 준거검사 실시
㉣ 체지방률 추정식 산출

① ㉠→㉡→㉢→㉣
② ㉠→㉢→㉣→㉡
③ ㉡→㉠→㉢→㉣
④ ㉢→㉠→㉣→㉡

231. <보기>는 피하지방두께를 이용한 체지방률(% body fat) 추정식의 예측타당도(predictive validity)를 검증하는 과정이다. 괄호 안의 ㉠, ㉡에 해당하는 용어를 순서대로 쓰시오.

<보기>
① (㉠)의 타당도 확인
② 동일한 피검자에게 피하지방두께 측정과 (㉠) 실시
③ 체지방률 추정식 산출
④ (㉡)타당도 검증

답 ㉠**준거검사**, ㉡**교차**

232. 건강 관련 체력검사의 신뢰도와 타당도에 대한 설명으로 옳지 않은 것은?
① 변별력이 높은 체력검사는 타당도가 높다.
② 여러 번 측정해도 검사 결과가 비슷한 검사는 신뢰도가 높다.
③ 신뢰도가 높은 검사라도 타당도는 낮을 수 있다.
④ 추정표준오차(Standard Error Estimate, SEE)는 준거검사의 신뢰도를 나타낸다(×).

233. <보기>의 공식을 일컫는 용어를 쓰고, 이와 관련된 타당도의 유형을 쓰시오.

<보기>
$$SEE = s_y \sqrt{1 - r_{xy}^2}$$
◦ s_y : 준거검사 점수의 표준편차
◦ r_{xy}^2 : 두 검사 점수 간 상관을 제곱한 값

답 **추정표준오차**(Standard Error Estimate, SEE)
예언예측·예견**타당도**

234. <A>는 왕복오래달리기(PACER)와 최대산소섭취량($\dot{V}O_2max$)의 산점도(scatter plot)이고, <B>는 신체효율지수(PEI)와 최대산소섭취량의 산점도이다. <보기> 중 바르게 묶인 것은? *2018*

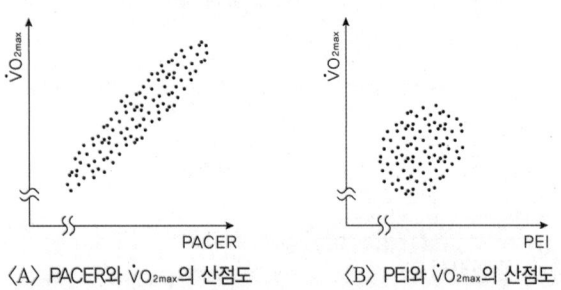

⟨A⟩ PACER와 $\dot{V}O_2max$의 산점도   ⟨B⟩ PEI와 $\dot{V}O_2max$의 산점도

<보기>
㉠ $\dot{V}O_2max$를 설명하는 분산은 PEI가 PACER보다 크다(×).
㉡ **심폐지구력 검사의 타당도 계수는 PACER가 PEI보다 높다.**
㉢ $\dot{V}O_2max$를 예측할 때 **추정의 표준오차(SEE)**는 PACER가 PEI보다 크다(×).
㉣ **PACER와 $\dot{V}O_2max$의 상관이 PEI와 $\dot{V}O_2max$의 상관보다 크다.**

① ㉠, ㉡   ② ㉡, ㉢   ③ ㉠, ㉢   ④ **㉡, ㉣**

235. <A>는 왕복오래달리기(PACER)와 최대산소섭취량($\dot{V}O_2max$)의 산점도(scatter plot)이고, <B>는 신체효율지수(PEI)와 최대산소섭취량의 산점도이다. *2018*

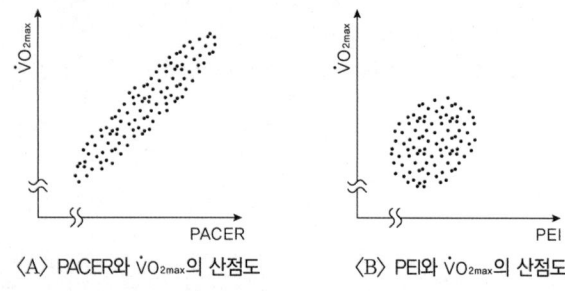

⟨A⟩ PACER와 $\dot{V}O_2max$의 산점도   ⟨B⟩ PEI와 $\dot{V}O_2max$의 산점도

(1) <A>와 <B>의 '추정의 표준오차(SEE)'를 '크다' or '작다'로 비교하여 기술하시오.

답 $\dot{V}O_2max$를 예측할 때 추정의 표준오차(SEE)는 <A>PACER가 <B>PEI보다 **작**다.

(2) 추정의 표준오차(SEE)와 관련된 타당도의 명칭을 쓰고, 그 타당도가 큰 산점도를 골라 제시하시오.

답 **예언**예측·예견**타당도, A**

236. 심폐지구력 평가를 위한 오래달리기 검사의 타당도 검증 방법에 대한 설명으로 옳지 <u>않은</u> 것은? **2018**

① 준거타당성 검증을 위해서는 먼저 준거검사의 내용타당성을 확인한다.

② **오래달리기 검사와 윗몸일으키기 검사 간 상관으로 수렴의 관계를 확인하여 타당성을 검증한다(×).**

③ 마라톤 선수 집단과 일반인 집단 간 오래달리기 검사의 차이를 통해 타당성을 검증한다.

④ 준거타당성 검증을 위해 오래달리기 검사와 운동부하검사로 측정된 VO_2max 간 상관을 분석한다.

237. <보기>는 심폐지구력 평가를 위한 오래달리기 검사의 타당도 검증 방법에 대한 설명이다. 괄호 안의 ㉠, ㉡에 해당하는 적절한 용어를 순서대로 쓰시오. **2018**

<보기>
- (㉠)타당성 검증을 위해서는 먼저 준거검사의 (㉡)타당성을 확인한다.
- 오래달리기 검사와 운동부하검사로 측정된 VO_2max 간 상관으로 수렴의 관계를 확인하여 타당성을 검증한다.
- 마라톤 선수 집단과 일반인 집단 간 오래달리기 검사의 차이를 통해 타당성을 검증한다.
- (㉠)타당성 검증을 위해 오래달리기 검사와 운동부하검사로 측정된 VO_2max 간 상관을 분석한다.

답 ㉠**준거**, ㉡**내용**논리

238. <보기>에서 밑줄 친 ㉠ 타당도의 개념을 쓰고, 이와 관련된 타당도의 유형을 쓰시오. **2018**

<보기>
오래달리기 검사와 윗몸일으키기 검사 간 상관으로 ㉠ <u>판별</u>의 관계를 확인하여 타당성을 검증한다.

답 ㉠서로 **다른** 구인을 측정하는 검사들은 **낮은** 상관을 나타내야 한다.

　　타당도의 유형 : **구인**타당도

239. 새로운 검사방법 개발 시, 이미 검증된 검사방법과의 관련성을 비교하여 산출되는 타당도는?
① 내용타당도
② 준거타당도
③ 구인타당도
④ 요인타당도

240. 심폐지구력 측정을 위한 PACER 검사의 준거 타당도(criterion validity) 확보방법으로 옳은 것은?
① 마라톤 선수 집단과 역도 선수 집단 간의 PACER 결과의 차이 규명(×)
② 최대운동부하검사의 VO_2max값과 PACER 결과 간의 상관관계 규명
③ 심폐지구력 전문가로부터 확보한 PACER 검사 내용의 정당성(×)
④ PACER 결과를 이용한 마라톤 선수의 성공 가능성 예측(×)

241. 다음 물음에 답하시오.

<보기>
○ ㉠마라톤 선수 집단과 역도 선수 집단 간의 PACER 결과의 차이 규명
○ (㉡)분석이란 여러 변수들 간 상호관계를 분석하여 상관이 높은 변수들을 모아 (㉡)으로 명명하고 그 (㉡)에 의미를 부여하는 통계 방법이다.

(1) <보기>와 관련된 타당도의 유형을 쓰시오.
답 **구인타당도**

(2) <보기>의 타당도를 검증하기 위한 밑줄 친 ㉠의 방법을 쓰시오.
답 **실험설계법 or 집단차이방법**

(3) 괄호 안의 ㉡에 해당하는 용어를 쓰시오.
답 **㉡요인(factor)**

242. 중학교 남자 축구선수들을 대상으로 훈련시간에 기능 검사를 실시하고자 한다. 기능검사의 구성 타당성이 낮은 검사는? *2019*
① 패싱 검사(passing test)
② 드리블 검사(dribble test)
③ 드로우인 검사(throw-in test)
④ 서브 검사(serve test)

243. 심폐지구력을 측정하는 검사인 하버드 스텝검사(Harvard step test)를 한국인에게 적용하였을 때 타당도는 0.4~0.6 정도로 높지 않게 나타난다. 타당도를 높이기 위하여 키(cm)와 체지방률(%)을 예측 변인으로 추가하여 최대산소섭취량(VO_2max; ml/kg/min)을 예측하는 공식을 <보기>와 같이 도출하였다. 이 결과에서 R^2은 0.70이었으며, 모든 추정치는 $\alpha=0.05$에서 통계적으로 유의하였다. 이 결과에 대한 설명 중 옳지 않은 것은? *2019*

<보기>
$\widehat{VO_2max} = 2.5+0.32\times(스텝검사\ 점수)$
$-0.40\times(체지방률)+0.18\times(키)$

① <보기>의 공식에서 스텝검사 점수와 VO_2max는 정적 관계를 보이고 있다.
② 평균적으로 체지방률이 1% 증가할 때마다 VO_2max는 0.40ml/kg/min 낮아진다.
③ 스텝검사 점수, 키, 몸무게로부터 VO_2max 분산의 약 49%를 설명할 수 있다.
④ <보기>의 공식에 의한 타당도가 하버드 스텝검사의 타당도보다 높다.

244. '체력'이라는 복합적 특성을 측정하기 위해서 흔히 여러 개의 세부 항목(종목)으로 구성된 체력 검사장(fitness test battery)을 개발·적용한다. 체력 검사장에 대한 설명으로 옳은 것은? 2019

① 체력 검사장을 구성하는 세부 종목들 간의 상관관계가 높을수록 효율성이 높은 검사장으로, 다양한 요인을 비교적 독립적으로 측정해 낼 수 있다.
② 일반적으로 현장(field)에서 사용되는 항목은 실험실 검사 항목에 비해 타당도가 낮으나 측정의 효율성이 높은 종목들로 구성되어 있다.
③ 타당도가 높은 종목과 낮은 종목들이 혼합되어 체력장 전체의 타당도 계수가 0.5 내외로 유지되도록 해야 한다.
④ 검사의 종목이 많을수록 더 객관적이고 효율적인 측정치를 얻을 수 있으나, 검사의 종목 수가 적을수록 전체 체력장의 신뢰도는 높아진다.

스포츠지도사 선택형 추가 문제

245. 다음은 학습자의 상체 근력 평가를 위해 스포츠지도사가 선택한 측정도구이다. 이 스포츠지도사가 간과하고 있는 평가의 양호도는?

<보기>
㉠ 서전트 점프   ㉡ 지그재그달리기   ㉢ 페이서

① **내용 타당도**
② 준거 타당도
③ 구인 타당도
④ 규준 타당도

⇨ 평가의 양호도는 타당도와 신뢰도로 구분된다.
　타당도는 평가 목적에 적절한 측정도구를 선택하고자 할 때 고려하는 사항이다. 이 중에서 내용타당도는 검사 문항이 측정하고자 하는 내용을 얼마나 잘 대표하고 있느냐를 나타내는 정도를 말한다.
　이 문제의 경우 스포츠지도사가 학습자의 상체 근력을 평가하기 위한 도구로 서전트점프·지그재그달리기·페이서를 선택했다.
　서전트점트·지그재그달리기(?)·페이서(?)는 근력보다는 순발력을 측정하는데 적합한 측정도구이며, 하체의 근력이 아닌 상체의 근력을 측정하는데 부적합하다.

이기봉 Q&A 재구성

246. 축구의 기능 검사를 개발할 때, 드리블·패스·슛 등의 기능 간에는 상관이 높아야 하는데, 이러한 개념의 타당도를 무엇이라 하는가?

답 **수렴타당도**란 동일한 구인을 측정하는 검사들은 높은 상관을 나타내야 한다는 것이다.

예 상완의 근지구력을 측정하는 팔굽혀펴기, 턱걸이, 팔굽혀매달리기 검사 점수들은 상관이 높아야 동일한 구인을 측정하는 검사로 인정할 수 있을 것이며, 이를 **수렴타당도**라 한다.

축구 기능 검사의 총점과 드리블, 슛과 같이 하위 **구인**을 측정하는 검사 간 상관이 낮게 나타났다면, 그 하위 **구인**은 측정하고자하는 특성을 제대로 설명하지 못함을 의미한다.

※구인타당도는 '상관계수법, 실험설계법, 요인분석' 등의 통계적인 방법으로 검증이 가능하다. 상관계수를 이용하여 구인타당도를 검증하는 다른 방법은 어떤 검사 점수와 다른 검사 점수의 상관 정도로 타당성을 검증하는 방법으로 수렴타당도(convergent validity)와 판별타당도(discriminant validity)가 있다.

판별타당도란 서로 다른 구인을 측정하는 검사들은 낮은 상관을 나타내야 한다는 것이다.

예 심폐지구력을 재는 오래달리기 검사와 순발력을 재는 제자리높이뛰기 검사의 상관이 낮아야 두 검사는 서로 다른 구인을 측정하는 검사라 할 수 있으며, 이를 **판별**타당도라 한다.

247. 타당도를 삼분법으로 구분할 때 (1)3가지 타당도는 무엇이며, 이 중에서 (2)검사장(test battery) 또는 설문지 문항을 구성할 때 확인되어야 하는 타당도로 최근 통합적인 관점으로 타당도를 바라볼 때 중요하게 여기는 타당도는 무엇인가?

답 (1) 내용타당도, 준거타당도, 구인타당도

(2) **구인**타당도

구인타당도는 검사 기록이나 설문지의 응답 자료를 토대로 통계적인 방법에 의해 검증되므로 과학적이라 할 수 있다. 또한, 현장에서 3~4개의 하위 검사로 구성된 실기 검사장을 제작할 때 타당도의 검증 방법으로 유용하며, 심리적인 특성을 측정하는 설문지 문항을 제작할 때에도 유용한 타당도 검증 방법이 될 수 있다. 이러한 장점 때문에 최근에는 **구인**타당도를 중요시하고 있으며, 내용타당도와 준거관련타당도가 구인망을 구축하는 증거로 받아들여져야 한다는 주장이 제기되고 있다.

구인타당도 - 체육측정평가 이기봉

 신장·체중과 같이 직접 측정할 수 있는 특성 이외에 체육 분야에서는 정신력·집중력 등의 심리적 요소와 같이 직접 측정할 수 없는 특성이 존재한다. 이러한 특성을 **구인**(construct)이라 한다. 만약, 어떤 검사가 특정한 구인을 측정하려고 한다면, 그 검사가 측정하고자 하는 구인을 제대로 측정하고 있는 정도가 관심의 대상이 될 것이다.

 어떤 검사 점수가 측정하고자 하는 구인으로 구성되어 있다면, 이 검사는 **구인타당도**(construct validity)가 충족되었다고 할 수 있다. **구인타당도를 추정하는 절차**는 다음과 같다(성태제).

① 측정하고자 하는 구인이 무엇인지를 이론적·경험적 배경에 의해 밝히고, **조작적 정의**를 내린다.

② 이론에 근거하여 구인을 측정하는 검사를 제작한다.

③ 측정 대상에게 검사를 실시하여 자료를 얻는다.

④ 자료를 분석하여 검사가 측정하고자 하는 구인을 제대로 측정하는가를 밝힌다.

⑤ 구인에 대한 **조작적 정의**와 관계가 없는 검사 문항을 제거한다.

㉮ 위의 절차에 따라 새롭게 개발한 축구 기능 검사의 구인타당도를 측정하는 예를 설명하겠다. 어떤 체육 교사가 **드리블·슛·패스·경기 능력** 등 4개의 구인으로 구성된 검사를 개발했다고 가정하자. 물론, 축구 기능 검사의 하위 구인들 즉, 드리블·슛·패스·경기 능력 검사들은 모두 이론에 근거하여 개발되었고, 각 검사들의 내용타당도(논리타당도)가 확보된 것으로 가정되었다. 검사를 학생들에게 시행하여 자료를 얻고 분석한 결과 경기 능력 검사가 측정하고자했던 구인인 축구 기능과 거리가 먼 것으로 나타났다면, 경기 능력 검사는 축구 기능을 측정하는 검사 문항으로 구인타당도가 떨어지는 것으로 판단할 수 있다. 따라서 경기 능력 검사를 제거한 후 나머지 3가지 검사(드리블·슛·패스)로 학생들의 축구 기능을 평가하는 것이 적절할 것이다.

 구인타당도는 **'상관계수법, 실험설계법, 요인분석'** 등의 통계적인 방법으로 검증이 가능하다(성태제).

1) 상관계수법

(1) **상관계수법**이란 하위 구인들을 검사하는 문항(예 축구 드리블 검사)으로부터 얻은 점수와 **측정하고자 하는 구인 (예 축구 기능)의 총점**과의 **상관계수**에 의해 구인타당도를 검증하는 방법이다. 만약, 위의 예에서 축구 기능 검사의 총점과 드리블·슛과 같이 하위 구인을 측정하는 검사 간 상관이 낮게 나타났다면, 그 하위 구인은 측정하고자 하는 특성을 제대로 설명하지 못함을 의미한다.

(2) **상관계수를 이용하여 구인타당도를 검증하는 다른 방법**은 어떤 검사 점수와 다른 검사 점수의 상관 정도로 타당성을 검증하는 방법으로 **수렴타당도**(convergent validity)와 **판별타당도**(discriminant validity)가 있다.

① **수렴타당도**란 동일한 구인을 측정하는 검사들은 높은 상관을 나타내야 한다는 것이다.

예 상완의 근지구력을 측정하는 팔굽혀펴기·턱걸이·팔굽혀매달리기 검사 점수들은 상관이 높아야 동일한 구인을 측정하는 검사로 인정할 수 있을 것이며, 이를 수렴타당도라 한다.

② **판별타당도**란 서로 다른 구인을 측정하는 검사들은 낮은 상관을 나타내야 한다는 것이다.

예 심폐지구력을 재는 오래달리기 검사와 순발력을 재는 제자리높이뛰기 검사의 상관이 낮아야 두 검사는 서로 다른 구인을 측정하는 검사라 할 수 있으며, 이를 판별타당도라 한다.

좀 더 구체적인 예를 통하여 설명하면 다음과 같다.

예 3~4개의 하위 검사항목으로 구성된 핸드볼기능검사의 타당도를 확인하기 위해 다른 구인을 측정하는 검사들과 관계를 분석한 결과가 <그림1>과 같았다.

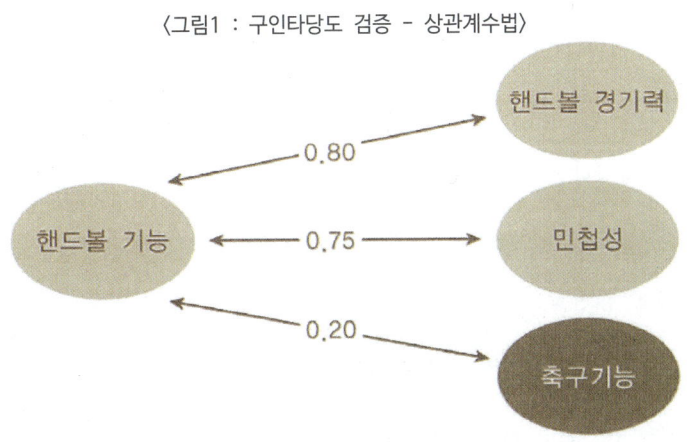

<그림1 : 구인타당도 검증 - 상관계수법>

<그림1>에서 타원형으로 나타낸 것은 **각 구인**을 측정하는 검사들을 의미하며, 각각의 구인들은 3~4개 정도의 검사 항목들로 구성된 것으로 가정된다. 그림에 의하면, **핸드볼기능을 측정하는 검사**는 핸드볼경기력 검사·민첩성 검사와는 비교적 높은 상관을 나타냈고, 축구기능 검사와는 낮은 상관을 나타냈다. 핸드볼경기력과 민첩성은 핸드볼기능과 이론적·경험적으로 관련성이 높은 구인이라 할 수 있는데, 예상했던 대로 **높은 상관**을 나타냈다. 반면, 축구기능은 핸드볼기능과 관련성이 높다고 할 수 없는데, 기대했던 대로 **낮은 상관**을 나타냈다. 즉, 이러한 결과는 핸드볼기능을 측정하는 검사가 타당하다는 하나의 증거라고 할 수 있다.

2) 실험설계법 / 집단차이방법

① **실험설계법**이란 **실험집단**과 **통제집단**으로 학생들을 구분하여 실험집단에는 하위 구인을 처치하고 통제집단에는 처치하지 않아, 두 집단의 검사 점수가 차이가 나타나는지를 측정하여 처치한 구인이 측정하고자하는 특성을 제대로 설명하는 구인인지 아닌지를 판단하는 방법이다.

  예) 축구 기능 검사의 하위 검사인 경기 능력에 대해 교육을 받은 집단과 받지 않은 집단 간 검사 점수의 차이가 나타나지 않는다면, 축구 기능 검사의 하위 검사로 경기 능력을 측정하는 검사는 축구 기능을 구성하는 검사로 타당하지 않다고 할 수 있다.

② **집단차이방법** : 이러한 방법과 유사한 방법으로 집단차이 방법(group difference method)이 있다.

  예) 어떤 축구 기능 검사가 **선수**와 **일반 학생**들에게 실시되었을 때, 선수의 검사 점수가 일반 학생의 검사점수보다 높게 나타났다면, 이 축구 기능 검사는 구인타당도가 확보된 것으로 판단할 수 있다.

체육 분야에서 집단 차이 방법은 전통적으로 구인타당도를 추정하는 방법으로, **독립 t검정**이나 **일원분산분석**과 같은 통계 방법을 이용해서 검증할 수 있다.

3) 요인분석

요인분석(factor analysis)을 이용하여 구인타당도를 검증하는 방법이다. **요인분석**이란 여러 변수들 간 상호관계를 분석하여 상관이 높은 변수들을 모아 **요인**(factor)으로 명명하고 그 요인에 의미를 부여하는 통계 방법이다. 주로 스포츠심리학·스포츠사회학·스포츠경영 등 체육 분야의 사회과학적 연구에서 설문지를 통해서 측정하고자하는 특성을 측정할 때 구인타당도를 검증하는 방법이다.

구인타당도는 검사 기록이나 설문지의 응답 자료를 토대로 통계적인 방법에 의해 검증되므로 **과학적**이라 할 수 있다. 또한, 현장에서 3~4개의 하위 검사로 구성된 실기 검사장을 제작할 때 타당도의 검증 방법으로 유용하며, 심리적인 특성을 측정하는 설문지 문항을 제작할 때에도 **유용**한 타당도 검증 방법이 될 수 있다.

이러한 **장점** 때문에 최근에는 구인타당도를 중요시하고 있으며, 내용타당도와 준거관련타당도가 구인망(network of construct)을 구축하는 증거로 받아들여져야 한다는 주장이 제기되고 있다(오수학).

요인 분석과 같은 통계 방법을 이용하여 구인타당도를 검증할 때 주의할 사항은 측정된 자료가 요구되는 가정(예 다변량정규성 가정)을 만족해야 하고, 적어도 100명 이상의 많은 측정 대상자가 필요하다는 점이다.

타당도의 적용과 해석

문1. 현장의 교사나 연구자가 개발한 새로운 검사의 타당도는 어떤 타당도를 이용하여 검증하는 것이 좋은가?

    답1. 가능한 모든 종류의 타당도를 검증하는 것이 바람직하다.

문2. 검사를 개발하거나 선택할 때 검사의 타당도 계수가 어느 정도 되어야 받아들일 수 있을까?

    답2. 현장검사의 공인타당도는 0.90 이상이 권장되며 최소한 0.80 이상체력검사은 되어야 사용할 수 있고, 예측을 목적으로 하는 검사의 경우 공인타당도보다 낮은 0.60 이상운동기능검사의 타당도 계수가 인정된다.

☞ 10. 신뢰도·객관도, 타당도

248. 다음은 1학기 창작댄스와 농구 실기 평가에 대한 체육 교사 간의 대화 내용이다. 2016

> 강 교사 : 선생님, 이번에 평가한 창작댄스의 동료 평가 결과를 확인했는데 문제가 많아요.
> 황 교사 : 어떻게 평가하셨죠?
> 강 교사 : 저는 학생들을 A, B, C의 세 모둠으로 나눠 한 모둠을 다른 두 개의 모둠이 평가하도록 했어요. 예를 들어 A 모둠이 창작댄스를 발표할 때 B 모둠과 C 모둠이 동시에 A 모둠의 작품을 평가하도록 했어요.
> 황 교사 : 그런데 평가 결과에 어떤 문제가 있었나요?
> 강 교사 : 네. A 모둠에 대한 B 모둠과 C 모둠의 평가가 너무 달라 점수 차이가 컸어요. 학생들은 공정하지 않다며 동료 평가에 대한 불만이 컸어요.
> … (중략) …
> 강 교사 : 선생님! 지난번에 실시한 농구 평가도 문제가 있었어요. 선생님은 저와 다르게 농구의 전술 이해도를 슛 성공률로 평가하셨더라고요?
> 황 교사 : 슛을 잘하면 전술을 잘 이해하고 있다고 볼 수 있는 거 아닌가요? ㉠저는 전술 이해도를 경기 중에 평가하기 어려워서 슛 성공률로 평가했어요.
> 강 교사 : 저는 그렇게 생각하지 않아요. 전술 이해도는 경기 중에 학생들의 의사 결정, 공간 활용, 의사소통 여부를 평가하는 것이 더 적절하다고 보거든요.

(1) 대화 내용에 근거하여 신뢰도 측면의 문제점을 찾고 해결 방안을 제시하시오.

답 · 신뢰도 측면의 문제점 : **평가자 간 신뢰도**, 즉 **객관도**가 **낮**다.

　(A모둠에 대한 B모둠과 C모둠의 평가가 너무 달라 점수 차이가 컸다. 동료평가에 대한 불만이 컸다.)

· 해결방안 : ① **평가기준**(평가지침)의 **구체화**(**명확화**)

　　　　　　② **평가자 간**의 **사전협의**(훈련·책임의식)

(2) 대화 내용에 근거하여 타당도 측면의 문제점을 찾고 해결 방안을 제시하시오.

답 · 타당도 측면의 문제점 : **내용**타당도(**논리**타당도=**교과**타당도=**교수**타당도)가 **낮**다.

　(농구의 전술 이해도를 황 교사는 '슛 성공률'로 정의하였고, 강 교사는 '경기 중에 학생들의 의사결정·공간 활용·의사소통 여부를 평가하는 경우'로 정의하였다.)

· 해결방안 : ① 전술 이해도에 대한 **조작적 정의**를 명확하게(일관되게) 한다.

　　　　　　② 전술 이해도를 평가하기 위한 **평가항목**의 **적절성**이 요구된다.

㉠의 문제점을 '평가검사도구의 양호도'를 활용해서 서술하시오.

답 **객관도**를 높이기 위한 낮은 **교과타당도**의 오류를 범했다. → **측정**의 **신뢰도**를 높일 수 있는 평가 내용으로 변경하였다.

249. ㉮와 ㉯의 지문은 각각 체육 중간시험 결과에 대한 학부모의 이의 내용과 체육교사의 출제 배경이다. '지문 ㉮'에 제시된 학부모의 이의 내용과 '지문 ㉯'에 제시된 체육교사의 평가에 대한 우려감에 대하여 아래와 같이 2가지 관점에서 생각해 볼 수 있다. 이 2가지 관점에 대한 자신의 견해를 논술하시오.

㉮ **학부모의 이의 내용** – ○○ 학교의 체육 중간시험에서 실시된 평가 내용에 대하여 학부모의 이의가 제기되었다. 학부모는 자신의 아이가 시험 점수가 낮게 나온 책임이 선생님에게 있다는 것이다. 학기 초에 체육선생님은 학생들에게 "축구의 게임에 대한 이해와 실제 게임 중에서 공격이나 수비로서의 자신의 팀에 공헌한 정도를 높게 평가하겠다"고 공고하셨다는 것이다. 그런데 실제 시험에서는 공의 리프팅 개수를 성적에 반영하셨다는 것이다. 이 학생은 학기 초부터 축구 교실에서 등록하여 별도의 지도를 받으면서 시험 준비를 했는데 실제 시험에서 평가된 리프팅은 별로 신경을 쓰지 못해서 연습을 많이 못했고 그로 인하여 자신의 아이가 손해를 보았다는 것이 학부모의 이의 내용이었다.

㉯ **체육교사의 출제 배경** – 체육교사 지덕체는 학기 초에 이번 학기에는 축구를 이해중심 수업 방식으로 진행하려고 의도하였다. 그리고 실제로 학생들이 축구경기 동안 빈 공간을 만들기 위하여 어떻게 움직여야 하는지와 같은 내용을 스스로 이해하여 실천할 수 있도록 수업을 구성하여 진행하였다. 그런데 수업시간에 진행된 내용을 평가하여 성적에 반영하려고 할 때, 객관도가 매우 떨어질 것이라는 우려감이 들었다. 그래서 체육교사 지덕체는 축구수업에서 객관도를 높일 수 있는 평가방법을 생각했고, 공 리프팅 회수가 가장 적합할 것이라고 판단하여 이 방법으로 시험을 보았다.

⇩

㉮와 ㉯에 대한 2가지 관점
첫째, 체육교사 지덕체는 학기 초에 학생들에게 공지한 것과 내용이 전혀 다른 평가를 실시하였기 때문에 타당도가 낮은 평가를 실시하였고, 이로 인해 특정 학생이 평가에서 손해를 보게 만들었다. 그러나 지문 ㉯에서 제시된 바와 같이, 실제적인 어려움을 고려하여 객관도가 높은 평가로 변경하여 실시하였기 때문에 전체적인 평가에 있어서 별 문제가 있다고 볼 수는 없지 않은가?
둘째, 체육교사 지덕체가 지문 ㉯에서 우려한 것처럼 복잡하고 고등적인 수업내용과 평가 내용을 일치시키기 어려운 경우에는 아무리 수업내용이 교육적으로 바람직하더라도 처음부터 그러한 수업은 하지 않는 것이 바람직한 것 아닌가?

답 첫째 → 객관도를 **높이**기 위한 **낮은** 교과타당도의 **오류**를 범했다.

→ **측정**의 **신뢰도**를 높일 수 있는 평가 내용으로 변경하였다.

둘째 → 교사는 교육적으로 바람직한 수업을 실시해야 한다.

250. 김 교사는 축구 기능평정 척도(항목별 10점)를 제작하고 척도의 양호도를 확인하기 위해 실험설계법을 적용하여 아래와 같은 정보를 얻었다. 이 분석 결과를 참조하여 내린 축구 기능 평정 척도에 대한 김 교사의 판단으로 가장 올바른 것은?

기능 검사 요인과 항목		실험 집단 (우수군) 합 점수 평균	비교 집단 (일반군) 합 점수 평균	평균의 동일성에 대한 t 검정		
				t	자유도	유의확률
드리블	•20m 직선 주로 스피드 드리블 •20m 지그재그 드리블(왼발, 오른발) •5m 방향 전환 드리블	24.37점	15.37점	12.29	58	.000
패 스	•1 : 1 런닝 패스 •롱킥 패스 •논스톱 패스	17.97점	17.87점	.11	58	.911
슈 팅	•20m 슈팅 •터닝 슛 •헤딩 슛	23.40점	14.70점	7.03	58	.000

① 모든 기능검사 요인에서 축구기능이 우수한 집단의 평균이 높은 것으로 보아 제작된 축구 기능 평정 척도는 타당하며 축구기능에 대한 학생평가에 사용할 수 있다.

→ 모든 기능검사 요인이 아니라, **드리블**과 **슈팅** 2가지 요인이다.

② 우수집단의 평균이 일반집단과 차이가 있기 때문에 제작된 축구 기능 평정 척도는 신뢰롭지 못한 평가도구이다.

→ 우수집단의 드리블과 슈팅 기능검사 요인이 일반집단과 차이가 있기 때문에 제작된 축구 기능 평정 척도 중 드리블과 슈팅 기능검사 요인은 **타당**한 평가 항목이라고 추정할 수 있다.

③ **제작된 축구 기능 평정 척도는 패스 검사 항목들을 변경·수정·보완한다면 현재보다 양호한 평가도구가 될 수 있다.**

④ 드리블과 슈팅 검사 항목들이 축구기능이 우수한 학생들에게 유리하게 제작되어 있기 때문에 편파적인 축구 기능 평정 척도라고 할 수 있다.

→ 드리블과 슈팅 검사 항목들이 축구기능이 우수한 학생들에게 유리하게 제작되어 **변별**도·타당도가 양호한 평가도구라고 할 수 있다.

⑤ 패스 검사의 항목들은 축구기능이 우수한 학생과 우수하지 못한 학생들을 구분해 내지 못하고 있으며 이는 객관도가 낮기 때문이다.

→ 패스 검사의 항목들은 축구기능이 우수한 학생과 우수하지 못한 학생들을 구분해 내지 못하고 있으며 이는 변별도·**타당**도가 낮기 때문이다.

251. 다음은 김 교사가 2005년도와 2006년도에 실행한 농구 실기 평가이다.

〈표1〉 2005년도 실기 평가

실기평가 종목	평가 날짜	세부 평가 내용
농구	7/10	농구 자유투 성공 횟수

〈표2〉 2006년도 실기 평가

실기평가 종목	평가 날짜	세부 평가 내용
농구	6/ 5	체스트 패스와 바운드 패스의 동작과 정확도 1차 평가
	6/13	체스트 패스와 바운드 패스의 동작과 정확도 2차 평가
	6/20	자유투와 레이업 슛 동작과 성공횟수 1차 평가
	6/27	자유투와 레이업 슛 동작과 성공횟수 2차 평가
	7/ 3	농구 간이게임에서의 패스와 슛 능력 평가
	7/10	농구 경기 수행 능력 평가

2005년도의 실기평가와 비교하여 김 교사가 2006년도에 실행한 실기 평가의 특징은 다음과 같다.

① 일회성 평가가 아닌 6회의(지속성) 평가를 실시하여, 단순기능만을 평가하지 않고 경기수행능력을 포함한 다양한 기능(패스·슛)을 평가하였다.
② 체스트 패스, 바운드 패스, 자유투, 레이업 슛 등의 평가를 2회에 걸쳐 실시하였다.

위의 2가지 특징이 평가검사도구의 양호도에 미친 영향을 각각 쓰시오.

답 ① **타당도**가 높다.

② **신뢰도**가 높다.

이기봉 Q&A 재구성

252. 상관계수가 검사 점수의 신뢰도와 타당도를 추정할 때 어떻게 이용되는지 설명하시오. 기출문제

답 한 검사를 2번 시행하여 측정된 검사 점수 간 상관이 높으면 그 검사의 신뢰도가 높은 것으로 받아들인다.

기존에 타당도가 높다고 알려진 검사(준거 검사) 점수와 새로운 검사(현장 검사) 점수 간 상관이 높으면 두 검사가 동일한 것을 측정하는 것으로 판단되어 새로운 검사의 타당도가 높은 것을 의미한다.

〈신뢰도와 타당도 간의 관계〉

낮은 신뢰도 & 낮은 타당도

낮은 신뢰도 & 보통 타당도

높은 신뢰도 & 낮은 타당도

높은 신뢰도 & 높은 타당도

스포츠지도사 기출문제 & 서답형

253. 바람직한 운동기능검사의 특성으로 적절하지 <u>않은</u> 것은?
① 해당 종목의 핵심내용을 포함하고 있다.
② **검사의 절차는 검사자마다 달라진다(×).**
③ 검사자가 바뀌어도 동일한 결과가 나타난다.
④ 운동기능 수준에 따라 대상자들이 잘 구분된다.

254. <보기>는 바람직한 운동기능검사의 특성이다. ㉠, ㉡, ㉢에 해당하는 평가도구의 양호도를 차례대로 쓰시오.

<보기>
㉠ 해당 종목의 핵심내용을 포함하고 있다.
㉡ 검사자가 바뀌어도 동일한 결과가 나타난다.
㉢ 운동기능 수준에 따라 대상자들이 잘 구분된다.

답 ㉠**타당도**, ㉡**객관도**, ㉢**변별도**

255. 건강 관련 체력검사의 신뢰도와 타당도에 대한 설명으로 옳지 <u>않은</u> 것은?
① 변별력이 높은 체력검사는 타당도가 높다.
② 여러 번 측정해도 검사 결과가 비슷한 검사는 신뢰도가 높다.
③ 신뢰도가 높은 검사라도 타당도는 낮을 수 있다.
④ **추정표준오차(Standard Error Estimate, SEE)는 준거검사의 신뢰도를 나타낸다(×).**

256. <보기>는 건강 관련 체력검사의 신뢰도와 타당도에 대한 설명이다. 괄호 안의 ㉠에 해당하는 타당도의 유형을 쓰시오.

<보기>
○ 변별력이 높은 체력검사는 (㉠)가 높다.
○ 여러 번 측정해도 검사 결과가 비슷한 검사는 (㉡)가 높다.
○ (㉡)가 높은 검사라도 (㉠)는 낮을 수 있다.
○ 추정표준오차(Standard Error Estimate, SEE)는 준거검사의 (㉠)를 나타낸다.

답 ㉠**타당도**, ㉡**신뢰도**

257. <보기>의 ㉠, ㉡에 알맞은 용어는? *2018*

<보기>
- (㉠) : 검사도구가 측정하고자 하는 어떤 속성이나 능력을 얼마나 정확하게 측정하는가의 정도
- (㉡) : 검사도구의 일관성과 안정성

	㉠	㉡
①	신뢰도	타당도
②	신뢰도	객관도
③	**타당도**	**신뢰도**
④	객관도	타당도

258. <보기>의 ㉠, ㉡에 알맞은 평가도구의 양호도를 순서대로 쓰시오. *2018*

<보기>
- (㉠) : 검사도구가 측정하고자 하는 어떤 속성이나 능력을 얼마나 정확하게 측정하는가의 정도
- (㉡) : 검사도구의 일관성과 안정성

답 ㉠**타당도**, ㉡**신뢰도**

259. 신체구성 평가를 위한 피하지방 두께 측정법에 대한 설명으로 옳지 <u>않은</u> 것은? *2018*
① 한 손으로 측정 부위를 잡고, 잡은 손가락에 가장 가까운 부위를 캘리퍼로 집는다(×).
② 측정 방식의 차이는 검사자 간 오차의 원인이 된다. → 객관도
③ 운동 직후나 더운 환경에서는 가급적 피하지방 두께 측정법을 사용하지 않는다. → 신뢰도
④ 피하지방 두께 측정의 정확성은 측정자의 기술과 측정기구의 종류에 의해 영향을 받는다. → 객관도, 타당도

260. 같은 검사자가 동일 피험자를 동일시점에서 2회 반복 측정한 체지방 값 간의 낮은 일관성에 대한 해석으로 옳은 것은?
① 해당 체지방 검사는 객관도가 낮다(×).
② 해당 체지방 검사는 민감도가 낮다(×).
③ **해당 체지방 검사는 신뢰도가 낮다.**
④ 해당 체지방 검사는 타당도가 낮다(×).

261. <보기>에서 괄호 안의 ㉠, ㉡에 해당하는 평가[검사]도구의 양호도를 차례대로 쓰시오.

<보기>
○ 같은 검사자가 동일 피험자를 동일시점에서 2회 반복 측정한 체지방 값 간의 낮은 일관성에 대한 해석
→ 해당 체지방 검사는 (㉠)가 낮다.
○ 다른 검사자가 동일 피험자를 동일시점에서 각각 1회 측정한 체지방 값 간의 낮은 일관성에 대한 해석
→ 해당 체지방 검사는 (㉡)가 낮다.

답 ㉠**신뢰도**, ㉡**객관도**

262. 다음 중 측정의 타당도와 가장 관계가 높은 것은 무엇인가?
가. 측정의 적합성
나. 측정의 일관성
다. 측정의 안정성
라. 측정의 정확성

263. <보기>에서 괄호 안의 ㉠, ㉡에 해당하는 용어를 차례대로 쓰시오.

<보 기>
○ 측정의 일관성·안정성·정확성은 측정의 (㉠)와 관계가 높다.
○ 측정의 적합성은 측정의 (㉡)와 관계가 높다.

답 ㉠**신뢰도**, ㉡**타당도**

264. 측정 도구의 타당도에 대한 개념으로 가장 적절한 것은?
① 측정자 간 점수의 일치도를 의미한다.
② 측정하고자 하는 점수에서 오차가 낮은 정도를 의미한다.
③ 측정하고자 하는 속성(변인)에 대한 변별력을 의미한다.
④ **측정하고자 하는 속성(변인)을 제대로 측정하는가의 정도를 의미한다.**

265. 신뢰도에 대한 설명으로 옳은 것은?
① **안정성, 일관성 등으로 표현되며, 측정치의 오차 정도**
② 시설, 도구, 장소, 시간, 경제성 등을 고려한 측정(×)
③ 객관적인 자료에 근거하지 않고 전문가의 주관에 의해 평가(×)
④ 정확성으로 표현되며, 검사가 측정하고자 하는 속성을 제대로 측정하는 정도(×)

266. <보기>에서 ㉠, ㉡, ㉢, ㉣에 해당하는 측정도구의 양호도를 차례대로 쓰시오.

<보 기>
㉠ 측정자 간 점수의 일치도를 의미한다.
㉡ 측정하고자 하는 점수에서 오차가 낮은 정도를 의미한다.
㉢ 측정하고자 하는 속성(변인)을 제대로 측정하는가의 정도를 의미한다.
㉣ 정확성으로 표현되며, 검사가 측정하고자 하는 속성을 제대로 측정하는 정도를 의미한다.
㉤ 안정성·일관성 등으로 표현되며, 측정치의 오차 정도를 의미한다.

답 ㉠**객관도**, ㉡**신뢰도**, ㉢**타당도**, ㉣**타당도**, ㉤**신뢰도**

267. 신뢰도 또는 타당도의 개념에 대한 설명으로 옳은 것은? 2019

① 타당도는 신뢰도의 종속개념이다.
② 신뢰도는 '자료를 얼마나 많이 수집했느냐'를 의미한다.
③ 검사의 신뢰도를 높이려 할 때 타당도는 오히려 내려간다.
④ 타당도는 '검사도구가 측정하고자 하는 것을 얼마나 충실히 측정하는가'에 대한 의미이다.

268. '체력'이라는 복합적 특성을 측정하기 위해서 흔히 여러 개의 세부 항목(종목)으로 구성된 체력 검사장(fitness test battery)을 개발·적용한다. 체력 검사장에 대한 설명으로 옳은 것은? 2019

① 체력 검사장을 구성하는 세부 종목들 간의 상관관계가 높을수록 효율성이 높은 검사장으로, 다양한 요인을 비교적 독립적으로 측정해 낼 수 있다.
② 일반적으로 현장(field)에서 사용되는 항목은 실험실 검사 항목에 비해 타당도가 낮으나 측정의 효율성이 높은 종목들로 구성되어 있다.
③ 타당도가 높은 종목과 낮은 종목들이 혼합되어 체력장 전체의 타당도 계수가 0.5 내외로 유지되도록 해야 한다.
④ 검사의 종목이 많을수록 더 객관적이고 효율적인 측정치를 얻을 수 있으나, 검사의 종목 수가 적을수록 전체 체력장의 신뢰도는 높아진다.

④ 준거지향평가의 양호도

☞ 11. 신뢰도 - (1)일치도(합치도) 계수, (2)카파 계수

269. 다음은 김 교사가 시행한 학생 간 동료 평가의 예비 검사 결과이다. 모둠별 동료 평가 결과 ㈎~㈑의 학생 간 평가 <u>일치도</u>를 계산하여 차례대로 쓰시오.

학생 간 동료 평가를 위한 예비 검사

- 목적 : 축구 슛 동작의 학생 간 동료 평가가 일관성 있게 이루어질 수 있는지를 확인하고자 함.
- 방법
  ① 각 모둠별 두 명의 학생이 50명의 학생을 대상으로 축구 슛 동작을 '잘함'과 '미흡함'으로 구분하여 평가
  ② 두 학생 간 평가 결과를 2×2 분할표를 이용하여 일치도 산출
- 모둠별 동료 평가 결과

㈎ A모둠 평가 결과		학생 1의 평가	
		잘함	미흡함
학생 2의 평가	잘함	21	8
	미흡함	2	19

㈏ B모둠 평가 결과		학생 3의 평가	
		잘함	미흡함
학생 4의 평가	잘함	8	15
	미흡함	22	5

㈐ C모둠 평가 결과		학생 5의 평가	
		잘함	미흡함
학생 6의 평가	잘함	11	13
	미흡함	14	12

㈑ D모둠 평가 결과		학생 7의 평가	
		잘함	미흡함
학생 8의 평가	잘함	18	8
	미흡함	10	14

답 ㈎ : $\dfrac{21+19}{21+8+2+19} = \dfrac{40}{50} = 0.8$, ㈏ : $\dfrac{8+5}{8+15+22+5} = \dfrac{13}{50} = 0.26$

㈐ : $\dfrac{11+12}{11+13+14+12} = \dfrac{23}{50} = 0.46$, ㈑ : $\dfrac{18+14}{18+8+10+14} = \dfrac{32}{50} = 0.64$

---

270. 학생들의 체력 평가를 위해 체지방을 측정하는데, 측정할 때마다 값이 달라 당황스럽습니다. <u>같은 학생을 동일한 방법으로 2회 반복하여 측정</u>하였음에도 두 값에 차이가 있습니다. 체지방을 측정할 때마다 다른 값이 나오는 것은 당연한 일입니다. 선생님 잘못이 아니라 측정오차가 원인이지요. 고전검사 이론에 따르면 관찰 점수는 진점수와 오차 점수의 합이고, 신뢰도는 전체 관찰 점수 분산 중에서 진점수 분산이 차지하는 비율로 설명할 수 있습니다. 따라서 측정오차 때문에 측정할 때마다 값이 달라지는 것이지요. 다음 주에 <u>합치도</u>(<u>일치도</u>) 계수를 확인해 봅시다.

2015

271. 다음 참고 자료에서 밑줄 친 ㉠, ㉡의 내용을 계산된 신뢰도 계수와 성취기준 점수를 포함하여 기술하시오. 2014

<참고자료 1> '신체 활동 및 건강과 체력'에 대한 이해력 성취 기준 점수의 신뢰도 검증 예시

성취 기준 점수의 신뢰도 검증 결과

신뢰도 검증 절차와 측정 결과	○ 학생들의 '신체 활동 및 건강과 체력'에 대한 이해력을 측정하기 위하여 이해 능력 검사를 활용함 (총 10 문항, 10점 만점). ○ 학생들의 능력을 고려하여 <u>성취 기준을 8점으로 설정함</u>. ○ 이 성취 기준 점수가 학생들의 능력을 일관성 있게 분류하는지 확인하기 위해 신뢰도 검증을 실시하고자 함. ○ 10명의 학생에게 '신체 활동 및 건강과 체력'의 이해력 검사를 2차에 걸쳐 실시함. <표 1> 학생들의 '신체 활동 및 건강과 체력'에 대한 이해력 검사 결과 (단위 : 점) | 구분 | 소영 | 문정 | 솔하 | 은혜 | 서진 | 채은 | 석중 | 승준 | 지민 | 강태 | |---|---|---|---|---|---|---|---|---|---|---| | 1차 검사 | 6 | 10 | 5 | 5 | 10 | 6 | 9 | 7 | 9 | 9 | | 2차 검사 | 9 | 8 | 9 | 5 | 10 | 9 | 6 | 9 | 3 | 9 | ○ 얻어진 측정값을 이용하여 설정된 성취 기준 점수에 대한 신뢰도(일치도 또는 합치도) 계수를 계산함.
결과 해석	○ ㉠문제점 _____. ○ ㉡해결안: _____. (단, 신뢰도 계수는 0.80이어야 함.)

답 ㉠ 성취기준 점수 8점이 너무 높아서 일치도 계수가 0.4이다. 즉, 신뢰도 계수가 낮다.

성취기준점수 8점		2차 검사	
		성공	실패
1차 검사	성공	문정, 서진, 강태	석중, 지민
	실패	소영, 솔하, 채은, 승준	은혜

㉡ 성취기준 점수를 6점으로 낮추면 일치도 계수가 0.8이 된다.

성취기준점수 6점		2차 검사	
		성공	실패
1차 검사	성공	소영, 문정, 서진, 채은, 석중, 승준, 강태	지민
	실패	솔하	은혜

272. 다음은 농구 동아리 경기 기록지의 일부이다. (나)에 제시된 유관표를 보고, 일치도가 높은 학생부터 순서대로 제시하시오. 2018

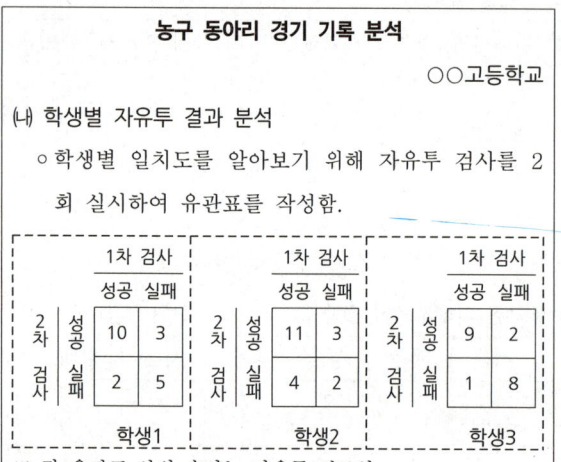

답 학생 3, 학생 1, 학생 2

문 학생 1, 학생 2, 학생 3의 일치도 계수를 순서대로 쓰시오.

답 0.75($\frac{15}{20}$), 0.65($\frac{13}{20}$), 0.85($\frac{17}{20}$)

273. 같은 검사자가 동일 피험자를 동일시점에서 2회 반복 측정한 체지방 값 간의 낮은 일관성에 대한 해석으로 옳은 것은?

① 해당 체지방 검사는 객관도가 낮다(×).
② 해당 체지방 검사는 민감도가 낮다(×).
③ **해당 체지방 검사는 신뢰도가 낮다.**
④ 해당 체지방 검사는 타당도가 낮다(×).

274. 괄호 안의 ㉠에 해당하는 적절한 용어를 쓰시오.

<보기>
같은 검사자가 동일 피험자를 동일시점에서 2회 반복 측정한 체지방 값 간의 낮은 일관성에 대한 해석으로 해당 체지방 검사는 준거지향검사의 신뢰도 중 (㉠) 계수가 낮다.

답 **일치도(합치도)**

준거지향검사에서 신뢰도는 **분류의 일관성**(consistency of classification)으로 정의된다. 즉, 준거지향검사를 두 번 반복하여 실시했을 때 처음 검사에서 완수자로 분류된 피험자가 두 번째 실시한 검사에서도 다시 완수자로 분류 된다면 신뢰도가 높은 것이라 할 수 있다. 따라서, 준거지향검사에서 신뢰도를 추정하기 위해서는 먼저 준거지향검사를 일정 기간에 걸쳐 두 번 실시하고, 1차 검사에서 완수 또는 미수로의 분류가 2차 검사에서도 동일하게 분류되는가를 확인해야 한다.

준거지향검사에서 신뢰도를 추정하는 방법 중 경계손실 일치도계수(threshold loss agreement indices)는 분류의 일관성을 결정하는데 적절한 방법이라 할 수 있다. **경계손실 일치도계수**는 기준점수로부터 멀리 떨어져 있는 분류오류와 근접한 분류오류의 심각성이 동일한 것으로 가정하고 신뢰도를 추정한다. 경계손실 일치도계수에는 '**합치도, 카파계수, 수정된 카파계수**'가 있다.

준거지향검사의 신뢰도 - 체육측정평가[이기봉]

1) 합치도(P_0)

준거지향검사에서 합치도(Proportion of agreement)란 우연적으로 합치되는 경우를 고려(배제)하지 않은 상태에서 분류의 합치 비율을 의미한다. 합치도는 합치도 계수(P_0)에 의해 나타난다. 합치도 계수는 <표1>과 같이 2번 반복하여 측정한 준거지향검사의 유관표에서 **A셀**과 **D셀**의 비율을 **더한 값**으로 계산된다.

〈표1 : 합치도 계수 추정을 위한 유관표〉

총 100명		2일째 검사	
		Mastery	Non-mastery
1일째 검사	Mastery	A 45명 (0.45)	B 12명 (0.12)
	Non-mastery	C 8명 (0.08)	D 35명 (0.35)

만약, 어떤 검사를 두 번 실시하여 다음과 같은 결과가 나타났다면, 이 검사의 합치도는 다음과 같이 계산될 수 있다.

$$P = 0.45 + 0.35 = 0.80$$

<표1>을 자세히 살펴보면, <표2>와 거의 유사한 것을 알 수 있다.

〈표2 : 비만검사의 유관표〉

총 190명		준거 검사	
		비만	정상
결정 검사	비만	A 80명 (42%)	B 20명 (11%)
	정상	C 15명 (8%)	D 75명 (39%)

즉, 결정타당도 계수는 준거검사와 결정 검사를 실시하여 유관표를 작성한 것에 비해, 합치도 계수는 동일한 검사를 2번 실시하여 유관표를 작성한 것일 뿐 계산 절차는 동일하다.

합치도 계수는 기준점수의 위치, 검사의 길이, 점수의 이질성 등에 의해 영향을 받는다. 기준점수가 평균에 가까운 것보다는 양극단에 위치할 때 합치도 계수는 높게 나타나며, 검사 항목이 많아지고 피험자의 점수가 큰 범위를 나타낼수록 합치도 계수는 커지게 된다.

준거지향검사의 합치도 계수(P)는 우연에 의한 영향을 받기 때문에 0.50 이하의 값은 의미가 없다. 즉, P가 0.50이라는 것은 P가 0.00이라는 의미와 같다. 합치도 계수(P)는 진완수자 또는 진미수자가 많은 집단일수록 커지는 경향이 있고, 기준점(cut-off score) 근처에 위치한 학생이 많을수록 낮아지게 된다.

합치도는 해석과 계산이 간편하고, 표본수가 작은 경우와 큰 경우에 추정한 값이 유사하여 30명 정도의 소표본에서 합치도를 추정하는 것이 가능하다. 하지만, 합치도 계수는 실제로 완수자인 피험자가 우연히 두 번의 검사에서 모두 미수자로 분류될 수 있는 우연적 합치를 고려하지 못한다. 이러한 우연적 합치의 영향을 고려한 신뢰도 지수가 **카파 계수**이다.

2) 카파 계수

카파 계수(Kappa Coefficient)는 우연히 두 번의 검사에서 모두 완수자나 미수자로 분류된 피험자의 영향을 배제한 준거지향검사의 신뢰도 지수로, 주변 비율을 이용한다.

주변 비율이란 <표3>과 같은 유관표에서 각 행의 비율을 합한 것 또는 각 열의 비율을 합한 것으로, <표3>에서 A 셀과 B 셀을 합한 값인 0.57을 주변 비율이라 할 수 있다.

<표3 : 합치도 계수 추정을 위한 유관표>

총 100명		2일째 검사	
		Mastery	Non-mastery
1일째 검사	Mastery	A 45명 (0.45)	B 12명 (0.12)
	Non-mastery	C 8명 (0.08)	D 35명 (0.35)

이러한 주변 비율을 이용하여 카파 계수(k)를 계산하는 공식은 다음과 같다.

$$K = \frac{P_0 - P_c}{1 - P_c}$$

(P_0 : 합치도 계수, P_c : 우연에 의한 일치된 정도)

$$P_c = \Sigma P_i P_j$$

(P_i, P_j : 주변 비율)

이 공식에서 P_i는 합치도 계수 추정을 위한 유관표에서 i번째 행을 더한 비율이고, P_j는 유관표에서 j번째 열을 더한 비율이다.

따라서 위 표를 그 예로 카파 계수를 계산한다면, 다음과 같다.

$P_0 = 0.80$

$P_c = (0.57 \times 0.53) + (0.43 \times 0.47)$

$\quad = 0.3021 + 0.2021 = 0.5042$

$k = \dfrac{P_0 - P_c}{1 - P_c} = \dfrac{0.80 - 0.5042}{1 - 0.5042} = 0.597$

위의 설명에 의하며, 동일한 유관표에서 계산된 **카파 계수(0.60)**가 **합치도 계수(0.80)**에 비해 작게 나타났다. 이러한 결과는 카파 계수가 우연적 합치의 영향을 배제한 지수이기 때문이다.

카파 계수(k)는 −1.00 ~ 1.00의 범위를 갖지만, 해석상 의미가 있는 범위는 0.00 ~ 1.00이다. 준거지향검사의 신뢰도는 '**어떤 검사가 피험자를 일관되게 분류하는데 어느 정도 긍정적으로 기여 하는가**' 를 의미하기 때문에 음수의 k는 신뢰도 측면에서 의미가 없다.

카파 계수는 합치도 계수처럼 검사 항목의 수가 많아지고 점수의 이질성이 커질수록 증가하지만, 피험자의 점수 분포의 극단에 기준 점수가 위치할수록 낮게 추정되었다(Berk). 표본수가 작을 때 추정된 카파 계수는 표본수가 많을 때 추정된 카파 계수보다 크게 나타나는 문제점이 있다(Safrit).

합치도 계수와 카파 계수 외에도 준거지향검사의 신뢰도에는 수정된 카파 계수가 있다.

☞ 12. 타당도
1) 영역관련 타당도(조작적 정의)

2) 결정 타당도(분류정확확률) : (1)기준 설정 방법-경험적 방법(유관표)

(2)피험자 참상태 분류방법-①준거검사·②준거집단·③경계집단

275. 결정타당도 - 피부두겹(skinfold) 방법(**결정** 검사)은 BMI 방법(**준거** 검사)과 비교할 때…

276. 다음은 ○○중학교에서 실시한 운동기능 검사 결과에 대해 박 교사와 김 교사가 나눈 대화 내용이다. 2020

> 박 교사 : 김 선생님, 운동기능 검사는 끝났나요?
> 김 교사 : 네, 선생님. 이번 체육 수업에서 실시한 운동기능 검사 점수를 근거로 운동기능이 숙달되지 않은 학생 집단 ㈎와 운동기능이 숙달된 학생 집단 ㈏로 나누었어요. 그런 다음에 Ⓐ와 같이 두 집단 간 교차가 되는 점수를 **숙달 여부의 판단**을 위한 **기준 점수(cut-off score)**로 정했어요.
> 박 교사 : 학교스포츠클럽 대회가 얼마 안 남았는데 대회에 출전할 학생들은 선발하셨나요?
> 김 교사 : 아니요. 그렇지 않아도 대회가 얼마 남지 않아서 걱정입니다. 이번에는 학교 간 대회이기 때문에 운동기능이 상대적으로 우수한 ㈏ 집단에서 Ⓑ수준 이상인 학생들을 선발하려고 합니다. 이를 위해 운동기능 검사점수의 백분위 수를 근거로 정해지는 선발 기준인 규준(norm)을 사용하려고 합니다.

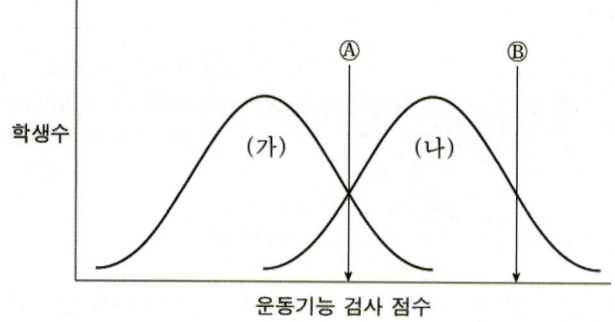

> … (중략) …
>
> 김 교사 : 그런데 걱정이네요. 적용할 검사를 결정하기 전에 검사가 타당한지, 신뢰로운지 그리고 우수한 학생(예 상위 25%)과 우수하지 않은 학생(예 하위 25%)을 잘 구별해 내는 특성인 변도를 가지고 있는지를 확인해야 하거든요.

문 밑줄 친 부분에 해당하는 평가기준을 쓰시오.

답 준거=criterion=준거지향기준

277. 다음은 농구자유투검사 기준 설정에 대한 두 교사의 대화 내용이다. 괄호 안의 ⓒ에 해당하는 수치를 쓰시오. 2019

이 교사 : 이번 농구 종목의 수행평가는 학생의 성취기준 도달여부로 판단하는 절대^{준거지향} 평가를 하기로 했습니다. 자유투 10회 시도 시 몇 회 성공을 합격 기준으로 판단하는 것이 타당할까요?

강 교사 : 절대^{준거지향} 평가 합격 기준을 설정하는 방법이 있습니다. 우선 농구 교육을 미수료한 학생 20명과 수료한 학생 20명을 대상으로 자유투를 10회씩 실시하여 다음 표와 그림을 작성합니다.

농구 자유투 성공 수(회)	농구 교육 미수료 학생(명)	농구 교육 수료 학생(명)
0	1	0
1	3	0
2	5	0
3	6	1
4	3	1
5	1	3
6	1	6
7	0	4
8	0	3
9	0	1
10	0	1

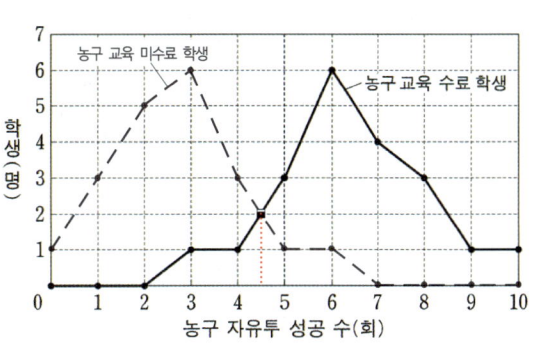

농구 교육 미수료 학생 빈도 분포 곡선까지 완성되면, 수료한 학생 빈도 분포 곡선과 교차하는 지점에서 가까운 자유투 성공 수를 절대^{준거지향} 평가 기준으로 가정하고 유관표들을 작성합니다. 이들 중에서 분류정확확률이 상대적으로 가장 높게 나온 자유투 성공 수가 타당한 절대^{준거지향} 평가 기준이 되는 것입니다.

이 교사 : 분류정확확률을 계산해 보니, 자유투를 10회 시도할 때 (ⓒ)회 이상 성공하면 합격으로 판단하는 것이 좋겠습니다.

답 ⓒ 5

농구 자유투 성공 수(회)	농구 교육 미수료 학생(명)	농구 교육 수료 학생(명)
0	1	0
1	3	0
2	5	0
3	6	1
4	3	1
5	1	3
6	1	6
7	0	4
8	0	3
9	0	1
10	0	1

농구 자유투 성공 수(회)	농구 교육 미수료 학생(명)	농구 교육 수료 학생(명)
0	1	0
1	3	0
2	5	0
3	6	1
4	3	1
5	1	3
6	1	6
7	0	4
8	0	3
9	0	1
10	0	1

4회	수료	미수료
성공	19	5
실패	1	15

5회	수료	미수료
성공	18	2
실패	2	18

분류정확확률$_4$ = $\frac{34}{40}$ = 0.85

분류정확확률$_5$ = $\frac{36}{40}$ = 0.9

278. <보기>의 비만판정 기준을 활용하여 인체측정 결과에 따른 비만상태를 옳게 판정한 것은?(소숫점 2자리에서 반올림한 근사값 사용)

<보기>

(1) 비만판정 기준

평가항목	비만판정기준	비만평가
WHR	0.95이상	복부비만
BMI	25이상	비만

(2) 인체측정 결과

신장	175cm	체중	73kg
허리둘레	97cm	엉덩이 둘레	90cm

① WHR=1.08, 복부비만; BMI=41.7, 비만
② WHR=0.93, 복부비만 아님; BMI=41.7, 비만
③ WHR=0.93, 복부비만 아님; BMI=23.9, 비만 아님
❹ **WHR=1.08, 복부비만; BMI=23.9, 비만 아님**

279. <보기>의 비만판정 기준을 활용하여 인체측정 결과에 따른 비만상태를 판정한 것이다(소숫점 2자리에서 반올림한 근사값 사용). 이에 해당하는 '준거지향평가 타당도의 명칭'과 이 학생이 속하는 '비만검사 유관표의 셀'을 차례대로 쓰시오.

<보기>

(1) 비만판정 기준

평가항목	비만판정기준	비만평가
WHR	0.95이상	복부비만
BMI	25이상	비만

(2) 인체측정 결과

신장	175cm	체중	73kg
허리둘레	97cm	엉덩이 둘레	90cm

(3) 인체측정 해석을 위한 계산과정

○ WHR = $\frac{97cm}{90cm}$ = 1.1 > 0.95

○ BMI = $\frac{73kg}{(1.75m)^2}$ = 23.9kg/m² < 25

<비만검사의 유관표>

총 190명		준거 검사	
		비만	정상
결정 검사	비만	A	B
	정상	C	D

답 **결정타당도, B**

이기봉 Q&A 재구성

280. 준거지향검사의 타당도 중 준거집단을 이용하여 결정타당도를 산출하는 방법에 대해 예를 들어 설명하시오.

답 준거집단을 활용하는 방법은 두 개의 준거집단을 선정하여 두 집단의 점수분포의 **교차점**을 기준으로 피험자를 구분하는 방법이다.

예 학습 전의 집단을 미수자 집단으로 구분하고, 학습 후의 집단을 완수자 집단으로 구분하여 두 집단의 점수 분포에서 **교차점**을 기준으로 설정할 수 있다.

281. 준거지향검사의 신뢰도 지수인 합치도 계수가 결정타당도 계수와 다른 점이 무엇인지 설명하시오. **기출문제**

답 ○ 합치도 계수 : 준거지향검사에서 신뢰도는 **분류의 일관성**(consistency of classification)으로 정의된다. 즉, 준거지향검사를 두 번 반복하여 실시했을 때 처음 검사에서 완수자로 분류된 피험자가 두 번째 실시한 검사에서도 다시 완수자로 분류 된다면 **신뢰도**가 높은 것이라 할 수 있다. 따라서 준거지향검사에서 신뢰도를 추정하기 위해서는 먼저 준거지향검사를 일정 기간에 걸쳐 두 번 실시하고, 1차 검사에서 완수 또는 미수로의 분류가 2차 검사에서도 동일하게 분류되는가를 확인해야 한다.

		2일째 검사	
		Mastery	Nonmastery
1일째 검사	Mastery	A 45(0.45)	B 12(0.12)
	Nonmastery	C 8(0.08)	D 35(0.35)

○ 결정타당도 계수 : 준거지향검사는 피험자를 완수자(master)와 미수자(nonmaster)로 구분하는데 더 큰 관심을 갖게 된다. 준거지향검사에서 피험자를 정확하게 분류한 비율과 관련된 것이 결정타당도로 준거지향검사에서 **분류의 정확성**을 의미한다. 만약 사용한 준거지향검사가 학생들을 정확하게 분류하지 못한다면 이 검사는 **결정타당도**가 낮은 것이다.

		준거 검사	
		비만	정상
결정 검사	비만	80명(42%)	20명(11%)
	정상	15명(8%)	75명(39%)

〈결정타당도 추정을 위해 작성된 유관표〉

		참 상태	
		완수(mastery)	미수(nonmastery)
예측 상태	완수 (mastery)	진완수자 (true mastery)	오완수자 (false mastery)
	미수 (nonmastery)	오미수자 (false nonmastery)	진미수자 (true nonmastery)

진완수자와 진미수자의 비율이 높을수록 **결정타당도**가 높다. 결정타당도는 준거지향검사에서 **분류의 정확성**을 의미한다.

타당도 - 체육측정평가 이기봉

1) 영역관련타당도 ≒ 논리타당도 규준지향검사

 준거지향검사는 **준거 행동**(criterion behavior)에 기초하여 운동수행력을 측정하는 검사라 할 수 있다. 준거 행동이란 검사에서 관심 사항이 되는 목표를 의미하며, 준거지향검사에서는 먼저 준거 행동이 정의되어야 한다.

㉠ 건강관련 체력검사에서 준거 행동은 '건강의 위험에서 벗어날 수 있는 최소 수준'이라 할 수 있다.

 이러한 준거 행동의 각 구성 요소가 준거지향검사의 구성 항목에 제대로 포함되어 있다면, 이 검사는 **영역관련 타당도**(domain referenced validity)가 확보된 것이라 할 수 있다. 즉, 영역관련타당도에서 영역(domain)이란 바로 이러한 준거 행동을 의미하며, 검사에 포함된 항목들이 준거 행동을 대표할 수 있는 항목들로 구성되도록 준거지향검사를 구성해야 할 것이다.

㉠ 건강이라는 준거 행동을 설정해 놓고, 체지방률을 추정하기 위해 피부두겹 검사를 할 때 어떤 부위를 측정해야 할까? 피부두겹을 측정할 수 있는 인체의 모든 부위 중에서 지방이 많아지면 건강에 위험을 알릴 수 있는 이론적으로 가장 적절한 부위를 선정해야 한다. 만약, 이 검사가 적절하게 부위를 선택하였다면 영역관련 타당도가 확보되었다고 판단할 수 있다.

 따라서, 영역관련타당도는 준거 행동 즉, 영역에 대한 정의가 매우 중요하며, 통계적인 방법으로 타당도를 추정하는 것처럼 인위적인 과정은 아니지만 매우 체계적이고 논리적인 과정이라 할 수 있다.

2) 결정타당도

준거지향검사는 영역관련타당도 즉, 검사가 준거 행동을 대표하는 정도가 중요하지만, 실제로는 피험자를 **완수자**(master)와 **미수자**(nonmaster)로 구분하는데 더 큰 관심을 갖게 된다. 준거지향검사에서 피험자를 구분하기 위해서는 기준이 설정되어야 한다. 따라서 준거지향검사에서는 어떻게 기준이 설정되는가에 따라 **피험자를 정확하게 분류한 비율**이 결정될 것이다. 이렇게 피험자를 정확하게 분류한 비율과 관련된 것이 **결정타당도**로 준거지향검사에서 분류의 정확성을 의미한다. 만약 사용한 준거지향검사가 학생들을 정확하게 분류하지 못한다면 이 검사는 결정타당도가 낮은 것이다.

기준을 설정하는 방법은 판단적 접근과 경험적 접근으로 크게 구분하지만 2가지 방법을 혼용하되 어느 한 가지 방법에 전적으로 의존하는 것은 바람직하지 않다. **Berk**는 기준 설정 방법을 '**판단적, 판단-경험적, 경험-판단적 방법**'으로 구분하였다.

① **판단적**(judgmental) **방법**은 전문가 집단의 경험과 판단을 기초로 준거 행동과 관련하여 기준을 설정하는 방법으로 설정된 기준의 **자의성**이 문제가 된다.

② **판단-경험적 방법**(judgmental-empirical)은 전문가의 판단에 주로 의존하되 경험 자료를 참고하는 방법이다.

③ **경험-판단적 방법**(empirical-judgmental)은 주로 경험 자료에 의존하되 전문가의 판단을 참고하는 방법이다.

경험적 방법으로 결정타당도를 추정하기 위해서는 다음과 같은 **유관표**(contingency table)를 사용하게 된다.

〈표1 : 결정타당도 추정을 위해 작성된 유관표〉

예언타당도		참 상태	
		완수 (mastery)	미수 (nonmastery)
예측상태	완수 (mastery)	진완수자 (true mastery)	오완수자 (false mastery)
	미수 (nonmastery)	오미수자 (false nonmastery)	진미수자 (true nonmastery)

〈표1〉의 유관표에서 **상단**의 **참 상태**(true state)는 **피험자의 실제 상태**를 의미하며, 피험자의 실제 상태를 오류 없이 분류할 것으로 가정된다.

좌측의 **예측상태**(predicted state)는 검사를 통하여 피험자를 분류한 것으로 분류오류가 있음이 인정된다.

위의 유관표에서 **진완수자와 진미수자의 비율이 높을수록 결정타당도가 높다**고 할 수 있다. 그러나 이 방법은 피험자의 참 상태를 정확하게 분류하기 어렵다는 **문제점**이 있다.

피험자의 참 상태를 분류하는 방법에는 '준거검사를 활용하는 방법, 준거집단을 활용하는 방법, 경계집단을 활용하는 방법'이 있다.

① **준거검사를 활용하는 방법**은 측정하고자 하는 속성을 완벽하게 측정할 수 있는 준거 검사에 의해 피험자를 분류하는 방법이다.

② **준거집단을 활용하는 방법**은 2개의 준거집단을 선정하여 두 집단의 점수분포의 교차점을 기준으로 피험자를 구분하는 방법이다.

    예 학습 전의 집단을 미수자 집단으로 구분하고, 학습 후의 집단을 완수자 집단으로 구분하여 두 집단의 점수 분포에서 교차점을 기준으로 설정할 수 있다.

③ **경계집단을 활용하는 방법**은 평가자가 피험자를 주관적으로 두 집단으로 구분하게 했을 때 완수자나 미수자로 분류되지 않는 피험자를 경계 집단으로 구분하고 경계 집단의 중앙값을 기준으로 피험자를 분류하는 것이다.

준거검사를 활용하는 방법의 예를 들면 다음과 같다. 비만의 **준거**검사로 알려져 있는 **체지방률 검사**를 통해서 비만 집단과 정상 집단을 구분하고, **현장**에서 간단하게 사용할 수 있는 **복부둘레 검사**를 실시하여 얻은 결과를 그래프로 나타내면 〈그림1〉과 같은 점수 분포 곡선을 얻게 된다. 2개의 점수 분포 곡선이 교차하는 점을 기준으로 설정하고, 비만 상태를 예측하는 복부둘레 검사의 준거지향기준으로 이용한다.

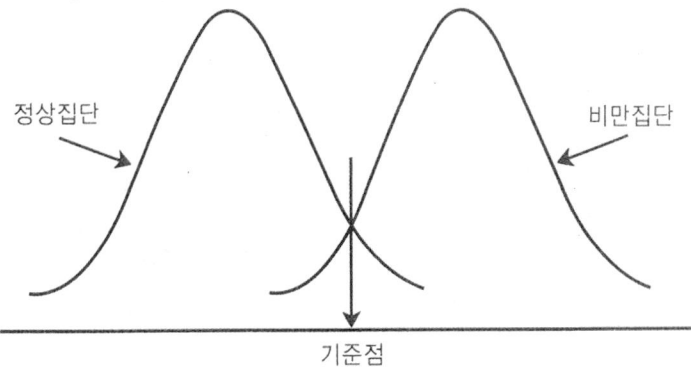

〈그림1 : 경험적 방법에 의한 비만 검사의 준거지향기준 설정〉

 만약, <그림1>에서 점수 분포 곡선의 교차점이 100cm라면, 복부 둘레 검사를 실시하여 100cm를 초과하면 비만, 100cm 이하는 정상으로 판정한다.

 만약, 준거검사인 체지방률 검사와 결정 검사인 복부둘레 검사에 의해 피험자들이 <표2>와 같이 분류되었다면 타당도는 어떻게 계산할 수 있을까?

〈표2 : 비만검사의 유관표〉   공인타당도

총 190명		준거 검사	
		비만	정상
결정 검사	비만	A 80명 (42%)	B 20명 (11%)
	정상	C 15명 (8%)	D 75명 (39%)

 준거검사와 준거집단을 활용하여 **기준을 설정**할 경우에 결정타당도는 <표1>에서 **진완수자**와 **진미수자**의 **비율**을 **합**한 **분류정확확률 값**이 된다. <표2>에서 준거검사와 결정 검사에서 모두 비만으로 나타난 피험자는 42%이며, 모두 정상으로 나타난 피험자는 39%이므로, 분류정확확률은 81%이고 결정타당도는 0.81이 된다.

 준거지향검사를 제작할 때 분류정확확률을 높이려면 <표1>에서 진완수자와 진미수자의 비율이 많아지도록 기준점을 선정해야 할 것이다. 피험자가 유관표의 두 셀에 무선적으로 분류될 확률은 $0.5(\frac{2}{4})$가 되므로 분류정확확률이 0.50이라는 것은 '타당도가 전혀 없다' 라는 의미로 해석되며, 결정타당도 계수는 0.50~1.0의 범위만이 의미 있는 계수로 해석된다. 일반적으로 0.80 이상의 분류정확확률이 바람직한 타당도 수준으로 인정된다.

 분류정확확률 외에도 결정타당도 계수와 관련된 지수로는 **분류오류확률**이 있다. 분류오류확률은 <표1>에서 오완수자와 오미수자의 비율을 합한 값으로, 이 값이 작아야 결정타당도가 높다고 할 수 있다.

Ⅳ. 성적부여방법 및 검사구성의 원리

5 성적부여방법

☞ **13. 성적의 결정 – 심동적 영역**

1) 운동수행력의 성취수준
2) 운동수행력의 향상도 (1) 긍정적인 부분 : 바람직한 것처럼 생각됨
   (2) 문제점 : ① 향상도 점수의 비신뢰성(사전검사 시 동기화 어려움)
   ② 척도단위의 비동질성(천정효과)

282. 다음은 두 교사 간의 e-메일 대화 내용이다. 밑줄 친 ⓒ에 해당하는 이유와 ⓔ에 해당하는 단점을 기술하시오.

2015

제목	학생 평가와 관련하여 상의를 드립니다.

김 선생님 안녕하세요? 낮에 학교에서 말씀드렸던 대로 학생 평가와 관련하여 두 가지 상의 드릴 내용이 있습니다. 첫 번째는 학생들의 체력 평가를 위해 체지방을 측정하는데, 측정할 때마다 값이 달라 당황스럽습니다. 같은 학생을 동일한 방법으로 2회 반복하여 측정하였음에도 두 값에 차이가 있습니다. 제가 무엇을 잘못하고 있는 것인지요?

두 번째는 내년 신입생에게 시행할 수영 실기 평가 방법에 관한 내용입니다. 올해는 자유형 25m 수행에 대한 성취도만을 평가하였습니다. 그런데 지체 장애를 가지고 있는 2반의 최성실을 포함한 일부 학생들이 수업에 매우 적극적으로 참여하였지만, 과거에 수영을 배워 본 경험이 없었기 때문에 완주하지 못하여 좋은 평가를 받지 못했습니다. 그래서 내년 신입생부터는 향상도를 평가에 반영하는 것이 어떤지 의견을 드립니다. 올해 발령받은 후 처음 시행하는 학생 평가라서 모르는 것이 많습니다. 잘 가르쳐 주십시오.

┗ 답장

최 선생님 학교 일들이 재미있지요?

첫 번째, 체지방을 측정할 때마다 다른 값이 나오는 것은 당연한 일입니다. 선생님 잘못이 아니라 측정오차가 원인이지요. 고전검사 이론에 따르면 관찰점수는 진점수와 오차점수의 합이고, 신뢰도는 전체 관찰점수 분산 중에서 진점수 분산이 차지하는 비율로 설명할 수 있습니다. 따라서 측정오차 때문에 측정할 때마다 값이 달라지는 것이지요. 다음 주에 재검사 신뢰도를 확인해 봅시다.

두 번째, 향상도를 반영한 평가는 학생들의 학습 동기를 고취할 수 있다는 점에서 매력적이라고 생각합니다. 그러나 ⓒ향상도 평가는 숙련자에게 불리할 수 있으며, ⓔ향상도를 평가에 중요하게 반영한다는 사실을 학생들이 사전에 인지할 경우 단점도 있을 수 있습니다. 계속 의논하면서 더 좋은 학생평가 방법을 만들어 봅시다.

[답] ⓒ **천정**효과(**척도단위**의 **비동질성**) - 사전검사에서 높은 점수를 받은 학생은 낮은 점수를 받을 학생에 비해 **향상**될 수 있는 **범위**가 좁아진다.

ⓔ **향상도** 점수의 **비신뢰성** - 사전검사를 할 때 학생들의 **동기화**가 어렵다. 향상도 점수를 성적으로 부여한다고 예고한다면, 학생들은 **사전**검사에서 **고의로** 낮은 점수를 받으려고 노력할 것이다.

283. <보기>의 스포츠 지도를 위한 준비 단계에 대한 설명 중 옳은 것을 모두 고른 것은? *2018*

<보기>
㉠ 지도자는 자신이 가르칠 수 있는 내용의 수준이 어느 정도인지 고려한다.
㉡ 학습자의 **성취 결과**뿐만 아니라 **향상 정도**를 평가할 수 있는 방법을 계획한다.
㉢ 지도의 목표가 모방일 경우에는 지시자, 창조일 경우에는 촉진자의 역할이 필요하다.
㉣ 행동 목표는 운동수행 조건, 성취 행동, 운동수행 기준을 고려하여 설정한다.

① ㉠ ㉣ ② ㉠, ㉡ ③ ㉠, ㉡, ㉢ ④ ㉠, ㉡, ㉢, ㉣

284. 심동적 영역에서 성적의 결정에 이용되는 요소 2가지를 쓰시오. *2018*

답 ㉠ **학습자의 성취 결과** 운동 수행력의 성취수준
㉡ **향상 정도** 운동수행력의 향상도

285. 건강 관련 체력검사의 결과 활용으로 바르게 묶인 것은?

<보기>
㉠ 체력의 **향상도** 평가를 위한 기초자료로 활용한다.
㉡ 달성 가능한 건강체력목표를 설정하는데 활용한다.
㉢ 규준(norm)지향 기준과 비교하여 신체활동 동기를 유발한다.
㉣ 준거(criterion)지향기준과 비교하여 체력의 상대적 위치를 확인한다(×).

① ㉠, ㉡, ㉢   ② ㉠, ㉡, ㉣
③ ㉡, ㉢, ㉣   ④ ㉠, ㉡, ㉢, ㉣

286. 건강체력 검사의 목적으로 바르지 않은 것은?
가. 기준치와 비교하여 참가자의 체력상태 평가
나. 달성 가능한 체력목표 설정
다. **운동전 상태와 향후 체력의 변화 비교** → 향상도
라. **객관적인 평가를 통한 질환의 진단**(×)

287. 운동전 상태와 향후 체력의 변화를 비교하는 체력의 향상도 평가의 단점을 쓰시오.

답 ① 향상도 점수의 **비신뢰**성(사전검사 시 동기화 어려움)
② 척도단위의 **비동질**성(천정효과)

288. 건강증진을 위해 운동을 실행하는 일반 성인에 대한 체력검사의 목적으로 적절하지 않은 것은? *2019*
① 현 체력상태 진단과 처방
② 운동참여에 대한 동기유발
③ 운동프로그램의 효과성 검증
④ **천정효과(ceiling effect)** 증진(×)

이기봉 Q&A 재구성

289. 운동수행능력의 향상도를 성적에 이용할 때 문제가 되는 것은 무엇이며, 이를 해결할 수 있는 방안이 있다면 논하시오. `기출문제`

290. 학교에서 학생들의 향상도 점수로 성적을 부여했을 때 문제가 되는 것이 무엇인지 설명하고, 이에 대한 해결책을 제시하시오. `기출문제`

답 ① **척도 단위의 비동질성**이다. 사전검사의 점수가 높은 학생은 사전검사 점수가 낮은 학생에 비해 높은 향상도를 기대하기 어려워(**천정 효과**) 동일한 향상도 점수라도 초기의 운동 수준이 서로 다른 학생들의 향상도 점수를 동일한 단위로 해석하기 어렵다.

  예) 마라톤 선수가 1,600m 달리기에서 5초 단축된 것은 의미 있는 향상도로 해석할 수 있지만, 초보자가 5초 단축된 것은 실제로 의미 있는 향상도로 해석하기 어렵다. 또한 성장기에 있는 아동들에게서는 사전검사와 사후검사 기간 동안 신체적으로 성장하여 연습의 효과가 아닌 자연적인 성장에 의한 향상도가 나타날 수 있다.

  → Hale과 Hale의 지수는 낮은 수준의 학생의 향상도 점수에는 **가중치**를 낮게 주고, 높은 수준의 학생의 향상도 점수에는 **가중치**를 높게 주어 전환된 점수를 이용하여 향상도 점수의 척도를 동일하게 만든 지수이다.

② 향상도 점수의 **비신뢰성**이다. 대개 향상도 점수는 사후 점수에서 사전 점수를 뺀 점수를 이용하게 되는데, 사전검사에서 학생들이 최선을 다하지 않을 가능성이 커서 신뢰성이 낮은 향상도 점수가 나타날 가능성이 있다.

② 사전검사를 할 때 학생들의 **동기화**가 어렵다.

  예) 향상도 점수를 성적으로 부여한다고 예고한다면, 학생들은 사전검사에서 고의로 낮은 점수를 받으려고 노력할 것이다.

  → 이러한 문제를 해결하기 위한 방법으로 **향상도 점수가 성적에 포함될 것을 사전검사를 하기 전에 알려주지 않고 충분한 연습 시간**을 주는 것이 고려될 수 있다.

③ 향상도 점수로 학생들의 성취 수준을 평가하기는 어려운 문제점이 있다. 매우 높은 향상도 점수를 나타낸 학생일지라도 수업목표를 성공적으로 달성했다고 할 수 없기 때문에 향상도 점수만으로는 학생들의 성취 수준을 평가하기는 어렵다.

※ 운동수행력의 향상도 점수를 성적으로 이용하려면, 기능의 향상을 나타내기에 <u>충분한 연습 기간을 주어야 하고</u>, 성숙 요인에 의해 운동수행력이 향상될 정도로 <u>너무 많은 연습기간을 주는 것은 바람직하지 않다</u>.

291. 체육 수업 전과 후에 나타난 학생들의 수행력의 차이를 알아보기 위해 검사를 주로 실시하게 되는데, 이 때 문제가 되는 <u>현상</u>을 무엇이라 하며, 이러한 현상이 나타나는 <u>원인</u>을 설명하시오. 기출문제

답 향상도는 정해진 한 시점과 그 이후 시점에서 측정된 수행력의 차이로 알 수 있다. 체육 교사들은 대부분 수업 초기와 학기말에 학생들의 능력이 많은 차이를 보이는 것을 기대한다. 또한, 학생들의 수행력이 향상되는 것은 수업의 주된 목표이기도 하다. 검사는 향상도를 측정하기 위한 가장 일반화된 방법이라 할 수 있다.

그러나, 향상도를 측정하는데 **<u>천정효과(ceiling effect)</u>**라는 문제점이 있다. 향상도는 사전검사와 사후검사를 통해서 측정되는데, 사전검사에서 <u>높은</u> 점수를 받은 학생은 <u>낮은</u> 점수를 받은 학생에 비해 향상될 수 있는 범위가 좁아진다. → 숙련자에게 불리

따라서 최초의 검사에서 높은 검사를 받은 학생과 낮은 검사를 받은 학생들에게 **<u>동일한 단위가 부여되는 것</u>**은 적절하지 않다(**<u>척도단위</u>**의 **<u>비동질성</u>**).

향상도를 측정하는 것은 많은 체육 교사나 지도자들이 원하는 것이지만, 이러한 이유 때문에 실제로 현장에서 적용하는 것은 쉽지 않다. 그러나 향상도 점수를 실제성 평가에 적용하여 학생들의 **<u>동기유발</u>**을 위한 방법으로 활용한다면, 매우 효과적인 수업을 진행할 수 있을 것이다.

292. (가)는 예비교사의 5~6학년군 '도전 활동' 영역 중 높이뛰기 교수·학습 계획이고, (나)는 (가)의 ⓒ에 대해 수업 계획 과정에서 지도교사와 예비교사가 주고받은 대화의 일부이다. 괄호 안의 ⓐ에 해당하는 용어를 쓰시오. 2016초

(가)

수업배경

높이뛰기 수업에서 학생들의 성취감과 도전의식을 키워줄 생각이다. 그래서 '포괄형 교수 스타일'을 적용하고자 한다.

수업주제

가위뛰기의 기본동작을 익히고 목표 기록에 도전한다.

교수·학습 활동 흐름

○ 학습 활동 안내 : 학습 활동 안내 및 학습 과제 제시하기
○ 준비 운동 : 본시 학습과 관련 있는 관절 운동과 스트레칭하기
○ 학습 활동1 : 가위뛰기 연습하기
○ 학습 활동2 : 자신의 기록에 도전하기
○ ⓒ평가하기 : 가위뛰기 기록 측정하기
○ 정리 운동 : 많이 사용한 신체 부위를 중심으로 스트레칭하기
○ 학습 활동 정리 : 활동 내용 및 결과를 공책에 정리하기

(나)

예비교사: 이 수업에서는 학생들이 가위뛰기를 연습하여 목표한 기록에 도달하는 것이 중요하다고 생각합니다. 그래서 저는 수업의 마무리 단계에서 학생 개개인의 기록을 정확하게 측정하려고 합니다.

지도교사: 선생님의 생각도 좋습니다만, 이런 방법은 어떨까요? 연습 시작 단계에서 학생들의 동작을 촬영해 줍니다. 학생들은 영상을 보며 자신의 모습을 관찰하고 기록을 확인한 다음, 교사의 피드백을 바탕으로 연습을 합니다. 그리고 수업의 마무리 단계에서 교사는 학생의 동작을 다시 촬영한 후 이전의 영상과 비교하며 평가합니다. 이렇게 평가하면 학생의 (ⓐ)을를 확인할 수 있는 이점이 있습니다.

답 **향상도**

검사의 목적 : 검사는 왜 하는가?

1) 향상도(improvement)의 측정

향상도는 정해진 한 시점과 그 이후 시점에서 측정된 수행의 차이로 알 수 있다. 체육 교사들은 대부분 수업 초기와 학기말에 학생들의 능력이 많은 차이를 보이는 것을 기대한다. 또한 학생들의 수행력이 향상되는 것은 수업의 주된 목표이기도 하다. 검사는 향상도를 측정하기 위한 가장 일반화된 방법이라 할 수 있다. 그러나 향상도를 측정하는데 **천정효과**(ceiling effect)라는 문제점이 있다. 전술한 바와 같이, 향상도는 사전검사와 사후검사를 통해서 측정되는데, 사전검사에서 높은 점수를 받은 학생은 낮은 점수를 받을 학생에 비해 향상될 수 있는 범위가 좁아진다. 따라서 최초의 검사에서 높은 검사를 받은 학생과 낮은 검사를 받은 학생들에게 동일한 단위가 부여되는 것(**척도단위의 동질성**)은 적절하지 않다. 향상도를 측정하는 것은 많은 체육 교사나 지도자들이 원하는 것이지만, 이러한 이유 때문에 실제로 현장에서 적용하는 것은 쉽지 않다. 그러나 향상도 점수를 실제성 평가에 적용하여 학생들의 동기 유발을 위한 방법으로 활용한다면, 매우 효과적인 수업을 진행할 수 있을 것이다.

2) 성취(Achievement) 수준의 평가

검사를 실시하는 가장 일반적인 이유는 학생들의 성취 정도를 알아보기 위한 것이다. **성취**란 정해진 기간 동안 연습하여 측정 시점에서 재고자 하는 관점에 대해 수행되는 최종 능력 수준이라 할 수 있다. 한 학기 동안 열심히 체육 수업을 받고 연습한 학생들은 자신의 수행력이 어느 정도 향상되었는가에 대해 궁금해 할 것이다. 또한 교사는 자신의 교수법이 효과가 있었는가에 대해 관심을 갖게 될 것이다. 이러한 학생과 교사의 궁금증을 동시에 해결해 줄 수 있는 방법이 검사라 할 수 있고, 이러한 측면에서 검사는 성취 수준을 평가하는데 목적이 있다.

성적의 결정(심동적 영역) - 체육측정평가 이기봉

(1) 심동적 영역에서 성적의 결정에 이용되는 요소는 **운동 수행력의 성취수준**이다. 일반적으로 학생들의 성취 수준은 교사가 성적을 부여할 때 가장 중요하게 생각하는 요소이다. 보통 학기말에 학생들의 운동 기능의 성취 수준을 측정하여 성적을 주게 되므로, 교사가 수업의 최종 목표를 어떻게 결정하느냐가 중요하다. 학생들의 운동 기능이 초보 수준일 때에는 기능의 발전에 강조를 두지만, 중급 이상의 수준일 때에는 기능의 발전과 함께 경기 능력의 향상에도 강조를 두어 수업목표를 설정하게 된다. 실제로는 운동 기능이 뛰어난 학생과 저조한 학생이 함께 있으므로, 교사는 적절한 선을 결정해야 한다.

체육 교과에서는 운동 기능과 함께 체력의 성취 수준이 평가되어 성적에 포함되어야 한다. 호주·미국 등의 선진국에서는 교육과정에서 건강관련체력의 향상이 주된 목표로 설정되어 있고, 한국의 7차 교육과정에서도 건강체력의 발달은 심동적 영역의 목표로 설정되어 있다. 그러나 체력 운동은 성적에서는 중요한 가중치를 두지 않는 것이 실제 학교 현장의 경향이다. 체력의 성취 수준은 근력이나 근지구력(예 팔굽혀펴기, 매달리기, 윗몸일으키기 등), 심폐지구력(예 오래달리기-걷기), 유연성(예 앉아윗몸앞으로굽히기), 신체조성(예 피부두겹에 의한 체지방률) 등 **건강관련체력**을 위주로 측정하여 성적을 부여하는 것이 바람직하다. 운동수행력의 성취 수준을 평가할 때 가장 어려운 내용이 **경기기능의 평가**이다. 경기 기능의 평가는 주관적으로 이루어지는 경우가 대부분이어서 실제로 학교 현장에서 경기 기능을 평가하여 성적으로 부여하는 경우는 드물다. 따라서 단체운동의 경우 토너먼트 경기의 실적으로 성적을 부여하는 경우가 많다. 다양한 종목의 수행평가 방법과 기준, 학습 자료가 개발되어 이를 활용하면 경기 기능의 평가도 성적으로 활용할 수 있을 것이다.

(2) 심동적 영역에서 성적으로 활용할 수 있는 요소는 **운동수행력의 향상도**라 할 수 있다. 대개 교사들은 학생들의 운동수행력이 향상되기를 바란다. 따라서 운동수행력의 향상된 정도를 성적으로 이용하는 것은 매우 바람직한 것처럼 생각된다. 그러나 운동수행력의 향상도를 성적으로 이용할 때에는 다음과 같은 문제점이 발생한다.

① **척도 단위의 비동질성**이다. 사전검사의 점수가 높은 학생은 사전검사 점수가 낮은 학생에 비해 높은 향상도를 기대하기 어려워 동일한 향상도 점수라도 초기의 운동 수준이 서로 다른 학생들의 향상도 점수를 동일한 단위로 해석하기 어렵다. → **천정효과**

  예 마라톤 선수가 1600m 달리기에서 5초 단축된 것은 의미 있는 향상도로 해석할 수 있지만, 초보자가 5초 단축된 것은 실제로 의미 있는 향상도로 해석하기 어렵다.

  예 성장기에 있는 아동들에게서는 사전검사와 사후검사 기간 동안 신체적으로 성장하여 연습의 효과가 아닌 자연적인 성장에 의한 향상도가 나타날 수 있다.

  답 Hale과 Hale의 지수는 낮은 수준의 학생의 향상도 점수에는 가중치를 낮게 주고, 높은 수준의 학생의 향상도 점수에는 가중치를 높게 주어 전환된 점수를 이용하여 향상도 점수의 척도를 동일하게 만든 지수이다. (그러나 이 지수도 변환 점수를 만든 지수 공식의 과학적인 증거를 제시하지 못하였고, 세계신기록을 기준으로 하였다는 문제점들 때문에 대중화되지 못하였다.)

② **향상도 점수의 비신뢰성**이다. 대개 향상도 점수는 사후 점수에서 사전 점수를 뺀 점수를 이용하게 되는데, 사전검사에서 학생들이 최선을 다하지 않을 가능성이 커서 신뢰성이 낮은 향상도 점수가 나타날 가능성이 있다.

③ **사전검사를 할 때 학생들의 동기화가 어렵다.**

  예 향상도 점수를 성적으로 부여한다고 예고한다면, 학생들은 사전검사에서 고의로 낮은 점수를 받으려고 노력할 것이다.

  답 이러한 문제를 해결하기 위한 방법으로 향상도 점수가 성적에 포함될 것을 사전검사를 하기 전에 알려주지 않고 충분한 연습 시간을 주는 것이 고려될 수 있다.

④ **향상도 점수로 학생들의 성취 수준을 평가하기는 어려운 문제점**이 있다. 매우 높은 향상도 점수를 나타낸 학생일지라도 수업목표를 성공적으로 달성했다고 할 수 없기 때문에 향상도 점수만으로는 학생들의 성취 수준을 평가하기는 어렵다.

상기한 문제점들로 인해 향상도 점수를 성적으로 이용하는 것은 매우 위험한 일이다. 따라서 향상도 점수의 문제를 해결할 수 있는 방법이 개발되기 전까지는 향상도 점수를 성적 부여 방법으로 사용할 때 세심한 주의가 필요하며 최소한으로 사용해야 할 것이다. 만약, **운동수행력의 향상도 점수를 성적으로 이용**하려면, 기능의 향상을 나타내기에 충분한 연습 기간을 주어야 하고, 성숙 요인에 의해 운동수행력이 향상될 정도로 너무 많은 연습기간을 주는 것은 바람직하지 않다.

☞ 14. 성적부여기준과 성적부여방법

293. 다음은 농구 수업에서 학생들이 게임을 할 때 보여 주는 기술과 전술에 대한 의사 결정 정도를 평가하기 위한 도구이다. 교사가 '평가 준거(criterion)' 요소를 결정할 때 가장 중요하게 고려해야 할 것을 쓰시오.

	공격		방어		패스		의사결정	
	효과적	비효과적	효과적	비효과적	효과적	비효과적	적절	부적절
철수	///	/	////	/	////	/	////	/
현식	/		//	/	//	/		/
영철	////	//	///	//	///	//	///	//
⋮	⋮	⋮	⋮	⋮	⋮	⋮	⋮	⋮

답 **교사**가 **수업**에서 **학생**들에게 **지도**할 **내용**이다.

※오답 : 측정의 신뢰도를 높일 수 있는 평가 내용

성적은 학생들에게 평생 동안 남는 기록이므로 교사들을 가장 공정하고 정확하게 성적을 부여하려고 노력해야 한다. 그러나 가장 공정하고 확실하고 완벽한 성적 부여 프로그램은 아직까지 개발되지 않았다. 각 성적 프로그램을 그 마다 장점과 단점을 갖고 있다. 따라서 **성적을 부여할 때에는 다음과 같은 몇 가지 사항에 주의해야 한다.**

① 성적이 의미하는 것이 무엇인지가 중요하다.

> 예 성적이 학생의 **성취 수준**을 의미하는 것인지, 아니면 학생들의 **향상도**를 의미하는 것인지를 분명하게 해야 한다. 만약, 성적의 의미가 불분명하다면 많은 학생과 학부모들로부터 항의를 받을 수 있다.

② 성적 부여방법이 무엇인가가 중요하다.

> 예 학생들의 상대적인 서열에 관심을 갖는 **규준지향의 관점**인지, 준거 행동에 근거하여 학생들을 합격과 불합격으로 구분하는 **준거지향의 관점**인지를 교사는 사전에 결정해야 한다. 건강을 기준으로 한 준거지향검사가 최근에 더욱 강조되므로 체력과 같이 건강과 관련이 깊은 요소들을 평가할 때에는 준거지향의 관점에서 성적을 부여하는 것이 바람직하다.

③ 성적을 부여할 때 중요한 사항은 **성적의 등급을 부여하는 방법**과 **성적이 수업목표를 반영하고 있는가**에 관한 문제이다.

교사의 주관적 평가(예 체조의 자세 평가)에 의한 성적을 부여할 때 등급간 점수 차이를 너무 크게 한다면 학생들은 많은 불만을 표시할 것이다. 따라서 등급을 부여할 때에는 수업 내용의 중요도에 따라 등급간 점수 차이를 조정해야 할 것이다.

성적은 **수업목표와 연계된 평가에 의해 부여되는 것**이므로, **성적은 반드시 수업목표를 반영**해야 한다. 따라서 체육 교사는 수업 초기에 설정한 수업목표를 성적을 부여할 때 어느 정도 달성할 것인지를 알아야 한다.

성적을 부여하는 것은 검사의 목적 중 하나이다. 그런데, 많은 학생과 학부모들이 검사는 성적 산출을 위해서만 시행하는 것으로 생각한다. 이러한 인식은 체육 수업 시간에 교사가 학생들에게 올바르게 인지시켜야 하며, 교사도 검사가 다양하게 사용될 수 있도록 노력해야 할 것이다.

이기봉 Q&A 재구성

294. 성적을 부여할 때 확인해야 하는 기준(Barrow&Mcgee)에는 무엇이 있는지 설명하시오. 기출문제

답 ① 성적은 **교육목표**와 관련이 있어야 한다. **교육목표**와 관련이 없는 요인이 평가 항목에 포함되어 성적을 부여하는 것은 적절하지 않다. **교육목표**는 수업 내용과 연계되어야 하고, 평가 항목은 수업 내용의 일부가 되어야 한다. 만약, 수업 내용에 포함되지 않는 것이 성적을 부여하기 위한 평가 항목에 포함되어서는 안 될 것이다.

② 성적은 충분한 **타당**도, **신뢰**도, **객관**도가 확보되어야 한다.

  ○ 성적이 교육 목표와 관련이 없다면, 그 성적 부여 방법은 **타당도**가 낮다고 할 수 있다. 따라서 성적 부여 방법이 **타당도**를 확보하기 위해서는 교육 목표와 관련하여 평가가 이루어져야 한다. → 교육과정과의 연계성

  ○ **신뢰도** 측면에서 성적 부여 방법은 일관성이 있어야 한다. 즉, 동일한 수행력을 나타내면 시행 시기에 관계없이 동일한 성적이 부여되도록 해야 한다.

  ○ **객관도** 측면에서 체조의 자세 평가(질적동작)와 같이 주관적으로 부여되는 성적 요인이 있다면, 성적 부여 방법은 가능한 객관적이어야 한다. 태도 평가나 서술형 평정척도에 의한 운동 기능 평가는 주관적일 수밖에 없지만, (나름대로 신뢰도와) **객관도**를 확보해야 한다. 이를 위해서는 교사 간에 사전 검사 점수를 비교한다거나 체육 교과 협의회를 통해 의견을 조율하는 등의 노력이 필요하다.

③ 최종적으로 성적을 부여하는 방법과 각 요인의 가중치는 학부모와 학생이 이해할 수 있어야 한다. 성적 부여 방법은 학생과 학부모에게 비밀이어서는 안 되고, 쉽게 계산할 수 있어야 한다. 그래서 최종 성적표를 받기 전에 학생은 자신의 점수를 미리 알 수 있어야 한다.

④ 규준지향검사나 준거지향검사에 관계없이 성적은 우수한 학생과 저조한 학생을 구별할 수 있어야 한다. 지필검사에서 문항이나 검사의 변별도가 낮다면 검사의 가치가 떨어지는 것처럼, 성적을 통해서 능력의 차이를 구분하지 못한다면 그 성적은 제대로 역할을 하지 못할 것이다.

⑤ 성적은 시행함에 있어서 경제성이 있어야 한다. 상기한 조건들을 모두 만족하는 성적 부여 방법도 시간, 비용, 인력적인 면에서 비경제적이라면 고려되어야 한다. 최근에 많은 발전을 하고 있는 컴퓨터를 활용한다면 경제적인 면에서 많은 도움을 받을 것이다.

⑥ 성적을 부여하는 요인들의 **가중치**는 **수업 시간에 강조했던 정도**와 관련이 있어야 한다.

  예 배구 종목을 가르치는 체육 수업 시간에 경기 기능에 강조를 하였다면, 기초 기능보다는 경기 기능과 관련된 내용의 평가에 **가중치**를 크게 두어 성적을 부여해야 할 것이다.

295. 성적에 이용되는 요소들의 가중치는 어떻게 결정해야 하는가? 기출문제

답 성적을 부여하는 요인들의 가중치는 **수업 시간에 강조했던 정도**와 관련이 있어야 한다.

예 배구 종목을 가르치는 체육 수업 시간에 경기기능에 강조를 하였다면, 기초 기능보다는 **경기기능**과 관련된 내용의 평가에 가중치를 크게 두어 성적을 부여해야 할 것이다. → 교육과정과의 연계성

296. 성적 부여 방법

(1) 규준지향검사

　① 표준편차 방법

　② 비율 방법

　③ 규준 방법

(2) 준거지향검사

　① 계약 방법

　② 정답비율 방법

성적 부여 방법 - 체육측정평가[이기봉]

다양한 성적 부여 방법이 있다. 그렇다면, 그 방법 중 체육 교사가 어떤 방법을 선택하여 사용해야 할까? 성적 부여를 위한 방법들은 제각기 장·단점을 갖고 있다. 교사가 성적을 부여할 때 가장 중요한 결정은 **준거지향**과 **규준지향** 중 어떤 관점으로 부여할 것인지 결정해야 한다. 따라서 교사들은 두 가지 성적 부여 관점에 대해 모두 준비를 하고, 학생과 교사의 요구에 가장 적합한 방법을 선택하면 될 것이다. 만약, 교사가 직접 성적을 부여하는 방법을 개발하고 싶다면, 성적 부여 기준에 적합한 방법을 개발해야 할 것이다.

(1) 준거지향검사의 성적 부여 방법

준거지향검사에서 성적을 부여할 때에는 각 수준별로 기준이 미리 작성되어 있거나 합격, 불합격의 준거나 사전에 설정되어야 한다. 준거지향검사에서 성적을 부여하는 방법에는 **'계약 방법과 정답 비율 방법'** 이 있다.

① **계약 방법(Contract Method)** 계약 방법은 학생들이 일정 수준 이상의 능력을 발휘하였을 때 합격을 판정할 것임을 사전에 약속하는 것이다. 실제로 학교 현장에서는 하나의 기준보다는 3~5개 정도의 등급이 사용되므로 3~5개 등급을 구분하는 경계선을 사전에 결정해야 한다.

계약 방법에는 ❶모든 학생들에게 사전에 결정된 기준을 동일하게 적용하는 경우와 ❷학생에 따라 기준을 다르게 적용하는 경우가 있다. 후자의 경우에는 능력 수준의 차이에 따라 기준을 달리함으로써, 모든 학생이 우수한 성적을 받을 수도 있다. 그러나 이 방법은 학습의 질보다는 학습의 양을 강조한다는 **문제점**이 존재하고, 모든 학생에게 공정하지 못하여 현실적으로 사용하기는 쉽지 않다.

② **정답 비율 방법(Percentage-Correct Method)** 정답 비율 방법은 주어진 검사 문항에서 일정 비율 이상에 정답 했을 때 해당하는 등급을 부여하는 것이다. 다음 표는 정답 비율 방법의 예이다.

〈표3 : 정답 비율 방법의 예〉

등급	정답 비율
A	90 ~ 100
B	80 ~ 89
C	70 ~ 79
D	70 미만 (69 이하)

<표3>을 적용하여 성적을 부여할 경우, 자유투 10회 시행 검사에서 9회 이상 성공한 학생의 성적은 정답 비율이 90%가 되므로 A가 된다.

정답 비율 방법을 사용할 경우에 기준은 교사가 임의적으로 설정하지 말고, 과거의 성적을 기준으로 작성하는 것이 바람직하다. 왜냐하면, 현재의 학생들에 대해서 잘 모를 경우에는 과거 학생들의 수준으로부터 현재의 학생들의 수준을 간단하게 추정할 수 있기 때문이다.

단점 : 정답 비율 방법을 사용할 경우에는 서로 다른 검사간의 비교가 어렵다. 왜냐하면, 검사들마다 난이도가 다르기 때문에, 한 검사에서 85점이 다른 검사에서 85점보다 더 좋거나 나쁜 점수가 될 수 있기 때문이다.

장점 : 이 방법은 학생들이 특정한 점수 이상을 받아야 좋은 점수를 얻을 수 있다는 것을 미리 알기 때문에 검사 이후에 곧바로 학생들이 자신의 성적을 계산할 수 있다.

(2) 규준지향검사의 성적 부여 방법

 규준지향검사에서 성적을 부여하는 방법에는 '**표준편차를 이용하는 방법, 학생들의 비율을 이용하는 방법, 규준에 비추어 성적을 주는 방법**'이 있다.

① **표준편차 방법(Standard Deviation Method)** 표준편차 방법은 검사 점수가 정규 분포를 할 때 검사 점수의 **평균**과 **표준편차**를 이용하여 성적을 부여하는 방법이다. 먼저, 검사 점수 분포의 평균과 표준편차를 먼저 계산하고, <표1>와 같이 분포를 몇 개의 범위로 구분한다.

〈표1 : 표준편차 방법에 의한 성적 부여〉

등급	표준편차 범위	비율
A	평균 + 1.5s 이상	7%
B	평균 + 0.5s ~ 평균 + 1.4s	24%
C	평균 - 0.5s ~ 평균 + 0.4s	38%
D	평균 - 1.5s ~ 평균 - 0.4s	24%
E	평균 - 1.5s 미만	7%

 예 중학교 3학년 남학생의 윗몸일으키기 검사의 점수분포의 평균이 30개이고 표준편차가 8개일 때 위 표에 의하여 성적을 부여한다면, 윗몸일으키기를 42개 이상 시행한 학생은 A를 받게 된다.

 표준편차 방법이 소집단에 사용될 경우에는 위 표에서 나타낸 각 등급의 비율처럼 상위집단과 하위집단의 비율이 동일하게 나타나기 어렵다. 따라서 표준편차 방법은 최소한 4~5개 학급이나 2년 이상의 자료 수집이 가능할 때 사용하는 것이 바람직하다.

② **비율 방법(Percentage Method)** 비율 방법은 교사가 각 등급에 몇 %의 학생들이 포함될 것인지를 사전에 결정하여 해당 비율의 인원만큼씩 성적을 주는 방법이다. **비율 방법으로 성적을 부여하는 절차**는 ❶각 등급에 포함될 비율을 교사가 결정하고, ❷모든 학생의 점수를 높은 점수부터 순서대로 나열하며, ❸해당 비율만큼의 인원수를 계산하고, ❹결정된 인원수대로 상위 성적부터 부여한다.

〈표2 : 비율방법에 의한 성적 부여〉

등급	비율
A	7%
B	24%
C	38%
D	24%
E	7%

 단점 : ❶비율 방법에서는 계산된 인원수와 실제 인원수가 일치하지 않을 때 인위적으로 특정 등급의 인원수를 많게 또는 적게 조정해야 한다는 **문제점**이 있다. ❷동일한 점수를 받은 학생의 경우에 낮은 능력의 학급에 소속된 학생들이 높은 능력의 학급에 소속된 학생들보다 더 좋은 점수를 받게 된다. ❸학급 구성원의 능력 수준이 다른 학급에 비해 동질적일 경우에 이 학급 내에서 비슷한 점수를 받더라도 성적은 크게 차이가 날 수 있다.

 만약, 비율 방법을 학생 수가 적은 집단에 적용하면 일관성이 떨어지게 되므로, 비율 방법은 가능하면 많은 학생 수에 적용하는 것이 바람직하다.

③ **규준 방법(Norm Method)** 규준 방법은 미리 개발된 전국적인 수준의 규준(norm)에 비추어 성적을 주는 방법이다. 규준 방법은 표준편차 방법이나 비율 방법에 비해 검사 받는 학생 집단의 특성에 크게 좌우되지 않으며 일관성을 갖는다는 **장점**이 있다. 그러나 이 방법은 규준이 미리 개발되어 있지 않을 경우에는 사용할 수 없다. 현실적으로 국내에서는 몇몇 체력 검사 종목을 제외하고는 운동수행력 검사의 규준을 제시한 경우는 거의 없다(**단점**).

6 검사구성의 원리

☞ 15-0. 심동적 영역 검사의 구성

이기봉 Q&A 재구성

297. 학교 체육 현장에서 서술형 평정척도^{루브릭}는 어떻게 제작되어야 하는지 설명하시오. **기출문제**

답 현재 중·고등학교에서 많이 사용하는 서술형 평정척도는 다음과 같은 절차를 통해서 개발된다.

평가받는 기능을 성공적으로 수행하기 위한 요소를 결정하고, 측정할 기능의 능력 수준(예 5점 척도)을 결정한 후에 각 능력 수준에 대한 정의를 **관찰 가능한 행동**으로 정의하면 된다. 각 능력 수준에 대한 서술형 정의는 학생들이 나타낼 수 있는 모든 경우를 포함해야 하며 교사가 기능을 관찰한 후에는 즉각적으로 기록할 수 있도록 간단하고 객관적이어야 한다.

검사자가 평정척도를 이용할 때에는 검사자가 과거의 기억을 가지고 평정하는 것보다 3~4명의 평가자가 검사에 참여하여 평가자들의 점수를 평균하는 것이 좋다. 그러나 3~4명의 평가자가 동일한 학생들을 평가하는 것은 현실적으로 힘들다.

학교 현장에서는 미리 각 수준별 인원수를 결정해 놓고 각 학급의 성적 격차를 줄이는 방법을 사용하는데, 이것은 바람직하지 않다. 왜냐하면, 운동 능력이 뛰어난 학생들이 많은 학급은 상대적으로 피해를 보기 때문이다. 따라서 평정척도에 대한 **체육교사들 간 충분한 논의**가 있어야 하며, 평정척도와 관련하여 발생될 수 있는 오차를 최소화시키는 노력이 필요하다.

298. 검사장을 구성할 때 주의해야 할 사항에 대해 설명하시오.

답 2~3개 이상의 검사로 구성된 검사장(예 체력장)의 경우 모든 검사 문항들과 설정된 준거(예 체력, 축구 능력 등)의 상관은 높아야 하지만,

검사 문항 간에는 너무 높은 상관을 갖는 것은 바람직하지 않다. 왜냐하면, 하위 검사 문항 간 상관이 높다는 것은 두 검사가 **동일한 구인**을 측정한다는 의미이기 때문이다. 이러한 경우에는 준거와 상관이 더 높은 문항은 남기고 나머지 문항은 삭제하는 것이 적절하다.

299. AAHPERD의 Speed Spot Shooting 검사는 심동적 영역에서 어떤 요소를 측정하는 검사라 할 수 있는가?

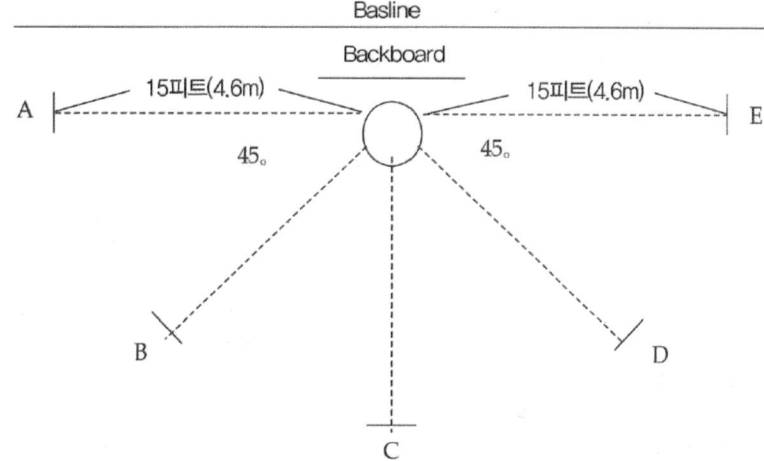

〈 AAHPERD의 농구 Speed Spot Shooting 검사장 〉

답 드리블, 슛

15. 고전검사이론 - 인지적 영역의 문항 분석

(1) 문항 난이도 : [P = 문항에 정확 응답 학생수 / 문항 응답 총 학생수]

(2) 문항 변별도 : ① [D = (UG 문항 정확 응답 학생수 - LG 문항 정확 응답 학생수) / 한 집단의 학생수]
② [D = 상위집단 25% 정답률 − 하위집단 25% 정답률]

300. 그래프는 김 교사와 정 교사가 3회에 걸쳐 실시한 체육 지필 평가의 결과를 보여준다. 김 교사 시험의 난이도와 변별도를 정 교사 시험과 비교하여 설명하시오(단, 4집단 간 표준편차와 모든 평가 시기 전 두 교사의 학생 간 학습 능력은 동일함).

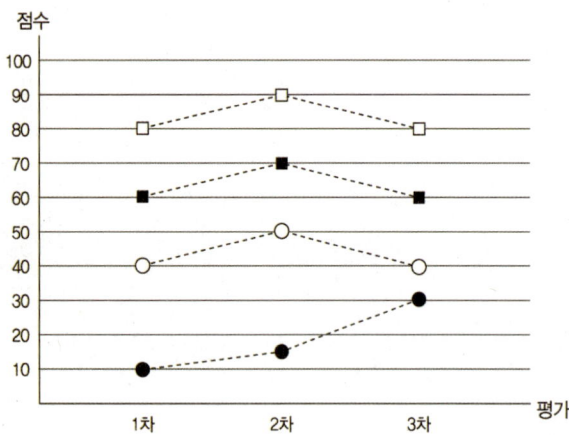

○ 난이도 : 1차, 2차, 3차 시험의 상위·하위 50% 학생집단 평균을 비교해 보면, 김 교사의 평가 결과가 정 교사의 평가 결과보다 더 높은 점수를 받았기 때문에 김 교사 시험의 문항 난이도가 높다. 즉 김 교사 시험이 더 쉽다.

	평균	1차	2차	3차
김 교사	□ 상위 50% 학생집단	80	90	80
	○ 하위 50% 학생집단	40	50	40
정 교사	■ 상위 50% 학생집단	60	70	60
	● 하위 50% 학생집단	10	15	30

	평균	1차	2차	3차
김 교사	□ 상위 50% 학생집단	80	90	80
정 교사	■ 상위 50% 학생집단	60	70	60
김 교사	○ 하위 50% 학생집단	40	50	40
정 교사	● 하위 50% 학생집단	10	15	30

○ 변별도 : 1차, 2차 시험에서 정 교사 시험의 변별도가 더 크고, 3차 시험에서 김교사 시험의 변별도가 더 크다.

분자값	1차	2차	3차
김 교사 시험의 변별도 계산중	80 − 40 = 40	90 − 50 = 40	80 − 40 = 40
정 교사 시험의 변별도 계산중	60 − 10 = 50	70 − 15 = 55	60 − 30 = 30

※오답을 바르게 수정하시오.

① 김 교사 시험이 항상 더 어렵다. → **김** 교사 시험이 항상 더 쉽다.

② 1차 시험에서 김 교사 시험이 더 어렵다. → 1차 시험에서 **김** 교사 시험이 더 쉽다.

③ 김 교사 시험의 변별력이 항상 더 작다. → 김 교사 시험의 변별력이 1차와 2차는 **작**고, 3차는 **크**다.

④ 2차 시험에서 김 교사 시험의 변별력이 더 크다. → 2차 시험에서 **김** 교사 시험의 변별력이 더 작다.

301. 다음은 문항 당 배점이 1점인 체육 지필검사 결과의 일부이다. **고전검사이론**을 적용하여 괄호 안의 ㉠, ㉡에 들어갈 알맞은 값을 순서대로 쓰시오. 2018

번호	이름	문항1	문항2	…	문항10	총점
1	강○○	1	1	…	1	10
2	김○○	1	1	…	1	9
3	이○○	1	1	…	1	9
4	이○○	1	1	…	1	8
5	권○○	0	1	…	1	8
6	노○○	1	1	…	1	7
7	한○○	1	0	…	1	7
8	오○○	1	1	…	1	7
9	김○○	1	1	…	1	7
10	최○○	1	1	…	1	7
11	고○○	1	1	…	1	6
12	추○○	1	1	…	1	6
13	진○○	1	1	…	1	6
14	함○○	1	0	…	0	6
15	최○○	0	0	…	0	6
16	이○○	1	1	…	1	5
17	고○○	0	0	…	0	5
18	김○○	0	0	…	0	5
19	이○○	0	0	…	1	5
20	박○○	1	0	…	0	4
문항난이도 지수		0.75	0.65	…	(㉠)	
*문항변별도 지수		0.4	0.8	…	(㉡)	

*단, 문항변별도 지수는 상위 집단(상위 25%)과 하위 집단(하위 25%) 간 정답률 차이를 의미함.

답 ㉠ **0.75**

㉡ **0.6**

문1. ㉠이 나오는 계산과정을 쓰시오.

답 $\frac{15}{20} = \frac{3}{4}$

◦ 문항에 정확 응답 학생수 : 15명

◦ 문항 응답 총 학생수 : 20명

문2. ㉡이 나오는 계산과정을 쓰시오.

답 $\frac{5}{5} - \frac{2}{5} =$ 1 $- \frac{2}{5} = \frac{3}{5}$

302. (가)는 학급별 체육 수행평가 결과표의 일부이고, (나)는 (가)를 근거로 한 전체 학급의 수행평가 항목별 점수 분포이다.

(나)에서 상대적으로 **변별도**가 가장 낮아 수행평가 결과에 크게 영향을 미치지 <u>못하는</u> 수행평가 항목을 찾아 쓰시오.

2019

(가) 학급별 체육 수행평가 결과표

학급	번호	수행평가 항목별 점수				총점
		슛 자세	드리블 자세	팀기여도	학습태도	
A	1	17	18	13	19	67
	2	18	18	15	19	70
	3	16	18	18	20	72
	⋮	⋮	⋮	⋮	⋮	⋮
B	1	17	18	16	19	70
	2	17	17	14	18	66
	3	16	14	15	19	64
	⋮	⋮	⋮	⋮	⋮	⋮

※ 각 수행평가 항목별 최고 점수는 20점임.
※ 각 수행평가 항목 점수는 모두 정규 분포로 가정함.
※ 위 수행평가 항목 점수 이외의 점수는 반영되지 않음.

(나) 전체 학급의 수행평가 항목별 점수 분포

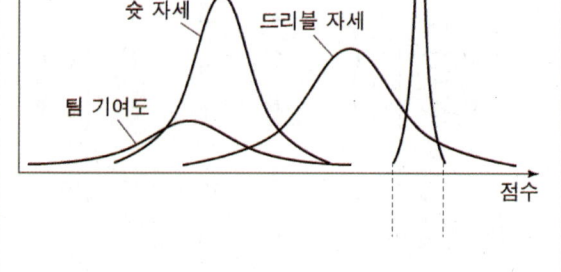

답 **학습태도**

303. 다음은 ○○중학교에서 실시한 운동기능 검사 결과에 대해 박 교사와 김 교사가 나눈 대화 내용이다. 괄호 안의 ⓒ에 해당하는 용어를 순서대로 쓰시오. 2020

박 교사 : 김 선생님, 운동기능 검사는 끝났나요?
김 교사 : 네, 선생님. 이번 체육 수업에서 실시한 운동기능 검사 점수를 근거로 운동기능이 숙달되지 않은 학생 집단 ㈎와 운동기능이 숙달된 학생 집단 ㈏로 나누었어요. 그런 다음에 Ⓐ와 같이 두 집단 간 교차가 되는 점수를 숙달 여부의 판단을 위한 기준 점수(cut-off score)로 정했어요.
박 교사 : 학교스포츠클럽 대회가 얼마 안 남았는데 대회에 출전할 학생들은 선발하셨나요?
김 교사 : 아니요. 그렇지 않아도 대회가 얼마 남지 않아서 걱정입니다. 이번에는 학교 간 대회이기 때문에 운동기능이 상대적으로 우수한 ㈏ 집단에서 Ⓑ수준 이상인 학생들을 선발하려고 합니다. 이를 위해 운동기능 검사점수의 백분위 수를 근거로 정해지는 선발 기준인 규준(norm=규준지향기준)을 사용하려고 합니다.

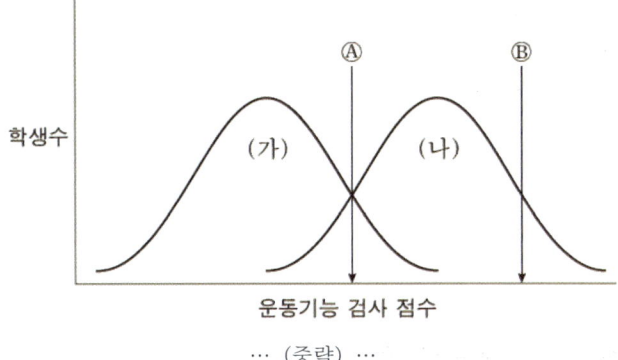

… (중략) …

김 교사 : 그런데 걱정이네요. 적용할 검사를 결정하기 전에 검사가 타당한지, 신뢰로운지 그리고 우수한 학생(예 상위 25%)과 우수하지 않은 학생(예 하위 25%)을 잘 구별해 내는 특성인 (ⓒ)을/를 가지고 있는지를 확인해야 하거든요.

답 ⓒ은 **변별도**이다.

〈심동적 영역의 변별도〉

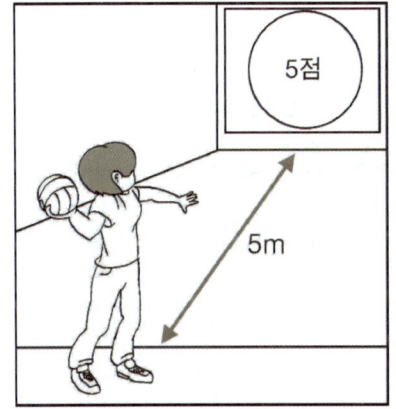

<그림 1> 손 교사의 평가 도구

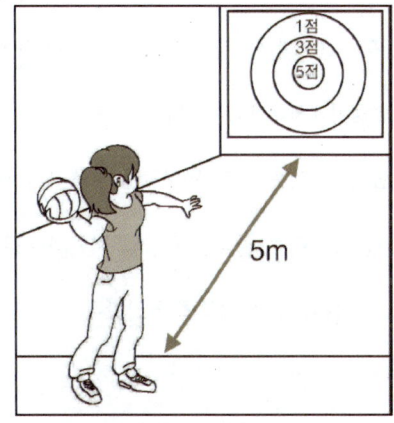

<그림 2> 유 교사의 평가 도구

이기봉 Q&A 재구성

304. 지필 검사에서 문항난이도와 문항변별도를 계산하는 공식을 쓰고 설명하시오. 기출문제

답 ○ 문항 난이도란 **문항**에 **정확**하게 **응답**한 **학생**의 비율로 아래와 같이 계산한다.

$$P = \frac{\text{문항에 정확하게 응답한 학생수}}{\text{문항에 응답한 총 학생수}}$$

P는 문항 난이도이다. 위 공식에 의하면 문항이 어려울 때 문항에 정확하게 응답한 학생의 수가 적을 것이므로 문항난이도는 **낮고**, 문항이 쉬우면 문항난이도는 **높게** 나타난다.

대개 **규준**지향 검사의 문항 난이도는 약 50% 정도가 적절하며, **준거**지향 검사의 경우 100% 모두 통과하면 좋지만 비현실적이므로 최소한 80~85% 정도가 통과하면 적절하다.

문항 난이도가 **높다**면 문항이 쉽게 구성되었거나 학생들이 그 문항의 내용에 대해서 충분히 학습한 경우이고, 문항 난이도가 **낮다**면 문항이 어렵게 구성되었거나 학생들이 그 문항의 내용을 학습하지 않은 경우이다.

따라서 문항난이도를 통해서 그 문항이 학생들에게 제시될 것인지 아닌지를 고려하여 검사에 각 문항을 포함시킬 것인지를 결정해야 한다.

○ 문항 변별도는 문항이 **우수**한 학생과 **우수하지 못한** 학생을 구별하는 정도이다. 문항 변별력이 **높은** 문항은 높은 점수를 받는 학생이 낮은 점수를 받은 학생보다 더 많이 그 문항에 정확하게 응답할 것이다. 문항 변별도는 아래 공식과 같이 계산된다.

$$D = \frac{\text{상위집단에서 문항에 정확하게 응답한 학생수} - \text{하위집단에서 문항에 정확하게 응답한 학생수}}{\text{한 집단의 학생수}}$$

(D : 문항 변별도, UG : **상위**집단, LG : **하위**집단)

문항 변별도를 계산하기 위해서는 상위 집단과 하위 집단을 구분하게 되는데, 대개 검사자가 상·하위 집단을 25% 정도씩으로 구분한다. 변별도는 -1.00에서 +1.00까지의 범위를 갖는데, 음의 변별도 값은 하위 집단에 속한 학생이 상위 집단에 속한 학생보다 문항에 정확하게 응답한 수가 많은 경우이다.

- **규준**지향검사에서 0.40 이상의 변별도는 높은 변별력을 나타내는 것으로 판단된다.
- **준거**지향검사에서는 대개 변별도를 사용하지 않지만, 교육을 하기 전과 후에 동일한 검사를 실시하여 사전 검사에서 **문항에 정확하게 응답한 학생의 비율**과 사후 검사에서 **문항에 정확하게 응답한 학생의 비율**이 많은 차이를 보일수록 변별력이 높은 것으로 판단한다.

문항 분석 - 체육측정평가 이기봉

문항 분석의 절차는 어떤 문항이 너무 쉽거나 어려운지에 대한 정보를 제공하고, 효과적으로 기능하지 못하는 문항에 대한 정보를 제공하며, 검사를 구성하는 검사자의 능력을 개선하는데 도움이 된다. 문항 분석에 다루는 내용은 **문항 난이도, 문항 변별도, 반응 수준** 등이다.

(1) 문항 난이도란 문항에 정확하게 응답한 학생의 비율로 아래와 같이 계산한다. P는 문항 난이도이다.

$$P = \frac{문항에\ 정확하게\ 응답한\ 학생수}{문항에\ 응답한\ 총\ 학생수}$$

위 공식에 의하면,

문항이 어려울 때 문항에 정확하게 응답한 학생의 수가 적을 것이므로 문항난이도는 낮고,

문항이 쉬우면 문항난이도는 높게 나타난다.

대개 **규준지향 검사**의 문항 난이도는 약 50% 정도가 적절하며,

준거지향 검사의 경우 100% 모두 통과하면 좋지만 비현실적이므로 최소한 80~85% 정도가 통과하면 적절하다.

문항 난이도가 쉽다면 문항이 쉽게 구성되었거나 학생들이 그 문항의 내용에 대해서 충분히 학습한 경우이고,

문항이 어렵다면 문항이 어렵게 구성되었거나 학생들이 그 문항의 내용을 학습하지 않은 경우이다.

따라서 문항난이도를 통해서 그 문항이 학생들에게 제시될 것인지 아닌지를 고려하여 검사에 각 문항을 포함시킬 것인지를 결정해야 한다.

(2) 문항 변별도는 문항이 우수한 학생과 우수하지 못한 학생을 구별하는 정도로, 문항 변별력이 높은 문항은 높은 점수를 받는 학생이 낮은 점수를 받은 학생보다 더 많이 그 문항에 정확하게 응답할 것이다. 문항 변별도는 아래 공식과 같이 계산된다.

$$D = \frac{UG에서\ 문항에\ 정확하게\ 응답한\ 학생수 - LG에서\ 문항에\ 정확하게\ 응답한\ 학생수}{한\ 집단의\ 학생\ 수}$$

(D:문항 변별도, UG:상위집단, LG:하위집단)

문항 변별도를 계산하기 위해서는 상위 집단과 하위 집단을 구분하게 되는데, 대개 검사자가 상·하위 집단을 25% 정도씩으로 구분한다.

변별도는 -1.00에서 +1.00까지의 범위를 갖는데, 음의 변별도 값은 하위 집단에 속한 학생이 상위 집단에 속한 학생보다 문항에 정확하게 응답한 수가 많은 경우이다.

- **규준지향검사**에서 0.40 이상의 변별도는 높은 변별력을 나타내는 것으로 판단된다.
- **준거지향검사**에서는 대개 변별도를 사용하지 않지만, 교육을 하기 전과 후에 동일한 검사를 실시하여 사전 검사에서 문항에 정확하게 응답한 학생의 비율과 사후 검사에서 문항에 정확하게 응답한 학생의 비율이 많은 차이를 보일수록 변별력이 높은 것으로 판단한다.

(3) 반응 수준을 선다형 검사에서 답으로 선택하는 것으로 난이도, 변별도와 함께 각 문항에서 각각의 답지를 선택한 학생 수를 기록하는 것은 매우 중요하나. 선다형 문항을 구성할 때 반드시 고려해야 할 사항은 어떤 답지도 검사 받는 학생들 중에서 최소한 2~3% 정도는 선택하도록 해야 한다. 왜냐하면, 한 명도 선택하지 않은 답지는 그 문항에 대해 기여도가 없는 것이기 때문이다. 특히, 상위 집단과 하위 집단의 부적절한 반응 패턴을 고려해야 한다. 만약, 하위 집단보다 상위 집단에서 잘못된 반응을 보인 학생이 많았다면, 그 문항은 교정되어야 한다.

※ **문항 추측도**는 문항유형이 선택형일 경우에 능력이 전혀 없는 피험자가 추측에 의하여 문항의 답을 맞힐 확률을 말한다. **고전 검사 이론(CTT)**에서는 문항 추측도를 총 피험자 중 문항의 답을 알지 못하고 우연에 의해 답을 맞힌 피험자 수의 비율로 계산하지만, **문항 반응 이론(IRT)**에서는 문항 특성 곡선(ICC)의 최저 한계에 의해 계산된다. 문항 추측도가 높을수록 그 문항이 좋지 않은 문항으로 평가된다.

☞ 16. 문항반응이론과 문항분석 : (1)문항특성곡선, (2)문항모수[①문항난이도 · ②문항변별도 · ③문항추측도]

305. 다음은 ○○중학교의 체육지필고사 결과를 토대로 문항을 분석한 결과의 일부이다. 괄호 안의 ㉠, ㉡에 해당하는 용어를 순서대로 쓰시오. 2017

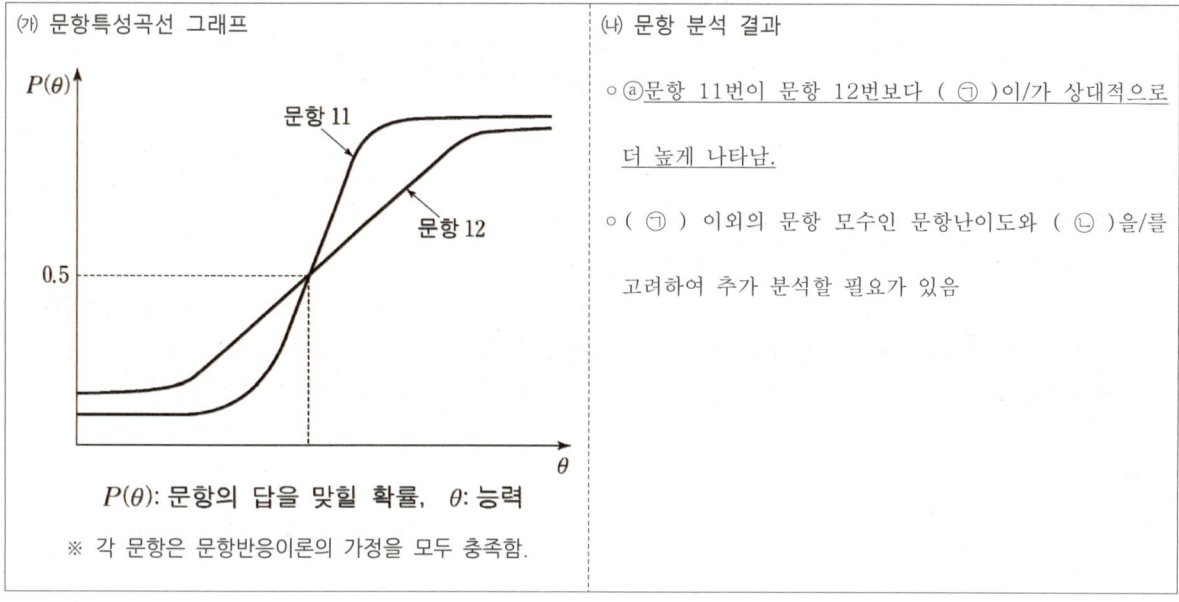

답 ㉠문항**변별**도, ㉡문항**추측**도

문1. 문항 11과 문항 12의 문항난이도를 비교하고, 그 이유를 서술하시오.

답 ○비교 : **같다**.

○이유 : 문항의 답을 맞힐 확률[P(θ)]이 **0.5**에 해당하는 **준거변수**를 나타내는 지수인 **위치모수**가 같기 때문이다.

문2. ⓐ의 이유를 서술하시오.

답 문항변별도는 **문항특성곡선**(ICC)에서 문항의 **위치**모수를 기준으로 위 아래 집단의 **변별**정도를 가늠하는 지수로 **척도** 모수를 사용하는데, 문항 11의 **기울기**가 문항 12의 **기울기**보다 크기 때문이다.

문3. 문항 11과 문항 12의 문항추측도를 비교하고, 그 이유를 서술하시오.

답 ○비교 : 문항 **12**번의 추측도가 더 크다.

○이유 : 문항추측도는 **능력이 없는 피험자**(θ=0)가 추측에 의하여 답을 맞출 수 있는 가능성으로 **문항특성곡선**(ICC)의 **최저한계**, 즉 **y절편**이다. 문항 **12**번의 y절편이 문항 **11**번보다 크기 때문이다.

306. 바람직한 운동기능검사의 특성으로 적절하지 <u>않은</u> 것은?
① 해당 종목의 핵심내용을 포함하고 있다.
② 검사의 절차는 검사자마다 달라진다(×).
③ 검사자가 바뀌어도 동일한 결과가 나타난다.
④ <u>운동기능 수준에 따라 대상자들이 잘 구분된다.</u> → 변별도

307. 동일한 대상자에 대해 두 명 이상의 검사자가 각각 측정한 점수들이 일치하는 정도를 나타내는 것은?
① 객관도
② 변별도
③ 변산도
④ 다양도

308. 측정 도구의 타당도에 대한 개념으로 가장 적절한 것은?
① 측정자 간 점수의 일치도를 의미한다(×).
② 측정하고자 하는 점수에서 오차가 낮은 정도를 의미한다(×).
③ 측정하고자 하는 속성(변인)에 대한 변별력을 의미한다(×).
④ 측정하고자 하는 속성(변인)을 제대로 측정하는가의 정도를 의미한다.

309. 건강 관련 체력검사의 신뢰도와 타당도에 대한 설명으로 옳지 <u>않은</u> 것은?
① 변별력이 높은 체력검사는 타당도가 높다.
② 여러 번 측정해도 검사 결과가 비슷한 검사는 신뢰도가 높다.
③ 신뢰도가 높은 검사라도 타당도는 낮을 수 있다.
④ 추정표준오차(Standard Error Estimate, SEE)는 준거검사의 신뢰도를 나타낸다(×).

310. <보기>에서 괄호 안의 ㉠에 해당하는 적절한 용어를 쓰시오.

<보기>

○ CTT(고전검사이론) - 문항(㉠)는 문항이 우수한 학생과 우수하지 못한 학생을 구별하는 정도로, 문항(㉠)가 높은 문항은 높은 점수를 받는 학생이 낮은 점수를 받은 학생보다 더 많이 그 문항에 정확하게 응답할 것이다. 문항(㉠)를 계산하기 위해서는 상위 집단과 하위 집단을 구분하게 되는데, 대개 검사자가 상·하위 집단을 25% 정도씩으로 구분한다.

○ IRT(문항반응이론) - 문항(㉠)는 문항특성곡선(ICC)에서 문항의 위치모수를 기준으로 위아래 집단의 변별 정도를 가늠하는 지수로 척도모수(scale parameter)를 사용한다. 척도모수는 ICC의 기울기로 α나 a로 표기한다.

답 **변별도**

문항분석 - 운동계량학^{김종택}

IRT^{문항반응이론}에 근거한 문항분석의 주요 내용은 피검자의 능력을 추정하기 위한 문항특성곡선^{ICC}을 구하는 것이다. 그리고 문항의 특성을 분석하기 위한 문항모수, 검사특성곡선, 정보함수가 중요한 개념이다.

(1) 문항특성곡선(ICC)

IRT^{문항반응이론}에서는 각 문항의 특성을 고려한 문항특성곡선(ICC : item characteristic curve)을 이용한 피험자의 능력을 추정한다. ICC^{문항특성곡선}는 준거변수(criterion variable)^{x축}와 문항에 답을 맞힐 확률^{P(θ)} 간의 함수관계를 기술하는 곡선이다. IRT^{문항반응이론}에서 **진점수**는 피험자의 능력별 수준^{θ}에서 각 문항의 답을 맞힐 확률로 P(θ)로 기술한다. 진점수 즉, P(θ)는 평균이 0이고 표준편차가 1인 척도를 사용한다. ICC^{문항특성곡선}의 형태는 다양하나 일반적으로 <그림1>과 같은 S자 곡선의 형태이다.

<그림1 : 문항특성곡선>

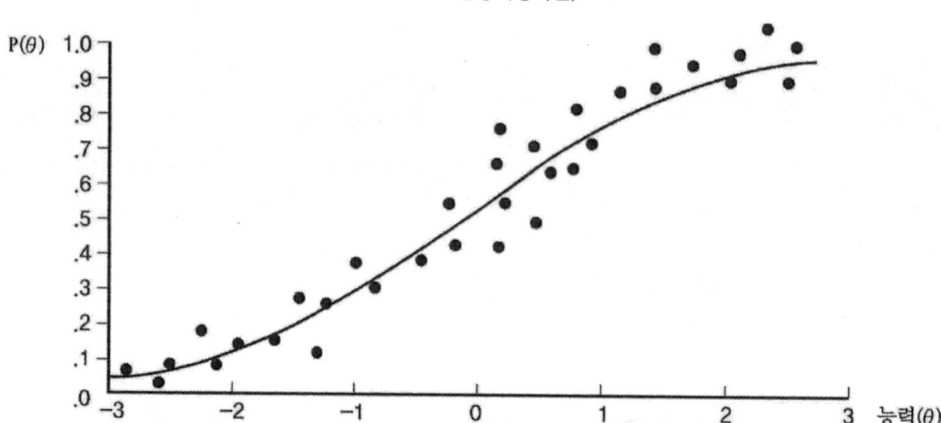

ICC^{문항특성곡선}의 X축은 **피험자 능력**을 뜻하는 θ이고, 피험자 능력은 평균이 0이고 표준편차가 1인 표준점수 척도를 사용한다. 그리고 ICC^{문항특성곡선}의 Y축은 θ에 따라 **문항의 답을 맞힐 확률**인 P(θ)이다. ICC^{문항특성곡선}는 능력수준에 따라 문항의 답을 맞힐 확률 혹은 관찰된 정답비율의 점들을 대표하는 곡선이다. 그러므로 <그림1>을 통하여 θ가 -2인 피험자의 P(θ)는 약 0.1이고 θ가 +3인 피험자는 P(θ)가 약 1이다.

<그림2 : 문항난이도에 따른 3가지 ICC^{문항특성곡선}>

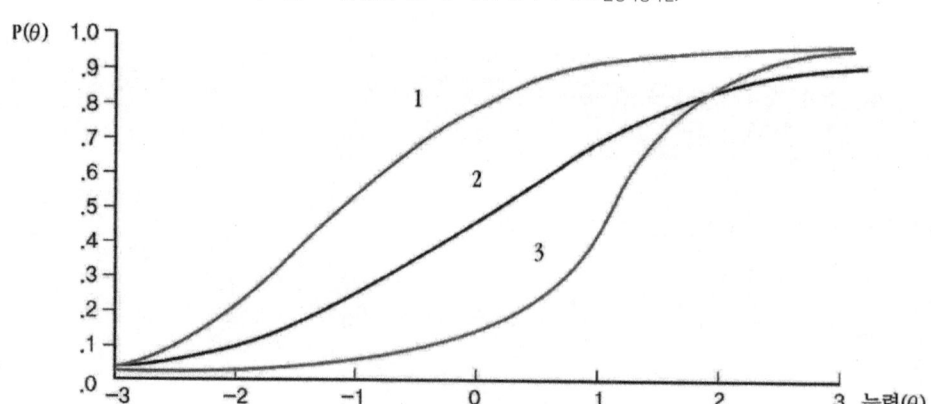

문항마다 고유의 ICC^{문항특성곡선} 특성을 갖고 형태도 다르다. 만약, <그림2>처럼 쉬운 문항 1번, 중간 난이도의 문항 2번, 어려운 문항 3번의 ICC^{문항특성곡선}를 가정한다. <그림2>에서 피험자 능력이 증가할 때 3번 문항은 어렵고, 답을 맞힐 확률의 변화가 심하므로 문항변별도가 높다. ICC^{문항특성곡선}를 통하여 문항난이도·변별도·추측도 정도의 분석이 가능하다.

(2) 문항모수 : ① 문항난이도(item difficulty), ② 문항변별도(item difficulty), ③ 문항추측도

IRT(문항반응이론 : Item Response Theory)에서 문항의 특성을 대표하는 **문항난이도, 문항변별도, 문항추측도**의 개념은 **CTT**(고전검사이론 : Classical Test Theory)에서와 동일하나 추정법이 다르다. IRT에서 문항특성에 관한 문항모수의 추정법을 알아본다.

〈그림 : 문항 난이도에 따른 3가지 ICC〉

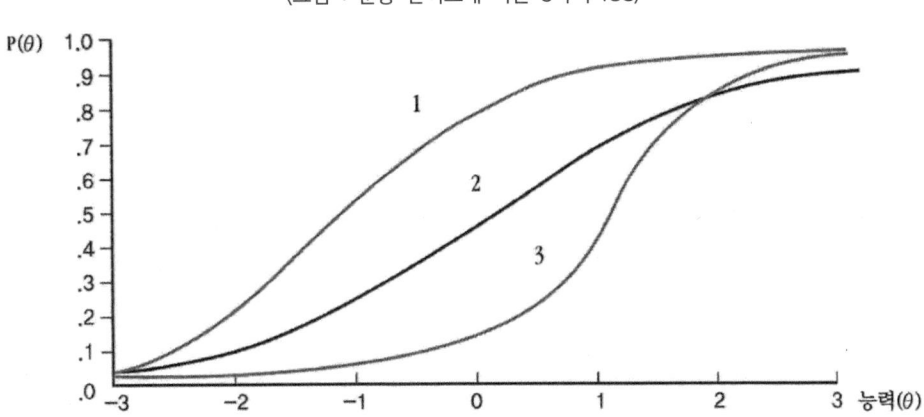

① **문항난이도**(item difficulty) ICC문항특성곡선상에서 문항의 답을 맞힐 확률이 0.5에 해당되는 준거변수를 나타내는 지수인 **위치모수**(location parameter)가 문항난이도이고 능력척도상의 점으로 β나 b로 표기한다. IRT문항반응이론에서는 <u>어려운 문항은 피검자 능력수준이 높은 수준에서 기능하는 위치모수가 오른쪽에 있는 문항</u>이다. 〈그림〉처럼 세 문항의 위치모수 차이로 문항난이도를 해석한다. 즉, 3번 문항의 위치모수가 약 1.2에 위치하므로 능력이 높은 피험자 집단에 기능하고, 반대로 1번 문항에서는 능력수준($\theta=0$) 이상인 피험자 정답률이 1(y축)이므로 그 이상의 능력수준에서는 기능하지 못하는 문항이다.

○ 쉬운 문항 $\theta_i > b_i$ (b = -2.0 ~ -.5)

○ 중간 난이도 $\theta_i = b_i$ (b = -.5 ~ +.5)

○ 어려운 문항 $\theta_i < b_i$ (b = +.5 ~ +2.0)

문항반응모형에서 문항추측도를 고려한 문항난이도는 문항의 답을 맞힐 확률이 0.5에 해당하는 능력수준의 점을 뜻하지 않는다. 문항의 답을 맞힐 최고확률 1.0과 추측도가 작용하는 최저 확률의 중간 지점을 뜻한다.

② **문항변별도**(item discrimination) 문항변별도는 문항특성곡선ICC에서 문항의 위치모수를 기준으로 위아래 집단의 변별 정도를 가늠하는 지수로 **척도모수**(scale parameter)를 사용한다. 척도모수는 ICC문항특성곡선의 기울기로 α나 a로 표기한다. 〈그림〉에서 3번 문항의 기울기가 크므로 변별력이 높은 문항이다.

③ **문항추측도**(item guessing) 능력이 없는 피험자가 추측에 의하여 답을 맞출 수 있는 가능성을 문항추측도라 한다. 문항특성곡선ICC의 **최저한계**(lower bound)를 문항추측도라 하고 C로 기술한다. ICC문항특성곡선에서 C값y절편이 높을수록 추측에 의한 정답확률이 높은 문항으로 좋지 않은 문항으로 평가한다. 그리고 문항의 정답확률은 C에서 1이므로 C 즉, ICC문항특성곡선에 최저한계y절편가 높을수록 문항변별력은 감소한다.

16-1. 지필검사의 종류 : 진위형, 선다형, 단답형, 완성형, 연결형, 서답형

| 이기봉 Q&A 재구성 |

311. ㉠~㉤의 사례에 해당하는 지필 검사의 명칭을 순서대로 쓰시오.

㉠

문1. 테니스 점수가 15-30이라면, 서버가 앞서고 있다. ( )
문2. 농구에서 상대방 팀에 훌륭한 슈터가 1명 있고 나머지 선수들이 평범하다면 트라이앵글 투 수비 방법을 적용하는 것이 적절하다. ( )

㉡

문 다음 중 테니스에서 실점을 하게 되는 경우가 <u>아닌</u> 것은?
① 2개의 서비스를 모두 실패했을 때   ② 받아친 공이 상대 코트의 라인 밖으로 나갔을 때
③ 베이스 라인 밖에서 스트로크 하였을 때   ④ 스트로크한 공이 네트를 넘지 못했을 때
⑤ 공이 네트에 넘어오기 전에 발리 했을 때

㉢

문 테니스에서 스트로크를 할 때 공을 임팩트 한 이후에 라켓을 보내고자 하는 방향으로 계속 뻗어주는 동작을 무엇이라 하는가?

㉣

문 다음은 테니스의 경기 구성에 대한 설명이다. ( )안에 들어갈 말을 순서대로 적으시오.
테니스 경기는 포인트, (㉠), 세트, 매치의 4단계로 구성되며, 듀스가 아닌 경우에는 (㉡) 포인트를 먼저 얻으면 한 (㉠)을 이기에 된다.

㉤

문 농구 경기를 할 때 상대방 선수 중 2명의 뛰어난 슈터를 가진 팀을 방어 하는데 적절한 전술과 그러한 전술을 사용해야 하는 이유를 설명하시오.

답 ㉠**진위**형, ㉡**선다**형, ㉢**단답**형, ㉣**완성**형, ㉤**서답**형

지필 검사의 종류 – 체육측정평가[이기봉]

지필 검사에는 진위형, 선다형, 단답형, 완성형, 연결형, 서답형 등이 있다.

(1) 진위형 문항

문항의 내용이 맞는 것인지 틀린 것인지를 학생들이 판단하는 문항으로 질문에 대한 답으로 ○ 또는 ×로 답하는 문항이다. 사실적 내용을 확인할 때 주로 사용되지만, 원리나 적용의 문제를 파악할 때에도 사용할 수 있다. 아래의 **문제1)**은 사전 이해의 정도를 측정하는 문항이고, **문제2)**는 상황을 설명한 후 그 상황을 묻는 문항이다.

> **문제1)** 테니스 점수가 15-30이라면, 서버가 앞서고 있다 ( )
> **문제2)** 농구에서 상대방 팀에 훌륭한 슈터가 1명 있고 나머지 선수들을 평범하다면 트라이앵글 투 수비 방법을 적용하는 것이 적절하다
> ( )

진위형 문항은 **광범위한 내용이 한 번의 시험에서 측정**될 수 있고, **점수화 방법이 간단**하며, **문항 구성이 쉽다.** 하지만, **추측에 의해 정답 할 확률이 50%**이므로 학생들이 노력하지 않을 수 있고, **문항의 신뢰도는 낮다.** 또한, **정답이 한 단어에 의해 결정되는 경우**가 있다. 따라서, 진위형 문항은 대개 다른 유형의 문항보다 낮은 점수를 준다.

진위형 문항을 구성할 때 다음과 같은 내용에 주의해야 한다.

① 결정적인 단서를 질문에서 제공하지 않는다.

② 맞은 문항과 틀린 문항의 수를 같게 한다.

③ 교과서의 글을 직접 인용하지 않는다.

④ 속이는 문항을 만들지 않는다.

⑤ 부정사나 이중 부정사를 사용하지 않는다. 왜냐하면 학생을 혼동시키고 학생의 능력을 정확하게 측정하지 못하기 때문이며, 만약 사용해야 한다면 부정사에 밑줄을 그어주는 것이 좋다.

⑥ 애매한 문장은 피한다.

⑦ 모든 문항의 길이를 비슷하게 만든다.

⑧ 한 문항에서 한 가지 개념만을 측정한다.

(2) 선다형 문항

선다형 문항은 질문과 3~5개 정도의 답지로 구성되는데, 질문은 직접적인 물음이나 불완전한 문항으로 구성되고, 학생들이 질문에 답하기에 충분한 설명을 해야 한다. 선다형 문항은 학생들이 **어떤 항목에 대해 이해하고 있는 정도나 능력을 거의 모두 측정**할 수 있다. 그러나 실제로는 **기계적인 암기력에 대해서만 사용되는 경우가 대부분**이다. 선다형 문항은 **진위형에 비해 추측에 의해 정답 할 확률이 적고, 쉽게 점수화** 될 수 있으나, **다른 객관식 검사보다 구성하기 어렵고, 개념의 이해보다는 사실의 암기를 측정하는데 치중**하게 된다. 진위형 문항보다는 문항의 수를 많게 할 수 없으므로, **많은 범위의 내용을 포함할 수 없고, 제작하는데 시간도 많이 걸린다.**

다음은 중학교 3학년을 대상으로 테니스 경기 규칙에 대해 묻는 선다형 문항의 예이다.

> 문제) 다음 중 테니스에서 실점을 하게 되는 경우가 <u>아닌</u> 것은?
> ① 2개의 서비스를 모두 실패했을 때
> ② 받아친 공이 상대 코트의 라인 밖으로 나갔을 때
> ③ 베이스 라인 밖에서 스트로크 하였을 때
> ④ 스트로크한 공이 네트를 넘지 못했을 때
> ⑤ 공이 네트에 넘어오기 전에 발리 했을 때

선다형 문항을 구성할 때 주의해야 할 사항들은 다음과 같다.
① 질문은 간결하고, 읽고 이해하기 쉬우며, 묻고자 하는 중심 내용이 포함되어야 한다.
② 항상, 절대로, 모두 등 결정적인 단어를 사용하지 않는다.
③ 부정적인 단어를 피하고 긍정적인 문장을 만든다. 부정적인 단어가 필요하다면 밑줄을 그어준다.
④ 학생들의 의견을 묻는 질문은 피한다.
⑤ 모든 답지가 그럴 듯해야 되지만, 정답은 하나이어야만 한다.
⑥ 최소한 4~5개의 답지를 구성한다.
⑦ 모든 답지는 문법적으로 문제가 없고, 내용이 동일해야 하며, 길이가 대충 같도록 한다. 특히, 틀린 답지가 맞는 답지보다 길게 구성되지 않도록 한다.
⑧ 문항이 번호라면, 답지는 가·나·다·라 마로 구성하고 가능하다면 답지는 좌우로 늘어뜨리는 것보다는 세로로 제시하는 것이 좋다.
⑨ 맞는 답지를 우선적으로 배치한다. 가·나·다·라 마의 정답지 비율이 대략 동일하게 구성한다.
⑩ '모두 맞다' 또는 '모두 틀리다' 라는 답지는 주의하여 사용한다.
⑪ 답지는 가능하다면 논리적으로나 축차적으로 순서대로 제시하라.

(3) 단답형과 완성형 문항

단답형은 하나의 단어나 문장을 답으로 요구하는 문항이고, 완성형은 문항에서 1~2개의 단어를 생략하여 완성하게 만드는 문항 형태이다. 단답형과 완성형 문항은 진위형이나 선택형에 비해 **추측 요인의 영향을 적게 받으며, 구성하기 쉽다.** 그러나 채점 시간이 오래 걸리고, 문항 구성에 주의를 기울이지 않으면, **정답이 여러 개가 될 수 있다.** 이러한 경우에는 유사 정답을 만들어 채점에 이용한다.

다음은 단답형과 완성형 문항의 예이다.

> 문제1) 테니스에서 스트로크를 할 때 공을 임팩트 한 이후에 라켓을 보내고자 하는 방향으로 계속 뻗어주는 동작을 무엇이라 하는가?
>
> 문제2) 다음은 테니스의 경기 구성에 대한 설명이다. ( )안에 들어갈 말을 순서대로 적으시오.
>
> > 테니스 경기는 포인트·(㉠)·세트·매치의 4단계로 구성되며, 듀스가 아닌 경우에는 (㉡) 포인트를 먼저 얻으면 한 (㉠)을 이기에 된다.

단답형과 완성형 문항을 구성할 때에는 다음과 같은 사항에 주의해야 한다.
① 특정 단어, 문장, 숫자 등으로 답할 수 있는 문항을 만든다.
② 한 가지로 답할 수 있어야 한다.
③ 학생들이 요구되는 응답의 형태를 정확하게 알도록 문제를 구성한다(예 소수점 둘째 자리까지 적으시오).
④ 완성형에서는 괄호를 문장의 끝 쪽에 위치하도록 만든다.
⑤ 한 문항에 세 가지 이상의 괄호를 만들지 않는다.
⑥ 교과서의 문장을 그대로 인용하지 않는다.
⑦ 괄호의 길이를 실제 응답할 내용의 길이와 동일하게 만든다.

(4) 연결형 문항

 연결형 문항은 두개의 열을 만들고 한 쪽 열에는 질문, 다른 쪽 열에는 질문에 적절한 응답을 배열하여 학생들이 양쪽을 적절하게 연결하는 형태이다. 연결형 문항은 **구성과 채점이 쉽고, 많은 문항을 제한된 쪽수와 시간에 포함**시킬 수 있다. 그러나 연결형 문항은 **문항 구성에 시간이 많이 걸리고, 여러 가지 사실을 관련지어서 생각하는 능력을 측정하기 어려운** 단점이 있다.

 연결형 문항을 구성할 때 주의해야 할 사항은 다음과 같다.

① 한 문항은 한 가지 영역에서 구성되어야 한다.
② 양쪽 열의 내용들은 분명하게 만들어져야 한다.
③ 한 문항 모둠은 약 5개~10개 정도로 비교적 짧은 것이 좋다.
④ 한 문항 모둠은 같은 페이지 내에 있어야 한다.
⑤ 좌측에는 질문, 우측에는 응답을 배치한다.
⑥ 좌측의 배열을 알파벳이나 논리적인 순서대로 하라.
⑦ 추측 요인을 줄이기 위해서 좌측의 질문보다 우측의 응답의 수를 많게 한다.

(5) 서답형 문항

 상기한 4가지 형태의 문항들은 모두 **객관형 검사 문항**이라고 부른다. **객관형 검사 문항**은 일반적으로 **단순 이해, 암기 등을 통해 정답을 맞힐 수 있는 검사 문항으로 구성**되고, 다양한 사고 과정을 측정하는데 이용되는 경우에는 많지 않다. 반면, **서답형 문항**은 이해·분석·적용의 사고 과정을 측정하는데 이용되는 주관적인 평가 방법이다. 서답형 문항은 **질문에 대한 학생들의 생각을 논리적으로 전개하여 주어진 지면에 적어 나가는 것**이다.

 다음은 대학교 교양 체육 농구 수업에 참가한 학생들을 대상으로 실시한 서답형 문항의 예이다.

문제) 농구 경기를 할 때 상대방 선수 중 2명의 뛰어난 슈터를 가진 팀을 방어하는데 적절한 전술과 그러한 전술을 사용해야 하는 이유를 설명하시오.

 상기한 문제는 농구의 방어 전술 중에서 트라이앵글 투 전술에 대한 질문으로 실제 경기에서 적용될 수 있는 방어 전술에 대해 서술형으로 질문한 예이다.

 서답형 문항은 **쉽게 만들 수 있고, 추측 요인이 적으며, 복잡한 개념, 사고 과정, 문제 해결 능력 등을 측정**할 수 있어 **학생들이 자신의 아이디어를 효과적으로 표현하고 종합하는 방법**을 공부하도록 한다.

 그러나, 서답형 문항은 **채점하는데 시간이 많이 걸리고**, 채점할 때 채점자들의 의사 결정이 필요하기 때문에 **신뢰도가 감소된다.** 또한, **답하는데 시간이 많이 걸리므로** 한 시험에서 서답형 문항을 많이 포함할 수 없다.

 서답형 문항을 구성하고 채점할 때 다음과 같은 내용에 주의해야 한다.

① 한 가지 응답만이 정답으로 요구되어야 한다.
② 요구하는 응답의 방향을 명확하게 제시해야 한다. 애매한 질문은 응답의 변동성을 크게 하여 채점하는데 어려움을 준다.
③ 모든 학생들이 동일한 질문 내용에 응답하도록 질문을 구성한다.
④ 각 문항에 응답해야 할 서답형 문항 한 문제보다는 짧은 서답형 문항 여러 개를 제시하는 것이 좋다.
⑤ 오랜 시간동안 응답해야 할 서답형 문항 한 문제보다는 짧은 서답형 문항 여러 개를 제시하는 것이 좋다.
⑥ 질문에 대한 모범 답안을 작성해 놓는다.
⑦ 채점 방법을 사전에 결정해 놓아야 한다.
⑧ 한 문항을 채점할 때, 다음 문항으로 넘어가기 전에 그 문항에 응답한 모든 학생들의 답지를 채점하면 채점의 일관성을 유지하는데 도움을 준다.
⑨ 학생들의 이름을 보지 않고 채점한다.

Ⅴ. 체력검사장

⑦ 체력의 측정과 평가

☞ 17. 건강관련 체력검사 : ①근력, ②근지구력, ③심폐(전신)지구력, ④유연성, ⑤신체조성^{신체구성}(체지방률)

312. 배근력^{악력, 완력, 각근력} 평가 기준표 → **근력**(등척성 수축)

313. 운동능력보다는 건강을 강조하는 건강관련체력검사를 개발하고자 한다. 건강관련체력검사의 결과를 사용하여 개인의 건강상태를 평가하고자 한다. 운동능력보다는 건강을 강조하는 건강관련체력검사를 개발하고자 한다. 최우선적으로 포함시켜야 할 체력 요인을 1가지만 쓰시오.

답 **심폐**^{전신}지구력

314. 비만이나 운동부족 등으로 인하여 전신 지구력이 현저하게 약해지는 학생들이 늘고 있다. 전신^{심폐}지구력 측정방법을 설명하시오.

답 **왕복오래달리기**, **오래달리기·걷기**, **스텝검사**

315. 그림은 과체중 및 비만의 평가와 체중조절 방법을 소개하는 지침서이다. 여기에 들어갈 내용으로 타당성이 높은 것을 기술하시오.

답 **체질량**지수 기준표(BMI), **허리-엉덩이** 비율 기준표(WHR), 식품 열량 환산표, 심박수-산소섭취량 간 열량 환산표

316. 김 교사는 여자 축구팀 선발을 위한 체력검사항목으로 **심폐**^{전신}**지구력**을 선정하였고, 그에 대한 **왕복 오래달리기** 검사를 실시하였다.

317. 건강 체력 요소를 측정하는 방법을 쓰시오.

체력 요소	측정 방법
근력	악력, 완력, 각근력, 배근력
근지구력	팔굽혀펴기, 윗몸일으키기
심폐^{전신}지구력	오래달리기-걷기, 스텝검사, 페이서, 최대산소섭취량 검사
유연성	앉아 윗몸 앞으로 굽히기^{좌전굴}, 서서 윗몸 앞으로 굽히기^{체전굴}
신체구성	수중체중 측정법 [%fat = $\frac{495}{BD} - 450 = (\frac{4.95}{BD} - 4.50) \times 100$]^{Siri공식} 피부두겹법(피하지방 측정법), BMI(체질량지수)

이기봉 Q&A 재구성

318. 건강관련 체력검사에 포함시키는 체력 요소를 쓰고, 각 요소별로 측정 종목 및 방법을 쓰시오. 기출문제

답 ① 근력 및 근지구력 : 팔굽혀펴기(남), 무릎대고팔굽혀펴기(여), 윗몸말아올리기, 악력

② **심폐^{전신}지구력** : 왕복오래달리기, 오래달리기걷기, 스텝검사

③ 유연성 : 앉아윗몸앞으로굽히기, 종합유연성검사

④ 신체구성^{체지방률}(%fat)

319. 비만을 측정하기 위해 자주 사용하는 방법으로 국민체력 실태조사에서 사용하는 비만의 측정 방법에 대해 설명하시오. 기출문제

답 ① **체질량지수(BMI)**

② 피부두겹검사

③ 체지방률(%fat)

18. 운동기능관련 체력검사 : ①민첩성, ②순발력, ③스피드 및 반응시간, ④평형성, ⑤협응성

320. 왕복달리기 평가 기준표, 전신반응 평가 기준표 → **민첩성**

321. 김 교사는 여자 축구팀 선발을 위한 체력검사항목으로 **민첩성**을 선정하였고, 그에 대한 **사이드스텝 검사**를 실시하였다.

322. 눈감고 외발서기 → **평형성**

스포츠지도사 기출문제 & 서답형

323. 건강관련 체력의 구성요소가 <u>아닌</u> 것은?

가. 심폐지구력

나. 순발력

다. 유연성

라. 신체구성

324. <보기>에서 건강관련 체력 요소는? 2018

```
                    <보기>
 ㉠ 근력      ㉡ 평형성     ㉢ 민첩성     ㉣ 반응시간
 ㉤ 유연성    ㉥ 근지구력   ㉦ 협응력     ㉧ 순발력
```

① ㉠, ㉡, ㉥   **② ㉠, ㉤, ㉥**
③ ㉡, ㉢, ㉦   ④ ㉢, ㉣, ㉧

325. 건강관련 체력의 구성요소를 쓰시오.

답 근력 및 근지구력, **심폐지구력**, **유연성**, 신체조성^{신체구성}(체지방률)

326. 운동기능관련 체력의 구성요소를 쓰시오.

답 **민첩성**, **순발력**, 스피드와 **반응시간**, **평형성**, **협응력**

327. 다음 중 인체계측의 측정도구가 <u>아닌</u> 것은 무엇인가?

가. 줄자

나. 피하지방 측정기

다. 체중계

라. 악력계

328. 악력계를 통해서 측정하는 체력의 명칭을 쓰시오.

답 **근력**

329. 피하지방 측정기를 통해서 측정하는 체력의 요인을 쓰시오.

답 **신체조성**^{신체구성}**(체지방률)**

330. 근지구력을 검사할 때 적합한 측정방법은? 2018
① **팔굽혀펴기**
② 제자리높이뛰기
③ 외발서기
④ 윗몸앞으로굽히기

331. <보기>에서 ㉠~㉣을 통해서 측정하는 체력의 명칭을 순서대로 쓰시오. 2018

<보기>
㉠ 팔굽혀펴기   ㉡ 제자리높이뛰기
㉢ 외발서기   ㉣ 윗몸앞으로굽히기

답 ㉠**근지구력**, ㉡**순발력**, ㉢**평형성**, ㉣**유연성**

332. 체력요인과 측정방법이 바르게 연결된 것은? 2018
① 민첩성 – 외발서기
② **유연성 – 윗몸앞으로굽히기**
③ 순발력 – 팔굽혀펴기
④ 심폐지구력 – 제자리높이뛰기

333. <보기>에서 ㉠~㉣을 통해서 측정하는 체력의 명칭을 순서대로 쓰시오. 2018

<보기>
㉠ 외발서기   ㉡ 윗몸앞으로굽히기
㉢ 팔굽혀펴기   ㉣ 제자리높이뛰기

답 ㉠**평형성**, ㉡**유연성**, ㉢**근지구력**, ㉣**순발력**

334. <보기>에서 심폐지구력 검사 방법을 모두 나열한 것은?

<보기>
㉠ 왕복오래달리기   ㉡ 50m 달리기
㉢ 오래달리기/걷기 ㉣ 앉아윗몸앞으로굽히기
㉤ 하버드스텝   ㉥ 윗몸말아올리기
㉦ 턱걸이

① ㉠, ㉢, ㉣
② **㉠, ㉢, ㉤**
③ ㉠, ㉡, ㉤, ㉦
④ ㉠, ㉢, ㉥, ㉦

335. <보기>의 검사 방법을 통해서 측정하는 체력의 명칭을 쓰시오. 2018

<보기>
◦왕복오래달리기   ◦하버드스텝   ◦오래달리기/걷기

답 **심폐지구력**

336. <보기>에서 ㉠~㉣을 통해서 측정하는 체력의 명칭을 순서대로 쓰시오. 2018

<보기>
㉠ 50m 달리기   ㉡ 앉아윗몸앞으로굽히기
㉢ 윗몸말아올리기   ㉣ 턱걸이

답 ㉠**순발력**, ㉡**유연성**, ㉢**근지구력**, ㉣**근지구력**

337. 전신을 움직이는 운동을 장시간 지속하는 능력과 가장 관계가 깊은 체력요인은?
① 순발력
② 민첩성
③ 유연성
④ 심폐지구력

338. 전신을 움직이는 운동을 장시간 지속하는 능력과 가장 관계가 깊은 체력요인의 명칭을 쓰시오.
답 **심폐지구력**

339. <보기>에서 괄호 안의 ㉠, ㉡에 해당하는 체력의 요인을 각각 쓰시오.

<보기>
○ (㉠)은 던지기, 높이뛰기, 멀리뛰기, 단거리달리기 등 한정된 시간 내에 빠르고 정확하게 수행할 수 있는 능력을 말한다. 순발력을 평가하는 방법으로는 위로 높이뛰기를 통해 순간적으로 발휘되는 폭발적인 근력과 속도의 최대 파워를 평가하는 것이 있다.
○ (㉡)은 운동의 방향을 신속히 바꿀 수 있는 능력을 의미한다.
○ (㉢)은 정적, 동적 상태에서 관절의 가동범위와 근육이나 관절 주변조직 인대, 힘줄 등의 신장능력에 의해 결정되는 것으로 정확하고 부드러운 움직임을 일으키는 능력을 말한다.

답 ㉠**순발력**, ㉡**민첩성**, ㉢**유연성**

340. 심폐지구력 검사방법으로 틀린 것은?
가. 1200m 달리기
나. 오래달리기-걷기
다. 왕복오래달리기(페이서)
라. 도징 런(dodging run) 검사

341. 다음 중 심폐지구력 검사로 적합하지 않은 것은?
가. 하버드스텝테스트
나. 1200m달리기
다. 제자리높이뛰기
라. 최대산소섭취량

342. <보기>의 검사방법을 통해서 측정하는 체력의 명칭을 쓰시오.

<보기>
○ 1200m 달리기   ○ 오래달리기-걷기
○ 왕복오래달리기(페이서) ○ 하버드스텝테스트
○ 최대산소섭취량

답 **심폐지구력**

343. <보기>에서 ㉠~㉡을 통해서 측정하는 체력의 명칭을 순서대로 쓰시오

<보기>
㉠ 도징 런(dodging run) 검사   ㉡ 제자리높이뛰기

답 ㉠**민첩성**, ㉡**순발력**

344. 하버드스텝테스트의 측정요소는 무엇인가?

가. 심박수와 운동강도

나. 심박수와 체력지수

다. 심박수와 최대산소섭취량

라. 운동지속시간과 심박수

345. 하버드스텝테스트의 측정요소를 쓰시오.

답 **운동지속시간**과 **심박수**

346. <보기>에서 설명하는 검사방법은?

<보기>
- 신체효율지수(PEI)를 활용한 평가
- 운동지속시간과 회복기 맥박수를 측정

① 하버드스텝 검사

② 오래달리기 검사

③ 왕복오래달리기 검사

④ 최대 점증부하 달리기 검사

347. <보기>에서 설명하는 검사방법의 명칭을 쓰시오.

<보기>
- 신체효율지수(PEI)를 활용한 평가
- 운동지속시간과 회복기 맥박수를 측정

답 **하버드스텝** 검사

348. 체력요인에 대한 설명으로 옳지 않은 것은? 2019

① 유연성 - 관절의 가동능력(운동범위)

② 평형성 - 신체의 균형을 유지하는 능력

③ 근지구력 - 근육의 작업을 일정한 강도로 오랫동안 지속시킬 수 있는 능력

④ 순발력 - 신체 일부분 혹은 전신을 빠르게 움직이거나 방향을 전환 시킬 수 있는 능력

349. 동일한 체력요인을 측정하기 위한 방법으로 옳지 않게 묶인 것은? 2019

① 하버드 스텝검사, 2.4 km 달리기, 6분 걷기 → 심폐지구력

② 피부두겹법, 인체둘레측정, 수중체중법 → 비만

③ 앉아서 윗몸 앞으로 굽히기, 외발서기, 사이드 스텝 → 유연성, 평형성, 심폐지구력or민첩성

④ YMCA 벤치 프레스 검사, 팔굽혀펴기, 윗몸 일으키기 → 근지구력

350. 다음 중 관절의 가동범위를 나타내는 체력요인은 무엇인가?
가. 민첩성
나. 균형성
다. 유연성
라. 조정력

351. 유연성에 대한 설명으로 옳지 <u>않은</u> 것은?
① 성, 연령, 기온 등에 영향을 받음
② 운동 동작의 범위 또는 관절의 가동범위
③ 근육, 건, 인대, 피부, 관절 사이의 상호 관계
④ 신체를 특정한 자세로 일정 시간 동안 유지하는 능력

352. 손상평가정보(SOAP) 작성 시 평가(assessment) 항목에 해당되는 것은? 2018
① 특수검사 결과
② 부종의 존재 유무
③ 관절가동범위 측정 결과 → 유연성
④ 진단에 의한 전문적 판단

353. <보기>의 내용과 관련된 체력의 요인을 쓰시오.

<보기>
○ 성, 연령, 기온 등에 영향을 받음
○ 운동 동작의 범위 또는 관절의 가동범위
○ 근육, 건, 인대, 피부, 관절 사이의 상호 관계

답 <u>유연성</u>

354. <보기>의 내용과 관련된 체력의 요인을 쓰시오.

<보기>
신체를 특정한 자세로 일정 시간 동안 유지하는 능력

답 <u>평형성</u>

355. <보기>에서 괄호 안의 ㉠, ㉡에 해당하는 체력의 요인을 각각 쓰시오.

<보기>
○ (㉠)은 운동의 방향을 신속히 바꿀 수 있는 능력을 의미한다. 농구선수는 직선적인 단거리달리기보다는 감속과 빠르게 방향을 전환할 수 있는 능력이 중요하다. 균형을 잃지 않고 재빠르고 정확하게 방향과 속도를 바꾸는 능력을 기르기 위해서는 왕복달리기, 지그재그 달리기, 사이드 스텝 등으로 훈련을 해야 한다.
○ (㉡)은 운동 시 신체의 균형 및 안정된 자세를 유지하는 능력으로 평균대 운동 등과 같은 체조 활동에 효과적인 체력 요소로써, 측정 방법으로는 눈감고 한 발로 서 있기, 평균대 위에서 제자리 돌기 등이 있다.

답 ㉠<u>민첩성(agility)</u>, ㉡^{균형성}<u>평형성(balance)</u>

356. 행동체력 중 조정력을 구성하는 4가지 체력요인을 쓰시오.

답 ^{신경계}<u>민첩성·평형성·협응성</u>, ^{골격계}<u>유연성</u>

357. 수중체중법(underwater weighing)의 체밀도(body density)를 구하기 위하여 사용되는 변인으로 옳지 <u>않은</u> 것은? 2019
① 몸무게
② 수중 몸무게
③ 잔기량
④ 측정 전 식사량

358. 다음 중 체지방율 추정을 위한 측정법이 <u>아닌</u> 것은?
① 수중체중 측정법
② 생체전기저항 측정법
③ 피부두겹 측정법
④ **가속도계 측정법** → 신체활동량

359. 현장적용성과 경제성이 가장 높은 체지방률 측정방법은? `2018`
① 수중체중법(underwater weighing)
② **피부두겹법(skinfold measurement)**
③ 자기공명영상법(magnetic resonance imaging)
④ 이중에너지 X선 흡수계측법(dual energy X-ray absorptiometry)

360. 체지방률을 추정을 위한 측정법을 완성하시오.
답 ①**수중체중** 측정법
②**생체전기저항** 측정법
③**피부두겹** 측정법
④**자기공명영상법**(magnetic resonance imaging)
⑤**이중에너지 X선 흡수계측법**(dual energy X-ray absorptiometry)

361. 현장적용성과 경제성이 가장 높은 체지방률 측정방법을 쓰시오. `2018`
답 **피부두겹법(skinfold measurement)**

362. 여성의 체지방률 추정을 위해 <u>피하지방 두께 측정법</u>을 실시하려고 한다. <보기>에서 ACSM 지침에 따른 Jackson과 Pollock의 3-부위 공식(three-site formula)을 이용하기 위한 측정부위로 바르게 묶인 것은? `2018`

<보기>
㉠ 가슴(chest)
㉡ 중앙겨드랑(중액와선, midaxillary)
㉢ **위팔세갈래(상완삼두근, triceps)**
㉣ 어깨뼈아래(견갑골 하단, subscapular)
㉤ 복부(abdomen)
㉥ **엉덩뼈능선위(상장골능, suprailiac)**
㉦ **넙다리(대퇴, thigh)**

① ㉠, ㉣, ㉦ ② ㉡, ㉣, ㉤
③ ㉢, ㉥, ㉦ ④ ㉠, ㉣, ㉦

363. 여성의 체지방률 추정을 위해 피하지방 두께 측정법을 실시하려고 한다. ACSM 지침에 따른 Jackson과 Pollock의 3-부위 공식(three-site formula)을 이용하기 위한 측정부위를 쓰시오. `2018`
답 **위팔세갈래(상완삼두근, triceps)**
엉덩뼈능선위(상장골능, suprailiac)
넙다리(대퇴, thigh)

364. 남성의 체지방률 추정을 위해 피하지방 두께 측정법을 실시하려고 한다. ACSM 지침에 따른 Jackson과 Pollock의 3-부위 공식(three-site formula)을 이용하기 위한 측정부위를 쓰시오. `2018`
답 **가슴(chest)**, **복부(abdomen)**, **넙다리(대퇴, thigh)**

365. <보기>의 피하지방(skinfolds) 측정법에 대한 설명으로 바르게 모두 묶인 것은? `2019`

<보기>
㉠ 피하지방 분포도의 특성을 파악할 수 있음
㉡ 피부 바로 아래에 위치한 피하지방의 정도를 나타냄
㉢ 개인, 집단, 연령에 따라 차이가 없고 총지방량에 영향을 미침
㉣ 측정부위나 측정방법에 따른 오차가 크기 때문에 숙련된 측정자가 필요함

① ㉠, ㉡
② ㉠, ㉢
③ ㉠, ㉡, ㉣
④ ㉠, ㉡, ㉢, ㉣

366. 신체구성 평가를 위한 피하지방 두께 측정법에 대한 설명으로 옳지 않은 것은? 2018

① 한 손으로 측정 부위를 잡고, 잡은 손가락에 가장 가까운 부위를 캘리퍼로 집는다(×).
② 측정 방식의 차이는 검사자 간 오차의 원인이 된다.
③ 운동 직후나 더운 환경에서는 가급적 피하지방 두께 측정법을 사용하지 않는다.
④ 피하지방 두께 측정의 정확성은 측정자의 기술과 측정기구의 종류에 의해 영향을 받는다.

367. 인체측정에 사용되는 변인을 <보기>에서 모두 고른 것은? 2018

<보기>
㉠ 길이   ㉡ 둘레   ㉢ 너비   ㉣ 피부두겁두께

① ㉠, ㉡
② ㉠, ㉢
③ ㉡, ㉢, ㉣
④ ㉠, ㉡, ㉢, ㉣

368. 다음 중 인체계측의 측정도구가 아닌 것은 무엇인가?

가. 줄자
나. 피하지방 측정기
다. 체중계
라. 악력계

369. 큰가슴근육(대흉근, pectoralis major)이 발달한 대상자의 가슴깊이를 측정하는데 가장 적합한 것은? 2018

① 줄자(tape measure)
② 촉각계(spreading caliper)
③ 활동계(sliding caliper)
④ 피지후계(skinfold caliper)

370. 신체질량지수(body mass index) 22.0에 대한 해석으로 옳은 것은? 2018

① 과체중이며 비만이다(×).
② 심혈관질환 발병위험이 매우 높다(×).
③ 신체 내 지방조직의 비율이 22%이다(×).
④ 자신의 신장에 적합한 체중을 갖고 있으며 정상이다.

371. '신체질량지수(BMI)'의 단위와 '체지방률'의 단위를 각각 쓰시오. 2018

답 신체질량지수(BMI) : kg/m^2
체지방률 : %

372. <보기>는 신체질량지수(body mass index)가 22.0에 대한 해석이다. 2018

<보기>
○자신의 (㉠)에 적합한 (㉡)을 갖고 있으며 정상이라고 볼 수 있다.
○신체 내 지방조직의 비율이 22%는 아니다.

답 ㉠신장(m), ㉡체중(kg)

373. 신체구성에 대한 설명으로 틀린 것은?
가. 신체구성 요소는 연령에 따라 변화하지 않는다(×).
나. 신체구성 요소는 유전, 신체활동, 식이습관의 영향을 받는다.
다. 신체구성 요소의 변화는 사회·환경적 요소의 영향을 받는다.
라. 신체구성 요소를 측정하여 과체중과 비만을 평가한다.

374. 신체구성과 관련된 설명으로 옳은 것은?
① 신체를 구성하고 있는 뼈, 근육, 지방 등의 양과 비율을 말한다.
② 일반적으로 체지방율은 운동능력이 뛰어난 남성이 여성보다 높다(×).
③ 체지방율이 높을수록 바람직한 신체구성인 것으로 평가한다(×).
④ 운동신경의 발달 정도를 의미한다(×).

375. <보기>에서 괄호 안에 들어갈 용어를 쓰시오.

<보기>
○ ( )은 뼈, 근육, 지방 등의 양과 비율을 말한다.
○ ( ) 요소는 연령에 따라 변화한다.
○ ( ) 요소는 유전, 신체활동, 식이습관의 영향을 받는다.
○ ( ) 요소의 변화는 사회·환경적 요소의 영향을 받는다.
○ ( ) 요소를 측정하여 과체중과 비만을 평가한다.
○ 체지방율이 높을수록 바람직한 ( )인 것으로 평가한다.

답 **신체구성** = **신체조성**

376. <보기>에서 성인을 대상으로 한 건강관련체력검사의 항목으로 바르게 묶인 것은? **2018**

<보기>
㉠ 앉아윗몸앞으로굽히기로 유연성을 검사한다.
㉡ 20m왕복오래달리기(PACER)로 심폐지구력을 검사한다.
㉢ 사이드스텝테스트로 민첩성을 검사한다(×).
㉣ 생체전기저항분석법(Bioelectrical Impedance Analysis : BIA)으로 신체구성을 검사한다.
㉤ 제자리멀리뛰기로 순발력을 검사한다(×).

① ㉠, ㉡, ㉣   ② ㉡, ㉢, ㉤
③ ㉠, ㉢, ㉣   ④ ㉡, ㉣, ㉤

377. <보기>는 성인을 대상으로 한 건강관련체력검사의 항목이다. 괄호 안의 ㉠~㉤에 해당하는 적절한 용어를 순서대로 쓰시오. **2018**

<보기>
○ 앉아윗몸앞으로굽히기로 (㉠)을 검사한다.
○ 20m왕복오래달리기(PACER)로 (㉡)을 검사한다.
○ 생체전기저항분석법(Bioelectrical Impedance Analysis : BIA)으로 (㉢)을 검사한다.
○ 사이드스텝테스트로 (㉣)을 검사한다.
○ 제자리멀리뛰기로 (㉤)을 검사한다.

답 ㉠**유연성**, ㉡**심폐지구력**, ㉢**신체구성**신체조성·비만·체지방률
㉣**민첩성**, ㉤**순발력**

378. 다음 중 민첩성 측정방법으로 맞는 것은?
가. 사이드스텝검사
나. 왕복오래달리기
다. 마가리아-캘러맨검사
라. 윗몸앞으로굽히기

379. 체력요인과 검사 방법이 바르게 연결된 것은?
① 유연성 - 직선보행 검사
② 순발력 - 오래달리기/걷기 검사
③ 민첩성 - 사이드스텝(side step) 검사
④ 평형성 - 윗몸앞으로굽히기 검사

380. <보기>에서 ㉠~㉣을 통해서 측정하는 체력의 명칭을 순서대로 쓰시오.

<보기>
㉠ 사이드스텝검사   ㉡ 왕복오래달리기
㉢ 마가리아-캘러맨검사   ㉣ 윗몸앞으로굽히기
㉤ 직선보행 검사   ㉥ 오래달리기/걷기 검사

답 ㉠**민첩성**, ㉡**심폐지구력**, ㉢**순발력**, ㉣**유연성**, ㉤**평형성**, ㉥**심폐지구력**

381. <보기>의 스포츠 상황에서 발생한 괄호 안에 체력요인으로 가장 적절한 것은? 2019

<보기>
S 선수는 핸드볼 경기에서 (㉠신체를 빠르게 움직여서 수비수를 따돌린 후에) 골대를 향하여 (㉡강력한 점프 슛)을 시도하였다.

	㉠	㉡
①	**민첩성**	**순발력**
②	순발력	협응성
③	스피드	평형성
④	순발력	유연성

382. 민첩성에 대한 설명으로 옳은 것은?
① 근육이 최대한으로 수축할 수 있는 능력
② 짧은 시간에 최대의 힘을 발휘할 수 있는 능력
③ 운동을 일정한 강도로 오랫동안 지속할 수 있는 능력
④ **신체의 위치와 방향을 빠르고 정확하게 전환하는 능력**

383. 순발력에 대한 설명으로 가장 적절한 것은?
① 신체의 위치나 방향을 정확하게 변화시킬 수 있는 능력
② **짧은 시간에 발현될 수 있는 근육의 최대능력**
③ 신체를 일정한 자세로 유지하는 능력
④ 신체의 움직임을 지속적으로 유지하는 능력

384. 신체를 일정한 자세로 유지할 수 있는 체력요인은 무엇인가?
가. 평형성
나. 유연성
다. 민첩성
라. 심폐지구력

385. 유연성에 대한 설명으로 옳지 <u>않은</u> 것은?
① 성, 연령, 기온 등에 영향을 받음
② 운동 동작의 범위 또는 관절의 가동범위
③ 근육, 건, 인대, 피부, 관절 사이의 상호 관계
④ **신체를 특정한 자세로 일정 시간 동안 유지하는 능력**(×)

386. <보기>에 해당하는 체력의 명칭과 검사종목을 순서대로 쓰시오.

<보기>
○ 신체의 위치와 방향을 빠르고 정확하게 전환하는 능력
○ 신체의 위치나 방향을 정확하게 변화시킬 수 있는 능력

답 **민첩성**

387. <보기>의 ㉠, ㉡, ㉢, ㉣에 해당하는 체력의 명칭을 순서대로 쓰시오.

<보기>
㉠ 짧은 시간에 발현될 수 있는 근육의 최대능력
    짧은 시간에 최대의 힘을 발휘할 수 있는 능력
㉡ 신체를 일정한 자세로 유지하는 능력
㉢ 신체의 움직임을 지속적으로 유지하는 능력
    운동을 일정한 강도로 오랫동안 지속할 수 있는 능력
㉣ 근육이 최대한으로 수축할 수 있는 능력

답 ㉠**순발력**, ㉡**평형성**, ㉢**심폐지구력**, ㉣**근력**

388. <보기>에 해당하는 체력의 명칭을 쓰시오.

<보기>
○ 신체를 일정한 자세로 유지할 수 있는 능력
○ 신체를 특정한 자세로 일정 시간 동안 유지하는 능력

답 **평형성**

389. 아래 괄호 안에 들어갈 말을 알맞게 짝지어 놓은 것은?

근육의 순간적인 (㉠)이 강할수록 신체활동 능력이 우수하다. 높이뛰기, 멀리뛰기 등과 같이 제한된 시간에 많은 양의 일을 할 수 있는 능력을 (㉡)이라 한다.

가. ㉠수축-㉡민첩성 　　나. ㉠이완-㉡민첩성
다. ㉠수축-㉡순발력 　　라. ㉠이완-㉡순발력

390. <보기>에서 괄호 안의 ㉠, ㉡에 해당하는 적절한 용어를 순서대로 쓰시오.

<보기>
근육의 순간적인 (㉠)이 강할수록 신체활동 능력이 우수하다. 높이뛰기, 멀리뛰기 등과 같이 제한된 시간에 많은 양의 일을 할 수 있는 능력을 (㉡)이라 한다.

답 ㉠**수축**, ㉡**순발력**

391. 동적평형성 측정 검사문항을 고르시오.
가. 한발서기 검사
나. 물구나무서기 검사
다. 평균대 걷기 검사
라. 불안정판 검사

392. 체력요인과 검사 방법이 바르게 연결된 것은?
① 유연성 – 직선보행 검사
② 순발력 – 오래달리기/걷기 검사
③ 민첩성 – 사이드스텝(side step) 검사
④ 평형성 – 윗몸앞으로굽히기 검사

393. <보기>에서 제시한 검사를 정적평형성 측정과 동적평형성 측정으로 구분하여 제시하시오.

<보기>
㉠ 한발서기 검사   ㉡ 물구나무서기 검사
㉢ 평균대 걷기 검사   ㉣ 불안정판 검사
㉤ 직선보행 검사

답 정적평형성 : ㉠, ㉡, ㉣
　 동적평형성 : ㉢, ㉤

394. 신체활동량을 측정하는 도구가 아닌 것은?
① 만보계
② 에르고미터
③ 가속도계
④ 자기보고법

395. 객관적 신체활동 검사도구가 아닌 것은? 2018
① 보수계(pedometer)
② 가속도계(accelerometer)
③ 심박수 모니터(heart rate monitor)
④ 신체활동 설문지(physical activity questionnaire)

396. 신체활동량을 검사하는 방법에 대한 설명으로 옳은 것은? 2018
① 일일기록지(diary)는 가속도계(accelerometer)보다 신체활동량의 측정 오차가 적다(×).
② 보행계수계(pedometer), 가속도계, 심박수계(heart rate monitor)를 활용한 검사는 객관적인 방법이다.
③ 신체활동 설문지는 가속도계보다 신체활동량을 정확하게 측정할 수 있다(×).
④ IPAQ(International Physical Activity Questionnaire) 신체활동 설문지로 측정한 자료는 대사당량(METs)과 열량(kcal)을 추정할 수 없다(×).

397. 신체활동량을 측정하는 도구를 쓰시오.
답 만보계(보행계수계), 가속도계, 심박수계, 자기보고법

398. 신체활동량을 측정하는 다양한 방법들의 내용 중 옳지 않은 것은? 2019
① 만보계는 다양한 환경에서 사용이 가능함
② 이중표식수(doubly labeled water) 방법에 의하여 신체활동량을 측정할 수 있다.
③ **심박수의 모니터는 신체활동을 측정할 수 없다.**
④ 가속도계는 실험실과 현장환경 모두에서 유용함

이기봉 Q&A 재구성

399. 운동관련 체력검사에 많이 포함되는 체력요소를 들고, 그 체력요소의 측정 종목 및 방법을 설명하시오. 기출문제

답 ① 민첩성

② **순발력** : 50m 달리기, 제자리멀리뛰기

③ 스피드

④ 평형성

⑤ 협응성

18-1. 스포츠 기술 검사

스포츠지도사 기출문제 & 서답형

400. 각종 스포츠 종목의 특수한 기술(skill)에 대한 검사 방법을 무엇이라 하는가?
가. 운동기능검사
나. 일반운동능력검사
다. 종합운동능력검사
라. 학습능력검사

401. 각종 스포츠 종목의 특수한 기술(skill)에 대한 검사 방법의 명칭을 쓰시오.
답 <u>운동기능검사</u>

402. 배구 기능검사 구성면에서 타당성이 가장 <u>낮은</u> 검사는 무엇인가?
가. 발리 검사
나. 서브 검사
다. 수직 토스 검사
라. 서비스 스피드 검사

403. <보기>에서 배구 기능검사 구성 시 타당성이 높은 검사를 3가지만 쓰시오.

<보기>
㉠ 발리 검사　　　㉡ 서브 검사
㉢ 수직 토스 검사　㉣ 서비스 스피드 검사

답 ㉠, ㉡, ㉢

☞ 18-2. 검사시행 수의 결정

이기봉 Q&A 재구성

404. 운동수행력 검사를 시행하는 횟수를 결정할 때 가장 중요한 요인을 쓰고, 검사 시행횟수를 결정하는 방법을 설명하시오.

답 ◦ 요인 : 신뢰로운 운동수행력을 보일 때까지 시행하는 것

◦ 방법 : 어떤 검사를 개발할 때 사전에 표본 집단에 검사를 10회 시행하여 신뢰도가 0.9라면, **스피어만-브라운** 공식에 의해 5회 시행했을 때 신뢰도는 0.82라는 것을 알 수 있다.

$$\rho_{XX'} = \frac{N\rho_{YY'}}{1+(N-1)\rho_{YY'}}$$

일반적으로 0.80 이상의 신뢰도가 받아들여지므로 이 검사는 5회만 시행해도 충분한 신뢰도가 확보된다. 즉, 신뢰도 확보를 위해서 연구자가 임의로 검사 시행 횟수를 결정하지 않아도 된다.

만약, 기존의 검사를 개발한 사람이 권장하는 시행횟수가 있다면 가능한 그것을 따르는 것이 좋고, 시행횟수를 줄이려면 공식에 의해 충분한 신뢰도가 확보되는지를 확인한 후에 검사 시행 횟수를 줄여야 할 것이다.

405. 학생들의 안정적인 운동수행력 검사 점수를 얻기 위해서 체육 교사가 연습효과를 제거하려고 한다. 이용할 수 있는 방법을 들고 설명하시오.

답 학생들의 안정된 운동수행력을 확보하기 위해서는 연습 및 학습 효과를 제거해야 한다. 이를 위해서는 검사 전에 학생들에게 적절한 **연습시간**을 주어야 한다. 만약 개발된 검사를 반복 측정하였을 때, 4회까지 측정한 점수가 일정한 점수만큼씩 체계적으로 증가하다가 5회와 6회 측정 점수는 4회와 유사하게 나타났다면, 검사를 6회 실시하여 검사 점수가 안정적인 **4**회, **5**회, **6**회의 점수에 대한 **평균**을 검사 점수로 선택하는 것이 타당할 것이다.

※ 검사 시행횟수를 결정할 때 검사자는 연습 효과 이외에도 피로의 효과를 고려해야 한다. 만약 3회까지 측정한 점수가 유사하게 나타나고 4회부터 6회까지 측정 점수가 일정하게 감소하였다면, 검사개발자가 권장하는 검사시행 횟수만큼 검사를 실시한 후에 **처음 3회**의 검사 점수를 **평균**하여 검사 점수로 선택하는 것이 적절하다. 왜냐하면, 반복 시행에서 검사 점수의 체계적 감소는 피로의 효과를 나타낸 것으로 판단되기 때문이다.

8 PAPS(학생건강체력검사)

☞ 19. 필수평가 : (1)심폐지구력, (2)유연성, (3)근력 및 근지구력, (4)순발력, (5)비만
　19. 선택평가 : (1)체지방률 평가, (2)심폐지구력 정밀평가, (3)자기신체 평가, (4)자세 평가

406. PAPS(Physical Activity Promotion System)

　- 학생 건강 체력 평가 제도

준거검사

기존	체력요인	검사항목
Ⅰ. 필수 평가	1. 심폐지구력	(1) 왕복오래달리기
		(2) 오래달리기걷기
		(3) 스텝검사
	2. 유연성	(4) 앉아윗몸앞으로굽히기
		(5) 종합유연성검사
	3. 근력 및 근지구력	(6) 팔굽혀펴기(남)
		(6)´ 무릎대고팔굽혀펴기(여)
		(7) 윗몸말아올리기
		(8) 악력
	4. 순발력	(9) 50미터 달리기
		(10) 제자리멀리뛰기
	5. 체지방	(11) 체질량지수(BMI)
		(12) 체지방률
Ⅱ. 선택평가		1. 비만 평가
		2. 심폐지구력정밀 평가
		3. 자기신체 평가
		4. 자세 평가

현장검사

개정안	체력요인	검사항목
Ⅰ. 필 수 평 가	1. 심폐지구력	(1) 왕복오래달리기
		(2) 오래달리기걷기
		(3) 스텝검사
	2. 유연성	(4) 앉아윗몸앞으로굽히기
		(5) 종합유연성검사
	3. 근력 및 근지구력	(6) 팔굽혀펴기(남)
		(6)´ 무릎대고팔굽혀펴기(여)
		(7) 윗몸말아올리기
		(8) 악력
	4. 순발력	(9) 50미터 달리기
		(10) 제자리멀리뛰기
	5. **비만**	(11) 체질량지수(BMI)
Ⅱ. **선택**평가		1. **체지방률** 평가
		2. 심폐지구력정밀 평가
		3. 자기신체 평가
		4. 자세 평가

〈기존〉

필수 평가	선택 평가
5. 체지방 　(11) 체질량지수 　　　(BMI) 　(12) 체지방률	1. 비만 평가 2. 심폐지구력정밀 평가 3. 자기신체 평가 4. 자세 평가 ※ 3년에(학교급별) 1회 이상 실시

〈개정안〉

필수 평가	선택 평가
5. **비만** 　(11) 체질량지수 　　　(BMI)	1. **체지방률** 평가 2. 심폐지구력정밀 평가 3. 자기신체 평가 4. 자세 평가 ※ 학교에서 자율 선택·실시

407. 학생건강체력검사(PAPS) 필수 요소

① 왕복오래달리기, 스텝검사(steptest) → **심폐지구력**

② 앉아윗몸앞으로굽히기 → **유연성**

③ 윗몸말아올리기 → **근력 및 근지구력**

④ 제자리멀리뛰기 → **순발력**

⑤ 체질량지수(BMI : Body Mass Index) → **비만**

※오답 : 눈감고 외발서기 → 평형성

408. 다음은 학생건강체력검사(PAPS : Physical Activity Promotion System)에 대한 정 교사와 홍 교사의 대화 내용이다. 밑줄 친 ㉠에 해당하는 체력을 쓰시오.

> 정 교사 : 학생건강체력검사에서 ㉠체력을 측정하기 위해 **왕복오래달리기** 검사를 실시하는데, 그 근거가 있나요?
> 홍 교사 : 예, 있습니다. **왕복오래달리기** 검사 결과는 산소 섭취량은 물론이고 교차개념(crossover concept), 젖산역치(lactate threshold), 혈중젖산축적시점(OBLA : onset of blood lactate accumulation) 등 운동 에너지 대사의 지표와도 연관성이 높기 때문입니다.

답 **심폐^{전신} 지구력**

〈학생건강체력평가제(PAPS) 평가종목 및 실시방법〉

구분	평가	항목	평가 종목
종목	필수 평가	심폐지구력	① 왕복오래달리기(페이서) ② 1,600(1,200)m 달리기 ③ 스텝검사
		유연성	④ 앉아윗몸앞으로굽히기 ⑤ 종합유연성검사
		근력 및 근지구력	⑥ (무릎대고)팔굽혀펴기 ⑦ 윗몸말아올리기 ⑧ 악력검사
		순발력	⑨ 50m 달리기 ⑩ 제자리멀리뛰기
		비만	⑪ 체질량지수(BMI)
	선택평가		① 체지방률 평가 ② 심폐지구력 정밀평가 ③ 자기신체평가 ④ 자세평가
	실시방법		필수평가: 매년 실시/5개 체력요인별 5종목 선택·실시 선택평가: 학교에서 자율 선택·실시

409. 다음은 학생건강체력검사(PAPS)중 **스텝검사**(steptest)심폐지구력를 이용하여 측정한 두 학생의 검사 자료이다.

학생건강체력검사 자료

김민수		이성호	
연령	15세	연령	15세
성별	남	성별	남
신장	165cm	신장	165cm
체중	60kg	체중	60kg

(김민수 학생과 이성호 학생의 측정 절차와 조건은 동일함)

[표 1] 스텝검사 심박수 원자료

단계	측정시기	김민수의 심박수		이성호의 심박수	
안정 시	0분	68		83	
스텝 운동 시	1분	126	56	136	53
	2분	135	9	157	21
	3분	144	9	165	8
회복 시	1분 30초	127	17	150	15
	2분 30초	115	12	143	7
	3분 30초	100	15	132	11

(단위 : 분당 횟수)

[그림 1] 스텝검사 심박수 반응

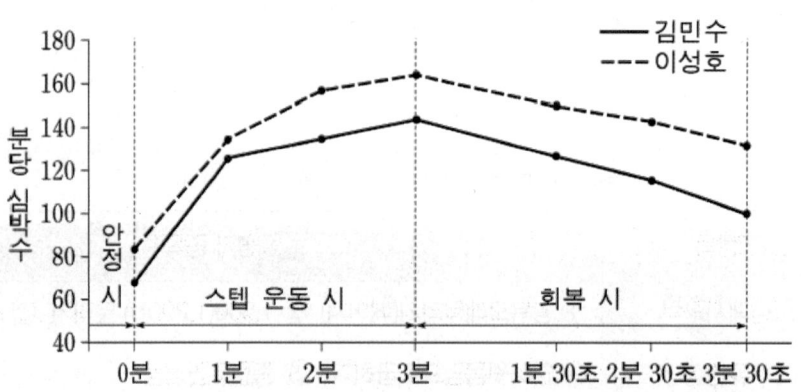

410. 다음 중 인체계측의 측정도구가 <u>아닌</u> 것은 무엇인가?
가. 줄자
나. 피하지방 측정기
다. 체중계
라. 악력계

411. <보기>의 검사방법 중 PAPS(학생건강체력검사)에 해당하는 것을 골라 쓰고, 그 체력요인을 쓰시오.

<보기>
㉠ 줄자   ㉡ 피하지방 측정기
㉢ 체중계   ㉣ 악력계

답 ㉣ : <u>근력 및 근지구력</u>

412. <보기>에서 심폐지구력 검사 방법을 모두 나열한 것은?

<보기>
㉠ 왕복오래달리기   ㉡ 50m 달리기
㉢ 오래달리기/걷기 ㉣ 앉아윗몸앞으로굽히기
㉤ 하버드스텝   ㉥ 윗몸말아올리기
㉦ 턱걸이

① ㉠, ㉢, ㉣
② ㉠, ㉢, ㉤
③ ㉠, ㉡, ㉤, ㉦
④ ㉠, ㉢, ㉥, ㉦

413. <보기>의 검사방법 중 PAPS(학생건강체력검사)에 해당하는 것을 골라 쓰고, 그 체력요인을 쓰시오.

<보기>
㉠ 왕복오래달리기   ㉡ 50m 달리기
㉢ 오래달리기/걷기 ㉣ 앉아윗몸앞으로굽히기
㉤ 스텝검사   ㉥ 윗몸말아올리기
㉦ 턱걸이

답 ㉠ · ㉢ · ㉤ : <u>심폐지구력</u>
　㉡ : <u>순발력</u>
　㉣ : <u>유연성</u>
　㉥ : <u>근력 및 근지구력</u>

414. 근지구력을 검사할 때 적합한 측정방법은? *2018*
① 팔굽혀펴기
② 제자리높이뛰기
③ 외발서기
④ 윗몸앞으로굽히기

415. <보기>의 검사방법 중 PAPS(학생건강체력검사)에 해당하는 것을 골라 쓰고, 그 체력요인을 쓰시오. *2018*

<보기>
㉠ 팔굽혀펴기   ㉡ 제자리높이뛰기
㉢ 외발서기   ㉣ 윗몸앞으로굽히기

답 ㉠ : <u>근력 및 근지구력</u>

416. 체력요인과 측정방법이 바르게 연결된 것은? *2018*
① 민첩성 – 외발서기
② 유연성 – 윗몸앞으로굽히기
③ 순발력 – 팔굽혀펴기
④ 심폐지구력 – 제자리높이뛰기

417. PAPS(학생건강체력검사)에서 팔굽혀펴기는 남학생을 위한 근력 및 근지구력 검사항목이다. 여학생을 위한 검사항목을 쓰시오.

답 <u>무릎대고팔굽혀펴기</u>

418. PAPS(학생건강체력검사)에서 유연성을 측정하기 위한 검사항목을 쓰시오(단, 종합유연성 검사는 제외함).

답 <u>앉아윗몸앞으로굽히기</u>

419. 심폐지구력 검사방법으로 <u>틀린</u> 것은?

가. 1200m 달리기
나. 오래달리기-걷기
다. 왕복오래달리기(페이서)
라. 도징 런(dodging run) 검사

420. <보기>의 검사방법 중 PAPS(학생건강체력검사)에 해당하는 것을 골라 쓰고, 그 체력요인을 쓰시오.

<보기>
㉠ 1200m 달리기   ㉡ 오래달리기-걷기
㉢ 왕복오래달리기(페이서)   ㉣ 제자리높이뛰기

답 ㉡·㉢ : **심폐지구력**

421. <보기>에서 성인을 대상으로 한 건강관련체력검사의 항목으로 바르게 묶인 것은? *2018*

<보기>
㉠ 앉아윗몸앞으로굽히기로 유연성을 검사한다.
㉡ 20m왕복오래달리기(PACER)로 심폐지구력을 검사한다.
㉢ 사이드스텝테스트로 민첩성을 검사한다(×).
㉣ 생체전기저항분석법(Bioelectrical Impedance Analysis : BIA)으로 신체구성을 검사한다.
㉤ 제자리멀리뛰기로 순발력을 검사한다(×).

① ㉠, ㉡, ㉣   ② ㉡, ㉢, ㉤
③ ㉠, ㉢, ㉣   ④ ㉡, ㉣, ㉤

422. <보기>의 검사방법 중 PAPS(학생건강체력검사)에 해당하는 것을 골라 쓰고, 그 체력요인을 쓰시오. *2018*

<보기>
㉠ 앉아윗몸앞으로굽히기   ㉡ 왕복오래달리기(PACER)
㉢ 사이드스텝테스트   ㉣ 제자리멀리뛰기

답 ㉠**유연성**, ㉡**심폐지구력**, ㉣**순발력**

423. 다음 중 신체질량지수(body mass index; BMI)의 공식으로 맞는 것은?

가. 몸무게(kg)/신장(m)

나. 몸무게(kg)/신장^2(m^2)

다. 신장(m)/몸무게(kg)

라. 신장(m)/몸무게^2(kg^2)

424. 비만을 측정하는 방법으로 옳지 <u>않은</u> 것은?

① 브로카 지수(Broca Index)

② 체질량 지수(Body Mass Index)

③ 허리-엉덩이 둘레 비(Waist to Hip Ratio)

④ 테너-화이트하우스3(Tanner-Whitehouse3)

425. 신체질량지수(body mass index) 22.0에 대한 해석으로 옳은 것은? 2018

① 과체중이며 비만이다(×).

② 심혈관질환 발병위험이 매우 높다(×).

③ 신체 내 지방조직의 비율이 22%이다(×).

④ 자신의 신장에 적합한 체중을 갖고 있으며 정상이다.

426. PAPS(학생건강체력검사)에 근거하여 체질량지수(BMI) 검사항목을 활용하는 경우의 체력요인을 쓰고, 이것이 필수평가와 선택평가 중 어디에 속하는지 기술하시오.

답 체력요인은 <u>비만</u>이고, <u>필수 평가</u>이다.

427. <보기>의 남성에 대한 체질량지수(Body Mass Index, BMI)로 옳은 것은? 2019

<보기>
- 신장 180 cm
- 체중 80 kg
- 나이 42세

① 40.5 kg/m^2

② 42.5 kg/m^2

③ 23.4 kg/m^2

④ 24.7 kg/m^2

428. 다음 중 체지방율 추정을 위한 측정법이 <u>아닌</u> 것은?

① 수중체중 측정법

② 생체전기저항 측정법

③ 피부두겹 측정법

④ 가속도계 측정법

429. 현장적용성과 경제성이 가장 높은 체지방률 측정방법은? 2018

① 수중체중법(underwater weighing)

② 피부두겹법(skinfold measurement)

③ 자기공명영상법(magnetic resonance imaging)

④ 이중에너지 X선 흡수계측법(dual energy X-ray absorptiometry)

430. PAPS(학생건강체력검사)에 근거하여 체지방률평가 검사항목이 필수평가와 선택평가 중 어디에 속하는지 기술하시오.

답 <u>선택 평가</u>

이기봉 Q&A 재구성

431. 국내의 학생건강체력평가는 건강관련 체력검사와 운동관련 체력검사 중 어떤 쪽에 속하는가? 기출문제

답 ○ 건강관련체력 검사 : 근력 및 근지구력, 심폐전신지구력, 유연성, 신체구성체지방률(%fat)

○ 운동관련체력 검사 : **순발력**

432. 학생건강체력평가의 종목을 모두 쓰고, 각 종목은 어떠한 체력 요소를 측정하기 위한 것인지 쓰시오. 기출문제

답

	체력요인	검사항목
Ⅰ. 필수 평가	1. 심폐지구력	(1) 왕복오래달리기
		(2) **오래달리기걷기**
		(3) 스텝검사
	2. 유연성	(4) 앉아윗몸앞으로굽히기
		(5) 종합유연성검사
	3. 근력 및 근지구력	(6) 팔굽혀펴기(남)
		(6)'무릎대고팔굽혀펴기(여)
		(7) **윗몸말아올리기**
		(8) 악력
	4. 순발력	(9) 50미터 달리기
		(10) **제자리멀리뛰기**
	5. 비만	(11) **체질량지수(BMI)**
Ⅱ. 선택 평가	1. 체지방률 평가	
	2. 심폐지구력정밀 평가	
	3. 자기신체 평가	
	4. 자세 평가	

433. ㈎는 2015 개정 체육과 교육과정 5~6학년군 건강 영역의 수업 장면이고, ㈏는 해당 수업을 바탕으로 학생들이 수립한 운동 계획의 일부이다. 2019초

㈎

최 교사:	지난주에 학생건강체력평가(PAPS)를 실시했습니다. 오늘은 실시 결과에 따라 건강체력 향상을 위한 운동계획을 세워 보겠습니다. 먼저 자신의 결과표를 보면서 가장 낮은 등급의 종목을 찾아볼까요?
남학생A:	선생님, 저는 (㉠) 결과가 '낮음(4등급)' 입니다.
남학생B:	저는 윗몸말아올리기 기록이 16회밖에 안 됩니다.
최 교사:	친구들마다 낮은 등급을 받은 종목이 각각 다르죠? 운동계획을 세울 때는 자신에게 부족한 점을 향상할 수 있는 체력 운동을 선택하는 것이 중요합니다.
여학생C:	저도 윗몸 말아 올리기 기록이 '낮음(4등급)' 이니까 남학생 B와 똑같은 운동 계획을 세우면 되는 건가요?
최 교사:	꼭 그런 건 아니에요. 친구와 동일한 체력운동이 필요하다고 해도 자신의 건강상태 및 체력수준 등을 고려하여 운동계획을 세우고 실천하는 것이 중요합니다. 이것을 체력운동의 원리 중 개별성의 원리라고 합니다.
여학생D:	그런데 선생님, 비만에 체질량 지수(BMI)가 나와 있는데 이것은 무엇을 의미하는 건가요?
최 교사:	체질량 지수는 키와 몸무게의 관계를 나타내는 수치인데, 이를 활용하면 자신의 키에 비해 몸무게가 적당한지를 알 수 있어요.
여학생D:	선생님, 그러면 체질량 지수는 측정 기계가 있어야만 알 수 있나요?
최 교사:	아니에요. 체질량 지수는 키와 몸무게를 알면 여학생 D가 직접 계산해 볼 수도 있어요.

㈏

○ 남학생 A 운동계획
- 필요한 체력 운동 : 심폐 지구력 향상 운동
- 운동 종목 : 자전거 타기, 줄넘기
- 운동 빈도 및 시간 : 월·수·금요일에는 자전거 타기 30분, 화·목·토요일에는 줄넘기 20분
- 운동 강도 : 땀이 나고 약간 숨이 찰 정도로

1) ㈎의 ㉠에 들어갈 측정 종목을 ㈏의 '남학생A 운동계획'을 고려하여 쓰시오[단, 학생건강체력평가(PAPS)에 제시된 정확한 종목 명을 쓰시오].

답 <u>왕복오래달리기</u>, <u>오래달리기걷기</u>, <u>스텝검사</u>

2) ㈎의 여학생 D 몸무게가 45kg이고 키는 150cm일 때 체질량 지수(BMI)는 얼마인지 그 수치를 구하고, 다음 평가 기준표를 참고하여 비만도 판정 결과를 쓰시오.

학년(성별)	마름	정상	과체중	경도비만	고도비만
초5(여자)	14.2이하	14.3~20.6	20.7~23.0	23.1~29.9	30.0이상

답 <u>20</u>kg/m^{2}이고, <u>정상</u>이다.

☞ 19-1. 인체 및 체형 측정

스포츠지도사 기출문제 & 서답형

434. 체형의 3요소가 아닌 것은?
  가. 내배엽
  나. 중배엽
  다. 상배엽
  라. 외배엽

435. Sheldon이 분류한 체형의 3요소를 쓰시오.
  답 **내**배엽, **중**배엽, **외**배엽

436. Sheldon에 의해 분류된 체형의 종류 중 소화기관의 발달이 뚜렷하고 근육발달이 미약한 형은?
  가. 내배엽형
  나. 외배엽형
  다. 소배엽형
  라. 중배엽형

437. 상대적으로 전신의 근골격이 잘 발달되어 있으며, 일반적으로 스포츠에 이상적인 체형은?
  ① 내배엽형
  ② 저배엽형
  ③ 중배엽형
  ④ 외배엽형

438. <보기>는 Sheldon에 의해 분류된 체형의 종류이다. ㉠, ㉡에 해당하는 적절한 용어를 순서대로 쓰시오.

<보기>
○ 소화기관의 발달이 뚜렷하고 근육발달이 미약한 형은 (㉠)형이다.
○ 상대적으로 전신의 근골격이 잘 발달되어 있으며, 일반적으로 스포츠에 이상적인 체형은 (㉡)형이다.

답 ㉠**내배엽**형, ㉡**중배엽**형

439. 셸던(W. H. Sheldon)이 분류한 체형의 3가지 유형에 해당하지 않는 것은?
  ① 사지의 근육이 빈약하고 신체용적에 비해서 표면적이 발달된 형
  ② 근육 발달이 현저하고 전신이 균형 있게 발달하여 건장하게 보이는 형
  ③ 소화기관의 발달이 뚜렷하고 근육의 발달은 미약한 형
  ④ 하지에 비해 상지의 길이가 길고 어깨골격이 좁은 형 (×)

440. <보기>는 셸던(W. H. Sheldon)이 분류한 체형의 3가지 유형이다. ㉠, ㉡, ㉢에 해당하는 체형을 순서대로 쓰시오.

<보기>
㉠ 사지의 근육이 빈약하고 신체용적에 비해서 표면적이 발달된 형
㉡ 근육 발달이 현저하고 전신이 균형 있게 발달하여 건장하게 보이는 형
㉢ 소화기관의 발달이 뚜렷하고 근육의 발달은 미약한 형

답 ㉠**외배엽**형, ㉡**중배엽**형, ㉢**내배엽**형

441. <보기>의 그림은 체형도(somatochart)이다. 상대적으로 근육과 골격이 우세한 사람의 체형점(somatoplot: ●)이 가장 적절하게 표시된 것은? *2019*

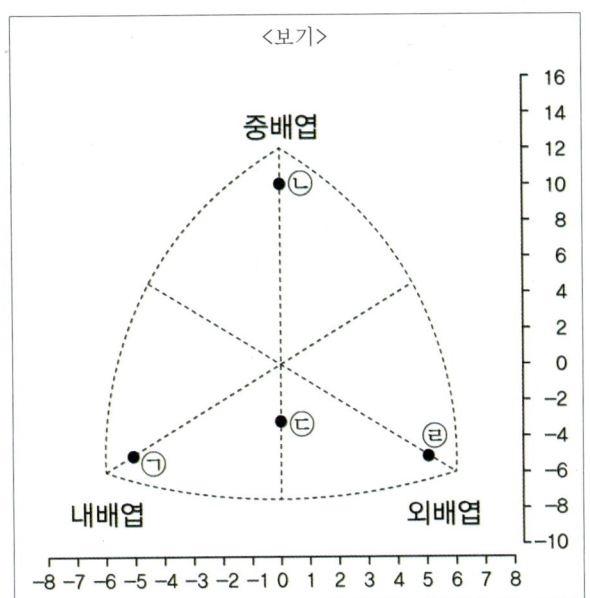

① ㉠
② ㉡
③ ㉢
④ ㉣

442. Heath-Carter의 체형측정방법 중 내배엽(1요소) 평가 시 필요한 인체계측 요소는?
가. 세 부위의 뼈 폭
나. 세 부위의 둘레
다. 세 부위의 피하지방
라. 세 부위의 뼈 길이

443. Heath-Carter의 체형측정방법 중 내배엽(1요소) 평가 시 필요한 인체계측 요소를 쓰시오.
답 **세 부위의 피하지방**

444. 국제인체측정학회(ISAK)의 제한프로파일(restricted profile) 인체측정 부위 중 체형분류에 포함되지 <u>않는</u> 것은? *2019*
① 엉덩뼈 위쪽 피하지방
② 몸무게
③ 가슴너비
④ 넙다리길이

445. 다음 중 인체계측의 측정도구가 <u>아닌</u> 것은 무엇인가?
가. 줄자
나. 피하지방 측정기
다. 체중계
라. 악력계

446. 인체측정 요인의 설명으로 옳지 <u>않은</u> 것은?
① 무게-인체의 충실도 지표
② 길이-인체의 발육·발달 지표
③ **둘레-인체의 체밀도 지표**
④ 너비-인체의 외적인 폭과 두께의 발육 지표

447. 인체측정에 사용되는 변인을 <보기>에서 모두 고른 것은? 2018

<보기>
㉠ 길이　㉡ 둘레　㉢ 너비　㉣ 피부두겹두께

① ㉠, ㉡
② ㉠, ㉢
③ ㉡, ㉢, ㉣
④ ㉠, ㉡, ㉢, ㉣

448. 인체측정 시 주의사항에 대한 내용 기술 중 <u>틀린</u> 것은?
가. 피하지방 측정시 캘리퍼를 표시지점에 위치시킨 후 약 4초 후에 측정한다(×).
나. 피하지방 측정시 캘리퍼는 표시지점에서 90°가 되도록 잡는다.
다. 둘레측정시 교차기법(cross hand technique)으로 측정지점을 조절한다.
라. 너비측정시 양손의 검지로 캘리퍼에 일정한 압력을 유지시키며 측정한다.

449. <보기>에서 인체측정 자료를 통해 얻을 수 있는 내용으로 바르게 모두 묶인 것은? 2019

<보기>
㉠ 개인의 유전정보
㉡ 개인이나 집단의 특성
㉢ 신체 부위들의 비율
㉣ 건강 및 발육상태

① ㉠, ㉡
② ㉢, ㉣
③ ㉠, ㉢, ㉣
④ ㉡, ㉢, ㉣

기타

이기봉 Q&A 재구성

450. 학교 체육 평가의 문제점을 제시하고, 각 문제점에 대한 개선 방안을 논하시오.

답 ○ 문제점

① 학교 체육에서 평가는 실기 검사가 대부분이며, 체육은 교과의 특수성 때문에 <u>교사의 주관적인 판단</u>에 의한 평가가 다른 교과에 비해 많은 과목이다. → 객관도

② 열악한 체육 환경과 교육과정의 문제를 들 수 있다.

③ **신뢰성**과 **타당성**이 확보된 검사도구나 평가기준이 부족하다.

④ 평가 결과의 교육적 활용이 부족하다는 지적이다.

○ 개선방안

① 학교 체육평가에 대한 전문성에 앞서 철학적 입장을 정립해야 한다.

② 체육목표와 교과과정에 부응하는 평가가 이루어져야 한다.

③ **교사**의 평가에 대한 **전문성** 배양이다. → 객관도

④ **절대**평가 기준의 설정이다. → 객관도

⑤ 평가 결과의 다양한 활용이다.

451. 체육 교과에서 행동 목표를 진술할 때 고려해야 할 3가지 영역은 어떤 것인가?

답 ① **인지**적 영역은 운동의 과학적 원리, 역사, 경기 규칙 등 체육에서 지식 검사를 개발하는데 사용될 수 있는 부분이다. 체육 교사는 수업 시간에 달성되어야 하는 지식 행동의 수준을 결정하고, 각 수준별로 목표를 설정하게 된다.

② **정의**적 영역은 정서적 행동·흥미·태도·개인적 특성 등이 포함되는 부분으로, 교사의 권위 때문에 수용적인 태도를 나타내는 낮은 수준과 학생 자신의 신념에 근거하여 행동을 나타내는 높은 수준이 있다. 높은 **정의**적 행동 수준을 나타내는 학생들은 바람직한 행동들(예 복장·스포츠맨십)을 교사의 관찰 여부와 관계없이 일관성 있게 나타낼 것이다.

③ **심동**적 영역은 체육수업시간에 가장 많이 관찰될 수 있는 신체 활동 부분으로 기본적인 움직임 유형을 나타내는 낮은 수준과 특정 스포츠나 무용, 신체 활동 등에서 창조적인 움직임을 나타내는 높은 수준이 있다. 만약, 높은 행동 수준을 나타내는 학생이 대부분임에도 불구하고 기초적인 행동 수준이 수업목표로 설정되었다면 수업내용은 검토되고 개선되어야 할 것이다.

452. 학교 체육 현장에서 주로 이용되는 정의적 영역의 요소에는 어떤 것이 있으며, 체육 성적에서 차지하는 정의적 영역의 비중은 어느 정도가 좋은가?

🖎 정의적 영역에서 성적으로 부여되는 항목은 '태도·출석·참여도·스포츠맨십·노력·복장'등이다. 정의적 요소를 측정할 때에는 교사가 주관적으로 판단하는 경우가 대부분이다. 따라서 정의적 요소를 객관적으로 측정할 수 있는 평가 기준표를 만들어 제시하는 것이 좋다.

정의적 영역을 너무 강조하면 학생들이 운동수행력의 향상과 지식적인 면에 대해 소홀해 질 수 있어, 일반적으로 심동적·인지적 영역에 비해 성적에 포함되는 비율이 상대적으로 낮다.

태도가 좋은 학생의 운동수행력이 반드시 향상되고 인지적 능력이 좋아진다고 할 수는 없지만, 바람직한 인성을 가진 인간을 육성하는 것도 체육의 중요한 목적이므로 적은 비율이라도 정의적 영역을 성적에 반드시 포함시켜야 할 것이다.

정의적 영역의 평가 항목 중에서 태도나 노력의 정도는 객관적으로 평가하기 어렵다. 일반적으로 기능이 떨어지는 학생은 많이 노력하게 되고, 기능이 높은 학생은 많은 노력을 기울이지 않아도 된다. 만약, 기능이 뛰어난 학생이 많은 노력을 기울이지 않는다고 해서 벌점을 줄 수는 없을 것이다. 만약, 태도나 노력 요인을 평가하여 성적에 넣고 싶다면, 이 요인을 공정하게 평가할 수 있는 방법을 먼저 강구해야 할 것이다.

학생들은 경기의 승자나 패자로서 올바른 **스포츠맨십**을 발휘해야 한다. **스포츠맨십**을 성적에 이용할 때에는 잘못된 행동에 대한 감점을 주는 것이 바람직하다.

출석과 관련된 평가는 학교에서 규정된 기준에 의해서 처리되어야 한다. 참여도는 교사가 수업의 내용을 얼마나 흥미롭게 구성하느냐에 따라 달라지므로 이에 대한 교사의 노력도 필요하다.

정의적 영역을 객관적으로 평가하기는 매우 어렵기 때문에 정의적 영역을 성적에 포함시키려면 객관적이고 체계적인 성적 부여 방법이 동반되어야 할 것이다.

2015 체육과 교육과정(제2015-74호)

영역	내용 요소 중학교 1~3학년군		
건강	건강과 체력 평가 ○ 자기 존중	건강과 체력 관리 ○ 자기 조절	여가와 운동처방 ○ 자율성
도전	동작 도전 ○ 용기	기록 도전 ○ 인내심	투기 도전 ○ 절제
경쟁	영역형 ○ 페어플레이	필드형 ○ 팀워크	네트형 ○ 운동 예절
표현	스포츠 표현 ○ 심미성	전통 표현 ○ 공감	현대 표현 ○ 비판적 사고
안전	스포츠 활동 안전 ○ 의사 결정력	스포츠 환경 안전 ○ 존중	여가 스포츠 안전 ○ 공동체 의식

정규분포표(z분포표)

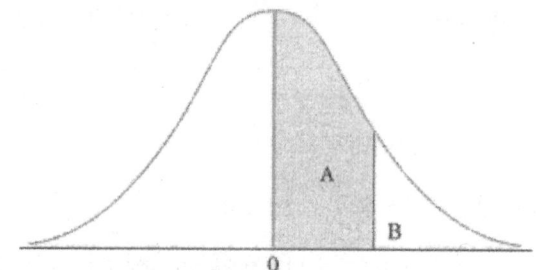

Z	A	B	Z	A	B	Z	A	B
0.00	.0000	.5000	0.35	.1368	.3632	0.70	.2580	.2420
0.01	.0040	.4960	0.36	.1406	.3594	0.71	.2611	.2389
0.02	.0080	.4920	0.37	.1443	.3557	0.72	.2642	.2358
0.03	.0120	.4880	0.38	.1480	.3520	0.73	.2673	.2327
0.04	.0160	.4840	0.39	.1517	.3483	0.74	.2704	.2296
0.05	.0199	.4801	0.40	.1554	.3446	0.75	.2734	.2266
0.06	.0239	.4761	0.41	.1591	.3409	0.76	.2764	.2236
0.07	.0279	.4721	0.42	.1628	.3372	0.77	.2794	.2206
0.08	.0319	.4681	0.43	.1664	.3336	0.78	.2823	.2177
0.09	.0359	.4641	0.44	.1700	.3300	0.79	.2852	.2148
0.10	.0398	.4602	0.45	.1736	.3264	0.80	.2881	.2119
0.11	.0438	.4562	0.46	.1772	.3228	0.81	.2910	.2090
0.12	.0478	.4522	0.47	.1808	.3192	0.82	.2939	.2061
0.13	.0517	.4483	0.48	.1844	.3156	0.83	.2967	.2033
0.14	.0557	.4443	0.49	.1879	.3121	0.84	.2995	.2005
0.15	.0596	.4404	0.50	.1915	.3085	0.85	.3023	.1977
0.16	.0636	.4364	0.51	.1950	.3050	0.86	.3051	.1949
0.17	.0675	.4325	0.52	.1985	.3015	0.87	.3078	.1922
0.18	.0714	.4286	0.53	.2019	.2981	0.88	.3106	.1894
0.19	.0753	.4247	0.54	.2054	.2946	0.89	.3133	.1867
0.20	.0793	.4207	0.55	.2088	.2912	0.90	.3159	.1841
0.21	.0832	.4168	0.56	.2123	.2877	0.91	.3186	.1814
0.22	.0871	.4129	0.57	.2157	.2843	0.92	.3212	.1788
0.23	.0910	.4090	0.58	.2190	.2810	0.93	.3238	.1762
0.24	.0948	.4052	0.59	.2224	.2776	0.94	.3264	.1736
0.25	.0987	.4013	0.60	.2257	.2743	0.95	.3289	.1711
0.26	.1026	.3974	0.61	.2291	.2709	0.96	.3315	.1685
0.27	.1064	.3936	0.62	.2324	.2676	0.97	.3340	.1660
0.28	.1103	.3897	0.63	.2357	.2643	0.98	.3365	.1635
0.29	.1141	.3859	0.64	.2389	.2611	0.99	.3389	.1611
0.30	.1179	.3821	0.65	.2422	.2578	1.00	.3413	.1587
0.31	.1217	.3783	0.66	.2454	.2546	1.01	.3438	.1562
0.32	.1255	.3745	0.67	.2486	.2514	1.02	.3461	.1539
0.33	.1293	.3707	0.68	.2517	.2483	1.03	.3485	.1515
0.34	.1331	.3669	0.69	.2549	.2451	1.04	.3508	.1492

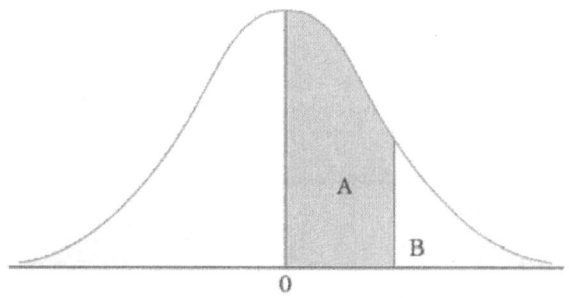

Z	A	B	Z	A	B	Z	A	B
1.05	.3531	.1469	1.45	.4265	.0735	1.85	.4678	.0322
1.06	.3554	.1446	1.46	.4279	.0721	1.86	.4686	.0314
1.07	.3577	.1423	1.47	.4292	.0708	1.87	.4693	.0307
1.08	.3599	.1401	1.48	.4306	.0694	1.88	.4699	.0301
1.09	.3621	.1379	1.49	.4319	.0681	1.89	.4706	.0294
1.10	.3643	.1357	1.50	.4332	.0668	1.90	.4713	.0287
1.11	.3665	.1335	1.51	.4345	.0655	1.91	.4719	.0281
1.12	.3686	.1314	1.52	.4357	.0643	1.92	.4726	.0274
1.13	.3708	.1292	1.53	.4370	.0630	1.93	.4732	.0268
1.14	.3729	.1271	1.54	.4382	.0618	1.94	.4738	.0262
1.15	.3749	.1251	1.55	.4394	.0606	1.95	.4744	.0256
1.16	.3770	.1230	1.56	.4406	.0594	1.96	.4750	.0250
1.17	.3790	.1210	1.57	.4418	.0582	1.97	.4756	.0244
1.18	.3810	.1190	1.58	.4429	.0571	1.98	.4761	.0239
1.19	.3830	.1170	1.59	.4441	.0559	1.99	.4767	.0233
1.20	.3849	.1151	1.60	.4452	.0548	2.00	.4772	.0228
1.21	.3869	.1131	1.61	.4463	.0537	2.01	.4778	.0222
1.22	.3888	.1112	1.62	.4474	.0526	2.02	.4783	.0217
1.23	.3907	.1093	1.63	.4484	.0516	2.03	.4788	.0212
1.24	.3925	.1075	1.64	.4495	.0505	2.04	.4793	.0207
1.25	.3944	.1056	1.65	.4505	.0495	2.05	.4798	.0202
1.26	.3962	.1038	1.66	.4515	.0485	2.06	.4803	.0197
1.27	.3980	.1020	1.67	.4525	.0475	2.07	.4808	.0192
1.28	.3997	.1003	1.68	.4535	.0465	2.08	.4812	.0188
1.29	.4015	.0985	1.69	.4545	.0455	2.09	.4817	.0183
1.30	.4032	.0968	1.70	.4554	.0446	2.10	.4821	.0179
1.31	.4049	.0951	1.71	.4564	.0436	2.11	.4826	.0174
1.32	.4066	.0934	1.72	.4573	.0427	2.12	.4830	.0170
1.33	.4082	.0918	1.73	.4582	.0418	2.13	.4834	.0166
1.34	.4099	.0901	1.74	.4591	.0409	2.14	.4838	.0162
1.35	.4115	.0885	1.75	.4599	.0401	2.15	.4842	.0158
1.36	.4131	.0869	1.76	.4608	.0392	2.16	.4846	.0154
1.37	.4147	.0853	1.77	.4616	.0384	2.17	.4850	.0150
1.38	.4162	.0838	1.78	.4625	.0375	2.18	.4854	.0146
1.39	.4177	.0823	1.79	.4633	.0367	2.19	.4857	.0143
1.40	.4192	.0808	1.80	.4641	.0359	2.20	.4861	.0139
1.41	.4207	.0793	1.81	.4649	.0351	2.21	.4864	.0136
1.42	.4222	.0778	1.82	.4656	.0344	2.22	.4868	.0132
1.43	.4236	.0764	1.83	.4664	.0336	2.23	.4871	.0129
1.44	.4251	.0749	1.84	.4671	.0329	2.24	.4875	.0125

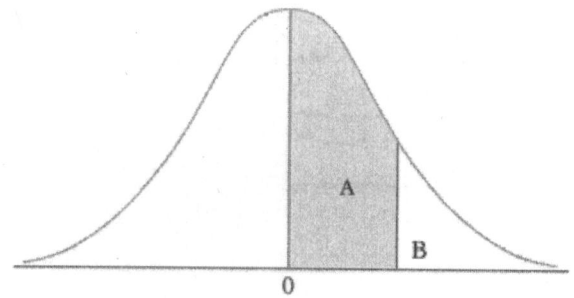

Z	A	B	Z	A	B	Z	A	B
2.25	.4878	.0122	2.62	.4956	.0044	2.99	.4986	.0014
2.26	.4881	.0119	2.63	.4957	.0043	3.00	.4987	.0013
2.27	.4884	.0116	2.64	.4959	.0041	3.01	.4987	.0013
2.28	.4887	.0113	2.65	.4960	.0040	3.02	.4987	.0013
2.29	.4890	.0110	2.66	.4961	.0039	3.03	.4988	.0012
2.30	.4893	.0107	2.67	.4962	.0038	3.04	.4988	.0012
2.31	.4896	.0104	2.68	.4963	.0037	3.05	.4989	.0011
2.32	.4898	.0102	2.69	.4964	.0036	3.06	.4989	.0011
2.33	.4901	.0099	2.70	.4965	.0035	3.07	.4989	.0011
2.34	.4904	.0096	2.71	.4966	.0034	3.08	.4990	.0010
2.35	.4906	.0094	2.72	.4967	.0033	3.09	.4990	.0010
2.36	.4909	.0091	2.73	.4968	.0032	3.10	.4990	.0010
2.37	.4911	.0089	2.74	.4969	.0031	3.11	.4991	.0009
2.38	.4913	.0087	2.75	.4970	.0030	3.12	.4991	.0009
2.39	.4916	.0084	2.76	.4971	.0029	3.13	.4991	.0009
2.40	.4918	.0082	2.77	.4972	.0028	3.14	.4992	.0008
2.41	.4920	.0080	2.78	.4973	.0027	3.15	.4992	.0008
2.42	.4922	.0078	2.79	.4974	.0026	3.16	.4992	.0008
2.43	.4925	.0075	2.80	.4974	.0026	3.17	.4992	.0008
2.44	.4927	.0073	2.81	.4975	.0025	3.18	.4993	.0007
2.45	.4929	.0071	2.82	.4976	.0024	3.19	.4993	.0007
2.46	.4931	.0069	2.83	.4977	.0023	3.20	.4993	.0007
2.47	.4932	.0068	2.84	.4977	.0023	3.21	.4993	.0007
2.48	.4934	.0066	2.85	.4978	.0022	3.22	.4994	.0006
2.49	.4936	.0064	2.86	.4979	.0021	3.23	.4994	.0006
2.50	.4938	.0062	2.87	.4979	.0021	3.24	.4994	.0006
2.51	.4940	.0060	2.88	.4980	.0020	3.25	.4994	.0006
2.52	.4941	.0059	2.89	.4981	.0019	3.30	.4995	.0005
2.53	.4943	.0057	2.90	.4981	.0019	3.35	.4996	.0004
2.54	.4945	.0055	2.91	.4982	.0018	3.40	.4997	.0003
2.55	.4946	.0054	2.92	.4982	.0018	3.45	.4997	.0003
2.56	.4948	.0052	2.93	.4983	.0017	3.50	.4998	.0002
2.57	.4949	.0051	2.94	.4984	.0016	3.60	.4998	.0002
2.58	.4951	.0049	2.95	.4984	.0016	3.70	.4999	.0001
2.59	.4952	.0048	2.96	.4985	.0015	3.80	.4999	.0001
2.60	.4953	.0047	2.97	.4985	.0015	3.90	.49995	.00005
2.61	.4955	.0045	2.98	.4986	.0014	4.00	.49997	.00003

t분포표

df	단측검정에서유의수준					
	0.10	0.05	0.025	0.01	0.005	0.0005
	양측검정에서유의수준					
	0.20	0.10	0.05	0.02	0.01	0.001
1	3.078	6.314	12.706	31.821	63.657	636.619
2	1.886	2.920	4.303	6.965	9.925	31.598
3	1.638	2.353	3.182	4.541	5.841	12.941
4	1.533	2.132	2.776	3.747	4.604	8.610
5	1.476	2.015	2.571	3.365	4.032	6.859
6	1.440	1.943	2.447	3.143	3.707	5.959
7	1.415	1.895	2.365	2.998	3.499	5.405
8	1.397	1.860	2.306	2.896	3.355	5.041
9	1.383	1.833	2.262	2.821	3.250	4.781
10	1.372	1.812	2.228	2.764	3.169	4.587
11	1.363	1.796	2.201	2.718	3.106	4.437
12	1.356	1.782	2.179	2.681	3.055	4.318
13	1.350	1.771	2.160	2.650	3.012	4.221
14	1.345	1.761	2.145	2.624	2.977	4.140
15	1.341	1.753	2.131	2.602	2.947	4.073
16	1.337	1.746	2.120	2.583	2.921	4.015
17	1.333	1.740	2.110	2.567	2.898	3.965
18	1.330	1.734	2.101	2.552	2.878	3.922
19	1.328	1.729	2.093	2.539	2.861	3.883
20	1.325	1.725	2.086	2.528	2.845	3.850
21	1.323	1.721	2.080	2.518	2.831	3.819
22	1.321	1.717	2.074	2.508	2.819	3.792
23	1.319	1.714	2.069	2.500	2.807	3.767
24	1.318	1.711	2.064	2.492	2.797	3.745
25	1.316	1.708	2.060	2.485	2.787	3.725
26	1.315	1.706	2.056	2.479	2.779	3.707
27	1.314	1.703	2.052	2.473	2.771	3.690
28	1.313	1.701	2.048	2.467	2.763	3.674
29	1.311	1.699	2.045	2.462	2.756	3.659
30	1.310	1.697	2.042	2.457	2.750	3.646
40	1.303	1.684	2.021	2.423	2.704	3.551
60	1.296	1.671	2.000	2.390	2.660	3.460
120	1.289	1.658	1.980	2.358	2.617	3.373
∞	1.282	1.645	1.960	2.326	2.576	3.291

체육측정평가(이기봉, 레인보우북스)

1장 기초통계
1 측정 변인
2 중심경향값=집중경향치
3 분산도

2장 체육측정평가의 이해
0 체육측정평가란?
1 기본개념
2 검사 목적
3 검사 종류
4 체육측정평가의 최근 동향

3장 규준지향검사의 타당도와 신뢰도
1 고전진점수이론
2 신뢰도
3 타당도

4장 준거지향검사의 타당도와 신뢰도
1 타당도
2 신뢰도

5장 학교 체육에서 측정과 평가
1 학교 체육 평가의 실태
2 체육과 교육 목표의 설정
3 성적 부여 방법

6장 수행평가
1 수행평가의 이해
2 수행평가의 종류
3 체육과 실제성평가

7장 검사구성의 원리
1 심동적 영역 검사의 구성
2 인지적 영역 검사의 구성

8장 체력검사장
1 건강관련 체력검사장
2 운동관련 체력검사장
3 국내 체력검사장
4 체력검사장의 시행

1장 기초통계
1 측정 변인
  (1) 명목 척도
  (2) 서열 척도
  (3) 동간 척도
  (4) 비율 척도

2 중심경향값=집중경향치
  (1) 평균값
  (2) 중앙값
  (3) 최빈값

3 분산도
  (1) 범위
  (2) 사분위편차
  (3) 분산과 표준편차
  (4) 점수 분포의 모양
  (5) 변환 점수
  (6) 상관
  (7) 평균 차이 검증

2장 체육측정평가의 이해
0 체육측정평가란?
  (1) 역사
  (2) 이론의 발전

1 기본개념
  (1) 측정의 개념
  (2) 검사의 개념
  (3) 평가의 개념

2 검사 목적
  (1) 동기 유발(Motivation)
  (2) 성취(Achievement) 수준 평가
  (3) 향상도(Improvement) 측정
  (4) 진단(Diagnosis)
  (5) 처방(Prescription)
  (6) 성적(Grading) 부여
  (7) 교육프로그램 평가
  (8) 분류(Classification) 와 선발(Selection)
  (9) 미래의 수행력 예측(Prediction)

3 검사 종류
  (1) 평가 기준
  (2) 평가 시기 및 기능

4 체육측정평가의 최근 동향
  (1) 건강관련체력 검사
  (2) 준거지향검사
  (3) 수행평가

3장 규준지향검사의 타당도와 신뢰도
  1 고전진점수이론
    (1) 고전진점수이론과 가정
    (2) 측정의 오차
    (3) 평행검사와 진점수동등검사

  2 신뢰도
    (1) 신뢰도의 의미
    (2) 신뢰도 계수 추정 방법
    (3) 객관도
    (4) 신뢰도에 영향을 미치는 요인

  3 타당도
    (1) 내용타당도
    (2) 준거관련타당도
    (3) 구인타당도

4장 준거지향검사의 타당도와 신뢰도
  1 타당도
    (1) 영역관련타당도
    (2) 결정타당도

  2 신뢰도
    (1) 합치도
    (2) 카파 계수

5장 학교 체육에서 측정과 평가
  1 학교 체육 평가의 실태
    (1) 체육 평가의 문제점
    (2) 체육 평가의 개선 방안

  2 체육과 교육 목표의 설정
    (1) 교육 목표 단계
    (2) 행동 목표 작성

  3 성적 부여 방법
    (1) 성적의 활용
    (2) 성적의 결정
    (3) 성적 부여 기준
    (4) 성적 부여 방법

6장 수행평가
  1 수행평가의 이해
    (1) 등장 배경
    (2) 수행평가의 개념
    (3) 수행평가의 절차
    (4) 문제점 및 해결 방안
    (5) 수행평가의 양호도

  2 수행평가의 종류
    (1) 서술형 검사
    (2) 논술형 검사
    (3) 구술시험
    (4) 실기시험
    (5) 포트폴리오

  3 체육과 실제성평가
    (1) 경기수행력 평가의 필요성
    (2) 경기와 유사한 상황에서의 평가-농구복합기능검사 예
    (3) 경기수행력 평가도구

7장 검사구성의 원리
  1 심동적 영역 검사의 구성
    (1) 검사 구성 절차
    (2) 운동기능검사의 구성
    (3) 심동적 영역의 검사 예

  2 인지적 영역 검사의 구성
    (1) 검사 구성 절차
    (2) 지필 검사의 종류

8장 체력검사장
  1 건강관련 체력검사장
    (1) 개관
    (2) 배경
    (3) 건강관련 체력검사 예

  2 운동관련 체력검사장
    (1) 개관
    (2) 배경
    (3) 운동관련 체력 검사 예

  3 국내 체력검사장
    (1) 학생건강체력평가
    (2) 국민체력 실태조사

  4 체력검사장의 시행
    (1) 준비
    (2) 검사 자료의 분석
    (3) 검사 시행 수의 결정
    (4) 규준의 이용

참고문헌

1. VZONE 체육측정평가1 **통계**

- 체육측정평가(레인보우북스, 이기봉)
- 체육연구방법(21세기교육사, 강상조·박재현·강민수)
- 체육통계(21세기교육사, 강상조)
- 체육학통계실습(레인보우북스, 오수학·김병준)
- 체육학연구방법(레인보우북스, 김병준·오수학)
- 체육통계와 연구설계(태근, 예종이)
- 스포츠통계학(국민대학교출판부, 김도연)
- 운동계량학(레인보우북스, 김종택)

2. VZONE 체육측정평가2 **평가 및 검사**

- 체육교육과정과 평가(레인보우북스, 조미혜·오수학)
- 체육수업모형(대한미디어, 유정애 외)
- 체육교육탐구(태근, 최의창)

VZONEmini 체육측정평가

가격 : 18000원

초판 : 2020년 02월 01일

편저 : 최규훈

※ 이 책의 일부 또는 전체를 무단전재, 복사, 복제하는 것은 저작권법 제 97조의 5에 의거하여 5년 이하의 징역 또는 5,000만원 이하의 벌금에 처하거나 이를 병과할 수 있습니다.

갈등을 해결하는 삶의 원리

다른 사람과의 갈등을 해결할 수 있는 첫 번째 원리는 나 자신도 언제나 실수할 수 있다는 사실을 인정하면서 나에 대한 비판을 수용하는 겁니다. 그래서 성경 잠언에서도 "자신의 죄를 숨기는 자는 형통하지 못하지만 죄를 자복하고 버리는 자는 불쌍히 여김을 받는다."고 격려해주십니다.

따라서 우리는 갈등 앞에서 고통 받을 때마다 "주님, 저는 이 모든 갈등을 주님께 내어놓습니다. 주님께서 해결해주십시오. 그렇지만 저의 잘못을 고치는 일로부터 먼저 시작하게 해주세요."라고 기도해야겠지요.
그리고 두 번째는 상대방을 향해 내가 취한 감정적 반응에 대해 내가 책임지는 것입니다. 만약 내 기분이 나쁘다고 무조건 다른 사람을 탓했다면 그것은 상대방에 앞서 나의 내면의 성품이 잘못되어 있음을 스스로 보여준 것이기 때문이지요.

그리고 갈등을 해결할 수 있는 세 번째 방법은 나와 갈등관계에 서있는 상대방의 입장에 내가 서 보는 겁니다. 일단 상대방의 입장에 서보면 왜 그가 그런 생각과 감정을 갖게 되었는지를 이해할 수 있기 때문이지요. 그래서 과거 친구와의 갈등 때문에 고통 받았던 경험을 갖고 있는 어떤 사람은 다른 사람에게 자기를 이해시키기 위해 애쓰기보다는 오히려 다른 사람을 이해하려고 자기 자신을 매일 다그친다고 했습니다.

그것은 "주님, 이해받기보다 남을 이해하기 위해 더 많이 애쓰게 해주소서."라는 기도문으로 유명한 성 프란시스를 기억나게 하는 지혜로운 태도가 아닐 수 없습니다. 이처럼 대부분의 갈등은 각자의 다른 입장 때문에 생겨납니다. 따라서 입장이 바뀌게 되면 모든 갈등은 소리 없이 사라져버리지요. 그러니 이제부터는 갈등을 대할 때마다 그 해결에서 얻는 기쁨은 물론 그 갈등을 통해 배우게 되는 하나님의 마음에 대해서도 함께 기뻐했으면 하는 생각을 하게 됩니다. 복된 하루를 보내십시오.